U0900055

面向发展的公共财政：

加强收入与支出之间的联系

CAF－拉丁美洲开发银行◎主编

知识产权出版社
全国百佳图书出版单位

责任编辑：刘 睿 刘 江　　　　责任校对：韩秀天
文字编辑：刘 江　　　　责任出版：卢运霞

图书在版编目（CIP）数据

面向发展的公共财政：加强收入与支出之间的联系/CAF－拉丁美洲开发银行主编．—北京：知识产权出版社，2013．4
ISBN 978－7－5130－1934－7

Ⅰ．①面…　Ⅱ．①C…②中…Ⅲ．①公共财政－研究－拉丁美洲　Ⅳ．①F817．3

中国版本图书馆 CIP 数据核字（2013）第 048643 号

原版由 CAF－拉丁美洲开发银行以下面的西班牙语标题出版：
Finanzas públicas para el desarrollo
FORTALECIENDO LA CONEXION ENTRE INGRESOS Y GASTOS
© 2012 Corporación Andina de Fomento
保留所有权利。
© 2013 中国社会科学院拉丁美洲研究所负责中文版翻译
中文版翻译质量以及与原文的一致性由中国社会科学院拉丁美洲研究所负责。

面向发展的公共财政：加强收入与支出之间的联系
Mianxiang Fazhan De Gonggong Caizheng: Jiaqiang Shouru Yu Zhichu Zhijian De Lianxi
CAF－拉丁美洲开发银行　主编

出版发行：知识产权出版社

社　址：北京市海淀区马甸南村 1 号	邮　编：100088
网　址：http://www.cnipr.com	邮　箱：bjb@cnipr.com
发行电话：010－82000860 转 8101/8102	传　真：010－82005070/82000893
责编电话：010－82000860/8113	责编邮箱：liurui@cnipr.com
印　刷：保定市中画美凯印刷有限公司	经　销：新华书店及相关销售网点
开　本：720mm×960mm　1/16	印　张：21
版　次：2013 年 5 月第一版	印　次：2013 年 5 月第一次印刷
字　数：333 千字	定　价：52.00 元

ISBN 978－7－5130－1934－7/F · 596（4777）

京权图字：01－2013－2781

出版权专有　侵权必究
如有印装质量问题，本社负责调换。

序　言

国家的参与是发展过程的核心。一方面，与国防、安全和公正有关的服务不仅仅保障生存和自由的基本人权，而且是进行经济活动需要确保合同履行和保护财产权所必不可少的。此外，国家提供医疗保健、教育和基础设施所有服务的可获性，可以改善生活质量、促进经济增长。除了公共部门能相应提供市场不能提供的产品的“特定功能”外，现代国家在推动收入分配改善方面还起着越来越重要的作用。该作用首先通过包含累进性要素在内的税收制度来实现；其次通过制定社会计划和用于就业及对最弱势群体救济所需要的转移支付来实现。

这本新的“经济和发展报告”（RED）提供了解释公共财政在促进公平发展中的核心作用的理由和论据，其假设强调税收与支出决策之间存在很强的相互依赖性，它们之间发生关联的方式可以形成一种良性循环，即增加税收，提高公共产品供应的质量和数量。可能源自这一联系的良性循环的例子是，当公共资金主要源自广大纳税者的税收时，它就会在国家与公民之间形成一个授权和回报的过程，纳税公民就会有更多参与和监督公共管理的动力，同时使管理者的工作更加透明和有效，最终效率的提高会增强公民履行纳税义务的意愿。

在此过程中，按国内生产总值计算的公共部门增长了，伴随着国家管理能力的提高，财政政策起到引导公平发展进程的作用。通过选票和体制（如议会和审计机构）实现民主参与和监督的过程，在监督之下还可以使税收和支出水平从社会福利角度看达到最优化。

本报告经过分析表明，就拉丁美洲总体而言，税收与财政收入结构及支出决策和预算机构并非总能推动收入结构、参与和授权、回报、预算规模、财政政策再分配的能力和效率之间实现良性循环。

至于财政收入的结构，虽然近年来征税水平有所提高，但与其他发展中国家相比，拉美国家所得税、财产税和利润税所占比例仍然较低；与高收入国家在人均国内生产总值与拉美国家目前的水平相应的历史时期的税收结构相比，也是比较低的。如果只计算对个人征收的所得税和财富税，那么这种反差就更加明显。税收结构中存在的这一问题不仅制约了国家获取新的资金的能力，而且削弱了税收制度有助于提高公平程度的可能性。

通过采取各种具有明显再分配性质的支出计划，比如扩大非缴付型养老金和针对低收入家庭的有条件转移支付计划等社会保障的覆盖面，赋税结构不能提高公平度的弊端部分地得到弥补。尽管在促进公平方面收获令人鼓舞，然而为了实现收入与支出之间的良性循环，必须提高这些计划的管理效率，以达到其既定目标。按照不同方法来衡量技术效率这一概念表明，在部分拉美国家教育和医疗保健服务的管理方面还存在改善的余地。

2011 年 CAF 民意调查结果证实，赋税征收与良好的管理之间具有联系的假设，在地方层面证明，管理质量与履行纳税义务的意愿之间存在重要的正相关关系。同样还印证了在非再生资源（如石油）开采所得财政收入所占比例较高的国家和地区，税收与良好的管理之间也存在相关性。这一证据表明，如果把支出决策与向人民征税的必要性相分离，这一要素可能导致资源的增加不一定会带来更多更好的公共服务。

最后，本报告强调公共预算在加强收支决策关联度方面起着主要作用。在公民参与并通过其代表性机构和权力分离的政治制度，以透明的方式对预算进行讨论，首先可以使社会效益和成本都公开，其次便于作出使福利最大化的税收和支出决策。

我们希望，这一报告对财政制度问题的研究和分析，能成为进一步讨论公共财政改革的基础，兼顾各国的特殊性，并有助于达成有关行动路线的共识。

L. 恩里克 · 加西亚

CAF－拉丁美洲开发银行执行主席

致　谢

本报告由发展战略与公共政策副主席负责，由莱昂纳多·维亚尔为总协调，巴布罗·桑吉内迪负责学术指导和协调。

各章的撰稿人分别为：

第一章　巴布罗·桑吉内迪

第二章　卢西拉·贝涅利

第三章　费尔南多·阿尔瓦雷斯

第四章　巴布罗·桑吉内迪

第五章　丹尼尔·奥尔特加

第六章　阿德里亚娜·阿雷亚萨

第七章　丹尼尔·奥尔特加、迈克尔·潘福特和巴布罗·桑吉内迪

希梅娜·里奥斯·阿芒与玛丽亚娜·乌尔维纳任本书总编辑。

各章节的某些部分是在参考特别为本书撰写的研究材料的基础上完成的。这些材料的撰写者有：费尔南多·阿尔瓦雷斯、马丁·贝斯法米列、塞巴斯蒂安·布斯托斯、何绥玉（Sui－jadeHo）、弗朗西斯科·加菲亚斯、胡安·卡洛斯·戈麦斯·萨瓦易尼、胡安·巴布罗·希门尼斯、诺拉·勒斯蒂格、乔纳森·马拉贡、豪尔赫·马丁内斯·巴斯克斯、马库斯·梅洛、何塞·安东尼奥·奥坎波、丹尼尔·奥尔特加、卡洛斯·佩雷拉、吉列尔莫·佩里、卢卡斯·龙科尼、巴布罗·桑吉内迪、米盖尔·圣奥温、杰弗里·蒂蒙斯和比奥莱塔·布罗维克。

作者向曾为本书提出过宝贵意见的以下人士表示感谢：路易斯·贝卡里亚、吉列尔莫·克鲁塞斯、莱昂纳多·加斯帕里尼、胡安·卡洛斯·戈麦斯·萨瓦易尼、胡安·巴布罗·希门尼斯、奥斯瓦尔多·拉腊尼亚加、

安赫尔·梅尔吉索、弗朗西斯科·莫纳尔迪、爱德华多·莫伦、何塞·安东尼奥·奥坎波、吉列尔莫·佩里、赫尔曼·里奥斯、卢卡斯·龙科尼、埃内斯托·施泰因、罗伯托·施泰纳、路易斯·比列拉。

本报告的研究助理是：玛丽亚·安德烈娅·阿夸韦拉、卡洛斯·卡坦霍、托马斯·利拉、莱丝维娅·马利斯、亚历山德拉·罗伊特、毛里西奥·施泰因、玛丽亚娜·乌尔维纳。

目　录

图表检索

第一章　国家与发展：再分配、效率与代表性*

一、前　言

在经济发展中，国家是一个关键的参与者。赋税的征收使与国防、安全和正义有关的基本服务的供应成为可能，这些基本服务保障生命权、自由权和财产权等基本人权。税收还可用于直接生产卫生、教育和基础设施等各种公共产品，推动经济增长。此外，这些公共产品，辅以各种社会计划和旨在满足弱势家庭、个人就业与生活转移支付计划，就可创造更公平的收入再分配。

国家通过以上渠道推动社会包容性的增长，这在许多发展中国家尤其是拉美国家已经成为事实。但是，公共部门在获得必要的资源以提供一定数量和质量的服务方面仍存在局限性，在一定程度上说明这些国家的相对落后。因此，出现了一种广为人知的现象，即人均收入与用于生产公共产品和服务的经济资源呈正相关的关系。换句话说，税收与支出的水平占GDP的比重随着国家经济的发展而提高。例如，1990～2000年，英国的人均收入翻了两番（以1990年的美元购买力平价［PPA］计算，人均收入从5 000美元增加到20 000美元），同时公共开支占GDP的比重从10%增加到40%。对近年来（2000～2009年）发展中国家与发达国家进行比较，也得出相似的结论；而人均收入高的经济体（以2005年国际价格计算，超过12 300美元），其公共支出占GDP的比重几乎达到35%，而人均收入低

---

* 本章由Pablo Sanguinetti撰写，Alexandra Reuter任研究助理。

（1 000美元以下）的经济体这一比重却不到15%。21世纪的第一个十年，拉美国家的收入水平处在两者之间（约7 500美元），公共部门支出占GDP的比重平均约为21%。如同下文将要提到的那样，它低于与其发展水平相应的公共支出水平。

如何解释（根据支出或税收规模衡量的）国家的规模与人均收入之间存在的正相关关系，即所谓的瓦格纳定律（Ley de Wagner）？如果确实存在收入与支出的提高促进增长与平等的渠道，那么为什么部分拉美与其他发展中国家未能实行这些必要的财政政策呢？近年来，拉美国家在税收方面的更大努力及公共支出的增加，在多大程度上有助于消灭公共产品供应方面的差别呢？通过税收与支出来加强国家干预是否可以改善收入分配？政府是否有效地对这些计划实施了管理？对再分配和效率方面进行更好的公共管理在多大程度上可以促进税收的增加？反过来，国家获取这些资金（税收结构或者其他非税收财政收入，等等）的方式能够改善管理吗？

本报告试图回答以上问题，出发点是强调加强税收与支出决策之间的联系和各级政府在此方面提高透明度的必要性，以便形成既有助于增加税收，又可以提供更多高质量的公共产品的良性循环。本报告提出的主要假设是，公共部门的资金来源方式对效率、预算规模和提高公平发展的能力可能会产生重要影响。因此，如果公共部门的融资主要来自向广大纳税人（家庭和企业）所征的税收，这可能会引起国家授权并向公民回报的过程，从而鼓励公民参与和监督公共管理；反过来，又将促使管理者的工作变得更加透明和高效，这可能同样意味着公民有更大的意愿去缴付并履行其纳税义务。在此过程中，公共部门在GDP中的比重提高，它将加强国家管理能力（在税收和支出方面），使国家财政政策起到引导公平发展的作用。通过选票和体制（如议会和审计机构）实现民主参与和监督的过程，在监督之下还可以使税收和支出水平从社会福利角度看达到最优化。

本报告的分析表明，拉美国家税收和财政收入结构，连同支出决策和预算机构的运行，一般来说并不总是能够推动收入结构、参与或授权、公民监督、互惠、预算规模、效率和财政政策的再分配能力之间实现良性循环。因此，拉美地区可能陷入了一种“低效均衡”，即税收缴付水平低、公共产品匮乏和供应效率低，它们之间的相互作用阻碍了国家在促进发展进程中发挥积极作用。

如上文所述，为了推动良性循环的形成（打破低效均衡），在公共收入的构成中，所得税和财产税应占到相当大的比例，这不仅包括公司所得税，更重要的是对个人征收所得税和财产税。遗憾的是，拉美国家并非如此。虽然近年来提高了税负，但是所得税、财产税和利润税（个人和企业）占税收总额的比重平均只有28%。该比例不仅低于在增长与公平方面均已达到较高水平的发展中国家（如在韩国，2000年该比例为40%），而且还低于高收入国家（如美国和加拿大），与高收入国家的人均国内生产总值与现今拉美国家的水平相当的历史时期相比，拉美国家的税收结构也是相当不利的（当时这些国家的所得税和利润税占税收的比例超过50%）。如果仅仅计算对个人征收的所得税和财产税，以上比较就会更加令人印象深刻。

拉美国家非正规经济是提高所得税和财产税在税收结构中比重的重要制约因素。然而，使经济活动不受纳税记录和银行部门约束的决定，在某种程度上是在国家不能充分履行提供服务义务的情况下，家庭和企业作出的一种回应。通过提高企业生产率和工人福利，从而有效提供这些服务，税款的缴纳将会变得更加有益（从经济的角度看将会更有可持续性）。此外，征税机构缺乏能力和机制也会对更有效地管理公民纳税义务产生负面影响。税收结构问题不仅制约了国家创造新资源的能力，而且使税收偏向更容易征收的消费税和交易税等间接税，同时会降低税收制度对改善收入分配公平的能力。

税收结构在提高公平方面存在的缺陷，因近年来制定了各种具有明显再分配性质的支出计划而在一定程度上得到弥补。因此，本报告提出的新证据表明，基础教育可获性的提高（尤其是中等教育）、通过非缴付型养老金及各种针对低收入家庭的有条件现金转移支付计划提高社会保障覆盖率是如何大幅降低收入分配不公平的（“后财政政策”的收入分配）。

公平方面的好处是令人鼓舞的。但是，为了形成上文提及的收入与支出之间的良性循环，用最低成本实现上述目标，或者在既有的预算规模下使覆盖率和服务质量最大化，必须有效地管理这些计划。例如，运用不同方法对技术效率这一概念进行的评估表明，一些拉美国家在教育和卫生服务管理方面存在改善的空间。

如前所述，税收结构与良好的管理之间存在联系的假设有两种：(1) 如果公民认为管理质量较好（回报的假设），他就会有更强的纳税意愿；(2) 如果公民对国库作出了较大的贡献，就会产生积极参与监督当局的激励机制（授权的假设），从而提高管理质量。本报告提出的证据与上述假设中的两种路径是一致的。CAF 2011 年民意调查中所描述的信息表明，促使税收扩大公民参与从而提高政府财政收入的渠道还很不通畅：民众仍把选票看成最重要的监督机制，对直接参与机制认知甚少。但是，如果这些渠道都已畅通，对它们有了足够的了解，就要重视它们。

至于有关回报的假设，本报告进行的各种分析（尤其是与地方税收和公共服务有关的分析）表明，拉美部分城市的情况证明，对管理的质量和纳税意愿的看法存在重要的正相关关系。

对那些财政资源主要来自不可再生资源（如石油）开采的国家和地区的研究，对收入构成如何影响良好的管理进行分析表明，如果将支出决策与向人民征税的必要性分开来看，就可以发现在这些国家拥有更多的资金不一定与更多、更好的公共服务相联系。

最后，本报告强调，（各级政府的）公共预算在促进收入与支出决策发生关联方面发挥着重要作用。尤其是，有关预算的讨论应该为相关不同部门（行政部门、立法机构、特殊利益集团，等等）达成有关税收和支出构成及规模的共识提供空间，支出与税收的构成和规模反映了这些措施所带来的社会收益与成本之间形成的一个合理平衡，所有这一切都是在财政和宏观经济稳定得到保障的情况下进行的。为了使预算发挥这一作用，必须重新评估议会在预算中的作用，同时推动与行政部门的互动、协调。

本报告分 7 章来论述。第一章引言部分，除总结本书的主要结论外，还详细论述了在发展过程中国家规模变化的决定性因素，并对拉美国家与其他国家和地区的支出与税收水平的变化进行比较。本报告其余各章分成两大部分：第一部分，包括第二章、第三章和第四章，分别论述财政政策对再分配的影响、公共服务供应效率的评估、拉美地区税收结构及其与提高征税的努力之间的关系。这些分析对于报告的第二部分是非常重要的。第二部分详细分析国家的融资结构、决策及其与支出决策相联系的程度，它们决定了预算规模、管理效率及再分配的能力。第五章直接提出这一假设，并提供有关授权和回报的证据。第六章将利用来自不可再生资源开采的非税收资金的政府（中央和地方）作为研究案例，以评估这一现象是否影响管理的质量。最后，第七章分析拉美国家预算机构的作用，同时评估在推动税收和支出的决策之间形成的关联性、使税收和支出水平提高到能与更高的经济效益和更平等的分配相匹配的程度等方面，所有机构是如何为达成共识并建立优先事项而提供空间的。

如上文所述，本报告的目的之一是理解公共部门的规模（和作用）在发展进程中的变化。为了实现这一目标以及便于本报告其余部分的分析，本章第二部分将回顾拉美国家和世界其他地区和国家的公共开支总额（以及税收总额）的动态变化及其构成。第三部分将分析决定国家规模的主要因素。第四部分将选取本报告中每一章节的重点进行详细分析，第五部分结论，将对公共政策的影响进行反思。

二、发展过程中的国家规模：国际和拉美地区的实证

无论从支出还是从收入方面对国家规模进行衡量都是很困难的，尤其是如果要对国家与国家之间及其在时间上进行比较尤为困难，因为必须保证有关公共支出与收入的概念界定一致。一般来说，在整个报告中，公共部门的定义包括政府（既包括中央政府又包括地方政府，如州、省和市）的支出与收入。这一界定不包括公共服务企业的收入与支出（如水和卫生、能源、电信、交通，等等）。同样，政府的总支出与收入还应包含公共社会保障体系（退休和养老金）。

如上文所述，公共部门规模随着经济发展水平而增长的事实是有据可查的现象。图 1.1 显示了拉美国家与英国、美国进行比较的长期趋势。该图显示 1900 ~ 2000 年，各国公共支出占 GDP 的比重的变化（左轴）以及以 1990 年美元的 PPA 价格计算的人均 GDP 的变化（右轴）。通过比较，可以发现非常有意思的规律。一方面，在拉美、美国和英国，随着时间的推移两个变量都出现了增长的趋势。但是，20 世纪初，三者公共部门的规模很相似，其占 GDP 的比重都在 8% ~ 10%，而到 20 世纪末，英国和美国的规

模已经达到40%左右，而拉美国家平均只占21%左右。❶ 国家规模变化的差别部分表现在人均GDP的变化。在此期间，英国和美国的人均GDP分别增长了4倍和5倍，而拉美地区只增长了2.5倍。❷

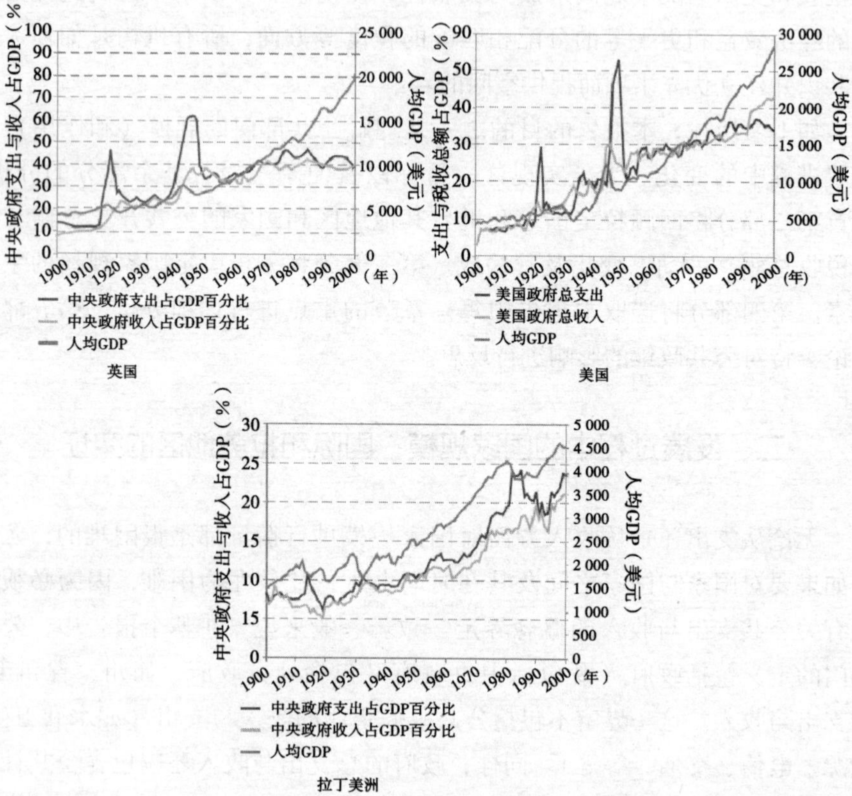

图 1.1　国家规模和经济发展（1900～2000 年）

资料来源：Clark 和 Dilnot（2002），牛津大学（2011）和 Chantrill（2011a，2011b）。

❶ 拉美和英国采集的是中央政府的数据，而美国的数据则是包括州政府和地方政府的收入与支出在内的总额。这对比较影响不大，因为英国的财政集权化的程度很高，而拉美大多数国家也是如此（阿根廷和巴西排除在外）。

❷ 指与收入变化相一致的支出变化。总体上看，在盎格鲁－撒克逊国家，赤字（支出超过收入）过后将是多年的财政盈余（收入超过支出）。例如，战争年代（如第一次世界大战和第二次世界大战）支出急剧增长，收入增长缓慢。这反映了使用债务来缓解急剧增加的税务成本。这种行为在拉美很少见，在拉美的主要表现是支出水平持续超过财政收入水平。很明显，虽然拉美国家负债更高，但是它们利用非税收收入，尤其是通过发行货币（通胀）来平衡支出。

如果可以使用最近的资料，对公共部门的比较就可以扩大到其他国家。因此，表 1.1 显示了 1990～2009 年近 150 个国家有关支出与收入（占 GDP 的比重）以及公共部门就业人数占总就业人数比重的信息。资料主要来自世界银行的世界发展指数（WDI，英文缩写），此外参考了中央政府的数据。❶ 表 1.1 除显示拉美国家的数值之外，还显示不同收入水平的国家群体的数据的差别。从总体上看，在拉美地区，尽管国家的规模要大于世界上最穷的国家（占 GDP 的 14.8%），然而普遍小于发达国家（拉美国家为 21%，而发达国家为 33%）。此外，在最近的一段时期（2000～2009 年），与富裕国家的公共部门（实际上保持不变）相比，拉美地区的公共部门有了增长，这不同于中－高收入经济体和贫困国家的情况，在这些国家中，其国家的规模从所有层面衡量都已缩小。❷

表 1.1　不同地区根据公共支出、税收及公共就业衡量的国家规模（1990～2009 年）[a]

（%）

变　量	时　期	国家群体			
	年　份	高人均收入国	中－高人均收入国	低人均收入国	拉美和加勒比
公共支出（占 GDP 的百分比）[a]	1990～1999	33.3	29.4	18.3	19.3
	2000～2009	33.31	27.2	14.8	21.2
收入（占 GDP 的百分比）[a]	1990～1999	31.6	31.1	13.4	19.6
	2000～2009	33.6	28.9	13.1	20.8
公共就业占总就业（百分比）[b]	1990～1999	6.5	n. d.	n. d.	5.7
	2000～2008	6.7	n. d.	n. d.	5.4

注：a，世界银行（2011）；

b，OIT（2011）；

n. d.，无数据。

资料来源：作者根据世界银行的世界发展指数（WDI）（2011）和 OIT（2011）的数据制作。

图 1.2 显示 2000～2009 年每个国家公共支出（占 GDP 的比重）与人均

❶ 只考虑中央政府一级当然会降低财政分散化水平（向地方政府分散）较高的联邦制国家的国家规模（如发达国家中的美国或者拉美的巴西）。第四章将分析拉美国家的税收结构，将涉及地方政府征收的税收规模（如果有资料）。

❷ 如果用公共就业占总就业的比重来衡量，高收入国家与拉美国家之间在国家规模方面的差别一直存在（前者规模更大），尽管与使用支出或收入的指标相比就业比重要小得多。

收入之间的关系（对数函数）。从一个较长的时间段看（见图 1.1），两个变量之间呈正相关关系，若使用横向截面图资料也可以证实这一点。❶ 图 1.2 也表明，拉美地区大多数国家公共支出水平低于其人均收入水平应有的标准，也低于世界平均水平。❷

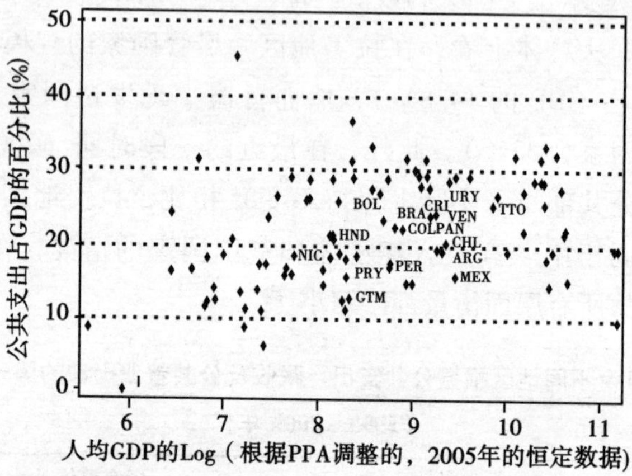

图 1.2 人均 GDP（发展水平）与国家规模（根据公共支出[a]占 GDP 的比重来衡量）之间的关系（2000 ~ 2010 年）[b]

注：a，与中央政府供应公共产品和服务过程有关的所有支出，包括职工的工资和薪酬、社会福利、租金、股息，等等；

b，本样本包括 151 个国家。

资料来源：作者根据世界银行的世界发展指数（2011 年）制作。

但是，除了与人均 GDP 的关系之外，还想知道公共部门规模是否与经济体的其他特征相关，如人口的年龄结构、收入分配不公或贸易开放的程度。表 1.2 显示了公共支出规模与以上特征（包括人均 GDP）之间的相互关系。相关性的标志，包括简单相关（第二栏）以及同时包括所有变量的

❶ 众多使用不同数据和计量经济学方法的研究得出了与瓦格纳定律一致的结论。例如，Lamartina 和 Zaghini（2008）运用协整技术对 1970 ~ 2006 年 OCDE 国家的面板数据进行分析，发现了有关支出的收入弹性（名义上）对于人均收入的影响大于 1，这与公共支出随着国家收入的增长而成比例增长的思想是一致的。Easterly 和 Rebelo（1993）以及 Shelton（2007）运用横截面数据的研究也为此提供了证据。Stein 等（1999）将这一理论运用到拉美国家并与 OECD 国家进行比较。

❷ 这一情况不适用于阿根廷和巴西，因为这两个国家财政高度分散化，若加上地方政府的收入与支出，近年来政府的税收与支出总额占 GDP 的比重接近或超过 30%。

线性回归模式所得出的相关性（第三栏），都表明如果老年人口占总人口比重越高、收入分配不平等程度越低以及贸易开放程度越高，那么国家的规模就越大。

表 1.2 公共支出（占 GDP 比重）与经济基本特征之间的相关性

变 量	简单相关 支出（占 GDP 的比重）	部分相关系数
根据 PPA 调整的人均 GDP	0.3846***	2.4838***[a]
基尼系数	−0.3660***	−0.1293***
国际贸易（占 GDP 比重）	0.1604***	0.0177**
65 岁以上人口	0.5496***	0.5856***
不变量	n. a	2.2721

注：a，人均国内生产总值的对数；

n. a.，不适用。

*** p < 1%，** p < 5%。

资料来源：根据世界银行世界发展指数（2011 年）制作。

显然，以上相关性并未表明在所涉及变量之间存在某种因果关系。但是，这些结果是很稳定的（Shelton，2007），其中一些相关性，如与不平等之间的负相关性以及与人口统计数据之间的正相关性，在拉美国家是很突出的，并且如下文将要提到的那样，可以通过最近提出的某些理论来加以解释。

（一）发展过程中支出与收入的构成

随着经济发展，国家在哪些方面可以扩大支出？为获得额外资源，政府可使用哪些税收工具？在支出方面，经过对公共支出构成的长期发展趋势进行分析，尤其是对发达国家的情况进行分析后（Tanzi，2005；Tanzi y Schuknecht，2000；Lindert，2004）发现，公共部门的大规模扩大与政府职能的重大变化有一定的关系。政府职能已经从国防、国内安全和财产保护、司法、公共工程等方面向其他更广的范围扩展，覆盖了教育、医疗卫生、住房，尤其是社会保障等方面，社会保障职能包括退休金和养老金、失业保障、向贫困家庭的转移支付或补贴等。

图 1.3 明确表明英国在 1900 ~ 2009 年出现了上述这些趋势。从该图中

可以看出，第二次世界大战后英国的医疗卫生支出得到了快速增长。另一方面，自20世纪60年代初以来，英国社会保障和转移支付持续增长，说明公共支出总额的大幅增加。

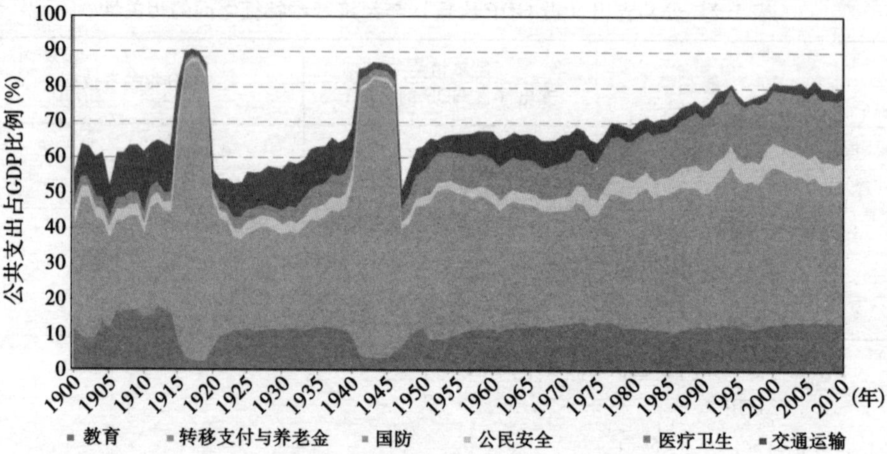

图1.3 英国公共支出结构（1900～2010年）

资料来源：Chantrill（2011a）。

20世纪前40年（和平时期），交通运输（基础设施）支出与教育支出在公共支出中占相当比重，而自50年代以来交通运输的支出所占比重越来越小。[1]

如图1.4所示，对美国的资料进行分析可以得出相似的结论。有关社会支出的资料显示在社会保障方面，养老金和退休金支出（缴费型部分）与其他具有再分配性质的支出，如针对弱势或低收入的个人和家庭的转移支付支出（就业和住房补贴、非缴费型养老金、生活保障，等等）有差别。

---

[1] 经济基础设施（交通运输、能源、电信等）方面的公共支出是公共投资的重要组成部分，对生产率和经济增长均有重要影响（Holtz Eakin，1994；Fernald，1999；Calderon y Serven，2004；CAF，2009）。然而，自20世纪后半期以来，在发达国家，私人部门在这些服务供应中的作用日益重要，这不仅表现在运营方面，还表现在投资方面（Engel et al.，2008）。这种情况在电信和能源方面尤其突出，但还体现在交通运输和基本服务方面，如水和改善卫生条件等。这一现象减少了国家通过公共投资进行资金分配的必要性。在拉美国家，这一进程的发展从总体上来说比较落后（自20世纪90年代中期以来），尽管有证据表明该地区大多数国家私人投资一定程度上弥补了公共投资的不足（CAF，2009）。

此外，该图还显示了有关教育、医疗卫生和交通运输支出方面的信息。如前所述，1902～1930年，运输（基础设施）和教育的公共支出占较大比重，而医疗卫生、养老金和转移支付的支出在总支出中所占比重很小（三项支出总和所占比重不到10%）。但是，自第二次世界大战末以来情况发生了巨大变化，医疗卫生、养老金和转移支付支出在美国政府预算总额中所占比重提高，这三项中每一项的支出所占比重均在10%～15%。这些社会支出的急剧提高在很大程度上说明了20世纪后半期美国国家规模的扩大。❶

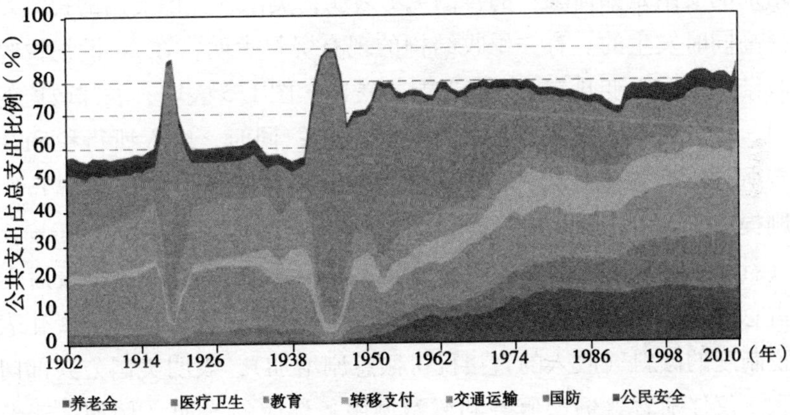

图1.4　美国公共支出结构（1902～2010年）

资料来源：Chantrill（2011a）。

除了以上对美国和英国的情况描述之外，所谓"福利国家的增长"（正如上文所述，"二战"以后的增长及60年代的减速）几乎发生在经合组织的所有成员国中。社会支出是公共支出增长的主要决定性因素之一，对于具有再分配性质的公共支出来说尤其如此，这一观点已在Lindert（2004）的著作中得到广泛证明。据作者估计，1930年以前，社会转移支付（包括对贫困家庭的收入补助、失业保险、公共医疗支出、住房补贴以及非缴费

❶ 的确，在英国和美国，两次世界大战导致两国国防支出急剧扩张，在和平时期这种情况得以扭转。但是，战争结束后，公共部门的支出不一定会按国防支出减少的比例而降低，因为政府会将增加的税收再次分配到其他社会支出领域。这一现象在公共财政学中被称作棘轮效应。Peacock和Wiseman（1961）的著作首先以美国为案例对这一现象进行了研究。在最新的研究成果中，Durevall和Henrekson（2011）以"二战"后的英国为例对这一现象进行了研究。

型公共退休金和养老金）占 GDP 的比例一直不到 2%，而到 60 年代初这一比例已经上升到 11%，到 90 年代进一步升至 22%。

至今还没有对拉美地区较长历史时期的公共支出的结构进行评估的著作，但是正如下文将要提到的那样，2000～2009 年，拉美地区公共支出的增长是与强劲的经济扩张同时发生的，此外还受到社会支出急剧增长的推动。尤其是，总支出在这个时间段的初期增长了 60%，而到末期增长了 70%。

增加的支出是如何融资的？图 1.1 表明，英国和美国支出的提高是与税收的提高同时发生的。有关税收结构的现有资料表明，在 20 世纪税收增加与税收结构的重大变化有关。尤其是在美国，图 1.5 表明，联邦政府的财政收入中，消费税和企业利润税所占比重减少；同时，个人所得税和社会保障缴费所占比重急剧增加。20 世纪上半叶，第一项（个人所得税）所占比重急剧提高，到 1950 年其在总税收中所占比重已提升至 40%～50%，而第二项（社会保障税）直至 20 世纪中叶才开始增加，至 21 世纪最后十年末期其占总收入的比例业已达到 40% 左右。❶ 很明显，收入结构的变化表明向累进税制度的倾斜（收入的直接税份额急剧增加），表明美国公共部门规模的扩张不仅伴随着普遍型服务和缴费型服务供应的增加（例如，养老金制度），而且意味着具有明显再分配性质的支出（医疗卫生和收入转移）与税收的增加。其他发达国家的情况，如美国和 OECD 其他国家，与美国的情况非常类似。❷

三、发展过程中公共规模扩大的决定性因素

如何解释以上有关公共部门收入与支出的规模及其构成的发展趋势？

---

❶ 2000～2009 年，联邦政府税收占 GDP 的比重超过 20%，同期州政府和市政府税收占 GDP 的比例为 10%。20 世纪，州政府和市政府的税收结构发生了巨大变化，财产税所占比重降低，个人所得税所占比重提高。21 世纪前 10 年末，这两项直接税占州政府收入的 50%，而消费税占总收入的 35%。20 世纪 40 年代，消费税所占份额相对稳定。

❷ 如果与法国、荷兰、德国等欧洲大陆国家及与挪威等北欧国家相比，美国的情况是比较保守的，因为这些国家的税收与支出占 GDP 的比重在 50% 左右，所得税和利润税则是国家收入的重要来源（占总收入的 40%～60%）。

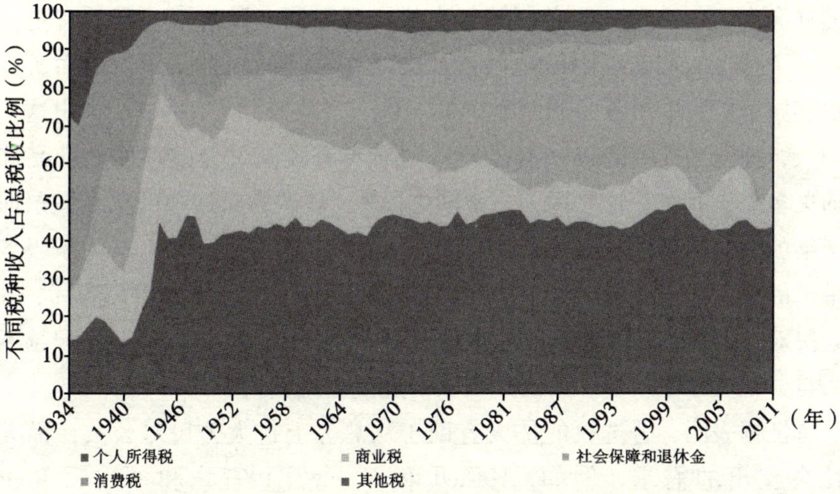

图 1.5　美国联邦政府税收结构（1934～2011 年）

从政治和经济的角度看，如何维持既使国家能征收到更多的税（可能会以更高的效率成本为代价）而同时又使这些收入可用于再分配计划（这些再分配计划的受益者不一定是纳税人）这一趋势的可持续性？为什么国家规模扩张到较高规模的过程（如最富裕国家），表面上不会以经济增长为代价？拉美国家可以从中吸取什么教训？

早在瓦格纳早期发表的一篇文章里就已经对以上问题做出了回应，即两种可能的渠道：（1）他认为随着经济增长和生产结构的多样化，势必要求国家在财产保护、裁决贸易争端、降低交易成本和解决集体行动问题（例如，提供经济基础设施）等方面提供更多的服务。这包括制定法规、提供公民安全服务、正义和公共工程。成功地提供这些服务可刺激生产活动和经济增长，同时又可增强供应这些服务的必要性，导致收入水平与公共部门规模之间出现良性循环。（2）他认为，教育和文化等社会产品需求的收入弹性大于 1（可能为奢侈品），这说明，当产品增加，对这些公共产品的需求也会成比例增加，即使这种情况不会直接促进发展。

（一）国家规模和民主制度的出现

尽管前面已经对这些最初的想法进行了深刻论述，公共部门规模强劲扩张背后的一个重要因素是社会支出的显著增长，其中包括具有再分配性质的社会支出。这意味着必须解释为什么要强调人民对再分配具有更多需求。一个根本的决定性因素是西方社会民主参与的加强，这与前面所提及的福利国家扩张的过程是同时发生的。Downs（1957）是第一个提出这一思想的人，他认为所有公民享有投票权与对具有较高再分配性质的产品和服务的更多需求有关。这是因为，中间选民❶（被认为对通过简单多数票而决定采纳的公共政策的选择具有“决定性”影响）越穷，他们享受新服务供应带来的好处大于因缴纳更多的税而产生的成本。这一论断的逻辑也表明，在人民对政治权力具有广泛可获性的条件下，一个社会的收入分配越不公平，再分配支出也就越多，因此国家的规模也就越大。❷

有证据表明，普选权的扩大有助于从总体上扩大公民对公共产品尤其是社会支出的需求。例如，Husted 和 Kenny（1997）和 Lott 和 Kenny，1999）强调了美国各州和各大城市中出现的这一现象，（Aidt 和 Eterovic，2011）也以拉美国家的样本研究了这一假设。❸ 另一方面，不平等与国家规模之间的关系的论证更具争议性。上文已就某些相互关系进行了论述，表明这两个变量之间存在负相关性。❹ Shelton（2007）的著作，以 1970 ~ 2000 年 100 多个国家作为样本，利用横截面和时间序列的数据发现，在民主制度下不平等水平与公共支出占 GDP 比重是负相关的关系。

有说服力的理由将可以解释为什么——虽然面临极不公平的收入分配状况以及实施了普选的选举制度——再分配支出和税收一直没有出现显著增长。关键的问题是政治权利可能与收入水平之间存在相关性。因此，广泛的证据（例如，Li jphart，1997）表明，收入较高的公民可以更好地行使

---

❶ 中间选民是指一个国家中，介于最贫穷和最富裕的人群之间的人群。在一个高度不平等的社会中，中间选民的收入一般比全国居民平均收入低得多，因此可预期他们在选举中更愿意支持再分配政策（他们的支持对于选举结果非常重要）。

❷ Meltzer 和 Richard（1981）正式提出了一个有关这一假设的理论。他们发现再分配的需求越高，平均收入与中等收入之间的差距就越大（相对于其他人群中间选民就越穷），也就是说，社会就越公平。

❸ Lott 和 Kenny（1999）专门分析了妇女参政的程度及其如何在 1870 ~ 1940 年导致这些州支出增长 20%。Aidt 和 Eterovic（2011）的研究表明，部分拉美国家文盲获得投票权与公共支出的增长有关。

❹ Pessino 和 Fenochietto（2010）以 2006 年广泛国家的数据为样本进行的研究得出了与上述一致的结论，他们的研究表明，征税努力与不平等之间呈部分负相关关系。

投票权，也更有机会获得政治参与的替代方式（捐献竞选资金、游说、游行示威等），他们也可以通过这些方式对财政政策的决策施加影响。鉴于象征性的政治参与和实际的政治参与之间存在差别，以及高收入人口在政治进程中被更好地代表，政治活跃人口的收入分配不平等指数（如平均收入与中等收入之间的差距）低于把所有人口计算在内的收入不平等指数，这就导致对于再分配（需求）的降低（Bénabou，1996、2002）。

因此，以上观点弱化了不平等与更高水平的支出和税收（出于再分配目的的）之间的关系；此外，还可以得出两种变量之间的反比关系，正如上一节所谈到的，从经济角度看，拉美地区社会的极度不平等将不可避免地引起获得政治权利的机会的不平等。不平等与再分配支出之间的负相关性在不同发达经济体和近 200 年的经济发展进程中都有所体现（Lindert，2004）。[1] 这就提出了公共政策中的一个悖论，即越有必要实施这种再分配支出政策，国家的再分配支出就越少。

也许这种现象的答案就在于，不平等程度高的经济体也是相对较贫困和经济活力差的经济体。在这种情况下，决定支出与收入规模和再分配支出规模的政治过程，不能忽视有关生产率变化和生产增长方面的潜在的经济趋势，而这一过程在一定程度上决定着税收和转移支付的经济成本。因此，还有一个应该牢记的非常重要的事实是，自 1880 年开始，西方国家公共部门规模强劲扩张的过程，也是这些国家收入稳固增长的过程。换句话说，繁荣的到来使得对再分配和扩大政治权利的需求持续提高。繁荣不仅体现在经济的进一步增长，还体现在公共医疗卫生指标，如预期寿命的大幅提高和出生率的降低。人口结构的这些变化导致对社会支出需求的提高，尤其是社会保障方面。

（二）公共部门的扩张会不会在经济增长和福利方面付出代价

上述分析可以得出如下结论，即政治权利与经济增长动力的变化及人口结构的变化之间相互作用，这些变化主要说明了公共部门规模的变化。这种相互依存关系对于回答以下问题是非常重要：国家的扩张是否会通过

[1] Sokoloff 和 Zolt（2007），Engerman 等（2002）以及 Engerman 和 Sokoloff（2005）的研究为美国的情况提供了证据，他们把美国与加拿大、美国与拉美国家进行比较研究。第四章将进一步详细分析拉美国家所得税实施的情况。

高税率对储蓄和投资的影响、降低对创新的激励、提供就业对纳税人及对接受国家援助的人的影响等渠道，造成放慢生产活动的经济代价。这一直是公共政策中的主要担忧，并导致某些专家对部分欧洲国家公共部门规模强劲扩张提高了实施福利国家政策的必要性的观点感到不满（Tanzi y Schuknecht，2000；Tanzi，2005）。

Lindert（2004）对18世纪以来西欧、美国和加拿大的社会支出的变化进行了全面分析，进而得出一个更为乐观的看法。尤其是，该作者认为国家规模的扩大在上述国家不会导致经济增长率降低和生活质量下降等净经济成本。除了运用统计学数据来支持自己的观点之外，Lindert 的著作对体制和机制进行了详细分析，他认为只有这些机制才能推行提高支出与增加税收的政策，并得出结论，认为尽管存在问题和不足，民主制度的运作却可使规模宏大（或者非常小）的公共部门将潜在的经济成本控制在较低的水平。

特别是，民主参与促使有关支出与税收的财政预算案的辩论，不仅考虑潜在的服务受益者的利益，而且还考虑那些纳税人的利益。在很多国家，尤其是实施普及型的社会计划（如社会保障或教育）的国家，这些计划的成本和收益都由中产阶级来承担和享受，这有利于评价国家行为的净效益。

有人民和不同利益集团参与的政治决策过程促使国家在（因贸易和国际一体化程度的提高与技术革新引起的）经济活动扩张时期提高财政支出与税收，促使国家提高税率、引进新税种的同时降低成本或扭曲。反之，这些税收被用于增加支出，因而也有利于降低扭曲。例如，大部分国家倾向于使用所得税和财产税这类的直接税，尤其是向个人征收的直接税，同时引进普遍的、统一的消费税（例如，欧洲国家的增值税）。

在经济高速增长和国家扩张时期，这些国家提高了贸易开放度，这也促使它们坚持提高税收和支出效率的原则，不仅使税收不会付出阻碍投资的高成本，而且使支出计划能起到促进生产率的提高和增加收入的作用，如基础设施服务和促进教育、医疗卫生可获性的计划。[1]

在某种程度上，提高税收和支出的决定使政治代表和广大人民提高了关于决策设计的错误可能会付出更大代价的认识。因此，政策决定是在对其利弊进行广泛讨论的基础上作出的。因而，国家规模的扩大是在民主参与水平提高、资金使用更为透明、人民通过其政治代表（如议会）或其他机构（审计署、审计机构，等等）逐步提高对公共管理的监督的背景下发生的。

（三）对拉美的教训

上文有关西方发达国家发展进程中国家规模扩张的决定性因素的讨论，在多大程度上能揭示目前拉美在这方面的形势？首先，拉美国家税收和支出的规模处在人均收入较低国家与人均 GDP 较高国家之间。从某种意义上说，这是与拉美大多数国家属中等收入国家的情况相一致的。然而，前面显示的证据表明，某些国家的国家规模已经接近或超过 GDP 的 30%（如巴西或阿根廷），而拉美国家支出与税收的平均水平低于与其发展水平应有的规模（较为突出的国家有危地马拉、巴拉圭、墨西哥和多米尼加共和国，这些国家的税收与公共支出占 GDP 的比重接近或稍高于 15%）。

显然，这并不意味着拉美国家为达到某些发达国家的水平，就可以（或应该）采取使税收与支出水平翻番的政策。如同前面所述，国家规模的扩张伴随着收入增长和人口结构的变化，而且是在民主制度完全有效的情况下发生的。因此，步伐迈得过快可能会带来负面影响。然而，必须确保，随着经济增长和发展、收入大大提高，国家能拥有足够的资源来提供社会所需的公共产品，这样就可以避免因缺乏必要的社会和经济基础设施而导致经济增长机会落空。

但是，经济增长和相应的质和量的公共产品的供应并不会自动导致国家规模扩大。需要广大人民——通过政治机构和代表机构（行政机构和议

---

[1] 因此，更严格的纪律似乎并未影响到更小的政府。Rodrik（1997）发现，国家开放度越高，政府规模越大。这一现象与国家作为抗拒贸易开放带来的风险的“担保”源的作用有关。对于最富裕国家来说，国家作为担保人的作用更多地表现在具有较高管理能力的福利国家对转移支付制度的运用方面；而对于最贫穷国家来说，这种担保人的作用通常仅限于在公共部门创造就业方面，以减轻与贸易开放有关的更高风险所产生的后果。

会）——对有关收入和支出的财政政策达成共识。为此，使收支预算决策保持紧密联系是好的，这可以加强提高税收（降低扭曲性）与提高公共服务的质（效率）和量之间的相互依存关系。在发展过程中扩大支出规模的良性循环可以通过把大多数人和企业纳入税基的税收结构来实现。在支出方面，普及性的基本公共服务计划（如医疗卫生、教育和社会保障）与针对低收入和弱势群体、家庭的转移支付计划共存，也可以促使人们就这种具有再分配性质的财政政策达成政治共识。

正如上文所述，这种一揽子税收和支出政策可能会产生国家授权并向公民回报的过程，从而形成使纳税人参与并监督公共管理的激励机制；反过来，又可以使管理者在其工作中变得更加透明和高效，这有可能意味着公民履行纳税义务意识的提高。

四、税收和支出结构与良好的治理：本报告的主要结论

在经济增长和民主制度完全有效的背景下，拉美国家在多大程度上可实施有利于收支决策之间实现良性循环的财政政策？本报告的目的是回答这一问题。为此，必须分析国家行为是否意味着公共产品的及时供应既满足了现有要求，又能以高效率的方式进行并同时改善公平。这两个方面将分别在第二章和第三章进行分析。

但是，正如前面所述，公共产品供应在数量和质量方面的不足及对再分配的影响与国家如何为这些支出融资有关。因此，第四章将详细分析拉美国家的税收结构以及征税能力和再分配效果是如何受到限制的。第五章和第六章分析税收结构与预算规模及其构成之间的联系。第五章将利用CAF在2011年形成的调查报告结果对这一联系进行评估，第六章分析不可再生资源（如碳氢化合物）开采中获得的财政收入而进行的融资及其对公共产品供应的影响。最后，第七章将分析拉美国家预算机构的作用，以及这些机构在多大程度上有助于达成以下共识，即要根据提高效率和公平发展的条件而对税收与支出水平进行调整。然后，对每章的结论进行更详细的分析。

（一）国家是否有助于改善拉美地区的收入分配？

拉美国家传统上被列入世界上收入分配最不公平之列。许多发达国家

（如经合组织的大部分成员国）的社会不平等程度明显低于拉美国家。此外从历史上看，拉美国家对福利国家的认识也远落后于最富裕国家。如上文所述，20世纪，最发达国家提高了公共部门对再分配有重大影响的公共产品和社会服务供应方面的参与度，而拉美的福利国家却采用了相对较弱的方式，其主要特点是质量低下、分割供应。

尽管如前面所述，拉美国家的不平等程度较高而在福利国家方面又较弱，然而目前拉美国家正处在改善收入分配的历史时期，具有再分配性质的公共产品的可获性程度提高。收入分配的改善在拉美地区的所有国家均始于2000年前后，这标志着过去20年的趋势得以扭转。

降低不平等程度的主要驱动力之一是人力资本回报方面的表现。熟练劳动力服务的价格降低导致劳动收入趋于平等，因为大多数熟练劳动力是收入最高的阶层。熟练劳动（相对于非熟练劳动）回报率下降的原因很难鉴别，因为表现在与生产要素的需求与供应有关的方面。值得注意的是，20世纪90年代以来拉美国家中等教育可获性的提高有助于劳动收入的平等化。

近10年收入分配平等程度的提高还与非劳动收入的表现有关，也就是说，与导致劳动力市场中劳动要素服务再分配的行为有关。因此，公共部门在针对低收入家庭和非缴费型养老金（扩大了对过去没有覆盖的低收入部门的供应）的有条件转移支付促进了拉美地区收入分配的改善。

尽管如前面所述拉美国家的收入分配有所改善，却依然存在一些与再分配政策效率有关的问题，主要是较高的非正规性比例（阻碍了通过劳动市场转移而实现再分配）、覆盖不均衡和质量低下（尤其是在医疗卫生、学前教育和高等教育等方面）、某些能保证低收入家庭完全获取全覆盖型公共服务的基本服务转移缺乏互补性，等等。

对阿根廷、玻利维亚、巴西、墨西哥和秘鲁的支出与税赋负担的详细分析（后财政分配与初次分配或收入的“初次”分配相比较）表明，再分配主要是通过教育和医疗卫生等公共产品和服务的供应来实现的，尤其是阿根廷、巴西和墨西哥。上述提到的某些货币的直接转移支付计划，在部分国家，也促进了公平。在所有分析的国家中，税收作为反不平等的工具实际上是完全无效的。

（二）公共支出与效率

公共资源的有效使用是一种道义责任，它不仅为征税行为提供合法性，而且（正如本报告所强调的那样）根据互惠的假设有可能成为增加税收和改善征税行为的良性循环的核心。在公共管理效率这一概念方面，最重要的是要明确规定这一概念的界定以及如何进行衡量。不幸的是，这类讨论常常被限制在对结果的衡量（虽然也提供了非常有用的信息），而没有对管理的效率做出评估。原因很简单：一个不利的结果可能反映出资源（投入）不足或者“外部条件（或环境）不利”，而不一定是可支配资源使用不当。

生产效率有助于决定政府是否能提供与现有资金投入相匹配的公共服务，反之，也有助于决定减少投入是否能产生相同数量的产品。因此，要衡量一个公共部门的效率，就必须对理想或现实两种状态下所使用的资源或投入与取得的成效进行比较，这种状态是消耗（投入）与结果（产出）相联系的特殊状态。

总的来说，实证研究表明，虽然拉美国家公共管理指标方面表现不佳，在一定程度上是由于投入不足和（或）外部不利条件造成的，但是还有一个重要原因就是效率低下。例如，对国家的大量数据进行汇总后发现，拉美国家在现有的针对教育部门的资源条件和学生的环境状况下，教育的可获性和质量的成效还可提高 20%。虽然近年来医疗卫生部门的某些指标得到了显著改善，但是仍存在资源使用效率极其低下的问题。用较分散的资料对智利和秘鲁的教育机构进行的评估，证实确有必要改善管理；但是，可以发现公共机构的情况并不一定是管理效率低下；实际上，在考察教育机构中效率指标的分配后证实，某些公共机构与实行最好管理的私人机构一样有效率。

上述结果使有关哪些政策或制度安排可提高管理效率的问题成为公共政策讨论的核心，可以采取的部分干预措施有：为了实现政策目标而对公共部门员工采取激励措施；针对目标人群的社会计划及对支出与补贴的总额进行良好的规划；在公共管理中使用信息和通信技术；对项目进行预先评估和规划的重要性。实施以上各项措施本身就是一项复杂的任务，但是对于提高公共管理效率这一必须实现的目标来说又是不可避免的。

（三）拉美国家的税收结构和征税的努力

尽管近年来拉美国家支出和总收入水平有所提高，然而该地区在此方面，尤其是在调节税收入方面仍比较落后。在一定程度上，税收水平取决于税赋结构。直接税与间接税的比例应该适当，其中要提高效率成本低且可以对公平产生积极效果的税种的比例，这是应当考虑的关键问题。对如下问题也要有一定程度的共识，即税收结构应该考虑广泛使用增值税（对家庭生活基本用品征收较低的税率）、个人财产和收入的相对累进税（包括固定资产税）以及以统一费率而征收的企业收益和利润税。

然而，拉美各国采取的这种赋税结构受到如下各种不利因素的影响：收入分配的严重不平等、公司和劳动力的非正规性、政府为扩大税基和实行累进税制而必须面对政治成本和部门压力、监管征税的能力限制和技术困难以及人民对公共支出和国家职能的效率低下的看法，上述制约因素削弱了公民履行纳税义务的意愿。

这些制约在一定程度上说明税收结构方面存在缺陷，所得税及企业和个人的收入税（尤其是后者）在总税收中所占比重很低（约为28%）。由地方政府负责征收的财产税的情况也是如此。证据再次表明，根据拉美地区人均GDP和经济结构，这一比例不一定合理。其他发展中国家，例如东亚，或者发达国家人均收入水平接近目前拉美国家目前水平的历史时期，都进行了税收结构改革，大幅提高了所得税占总税收的比重（超过51%），这使这些国家既保证了收入又保证了效率目标与再分配和平等之间的平衡。

高逃税率是拉美国家在税收方面不努力的另一个原因。根据国民核算与家庭调查的有关数据估计，消费税（如增值税）的逃税率平均为27%左右，收入税和所得税约为50%。打击逃税有可能增加税收，除此之外还将对税收结构产生重要影响。例如，对个人所得税等的逃税率有可能是最高的。面对这一情况，当局可能会适当降低这些税种（尤其是具有最高边际税率的税种）的税率，并用其他更容易管理且更难逃税的间接税来代替（如特别税或金融交易税）。这会影响税收体系的平等。

但是，除了可以证明收入税和财富税（尤其是向个人征收的部分）在分配和效率方面具有重要作用之外，该税种还可以引导公民的参与和管理机制（整个报告都强调了这一点），同时可以提高公共部门的管理和透明度。换言之，税收结构不仅应根据其短期内为国家创造资源的可能性来评价，还必须根据它对体制建设和加强民主制度方面的影响来评价。

（四）税收和管理质量：授权和回报

纵观历史，国家活动的资金与公民的联系方式密切相关。如果公共部门要求企业和公民通过纳税而为国家作贡献，一般来说，他们也会要求以某种方式参与资源使用的决策。例如，通过议会或国会来制约政府的行为，并对投资和支出的优先安排进行协商。在 17 ~ 18 世纪促使一些欧洲国家和美国产生民主制度的这一过程，即所谓的“没有代表就不纳税”，至今仍在发挥作用，并通过这一过程促进了良好的治理与税收征管之间的良性循环。

良好的治理与税收之间的关系有很多种，本章把它分成两种：（1）如果公民对管理质量的看法较好，那么他们缴税的意愿就会提高；（2）公民对财政的贡献越大，积极参与监督政府的过程的动力就越大，就越能提高管理质量。这两种机制可以互相补充形成一种良性循环，使公共部门在获得适当融资水平的同时，让公民发挥监督作用，确保公共部门的活动能尽可能高效地进行并适当照顾居民的需求。

2011 年 CAF 的调查表明，尽管税收可以提高公民参与度，进而增加政府财政收入，仅有这些渠道却仍然是不够的：人民仍然把选票看成最重要的监督机制，并对直接参与机制持怀疑态度，这在一定程度上是由于对这些机制了解不够。从回报的方面看，论据（尤其是与地方政府的税收和公共服务有关的证据）表明，在拉美的某些城市，公民对管理质量的看法与其缴税意愿之间存在着重要的正相关关系。CAF 的调查发现，与政府之间相互关系的影响虽然很小，但却是一种积极的影响。这表明，如果公民对家庭使用的财产和服务的数量和质量的看法发生了重大改变，那么真正的影响可能是很大的，从而会直接地影响到回报的效果。

（五）不可再生资源收入与税收和支出的决定

开采不可再生资源产生的财政收入对于像拉美这样的地区来说是很重要的。政府占有这些收入的一部分（甚至全部）后，可将其用作预算资金的一部分。近年来国际原材料价格上涨导致这部分收入在原料生产大国的预算中的比重从 21 世纪头十年初的 18% 大幅增至十年末的 35% 。

这些国家原材料收入的增加导致财政收入增长，从而扩大了公共产品和服务的供应，由此促进经济增长和福利增加。然而，公共部门融资的替代产品的出现也削弱了公民与国家之间通过税收所产生的联系。换言之，公民失去了（直接或间接地）监督公共管理并要求其适当使用这些资金的动力，因为他们认为预算资金并非出自自己的钱包。这反过来降低了公共部门提高服务质量的压力。公民认为他们获得的服务质量低下，因此他们没有支付额外税赋的动力，最终将产生税收减少、公民参与率降低、对预算过程缺乏监督及至公共政策效果差的恶性循环。

如果国家通过透明度低的制度、过分复杂或不稳定的法律体系来占用这些自然资源收入，以上问题还有可能恶化，从而影响公民或监督机构对公共管理的监管。同样，在薄弱的体制环境中，自然资源开采所得高收入可能引发利益集团为占有这些收入而进行的争夺战或有可能扩大政治上争夺选票的行为。所有这些都有可能恶化可治理性的问题并使制度弱化，对公共管理质量造成负面影响。

国际经验表明，实际上，拥有自然资源收入不一定能提高财政政策的效率。一方面，对自然资源收入进行管理的透明度低，而且预算管理方面总体缺乏透明度。另一方面，虽然自然资源丰富的国家将更多资金用于提高物质资本和人力资本，但这并不会导致教育和医疗卫生支出效率的提高，也不会改善某些公民生活质量的指标。

对部分拉美国家地方政府的数据进行的分析得出相同的结论。尤其是，巴西和秘鲁的论据表明，获得开采石油或矿产资源收入的地方政府，虽然总支出及对不拥有这类收入的地方政府的投入增加了，但它并没有提高生活质量的指标，如住房条件、公共基础设施、教育和卫生等。

关于如何协调自然资源收入的增加与提高财政管理效率的关系以促进有社会包容性发展，这一与公共政策相关的问题，一直受到许多自然资源丰富的国家关注。答案之一是，建立预算规则或稳定化主权基金或政府储蓄基金，以改善对这些收入的管理。国际经验表明，以上措施能否取得成功似乎主要取决于其管理的透明度，也就是说，主要取决于如何促进与这些资源有关的正确的和明确的信息传播。这可能会对不同部门（行政部门、国会和生产部门及地方）和公众产生某种激励机制，以便使其能够参与基金的分配决策及对其执行的监督。

（六）预算制度和良好的治理：透明度、管理和公民参与

公共预算在公民与政府之间关系方面起着关键的作用，因为公共预算是政府向公民代表团作出承诺并确定优先安排的计划，并且体现出收入与支出的明确关系。这适用于任何级别的政府，无论是中央还是地方政府。

公共预算是确定承诺和目标并划定范围的文件，以便公民向政府提出国民账户核算要求。通过这样的方式，公共预算在了解人民需要和要求的过程中，以及政治领袖和当局对没有实现的目标和计划进行讨论中，发挥了主要的作用。

这意味着立法机构——讨论和通过预算的地方——对于实现更有效和公正的公共管理以满足人们的要求起着主导作用，因为立法机构代表了不同的社会利益，它必须监督行政部门履行其作出的承诺。

不幸的是，在拉美地区预算的调整不总是兑现上述目标。事实上，在拉美预算经常是不具有政治重要性或财政必要性的一种形式。一般来说，必须使财政政策合理化并避免出现议会政治游戏导致公共支出和赤字增加，因为许多国家的行政机构把持了预算决策过程的许多工作和特权，伤害了议会的参与。这些预算形式上的规则还与下述做法共存，即（许多国家的）行政机构被授予可以任意改变国会达成的协议的权力（延期、重新估算收入、改变最初的配置、非预算资源的分配，等等），这使得执行预算的可信度降低。

除了以上结构性制约之外，还可能存在与立法机构的能力、整体民众的能力以及处理和解释预算信息的能力有关的制约。它限制了议员和其他公民代表继续进行建设性讨论的能力，同时又增加了监督的难度。更为重要的是，由于行政部门集中了决定支出限额的权利，议会则拥有提高或设立税收的权力，因此预算调整往往把应在行政机关和立法机关同时进行的有关收入与支出的讨论分割开来。所有这些结构性因素和制约都妨碍了议员和广大民众（间接）的积极参与。

上述体制和政治上的难题阻止预算履行其连接政府和公民的职能，也阻止了预算应当为收入与支出决策联系变为现实提供空间的功能。尽管如此，一些拉美国家依然采取了一些增强预算过程的措施并已获得进展。这些措施包括加强立法机关能力、提高预算过程各个阶段的透明度、制定审计和监督制度、鼓励公民直接地或通过非政府组织间接地参与式预算有关内容的讨论等。上述部分措施已对公共管理产生积极影响。这些改革措施的最终目标是使公共财政预算以及在民主制度下对预算的讨论变成一个工具，并在不影响宏观经济稳定的条件下，能够在提高税收、增加开支，促进社会包容性发展方面达成共识。

五、结　论

本章试图论证，在拉美和其他发展中国家，公共部门缺乏足以提供适当数量和质量的公共产品和服务的资金，因此国家不能履行其推动兼顾公平的经济发展的作用。此外，税收监管和公共产品供应的缺失互相影响，从而形成一种难以改变的现状。这是因为公民与公共部门融资脱钩（征税主要集中在少数企业，或者过度使用较不引人注意并不稳定的间接税）的税收结构，可能导致民众较少关心公共资源的使用，降低民众通过选票及其他机制（通过非政府组织等其他渠道对国会中的代表施加压力）对公共管理进行监督的参与。因此，降低了对政府透明及其工作效率的激励，造成管理不善，并表现为公共产品供应减少、质量下降。从而降低了民众履行纳税义务的意愿，进而出现征税不佳、管理不善的恶性循环。

根据上述判断，应该实行何种政策干预？如何才能使拉美国家“打破”导致国家效率低下、从公民角度看合法性降低的失衡状态？显然，在本章分析中所提出的建议与某些仅仅从税收角度或支出（例如，提高个人所得税税率、增加教育支出）角度分别采取的单项措施没有联系；此类分析倾向于突出财政制度的重要性，并尽可能使公民了解和评估（根据个人福利和社会其他方面）预算收支间的联系。正如 Bird（2004，p. 12）等人所指出的那样：“……为采取最合理的财政政策，能够做到的最好事情是，让人们受益，并使饱受成本之痛的那些人能够得到信息并了解这些决策可能产生的后果……”

换言之，制定税收和支出政策时，平衡社会收益和成本的唯一方式是使财政制度以尽可能透明的方式把收支决策联系在一起，并通过公民参与和代表机构及权力分工的政治制度使社会成本和收益（有时表现为个人和企业的私人成本和收益）都变得更加明确；其次，使已采取的措施实现必要的收支平衡，进而实现福利最大化。

因此，为了推行能有效增加收入和公共支出、同时顾及公平的财政政策，应改善政治体制的作用，提高国家职能的合法性及其能力（Lledo et al.，2003）。尽管这一想法不容易实现，本报告还是就何种财政制度以及财政制度的哪些职能可能扭曲收支决策间的联系，并妨碍管理者和社会采取更加合适的政策提出了意见。这些意见包括：税收结构失衡，虽然所得税和利润税已经在一定程度上实行累进制，但它并没有涵盖到相当部分人口和企业；现有的非税收入（例如，自然资源开采的收入）的透明度低，使公民与国家融资需求相脱节（通过正常征税得到的收入大幅度减少）；高逃税率导致税收制度缺乏公平、公民纳税意愿降低；社会支出计划的再分配能力和效率低下；在预算机构方面，议会和行政部门之间缺乏适当的平衡和（或）协调，也没有发挥在不同利益间进行协商的空间的作用。

以上这份财政制度可能存在缺陷的清单没有提供能够立即实施的具体措施，但是它可以就公共财政改革讨论提供必要的元素，使其在顾及各国特殊性的同时，有助于就可行的行动路径达成共识。

第二章　拉美的公共财政与平等*

一、前　言

出于各种原因，平等是所有公共政策所追求的主要目标之一。较高程度的不平等不仅就其本身而言（从道义上和“分配的公平性”方面）被认为是有害的，而且还会妨碍经济增长，❶ 制约通过增长减少贫困的能力（Bourguignon，2002）。同时，不平等也可以成为社会紧张和冲突的重要根源（Esteban y Ray，1999）。

根据 Musgrave（1959）的划分，国家传统职能包括再次分配，这是现代经济中公共政策的三大支柱之一，其余是完成资源配置和保持宏观经济稳定。为实现再次分配，国家以税收的方式从家庭和企业征收资金，以后用于不同类型的支出。无论在征收环节，还是在支出方面，公共政策的干预均具备对收入初次分配、即单纯通过市场进行的分配，进行修正的能力。❷ 因此，这一过程也被称为“税后分配”或叫做收入的二次分配，并在其中纳入税收和公共支出的影响。正如本章分析所指出的，为进行有效且可持续的再分配，除了税收和支出的规模以外，公共服务以及转移支付的构成和质量同样重要。

---

* 本章内容由 Lucila Berniell 负责编写，Mauricio Stern 和 Mariana Urbina 提供研究帮助。

❶ 许多假说将不平等与经济增长联系在一起。例如，信贷市场的缺陷、人力资本积累的外部性、社会冲突或要素市场僵化等因素导致不平等程度更高的国家经济增长较低的传导渠道（Ortega y De Ferranti et al.，2003）。

❷ 公共干预也会间接地影响到劳动或包括资本和土地在内的其他生产要素拥有者的收入分配。

总之，分配职能比经济中的资源配置职能（“配置职能”）更具有争议性。围绕什么是公正、何为“理想的”再分配程度的考量往往会导致反差巨大的不同看法。这与关于通过公共渠道进行的再分配缺乏效率的担忧一起限制了国家的再分配职能。尽管如此，在实践中各国政府还是投入了大量资源，以影响收入在国民间的分配过程。例如，一些最为发达的国家几乎把全部公共支出的3/4都用于社会支出。这其中很大一部分会对再分配产生重要的影响。此外，正如第一章中所强调的那样，发达国家获得长达百年增长的很重要的一部分原因在于，需要满足再分配的需求。

拉美的不平等程度不仅超过了比其更为富裕的国家，也超过了与其发展程度相当的国家。根据 Gasparini 和 Lustig 的研究（2011），在 15 个收入分配最不平等的国家中，其中 10 个是拉美国家。[1] 此外，与更为发达的国家相比，拉美各国的再分配职能效率更低。拉美公共政策再分配职能的低效率与以下因素有关：（1）用于社会支出的资金远低于发达国家；（2）某些公共产品和服务未能覆盖最贫穷的群体；（3）与更为富裕的地区相比较，拉美相关公共产品和服务的质量更低。

图解 2.1 左侧是各国政府通常可以使用的再分配工具的简单示意图。一方面，征收环节可以通过累进税制的设计，显著影响最富有群体的收入；另一方面，它也可以通过间接方式为资金转移支付（缴费制或非缴费制）以及一般公共产品和服务的供应提供融资，从而使人们可以平等地获得高质量的产品及服务，实现机会均等。

然而，拉美的再分配政策更像图解 2.1 右侧所显示的那样。低下的征收能力表现为税制结构限制了可征税额即潜在征收额的扩大。与此同时，偷逃税现象严重（见第四章）。这导致用以支付收入转移和公共产品的资金不足。因此，拉美国家公共收入对减少不平等的直接效用（通过对最富裕家庭的初次收入进行扣除）和间接效用（为再分配支出提供融资的能力下降）均不及发达国家。另一方面，非正规就业主导劳动力市场的局面也使得通

---

[1] 许多时候，拉美被认为是世界上收入分配最不平等的地区。然而根据 Gasparini 和 Lustig 的研究（2011），由于极度落后地区（如非洲）的收入统计数据质量相对较低，而拉美相关数据较完备，这就使得拉美在基尼系数排位方面处在更加不利的位置。正如世界银行世界发展数据库记录的数值所显示的那样。

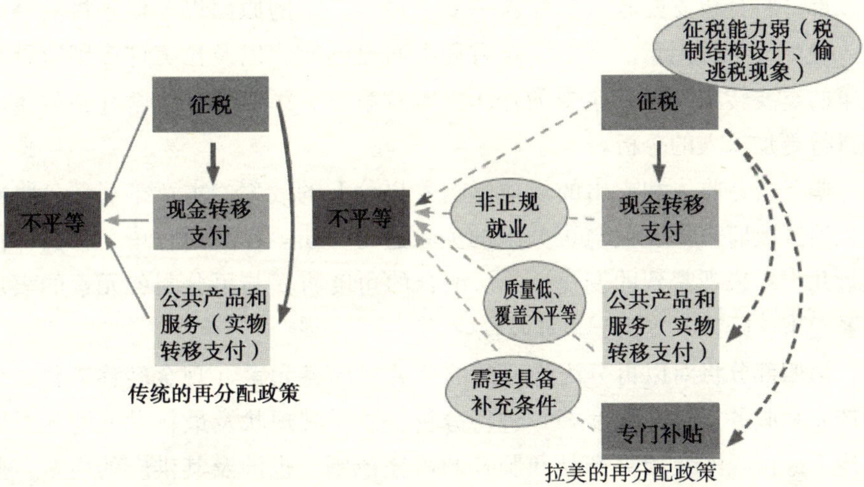

图解 2.1　再分配政策工具

资料来源：作者编制。

过缴费型社会保险转移支付进行再分配的任务变得更加困难。此外，教育、医疗和基础设施等公共产品或服务供应质量低下，无法确保所有收入阶层普遍享有，从而拥有平等的机会。拉美许多国家过去试图通过实施专项补贴来引导收入分配发生变化。如果这些补贴与其他更具有普遍性的公共产品和服务供应（如基础教育、医疗和基础设施）适当互补，确实可以有效降低不平等。然而，在实践中，很多时候这些补贴费钱费力，分流了为一般公共服务提供融资的资金，并因为相对核心价格的扭曲导致部分效率损失，更会造成由已经获得必要补充产品和服务的最富裕群体享受了这些补贴。❶

虽然拉美仍存在较高水平的不平等、福利国家体制薄弱且成分碎片化，但是拉美地区正处在收入分配差距缩小的阶段。一些具有再分配性质的公共产品和服务的可获性也在随之改善。就拉美大多数国家而言，最近的收入分配改善始于2000年前后。在此之前，各国经历了20世纪80年代“失去的十年”以及90年代结构改革时期这一漫长的收入差距扩大阶段。本章

❶　证明旨在减少不平等的某些补贴体制存在缺陷的典型例子是，在享受汽油价格的补贴时，有人还拥有汽车这一额外的私有产品。

第二部分将分析支配收入分配这一复杂过程背后的原因以及促进拉美地区收入分配改善的因素。其中，人力资本回报的变化以及拉美许多国家社会政策的重要转向发挥着重要的作用。本章第三、第四部分将就社会政策问题进行更加深入的分析。

鉴于公共收入和支出的规模影响着再分配的效率，本章第三部分将对拉美地区政府规模及其与再分配的关系进行分析。在此过程中，将具体描述近几十年来观察到的变化，并从综合的角度将其与再分配各元素的表现联系起来，既涉及支出，也涉及税收。[1]

第四部分将对以再分配为目的的公共支出各元素（现金转移支付、公共产品和服务、补贴制度等）进行分析，并对其现状及最新发展情况予以描述。分析既涉及相关产品和服务的覆盖范围，也涉及其供应的质量，并得出结论认为，尽管近20年来许多产品和服务（特别是基础教育、非缴费型收入转移以及某些城市基础设施服务）得以扩大，然而非正规化、不平等覆盖、低质量以及与其他产品及服务之间缺乏互补等因素，仍将继续制约着福利国家的加强，并从而威胁到不平等程度降低的可持续性。

本章第五部分集中了问题的各个环节，就税收和支出对平等的影响进行了全面分析。该部分详细研究了阿根廷、玻利维亚、巴西、墨西哥和秘鲁的案例，并指出大部分再分配效果（仍然较低）是通过包括教育和卫生在内的公共产品和服务的供应（实物转移支付）所实现的，对阿根廷、墨西哥和巴西来说尤其如此。此外，在一些国家中，某些现金直接转移支付也有助于降低不平等程度，但税收在这方面却完全无效。本章最后部分进行总结，认为拉美地区在平等方面取得了进展，但对相关成果在中长期的可持续性及改善提出了疑问。

二、对拉美不平等状况的展望

如图2.1左侧所示，拉美地区的不平等程度要远远高于根据其发展水平（根据人均GDP衡量）所进行的预测。但另一方面，地区的贫困水平却与发

[1] 第四章将对地区的税制结构进行更详细的分析。

展程度相适应（见图2.1右侧）。

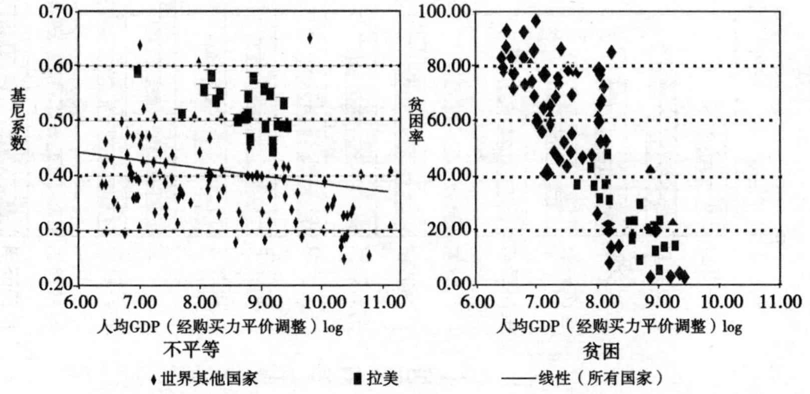

图2.1　根据各国发展水平[b]确定的不平等和贫困程度[a]

注：a，贫困率指人均收入经购买力平价调整每天低于2美元。

b，图中每个点代表一个国家2000～2009年的平均水平。

资料来源：根据世界银行（2011）WDI自制。

尽管存在“过度不平等”，近十年来拉美的收入分配还是出现了平等化的重要趋势。如图2.2所示，在1999～2001年和2007～2009年的两个三年期中，图中列出的15个国家中有11国的基尼系数（按家庭人均收入计算）出现下降。❶ 此外，洪都拉斯、哥斯达黎加、乌拉圭和哥伦比亚等国不平等程度的增长平均不到3%，而基尼系数平均下降程度则更为显著，平均达到7%。

在20世纪最后10年以及21世纪的前10年中，拉美不平等现象呈现出两种迥异的趋势。20世纪90年代，不平等出现普遍性扩大。然而，在2000年前后这一趋势得到扭转。此外，如果完整地考察近20年的情况，可以看出各国不平等水平出现了某种趋同的现象。从图2.3左侧可以看出，考察期

❶　基尼系数下降的计算并未考虑到两个时期平均值变化给统计上带来的影响。根据Lustig等（2011），2000～2009年，在17个有数据可以比较的拉美国家中，13个国家的基尼系数统计出现了显著下降。根据Gasparini和Lustig的研究（2011），按照联合国拉美经委会数据计算，2000～2008年，拉美17个国家中有14国的不平等程度出现下降，而使用拉美经济社会数据库（SEDLAC）资料时，同一时期有16个拉美国家的基尼系数出现下降。

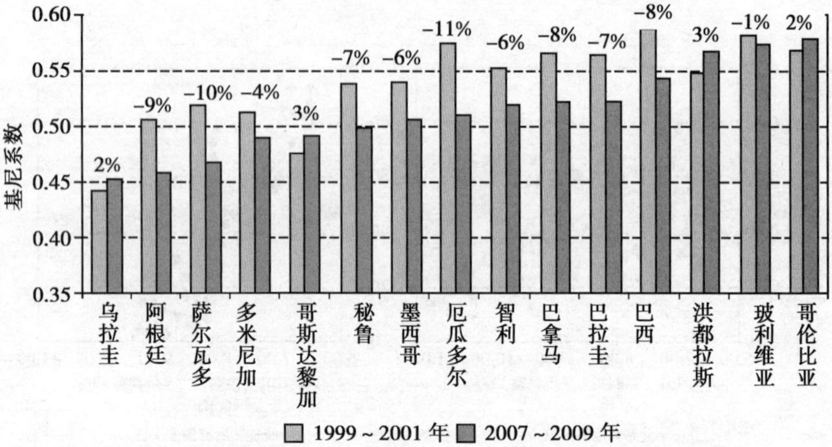

图 2.2　部分拉美国家基尼系数水平[a]（1999～2001 年与 2007～2009 年）[b]

注：a，根据家庭平均收入计算的基尼系数。纵轴标值未从 0 开始，以突出变化程度。

b，表中所列国家是在 SEDLAC 数据库中可以查到 1999～2001 年和 2007～2009 年两个三年段基尼系数的国家。各国根据 2007～2009 年基尼系数水平升序排列。

资料来源：作者根据 SEDLAC（CEDLAS 和世界银行，2011）编制。

初期最不平等的国家也是在从 20 世纪 90 年代至 21 世纪头十年这段时期中基尼系数下降最多的国家。就 21 世纪前十年而言，趋同进程的特征在减弱（见图 2.3）。一些不平等程度相对较低的国家基尼系数也出现了显著下降（如阿根廷），而一些最不平等的国家（如哥伦比亚和洪都拉斯）却未能继续降低不平等水平。

为什么近 10 年中不平等出现下降？这意味着已经形成了打破拉美地区长期不平等历史的趋势吗？鉴于影响一个国家收入分配的因素众多，很难就此给出答案。区分导致变化的各种力量并分析这些力量在中长期内继续发挥作用的可能性，是一项十分复杂的任务。专栏 2.1 总结了许多国家近年来出现的不平等下降背后的原因及证据。大体看，相关论据强调了两种力量的作用：人力资本回报下降以及针对最贫困人口收入转移政策的影响。❶

❶　将在本章第四节中对收入转移政策对平等的作用进行更详细的分析。

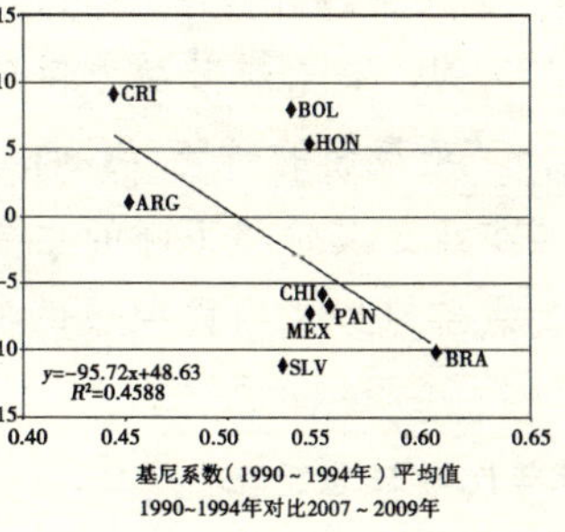

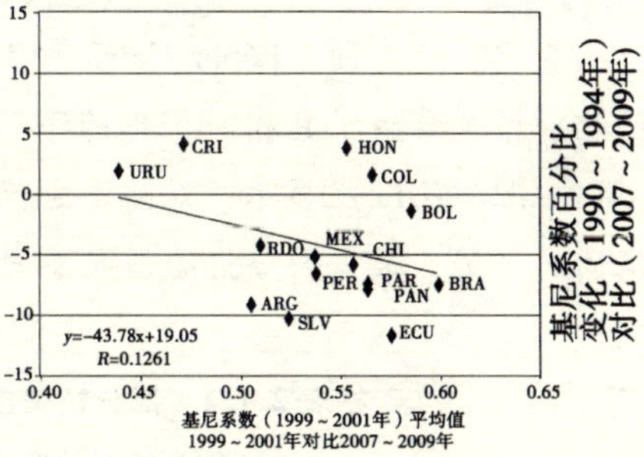

图 2.3　基尼系数变动及其初始水平的关系（贝塔趋同分析）

资料来源：作者根据 SEDLAC（CEDLAS 和世界银行，2011）编制。

图例

左侧：CRI，哥斯达黎加；BOL，玻利维亚；HON，洪都拉斯；ARG，阿根廷；CHI，智利；PAN，巴拿马：MEX，墨西哥；SLV，萨尔瓦多；BRA，巴西。

右侧：CRI，哥斯达黎加；BOL，玻利维亚；HON，洪都拉斯：ARG，阿根廷；CHI，智利；PAN，巴拿马；MEX，墨西哥；SLV，萨尔瓦多；BRA，巴西；URU，乌拉圭；RDO，多米尼加；PER，秘鲁；ECU，厄瓜尔：PAR，巴拉圭。

专栏 2.1　拉美近期不平等程度改善的原因

一国收入的分配是生产要素所有者、进行要素交易的市场结构、使用要素的科技手段以及家庭参与劳动力市场的决定等诸多因素之间互动的结果。国家通过支出和税收的手段进行干预，自然也会影响到收入分配。这一复杂的结构使得难以分清每种因素在拉美近期分配不公程度改善过程中发挥的作用。然而，一些试图对上述现象进行解释的假设也找到了实证方面的合理论据支撑。

假说之一强调了劳动收入演变的作用。劳动收入是拉美家庭收入的最大来源（约占拉美平均家庭收入的 75%）。证据表明，拉美收入分配改善大部分要归功于劳动收入差距的下降。特别是近 10 年来，人力资本回报率出现下降，从而导致分配的改善。这与 20 世纪 90 年代的情况正好相反（见专栏表 2.1.1）。由于高素质的劳动力集中在高收入人群，高素质劳动力相对价格的下降就趋向于改善收入分配。然而，人力资本回报降低的原因十分复杂，很难解释清楚。这涉及拉美近20年来所发生的需求和供给两方面的变化。一方面，López Calva 和 Lustig（2010）认为，高素质劳动力供应的相对增加导致了其相对价格的下跌；另一方面，一项最新的研究（Gasparini et al.，2011）显示，对高素质劳动者需求的减少才是其价格下降的主要原因。当然，根据所分析的国家不同，上述两种观点都可以或多或少地说明问题。

专栏表 2.1.1 部分拉美国家 20 世纪 90 年代与 21 世纪前 10 年间熟练劳动工资回报率变化（熟练工对比非熟练工）

国别	熟练劳动相对于非熟练劳动工资回报率变化（%）	
	20 世纪 90 年代	21 世纪前 10 年
阿根廷	3.5	-2.4
玻利维亚	7.9	-4.6
巴西	-0.4	-3.2
智利	0.5	-1.9
哥伦比亚	2.5	-2.0
哥斯达黎加	0.4	-0.2
厄瓜多尔	—	-3.2
萨尔瓦多	1.7	-0.1
洪都拉斯	0	-1.9
墨西哥	1.8	-2.8
尼加拉瓜	3.5	-6.9
巴拿马	0.3	-2.3
巴拉圭	0.8	-5.6
秘鲁	0.6	-2.8
乌拉圭	2.3	-0.9
委内瑞拉	1.1	-4.8
平均值	1.8	-2.8

资料来源：Gasparini 等（2011）。

另一方面，尽管劳动收入仍是拉美收入的主要来源，其相对分量仍让位于包括养老金和转移支付（公共和私人部门）在内的非劳动收入。这部分也是由于各国政府社会政策变化的结果，本章的其他小节将对此进行分析。图一显示，虽然缴费型养老金已经变得更加累退，但是转移支付（包括有条件转移支付、非缴费型养老金以及作为私人间转移支付形式的侨汇）却在承担起日益重要的再分配功能。之所以说缴费型养老金已经变得更加累退，是因为其取决于在正规就业市场从业的条件。近几十年来（在此期间，目前的养老金领取人进行了缴费），最贫困人口在这方面的条件不断恶化。

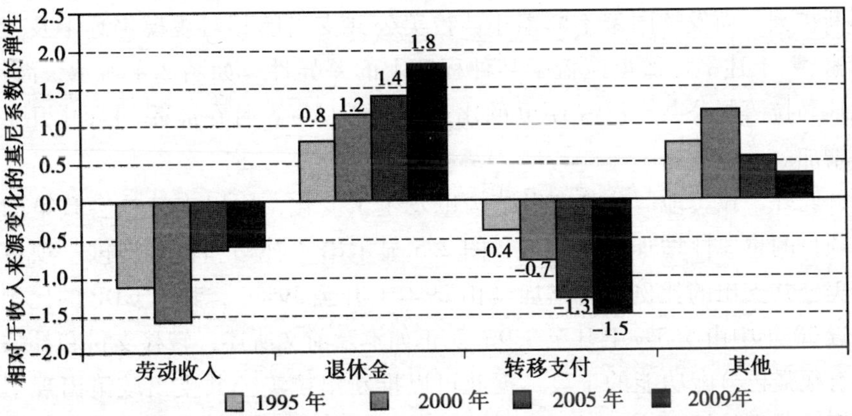

专栏图 2.1.1　拉美不平等程度相对于各类非劳动所得的弹性（基尼系数）

资料来源：作者根据世界分行（2011）制作。

因此，从专栏图 2.1.1 中可以看出，缴费型养老金的边际效应如下：2009 年，养老金每增加 1%，不平等程度增加 1.8%；而在 1995 年前后，不平等程度的增加只有 0.8%。另外，2009 年前后，转移支付增加 1% 将降低 1.5% 的不平等程度；而 1995 年，通过转移支付提高收入的每一个百分点，基尼系数仅下降 0.4%。换言之，收入分配的不平等随养老金收入的变化呈现出正的递增弹性，而随其他转移支付收入增加则呈现出负的递减弹性。

资料来源：根据 Gasparini 等（2011）、世界银行（2011）以及 López Calva 和 Lustig（2010）研究资料编制。

三、政府规模与再分配的关系

（一）拉美公共支出的增长：再分配项下各要素的作用如何

拉美国家政府规模要小于发达经济体。衡量政府规模差距的指标之一是比较公共支出占 GDP 的比重。经合组织成员国的这一比重远超过拉美国家。2007 ~2009 年，拉美国家公共支出平均占 GDP 的 27.8%，而经合组织国家则达 43.3%。[1] 20 世纪 90 年代初，拉美的公共支出占 GDP 比重的平均值为22.9%，而经合组织国家为46.3%。[2] 换言之，尽管拉美国家政府规模不断扩大，而发达国家不断缩小，拉美公共支出的相对规模仍远不及发达国家。[3] 上述平均值也掩盖了某种程度上的差异性。如图 2.4 所示，海地、危地马拉等国公共支出占 GDP 的比重还不到15%，且在最近20 年中几乎没有增加。

此外，拉美地区公共支出结构也发生了变化，用以支持社会政策的支出项目的重要性增加了。例如，图 2.5 显示出“补贴和转移支付”项目占拉美公共支出的比例显著增加（由 29% 上升至 39%），其占 GDP 的比例也在近 20 年中由 5.3% 上升至 8.9%。正如本章前文所述，转移支付和补贴是具有很强再分配功能的工具，据此可以推断出拉美公共支出政策出现了有利于再分配的转向。[4]

对支出分配功能进行分项目分析的另一种方式是根据所支持服务的种

---

[1] 该值为 2007 ~2009 年的简单平均数。根据按各国 GDP 规模计算的加权平均值，拉美国家为 32%，经合组织国家为 40.7%。

[2] 20 世纪 90 年代初（1990 ~1992 年），拉美的加权平均值（根据 GDP 规模计算）为23.6%，经合组织国家为 41.4%。

[3] 尽管按简单平均值计算，拉美国家公共支出占 GDP 的比重上升了 4.9 个百分点，然而两种计算方式均未包含巴西。因为 1990 ~1992 年，联合国拉美经委会数据库未收录巴西的任何相关数据。

[4] 支出的经济分类对“补贴和转移支付”的定义（根据国际货币基金组织 2001 年《公共财政统计手册》）包括给予公共部门的补贴、捐赠（给予外国政府、国际组织及其他任何不与中央政府合并报表的一级政府）以及社会支出。在使用统一的公共财政数据（以避免在存在超过一级政府的国家出现重复统计）、且给予公共部门的补贴数额并不巨大的情况下，这一项目与公共支出的再分配功能直接相关。

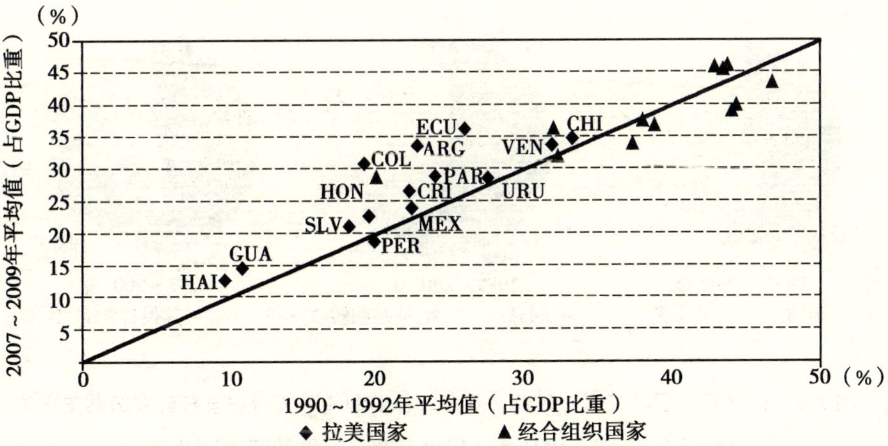

图 2.4　部分拉美国家和经合组织国家全部公共支出[a]

占 GDP 的比重（1990～1992 年对比 2007～2009 年）

注：a，国别数据来自以下部分的加总，非金融公共部门包括下述国家：阿根廷、玻利维亚、哥伦比亚、哥斯达黎加、厄瓜多尔、萨尔瓦多、墨西哥、尼加拉瓜、巴拉圭、乌拉圭和委内瑞拉；一般政府部门包括下述国家：危地马拉、海地和洪都拉斯；中央政府包括下述国家：智利和秘鲁。均为 1990～1992 年期间的简单平均值。

图例：ARG，阿根廷；COL，哥伦比亚；CRI，哥斯达黎加；ECU，厄瓜多尔；SLV，萨尔瓦多；MEX，墨西哥；PAR，巴拉圭；URU，乌拉圭；VEN，委内瑞拉、GUA，危地马拉、HAI，海地；HON，洪都拉斯、CHI，智利、PER，秘鲁。

资料来源：作者根据 CERALSTAT（2011）和组合组织数据库（2011）制作。

类进行划分，即分为社会支出、扶持经济活动的支出和融资及管理支出。❶在这一划分中，特别值得注意的是对社会性公共支出表现的分析。图 2.6 左侧显示，自 1995 年起，其占拉美全部公共支出的比重一直保持稳定，为 60% 左右。而 2005 年前后，这一比重开始呈显著上升的趋势，直至 21 世纪最初 10 年达到 67% 以上的水平。

另一方面，图 2.6 右侧显示，自 20 世纪 90 年代初至 21 世纪头 10 年，社会性公共支出占 GDP 的比重增加了 53%，从占 GDP 的 12% 左右上升至 18% 以上。与此同时，根据资金用途划分，社会性公共支出包括教育、社

❶ 这种公共支出划分被称为“功能性”划分。

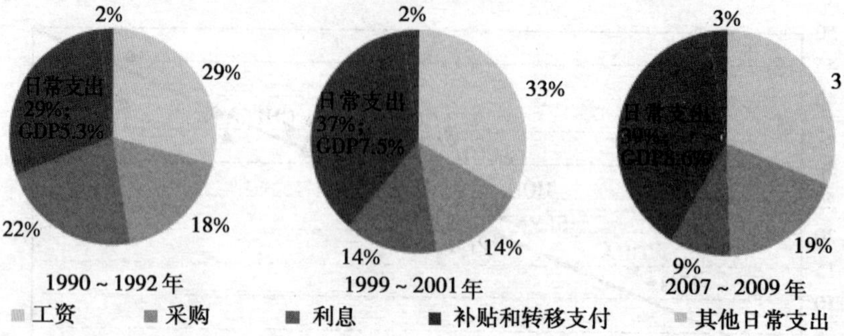

图 2.5　部分拉美国家工资、采购、利息、补贴和转移支付占全部经常公共支出的比重[a、b]（1990 ~ 1992 年，1999 ~ 2001 年和 2007 ~ 2009 年）

注：a，GDP 加权平均值。

b，国别数据包括以下加总：非金融公共部门包括：阿根廷、玻利维亚、哥伦比亚、哥斯达黎加、墨西哥和委内瑞拉；一般政府部门包括：智利和尼加拉瓜；中央政府含；厄瓜多尔、萨尔瓦多、危地马拉、海地、洪都拉斯、巴拿马、巴拉圭、秘鲁、多米尼加和乌拉圭：由于没有巴西的相关数据，巴西没有计算在内。

资料来源：作者根据 CEPALSTAT（2011）制作。

保、住房及其他服务、卫生等。❶

增长最快的项目是“社会保障及救助”，其所占 GDP 的比重增加了 69%；增长最缓慢的项目是“卫生”，增幅不到 35%。

还需要指出的是，社会性公共支出的增长在各国之间并非一致。由于 20 世纪 90 年代初该支出占 GDP 比重较小的国家该比重增幅更大（见图 2.7），在地区各国间出现了某种趋同的进程。

（二）税收增长及税收结构的变化：对平等带来的影响

公共支出规模的扩大与融资来源增加有关。近 20 年来，拉美在公共收

❶　根据联合国拉美经委会数据库，“教育”项目包括教育、文化、娱乐和体育运动支出（在一些国家还包括例如“学生食堂”在内的营养项目）；“卫生”包括医疗和营养支出（在一些国家还包括改善卫生设施的支出）；“社保”则根据各国相关数据包括社会保险和保障、就业及社会救助以及培训支出；“住房及其他”包括住房、供水及下水系统，以及其他项目未包括的公共支出（在一些国家还包括社会救助）。需要指出的是，很多时候各国对相似支出的分类标准不同。这是在分析各项支出所占比重变化时应予以考虑的。

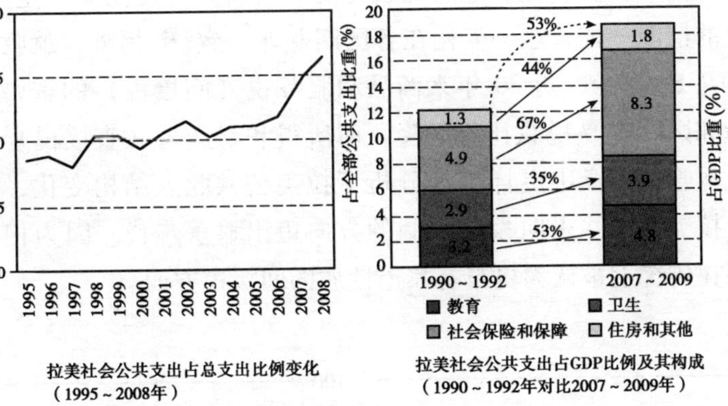

图 2.6　拉美社会公共支出增长[a]（若干年）

注：a，按 GDP 权平均值。

资料来源：作者根据 CERALSTAT（2011）制作。

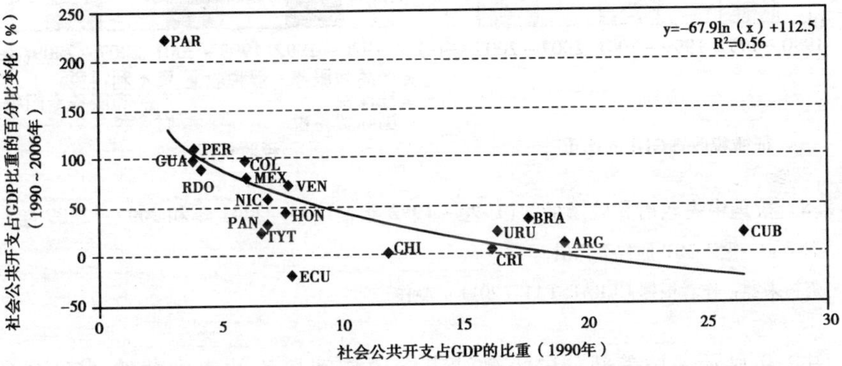

图 2.7　部分拉美国家[a]社会性公共支出占 CDP 比例变化以及初始水平（根据简单贝塔趋同法分析）之间的关系（1990～2006 年）

注：a，趋同分析选定期根据可比对资料获取情况而定。尽量保证在拥有大多数国家数据的情况下，起始年份与最终年份（1990～2006 年）之间的时间跨度足够长。

图例：PAR，巴拉圭；PER，秘鲁；GUA，危地马拉；RDO，多米尼加；COL，哥伦比亚；MEX，墨西哥，NIC，尼加拉瓜，URU；乌拉圭；BRA，巴西；ARG，阿根廷；CUB，古巴。

资料来源：作者根据 CERALSTAT（2011）制作。

入领域也经历了诸多变化。地区税收力度不断加大（见图 2. 8 左侧），尽管如同支出的情况一样，这一变化在各国间并非一致。[1] 另外，就收入构成而言（见图 2. 8 右侧），近 20 年来商品和服务税（间接税）的重要性不断增加，贸易和国际交易税收比重下降，而所得和财产税（直接税）的比重略有上升。尽管第四章中更详细地分析了拉美公共收入结构变化，但需要指出的是，拉美税制并未向累进税制的方向迈出显著步伐。因为相对显著的增长出现在传统上被认为更具有累退性质的间接税方面。

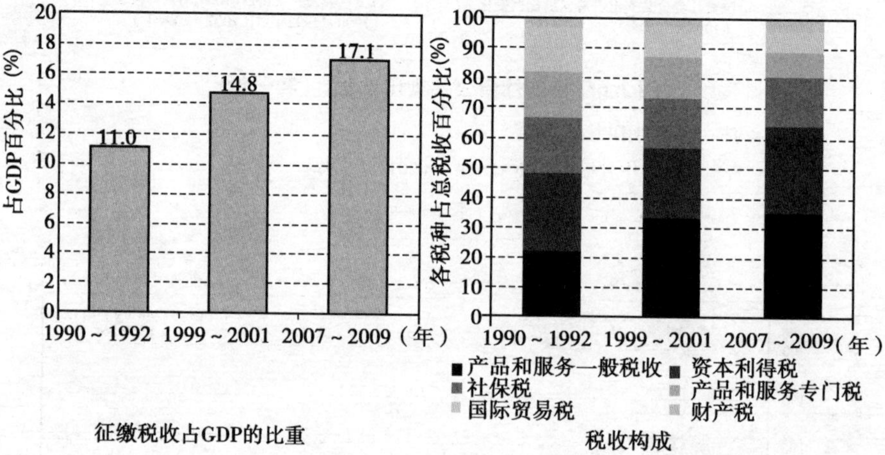

图 2. 8　拉美中央政府税收演变[a]（1990 ~ 1992 年，1999 ~ 2001 年和 2007 ~ 2009 年）

注：a，根据 GDP 加权平均值。

资料来源：作者根据 CERALSTAT（2011）制作。

图 2. 9 显示了拉美部分国家缴纳直接税或间接税的集中曲线。[2] 这些曲线是根据 Lustig 专门为本书进行的研究（2012）绘制的。上述研究表明，与间接税相比，最富有的 1/10 人所缴纳的直接税更为集中。也就是说，间接税更具有累退性。

实际征收的税收所具有的累退性部分源自税制结构设计上的累退性，

---

[1] 对此进一步分析请参见第四章。

[2] 专栏 2. 2 根据公共支出和不平等税的影响分析了“集中度曲线”。

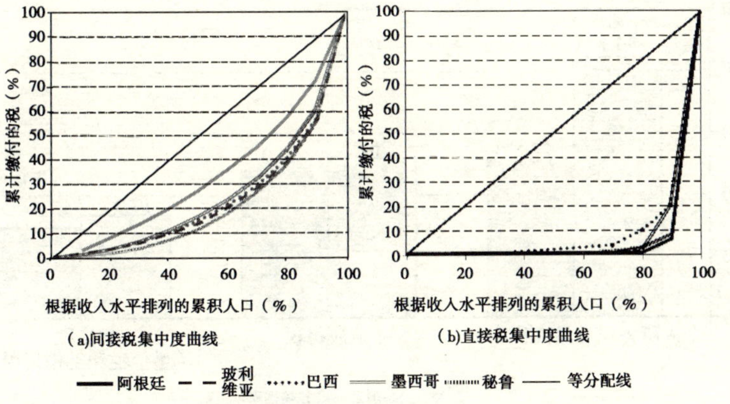

图 2.9　部分拉美国家税收支付集中度状况（若干年）[a]

注：a，阿根廷，2009；玻利维亚，2007；巴西，2009；墨西哥，2008；秘鲁，2009。

资料来源：作者根据 Lustig（2011）制作。

即根据每项可征税额所执行税率的法律规定的累退性。❶ 与经合组织国家相比，拉美国家个人所得税适用税率低 16 个百分点（见图 2. 10）。总之，近年来，拉美税收收入出现增长，但税收结构变化不明显，延续了地区税制结构的传统累退性。然而，税收的增长也为某些公共产品和服务供应的扩大奠定了基础。这一问题将在下一节中进行分析。

然而，这两组国家的间接税（更具累退性）税率并无大的差异。这与拉美国家担心出现偷逃税而决定采取较低所得税税率有关。❷ 如果对个人所得税纳税人来说，逃脱税收当局监管更为容易，他们便会在谈判中（体现在政治活动和选举进程中或通过寻租机制得以实现）使用逃税这一策略相

❶　税率设计反映了一国的法定税收压力。这与实际税收压力（见图 2. 9 左侧）不同，因为并未考虑免税或最小征收额或偷逃税带来的影响。

❷　图 2. 11 显示出，拉美和经合组织国家间企业所得税的税率几乎一样。这是因为自然人逃税比法人更加容易。这也是因为出于吸引投资的考虑，开放型经济体给企业的税收待遇更为平等。

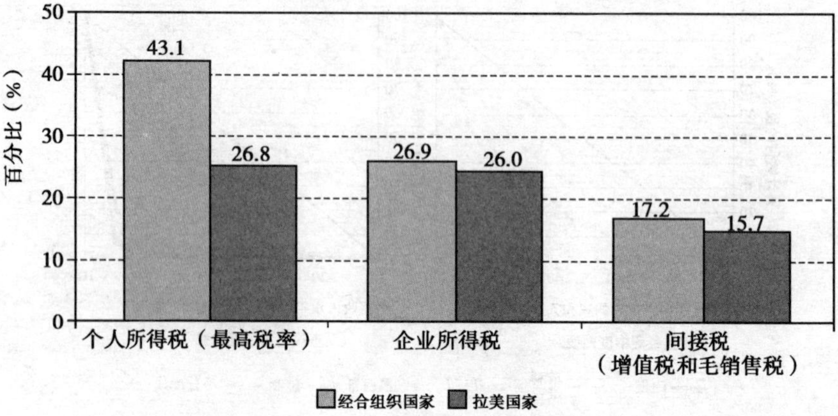

图 2.10　经合组织和拉美国家直接和间接税现行税率（2010 年）[a]

注：a，两个类别全部国家的简单平均值。

资料来源：作者根据 KPMG（2011）制作。

威胁，以争取到相对较低的税率。❶ 另一方面，逃税不仅通过税率结构设计间接影响实际税收，还与地区各国征税力度不足现象一起，直接导致征税所得降低，并使税收向间接税倾斜。❷

四、公共支出各组成部分的覆盖面及质量：对可持续再分配的影响 *

能起到再分配作用的公共支出可划分为以下三类：现金转移支付支出、可以影响机会形成的公共产品和服务供应支出（从而对当代或后代的收入分配产生影响，如教育、卫生或基础设施）以及专项补贴支出。本节也分三个部分，每部分研究上述三种支出之一的覆盖范围和质量。尽管在分析

❶ 关于选举进程对税率的影响，值得指出的是，最富有的阶层（个人所得税税率增长的最大受害者）比贫困阶层更具决定最终结果的力量，因为实际政治权力是随收入水平而增长的（Benabou，2000；Karabarbounis，2012）。就寻租机制（与选举进程不同，通常出现在某些政府机构）而言，最富裕阶层的利益也可以在税制设计上得以实现（Rodriguez，2004）。

❷ 偷逃税与由此产生的税制结构间的此类或其他关系将在第四章中进行更详细的分析。

* 本节及下节的部分分析基于 Nora Lustig 为本书专门编制的报告（Lustig，2012），该报告也是“平等承诺”项目下的一项成果。

中将对每一支出的再分配作用进行研究，然而是对相关支出所引起的再分配效果进行量化研究，如同对税收引起的再分配作用进行量化研究一样，十分复杂。许多时候，只有将诸如每种干预手段的质量或临时性效果等关键因素排除在外，才能进行。专栏 2. 2 详细罗列了对再分配作用进行分析的制约因素，引入了一些对本节结论有用的定义，并提出了在第五节分析公共支出和税收对减少不平等所产生的整体影响时将再次提及的思考。

最重要的现金转移支付包括主要以缴费型养老金为代表的社会保障体系。近年来，拉美国家的现金转移支付模式迅速发展，超出了缴费型社会保障体系的范畴，甚至在某些情况下，被列入社会救助框架，而非社会保险（Lindert et al.，2006）。这类收入转移支付的代表包括非缴费型养老金和有条件的收入转移支付。拉美地区是这一领域的先行者，近 15 年其覆盖范围显著扩大。本节第一部分将分别对缴费型养老金、非缴费型养老金以及有条件地对儿童进行收入转移支付进行分析。

另一方面，具有社会影响的公共产品和服务供应，如教育、卫生和基础设施等，也可以视作转移支付体系的一部分，虽然这种转移是以“实物”的方式进行。与现金转移支付不同，公共产品和服务的供应更多通过产生机会这一间接方式来增加弱势家庭的收入，从而促进平等。因此，不应只分析公共品供应的覆盖范围。质量的高低对于分析通过该渠道进行的再分配的效果而言同样至关重要。本节的部分内容着重研究拉美地区教育、卫生及基础设施覆盖范围和质量的特点。[1]

本章分析的最后一种对平等具有影响的公共支出形式也许并非是传统意义上的，即对家庭和企业消费、生产特定产品及服务进行补贴，如食品、能源、燃料和交通等。

---

[1] 对基础设施质量的研究在第三章中进行。

专栏 2.2 公共支出以及税收对收入分配作用的测算

政府行为可以改变收入的初次分配。然而，这种收入的初次分配从来都不是可以观察到的，因为所有收入都或多或少地受国家干预的“干扰”。换言之，构建假设国家不存在的情况下收入分配的情形（“反要素”分配）在实践中是不可能的。这不仅因为划分哪部分收入是税收和公共支出的结果十分复杂，而且是因为公共干预的性质本身也可以对个人获得预期收入的决定产生激励。因为公共政策能够改变个人或家庭的就业决策、消费和储蓄模式以及一些投资决定（如人力资本）。而这些因素对于决定劳动力回报、进而决定收入而言都是十分重要的。例如，过于慷慨的失业保险不仅意味着从就业者到失业者的再分配，也使就业者看到了不去找工作的吸引力，这将会影响到劳动力市场的供给。然而，在很多情况下，应该至少了解关于税收和支出影响的局部静态分析。这种分析采用了通常被称为“影响的古典分析”框架，但往往忽略了以下几个方面的问题。

(1) 临时性措施之间的效应：如果仅对某一给定年份的财政影响进行分析，可能导致对现有不平等水平的高估或低估。例如，缺乏临时性因素的考量会导致高估间接税的累退特点。

(2) 一般均衡：未考虑相对价格潜在的变化，而这一变化会对相关市场产生反馈效应。

(3) 决定作用转移的因素：为了对税收和支出的影响进行计算，往往需要对税负转移进行极端的假设。例如，一般假设间接税的税负完全由消费者承担，而个人所得税税负则完全由纳税人承担。

(4) 边际以外的影响：在对相关影响进行古典分析时，往往仅分析一项税收或支出的平均效应，忽略边际影响与平均影响之间可能存在的差异。这可能会导致对某些转移支付再分配的边际效应低估（Ocampo y Malagón，2011）。例如，在扩大一项实物转移支付的覆盖面时，“新的”受益者可能获得比过去就一直享受着相关产品和服务的人员平均更高的效用。

(5) 其他税收：一般而言，仅考虑了传统税收的影响，而未对其他重要的公共收入来源加以考虑，如外贸税或财产税等。

（6）数据的限制：对于计算直接税和转移支付的影响而言，支出调查提供了基本的数据来源。但在很多时候，无法获得相关数据，或者所获得的数据不够新。这就需要混合使用多种来源和时期的数据，从而制约了分析的有效性。

尽管存在上述限制，古典分析还是提供了有关支出和税收分配效用的重要信息，例如基尼系数。这样，就可以根据所衡量收入的种类建立关于财政对收入分配影响的局部均衡。下面，就对相关方法加以介绍。

对于分析而言有用的关于收入的定义

以下各种收入定义有助于对税收和支出的作用进行分析。因为各种定义不断纳入了各种公共政策干预的效应（更多内容参见 Lustig，2012）。

（1）市场收入：市场根据生产要素（劳动、资本等）拥有和使用情况分配的收入。本文对分配影响的分析中将缴费型养老金收益也纳入了市场收入（关于市场收入的更广义定义参见 Lustig，2012）。

（2）市场净收入：市场收入扣除直接税和社保费。

（3）可支配收入：市场净收入加上直接现金转移支付。

（4）税后收入：可支配收入加上间接补贴、减去间接税。

（5）最终收入：税后收入加上实物转移支付。

例如，如果根据市场收入计算出的基尼系数与根据市场净收入计算出的基尼系数之差为正值（前一个基尼系数大于后一个），那么直接税和社保费对于收入分配的影响就是累进的（减少了不平等）。

需要指出的是，计算实物转移支付的值本身（对于计算最终收入而言是必须的）就是一项复杂的任务。需要了解被分析的产品和公共服务（如教育和卫生）在市场上的总价值，并对产品质量进行考量。然而，在实际分析中，往往通过用户或受益人的人均生产成本来计算公共产品和服务的价值。就国别比较而言，支出质量的差异可能会导致低估或高估相关支出的分配效应。

财政政策的绝对和相对累进性以及累退性

分别衡量税收和支出累进或累退性的方法之一，就是计算“支付集中度指数”（税收），或“收益集中度指数”（现金或实物转移支付）。这些指数也被称为“准基尼系数”，因为计算这些指数的程序与计算衡量收入集中程度的基尼系数相同。

收益集中度指数衡量的是现金或实物转移支付在各收入层间的集中情况。其变化区间为 -1~1， -1 代表收益完全由最贫穷群体获得，而 1 则表示收益完全集中在高收入阶层的相反情况。根据 Lustig（2012），如果集中度指数为负值，则表示福利是完全累进的。如果该指数为正值，但小于基尼系数，相关转移支付则只具有“相对的”累进性。如果一项福利的集中度指数为正值，且大于基尼系数，该项福利则具备累退性。因为与收入相比，该福利更加集中于富裕阶层。此外，税收的集中度指数则位于 0~1，因为最贫穷的 10% 人口难以提供超过 10% 的税收（在相反的情况下，该指数可能会出现负值），对于这项税收的准基尼系数而言，小于基尼系数的正值意味着具有累退性（就一般税收总额而言，最贫穷的群体提供了高于其收入比例的税收），而大于基尼系数的正值意味着税收具有累进性。

此外，与说明收入集中度的劳伦兹曲线相似，存在显示税收支付和福利集中度的曲线，见专栏图 2.2.1。

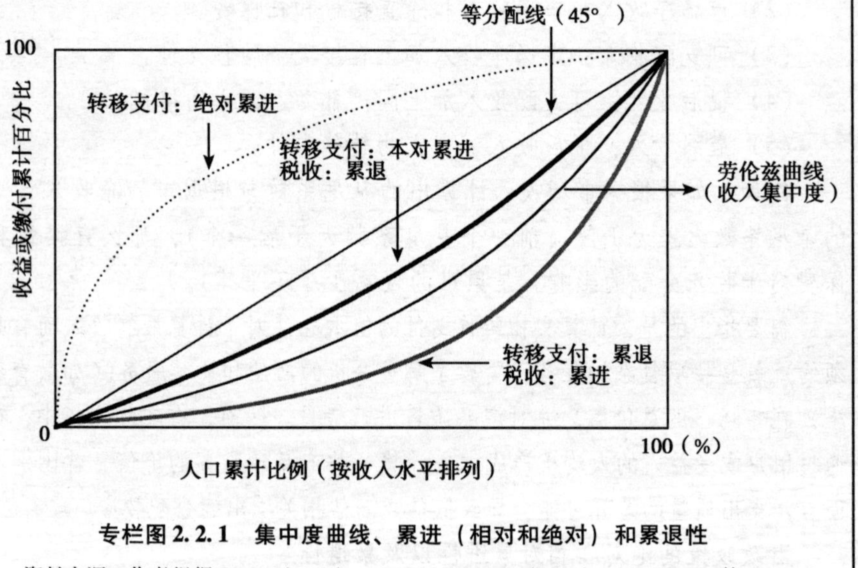

专栏图 2.2.1　集中度曲线、累进（相对和绝对）和累退性

资料来源：作者根据 Lustig（2012）、Martínez Vázquez（2008）、Albi Ibáñez 等（2004）、Fullerton 等（1993）以及 Ocampo 和 Malagón（2011）研究资料编制。

（一）收入转移支付：缴费体系和非缴费体系

1. 缴费型社会保障：养老金、非正规就业及分配平等

在拉美，社会保障所包括的范围各不相同。通常说来，这些体系包括针对所谓"社会性风险"的保险（失业、残疾、人寿等），在一些国家还包括医疗保险，甚至住房投资融资。无论如何，最主要的形式还是体现为养老金的人寿保险，即国家规定的强制性储蓄，以应对寿命超出预期带来的需求，避免老年性贫困。

公共养老金的存在有以下原因。一方面，公共养老金体系可以使缺乏其就无法进行的代际交易得以实现，从而提高效率。此外，公共养老金有助于纠正私人保险市场的失灵现象。这一现象与保险市场信息不对称而导致的保险不足相关联。此外，个人在其生命周期内进行储蓄和消费模式决策时的"短视"，可以通过国家为退休规定的强制储蓄体制得以纠正。因此，国家强制规定的社会保障目标在于与私人储蓄和保险市场相比更有效地推动风险分配、社会风险防范以及降低消费。

另一方面，平等和再分配方面的原因解释了建立养老金体系的必要性，这对本章分析来说也十分重要。养老金体系有助于在不同代的个人之间进行资源再分配（代际再分配），或者在同一代的个人之间进行再分配（代内再分配）。[1]

在拉美地区，对养老金这项社会保障提供融资的方式多种多样，其对分配产生的影响也不尽相同。在一些国家，净缴费型融资（大部分收益通过正规部门职工的缴费获得）更加重要；而在另一些国家，通过税收提供融资的重要性则更大。此外，退休分配制度需要建立在很强的代际承诺的基础上。因为当前这一代退休职工所领取的养老金来自正规部门在职职工的缴费，而这些职工将来领取的养老金又将取决于下一代人的缴费。

就分配制度而言，养老金已缴额度与领取的收益之间的部分分离显得

[1] 代际再分配会发生是因为很多时候，特别是对于积累制养老金而言，获得的收益在某种程度上与所缴纳的税费无关。每个向社保体系缴费的劳动者在退休后得到的养老金与其所缴费并不完全匹配，而与在职缴费人所缴纳的总资金相关（取决于每人所缴纳金额和缴费人数），也与活着的养老金领取者的人数有关。代内再分配则反映出个人退休时间长短的差异。因为活得更久将意味着可以从活得时间较短的人那里得到转移支付。这样，对积累制养老金制度而言，代际再分配效应高于基金制养老金。而代内再分配则是两种养老金融资模式均存在的现象。

更为重要。这种分离现象集中体现在非缴费型养老金上。然而，许多养老金体系都带有某种程度的缴费和收益分离。这些养老金体系的支柱不仅包括个人储蓄（强制或以自愿为补充），还包括“救助”的成分，用于为那些因某种原因无法储蓄足够资金应对失业或年老等情况的个人提供无需缴费即可获得的养老金收益。

在许多情况下，非缴费养老金并不直接通过向社会保险体系缴费的途径获得融资，而是以一般性税收（如消费税或所得税）作为其收入来源。此外，在缴费型养老金出现亏空时，那些在职业生涯中始终在正规部门就业的职工（如以下所述，更多为更高收入阶层）也可通过一般税收收入获得其养老金收益。这部分税收也包括更多由非正规部门职工（比正规部门职工更为贫穷）承担的间接税。由于这些非正规就业职工并未从缴费型养老金制度中获得收益，这些出现亏空的缴费型养老金体系实际上就具有了累退性。

从历史上看，拉美社会保障体系的发展呈现出国与国之间不平衡以及一国内部不平衡的特点。20 世纪初，一些国家（阿根廷、巴西、智利和古巴）率先引进了社会保障制度。某些产业的职工开始向社保基金（当时叫做“退休储蓄金”）缴费。其主要目的是分担风险和建立储蓄机制，为退休生活筹措资金。然而，当时的缴费设计并未考虑再分配或“救助性缴费”。直至20 世纪中叶，随着国家开始将提供社会保障纳入其职能时这一考虑才逐步成型。尽管拉美地区许多福利国家的设计源于“俾斯麦式”的传统，作为福利制度主要特征的缴费型养老金制度在诞生伊始就面临着劳动力市场高度非正规化的问题。而这一问题至今仍困扰着拉美各国。

表2.1 列出了一组拉美国家在三个不同时期的非正规就业率（根据法律定义）。[1] 当前，拉美的平均值已超过 46.8%。好的消息是，20 世纪 90 年代的剧增曾使该比率在2000 年前后达到了 51.3%，[2] 但在最近 10 年中该

---

[1] 我们将采用两种对非正规性的不同定义。一种是“法律上”的定义，它指的是不享受社会保险的就业人口的比例（SEDLAC，2011）。另一种根据“生产性”定义，在微型企业就业（少于5人的企业）、非专业型自主就业者或没有收入的劳动者，都被认为是非正规就业者（SEDLAC，2011）。根据这两种定义计算出的数据往往密切相关。

[2] 这一数值来自按人口进行的加权平均，简单平均值为45.5%（见表2.1）。

比率出现了些许下降。在某种程度上非正规就业对地区各国的影响也不尽相同。一些国家，如乌拉圭非正规就业率相对较低（最近数据达 19.5%）。而包括巴拉圭、玻利维亚、尼加拉瓜和危地马拉在内的其他国家近 2/3 的劳动者在非正规部门就业。

另一方面，非正规率在属于不同收入层次的劳动者之间也大有不同。反映劳动者收入水平的一个很好的代变量为教育水平。根据表 2.2 显示，目前，受教育程度最低的劳动者的非正规就业率达到受教育程度最高的劳动者的 4 倍以上。❶ 如果采用非正规就业的“生产性”定义，这一差距将扩大至 6 倍以上。此外，不仅差距很大，而且这一比率近来的变化似乎并不有利于受教育程度较低的阶层。❷ 表 2.2 也显示了源于不同居住地区的差距（城乡差距）。

拉美劳动力就业的高度非正规化也导致了重新设计缴费型社会保障的需要，从而即提高覆盖范围的包容性，也促进未来收益的可持续性。专栏 2.3 总结了拉美大多数国家进行的相关改革的主要特点，并着重指出了拉美大部分国家缴费型养老金制度曾经有过并继续存在的覆盖范围、质量和平等等问题。

表 2.1　拉美部分国家平均非正规就业率

（法律定义，按 1990 年、2000 年和近年来三个阶段统计）[a]

国　别	1990 年前后	2000 年前后	近年来
阿根廷	31.2	38.5	35.3
玻利维亚	—	66.3	68.2
巴西	37.8	35.9	28.9
智利	21.4	23.7	22.0
哥伦比亚	—	—	48.0

❶ 如果按收入高低分为 5 级，可以发现收入最低的人群获得的缴费型社会保障覆盖程度最低。此外，这一现象在最近几年中并未发生改善（参见 Rotman 等，2009）。

❷ 实际上，如果采用非正规就业的“法律”定义进行计算，受教育程度较低人群的相对处境自 2000 年以来反而出现了恶化，尽管根据“生产性”定义出现了改善。

续表

国　别	1990 年前后	2000 年前后	近年来
哥斯达黎加	31.1	34.1	27.5
厄瓜多尔	—	51.4	60.3
萨尔瓦多	60.2	47.0	48.6
危地马拉	—	65.6	64.9
墨西哥	—	54.8	60.5
尼加拉瓜	62.3	68.0	66.6
巴拉圭	—	72.6	68.3
秘鲁	—	77.1	54.6
多米尼加	—	—	28.5
乌拉圭	—	—	19.5
委内瑞拉	—	31.9	—
简单平均值	40.7	51.3	46.8
加权平均值（按人口）	36.7	45.4	43.2

注：a，1990 年前后指 1990～1992 年中最接近 1990 年的有数据的年份；2000 年前后指 1999～2001 年中最接近 2000 年的有数据的年份。近年来指 SEDLAC 数据库中能查到相关数据的最近年份（阿根廷，2010；玻利维亚，2007；巴西，2009；智利，2009；哥伦比亚，2007；哥斯达黎加，2009；多米尼加，2009；厄瓜多尔，2009；萨尔瓦多，2007；危地马拉，2004；墨西哥，2008；尼加拉瓜，2005；巴拉圭，2009；秘鲁，2009；乌拉圭，2009；委内瑞拉，2006）。

资料来源：作者根据 SEDLAC 数据库（CEDLAS 和世界银行，2011）编制。

专栏 2.3　以可持续性和覆盖面为目标的社会保障体系改革

出于保证养老金体系财务可持续性，以及扩大覆盖面，以避免出现"老无所依"现象的需要，许多拉美国家在近几十年中都进行了一系列的改革。专栏表 2.3.1 详细列出了相关改革情况。这些改革可以划分为结构性（有关参与方的类型和数量的改革）和标准型（改革缴费年限和费率等分配制度的内容）两类。专栏表 2.3.1 的国家均引入了标准型改革。这些国家一方面希望保留养老金的现有分配结构，但同时也对一些重要的标准进行了改革，以密切缴费与给付之间的关系，并通过可信赖的代际转移支付承诺提供必要的激励，促进养老金的可持续性。

各国进行的结构改革可分为不同类型。一些国家希望用个人储蓄账户或资本化的方式完全替代现收现付制。而另一些国家则平行设立了基金制的养老金，使私人储蓄型养老金成为社会养老金制度之外的又一选择。第三类改革则引入了混合型的模式。根据这种模式，个人账户的资本化成为现收现付制的补充（混合型改革）。1981 年，智利进行了纯粹的个人账户资本化的养老金改革。在此之后，另一些拉美国家也将现收现付制替换成个人储蓄账户资本化的模式，但具体情况各有不同。玻利维亚和墨西哥于 1997 年进行了上述改革。萨尔瓦多和多米尼加则分别与 1998 年和 2003 年采取了同样的措施。

在"平行"的改革中，现收现付的分配制得以保留，但同时引入了新的私人养老金体制参与竞争，与公共养老金争夺客户。这方面改革的案例包括秘鲁（1993 年）和哥伦比亚（1994 年）。在此类框架下，职工可以在一定条件下选择从一种体制转移至另一种体制。

专栏表 2.3.1　拉美部分国家社会保障改革情况[a]

国　家	结构性改革	标准型改革	最低缴费	社保费补贴
阿根廷	1994（混合型）[b]	是	是	否
玻利维亚	1997（替代型）	是	是	否
巴西	—	是	是	否
加勒比国家	—	是	否	否

续表

国　家	结构性改革	标准型改革	最低缴费	社保费补贴
智利	1981（替代型）	是	是	否
哥伦比亚	1994（平行型）	是	是	是
哥斯达黎加	2001（混合型）	是	是	否
厄瓜多尔	2001（混合型）	是	否	否
萨尔瓦多	1998（替代型）	是	是	否
危地马拉	—	是	否	否
洪都拉斯	—	是	否	否
牙买加	—	是	否	否
墨西哥	1997（替代型）	是	是	是
尼加拉瓜	—	是	是	否
巴拉圭	—	是	否	否
秘鲁	1993（平行型）	是	是	否
多米尼加	2001/2003（替代型）	是	是	否
乌拉圭	1996（混合型）	是	是	否
委内瑞拉	—	是	否	否

注：a，替代型改革：普遍实施个人账户资本化；平行型改革：在公共社保体系和个人账户资本化之间进行选择；混合型改革：公共社保体系为基础，个人账户资本化为补充。

资料来源：CEPAL（2011）。

在混合制的框架下，公共养老金制度仍然存在，以提供基本的福利保障。但私人部门则负责提供补充保障。乌拉圭（1996年）、厄瓜多尔（2001年）和哥斯达黎加（2001年）等国相继进行了混合制改革。阿根廷自1994年起也实施了包括混合制和平行制在内的基金制改革，但2008年，随着26425/8号法令的通过，改革出现了倒退。该法令规定，自2009年起，资本化的养老金将交由公共部门管理，国家将对所有加入私人养老金计划的人员负责。

经过改革之后，普遍覆盖成为地区缴费型养老金体系无法企及的目标。在进行结构性改革之后，平均覆盖率的下降和分配不平等程度的增加令人警觉。专栏图2.3.1显示了阿根廷的相关情况。1992年前后，该国收入最低的1/5职工中有40%参加了养老金计划，而10年之后，这一比例骤降至5%左右。

另一方面，拉美各国不仅养老金计划覆盖率低，保障质量也不佳。养老金计划保障程度取决于缴费的金额和频率。那些缴费不足或不按期缴费的人往往积累不足，最多只能获得最低给付。一般而言，在职期间缴费频率通过缴费强度这一概念（缴费期数与处于劳动年龄的月数之比）进行衡量。专栏表 2.3.2 显示，智利、阿根廷和乌拉圭的缴费强度均较低，且在不同收入群体间差异较大。这表明，养老金保障质量方面存在着不利于低收入群体的不平等现象。

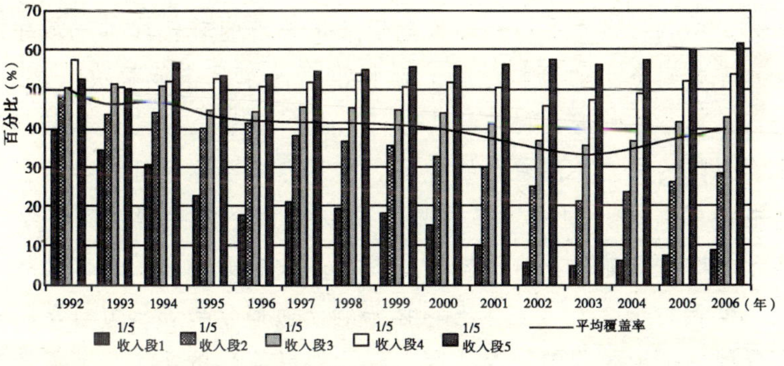

专栏图 2.3.1　阿根廷养老金体系按 1/5 收入段划分的覆盖率变化情况（1992～2006 年）

资料来源：作者根据 Rorman 等（2009）编制。

为解决养老金平均覆盖面窄、且在收入群体间分配不平等的问题，一些国家决定采取扩大非个人出资净份额、最低缴费额或给予弱势群体缴费补贴（如墨西哥的社会缴费计划、哥伦比亚的养老金互助基金等）等措施。1997 年，玻利维亚通过发行“太阳债券”，为解决结构改革带来的潜在问题提供了重要的资助，并极大地扩大了预防性养老金的受益范围。但其融资体制（由私有化的国有企业提供资金）也遇到了一些问题。

专栏表 2.3.2 拉美部分国家按收入段划分的缴费强度分布（若干年平均值）

5 等分收入段	阿根廷 (1994～2001 年)	智利 (1981～2001 年)	乌拉圭 (1996～2004 年)
1	44	35	44
2	51	46	56
3	55	52	60
4	59	60	64
5	68	65	68
平均值	55	51	58

资料来源：作者根据 Forteza 等（2009）编制。

此外，结构性改革在一些国家也带来了高昂的转轨成本，却并未保障养老金体系在财务上的可持续性。而标准型改革也未能解决好这一问题。与此同时，人口结构变化仍在持续进行，提高了未来40年的依赖程度。因此，社会保障的未来充满着严峻挑战。如果养老金赤字开始显著扩大，现收现付制的养老金计划的融资就无法仅仅依靠个人缴费，而需要动用税收。鉴于低收入群体就业非正规程度很高，只有那些在正规部门就业的职工（收入更高的群体）才能享有退休福利，而部分融资压力将落到并未享受社会保障的一般税收纳税人（收入较低的群体）的头上，从而恶化了收入分配不平等状况。

资料来源：作者根据联合国拉美经委会（2011）、Forteza 等（2009）和 Calvo 等（2010）研究资料编制。

表 2.2 拉美部分国家根据教育水平和城乡区域划分的平均非正规就业率及其差异[a]（1990 年、2000 年前后以及近年来）[b]

项　目	1990 年前后	2000 年前后	近年来
根据非正规就业的法律定义			
非正规就业率（不享受社会保险的职工比例,%）	36.7	45.4	43.2
非熟练工的非正规就业率/熟练工的非正规就业率	4.5	3.6	4.1
农村非正规就业率/城市非正规就业率	2.3	1.9	1.8

续表

项　目	1990年前后	2000年前后	近年来
根据非正规就业的生产型定义			
非正规就业率（非专业型自我就业人员、小企业员工和无收入人员,%）	53.0	54.0	51.4
非熟练工的非正规就业率/熟练工的非正规就业率	8.9	7.5	6.3
农村非正规就业率/城市非正规就业率	1.8	1.7	1.7

注：a，按人口加权平均值包括阿根廷、玻利维亚、巴西、智利、哥伦比亚、哥斯达黎加、多米尼加、厄瓜多尔、萨尔瓦多、危地马拉、墨西哥、尼加拉瓜、巴拉圭、秘鲁、乌拉圭和委内瑞拉。

b，1990年前后指1990～1992年中最接近1990年的有数据的年份；2000年前后指1999～2001年中最接近2000年的有数据的年份。近年来指SEDLAC数据库中能查到相关数据的最近年份（阿根廷，2010；玻利维亚，2007；巴西，2009；智利，2009；哥伦比亚，2007；哥斯达黎加，2009；多米尼加，2009；厄瓜多尔，2009；萨尔瓦多，2007；危地马拉，2004；墨西哥，2008；尼加拉瓜，2005；巴拉圭，2009；秘鲁，2009；乌拉圭，2009；委内瑞拉，2006）。

资料来源：作者根据SEDLAC数据库（CEDLAS和世界银行，2011）编制。

2. 非缴费型养老金

为了弥补有限且分割的社会保险市场失灵的问题，近年来，许多拉美国家引入或扩大了以非缴费型为基础的社会保障体系（见专栏2.3）。甚至智利这样率先进行养老金改革，并在20世纪80年代引入完全资本化体系的国家，也在2008年对其养老金体系进行了改革，扩大了“救助”或非缴费的成分，以将缺乏保障的人纳入社会保障。表2.3罗列了拉美各国非缴费型养老金计划，并介绍了其关注的焦点以及覆盖人群。这些计划的收益从每月22.7美元（墨西哥“长者机遇”计划）至470美元（特立尼达和多巴哥“老年公民养老金”计划）不等，平均收益为每月129美元。此外，阿根廷、玻利维亚、巴西、智利、厄瓜多尔和墨西哥等国非缴费型养老金覆盖了相当一部分人口。整个拉美近800万人领取非缴费型养老金，占该地区65岁以上人口的20%左右。

关于这些计划的关注重点，表2.3也详细列出了各项非缴费计划的目标群体，并指出几乎所有国家都将低收入的老年人纳入保障对象。唯一重要的例外是玻利维亚，该国的“尊严收入”计划适用于所有人。

根据 Lustig 的研究（2012），非缴费型养老金体制的引入对阿根廷（Moratoria Previsional 计划）、巴西（Aposentadoria rural/Beneficio de Prestacao Continuada 计划）和玻利维亚（Bono Sol/Renta Dignidad 计划）等国产生了显著的再分配效果。如果根据表 2.4 中列出的缴费型和非缴费型养老金集中度指标进行分析，可以证实收入最低的群体从非缴费型养老金体系中收益更大。因为在非缴费型体系下，所有国家的集中度指数要低于普通养老金体系，甚至达到负值。以玻利维亚为例，由于其“尊严收入”计划的普遍性特点，该指数接近于 0。在巴西和阿根廷等国，这些准基尼系数也为负值，但绝对值更大。这说明，由于这些养老金计划的受益者集中在低收入阶层，这一指数更具有累进性。

一般而言，非缴费型养老金是针对低收入群体而设计的，但这些计划的许多受益者并非处于贫困状态。❶ 根据表 2.5 显示，在一些国家，受益者中非穷人的比例十分可观，在阿根廷达 63%，在墨西哥达 58%。就巴西而言，两项计划在此方面差异显著。BPC 计划中非穷人为 42%，而“特别状况养老金”计划中则达 71%。这些数据可能表明了两种完全不同的情况：这些计划并非是专门为满足穷人需求而设立的，或者存在从非穷人受益者向穷人受益者的资源再分配，并由此扩大了对平等和贫困现象所带来的影响。

表 2.3　拉美部分国家的非缴费型养老金计划

国　家	计划	目标人群	转移支付金额（美元/月）	受益人数（最近数据）[a]	成本（占 GDP 的百分比）
阿根廷	预防性推迟支付计划	65 岁以上、不享受缴费型养老金的穷人	229	2 400 000	1.8
玻利维亚	尊严收入（原太阳基金）	60 岁以上、全民	22～29	782 600	1.2
巴西	农村养老金	65 岁以上、农村居民	342	800 000	0.2

❶ 将社会救助的福利授予非穷人一般被定义为“包容性的错误”。

续表

国　家	计划	目标人群	转移支付金额（美元/月）	受益人数（最近数据）[a]	成本（占 GDP 的比例）
智利	基本团结养老金	65 岁以上、在收入分配中位于最后三个 1/5 段	150	407 000	0.4
哥斯达黎加	非缴费制度	65 岁以上的穷人	135	53 492	0.2
厄瓜多尔	救助养老金	65 岁以上、不享受缴费型养老金	35	502 828	0.4
萨尔瓦多	普遍基本养老金	70 岁以上、居住在赤贫市镇	50	19 534	0.1
墨西哥	70 岁以上	70 岁以上、特定市镇居民、全民享受	28.5	2 000 000	0.1
	老年人的机遇	70 岁以上、享受有条件	22.7	80 000	0.002
	—	转移支付计划 - 机遇的家庭成员	—	—	—
	食品养老金	70 岁以上、居住在墨西哥联邦区、全民享受	63.2	470 000	0.03
秘鲁	65 养老金	65 岁以上的赤贫人口	47	165 000	0.1
特立尼达和多巴哥	老年公民年金	65 岁以上的低收入群体	189 ~ 472	73 110	1.4
乌拉圭	非缴费收益计划	70 岁以上的低收入群体	240	31 577	0.2

注：a，2010 年和 2011 年数据，秘鲁除外（该国为 2012 年估计数）。

资料来源：作者根据 Acosta 等（2011），ANSES（2011）和 CEPALSTAT（2011）资料编制。

表 2.4　拉美部分国家缴费型和非缴费型养老金的集中度指数[a]（若干年）[b]

养老金类型	阿根廷	玻利维亚	巴西	墨西哥	秘　鲁
非缴费型[c]	-0.397	-0.041	-0.573	-0.194	—
缴费型[d]	0.254	—	0.521	0.403	0.625

注：a，集中度指数或准基尼系数参见专栏 2.2。根据 Lustig（2012）按 10 分等法计算的集中度表中数据计算。使用简单计算法计算两块面积之间的系数，即均衡分配线和集中度曲线之间的面积，以及均衡分配线下的三角地带（其面积相当于 0.5）。

b，阿根廷，2009；玻利维亚，2007；巴西，2009；墨西哥，2008；秘鲁，2009。

c，阿根廷：非缴费型养老金计划；玻利维亚：尊严收入（原太阳基金）；巴西：BPC；墨西哥：70 岁以上、食品养老金计划（在墨西哥城实施）。

d，各国缴费型养老金缴费（而非收益）集中度指数。

资料来源：作者根据 Lustig（2012）编制。

有人认为，尽管这一非缴费型转移政策的变化带有再分配的目的，并且是有效的，却也可能起到适得其反的作用，如刺激了经济中的非正规部门的发展。其基本考虑是，在不直接缴费提供融资的情况下获得的社会保障会把社会保障缴费转变成单纯的对正规就业征收的“税收”。这样，以非正规部门为着眼点的社会政策最终将通过促进劳动力市场的非正规化损害缴费体制的基础。专栏 2.2 总结了关于非缴费型社会保障体制的讨论，包括针对成年人的收入转移支付、医疗保险以及针对儿童的转移支付。后一种转移支付包含一定的条件，将在后面进行更加详细的研究。

表 2.5　拉美部分国家非缴费型养老金受益者构成（若干年）[a]

国　家	计　划	受益者构成（%）		
		赤贫（按购买力平价计算低于 2.5 美元）	贫困（按购买力平价计算低于 4 美元）	非穷人
阿根廷	非缴费型养老金计划	27	37	63
巴西	BPC 计划	38	58	42
	特别状况养老金（INSS）	18	29	71
墨西哥	老年人的机遇计划	27	42	58

注：a，阿根廷，2009；巴西，2009；墨西哥，2008。

资料来源：作者根据 Lustig（2012）编制。

专栏 2.4　非缴费型收入转移支付及劳动力市场表现之间的互动

近来，一些人开始担忧某种形式的社会保障是否会改变与参与劳动力市场或在正规就业市场寻求工作有关的激励机制。其核心论点认为，当获得社会保障的条件与就业状况相联系时（失业或非正规就业），用来为社保体系融资的资金便成为对正规就业所征收的一种"税"，从而对劳动力供应决策以及正规就业市场的参与程度产生扭曲效应。

许多实证研究在一些拉美国家找到了此类扭曲的证据。例如，Gasparini 等（2009）分析了阿根廷 2001 年危机之后"家长计划"（PJJH）的实施情况，并研究了这一计划对于非正规就业人口比例的影响。研究发现，当转移支付金额与正规部门现行工资相比相对更高时（换言之，对正规就业征收的"税"相对更多时），该计划为非正规就业率的提高提供了诱因。Manacorda（2011）发现，乌拉圭 2005～2007 年实施的一项相似的计划（社会救助国家计划，PANES）在劳动参与率方面也起了消极影响。

相反，其他一些社会救助计划，特别是带有限制条件和面向儿童的计划较少会产生上述不良激励。例如，Alzua 等（2010）评估了 3 个有条件收入转移支付计划对于就业激励的影响：墨西哥的"进步"计划（PROGRESA）、尼加拉瓜的社会保护网络（RPS）以及洪都拉斯的家庭分配计划（PRAF）。尽管这几个计划均旨在改善儿童的当前和未来福利状况，然而对受益家庭成年成员的行为也产生了影响。研究结果显示，虽然计划对成年人就业产生了一些消极影响（在尼加拉瓜，成人劳动时间出现了下降），但此类影响一般而言很小且不显著。Alzua 等（2010）重点研究农村地区的情况，并发现即使在转移支付金额很大的情况下，也没有对就业市场带来不良激励。然而，最近的研究（Ribas y Veras Soares，2011）显示，巴西的家庭米袋子计划（Bolsa Familia）导致都市地区正规就业市场参与度的下降，但增加了农村地区的正规就业率。这可能是因为巴西城市地区已经习惯于相关计划，参与者也知道如何钻计划的空子。同时，城市地区就业选择多，受益家庭针对计划的反映各不相同。Gonzalez Rozada 和 Llerena Pinto（2011）发现，对于受益于厄瓜多尔人类发展红利计划（Bono de Desarrollo Humano）的家庭主妇而言，该计划在失业持续时间以及失业的概率等方面都有消极影响。

最近，拉美的一些收入转移支付计划均引入明确规定，以避免计划给正规就业市场带来的不良激励。如智利的团结计划（Chile Solidario）就引入了对就业的激励机制，而巴西的“下一步”计划（PLANSEQ/Proximo Passo）则致力于将家庭米袋子计划的受益者纳入建筑和旅游业劳动市场。激励机制包括提供相关行业的技能培训，以及交通和伙食补助。

资料来源：作者编写。

3. 有条件的收入转移支付

在设计时包含一些必要关联条件的收入转移支付机制被称为有条件的收入转移支付，本节将对拉美地区各种有条件收入转移支付计划的现状进行描述。其中，一些计划针对专门群体而设立，而另一些则更具普惠性。一般而言，这些转移支付计划的目的在于满足儿童的需求，带有既在短期内减缓贫困，又旨在通过推动投资、增加收益家庭的人力资本存量打破贫困的代际转移的链条（基本上是在卫生和教育领域进行投资）。需要指出的是，从墨西哥执行“进步”（PROGRESA）计划开始，拉美在引入有条件的收入转移支付制度方面走在世界前列。

尽管在设计和执行的细节方面存在一些差异，拉美的收入转移支付计划还是拥有一些共同的基本特点。例如，包含某种针对专门群体的机制、现金转移支付制度以及对受益人承担相关责任的要求。这些限定条件通常包括，要求6岁以上的儿童上学读书和前往医疗中心进行定期体检等。除此之外，各国的相关计划在其他一些重要方面不尽相同，包括设定目标群体的策略、条件要求的深度和补充服务的供应等。这些方面的差异都对能否切实获得教育和医疗体系的服务产生了影响。其中一些差异对切实实现打破贫困代际转移的链条这一目标甚为关键。因为这种代际转移可以形成某些足以改变家庭关键行为模式的激励因素，如父母的就业情况（见专栏2.4）。因此，在设计相关计划时，需要考虑引入有条件转移支付机制可能引起的家庭反映，并要考虑补充性公共服务和产品的供应（如拥有良好装备和开放的医疗与教育场所）。这样，这些计划便能更有效地实现其所追求的目标。

近15年来，有条件转移支付机制在拉美不断发展。覆盖人口占地区总人口比例从2000年的5%左右，上升至2010年前后的近1/5（见图2.11）。然

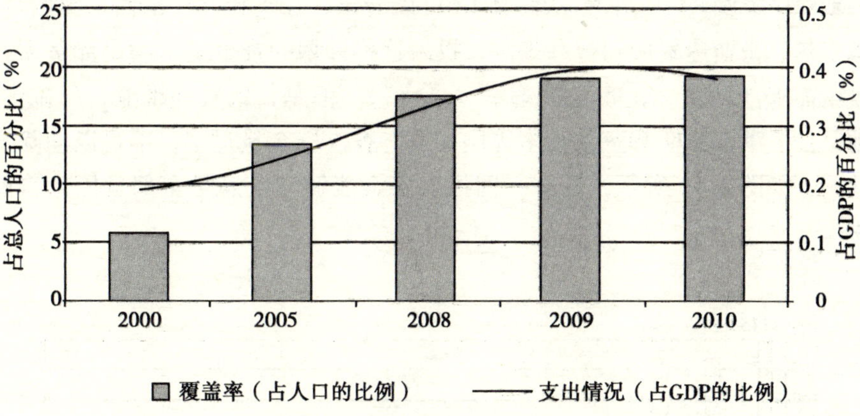

图 2.11 拉美有条件现金转移支付计划的覆盖率及资金拨付（2000～2010 年平均值）

资料来源：CEPAL（2010a）以及非缴费型社会保障计划数据库，社会发展部，CEPAL（2011）。

而，为计划提供融资的财政资金并未出现同步增长，仅从 2000 年占地区 GDP 的 0.2% 上升至目前的 0.38%。尽管各国所执行的各项计划存在某些不同，各国政府还是通过这些计划用最少的资源针对社会需求进行救助。如果与拉美各国政府在社会领域的支出（平均占 GDP 的 18%）相比较，这一点就变得更为明确。

一般而言，这些收入转移支付计划旨在使贫困人口受益。但是，如表 2.6 所示，很多时候，这些计划将大量的非贫困群体纳入其中。在进行比较的 5 个国家中，秘鲁是在使穷人（根据购买力平价调整日收入位于 4 美元这一贫困线以下）获得帮助方面做得最好的国家。而纳入分析的阿根廷的 3 个计划和玻利维亚的 Bono Juancito Pinto 计划，则将更大比例的非贫困人口包含在计划的受益者之中。这并不必然意味着计划设计的失误。因为有些计划的目的是除了贫困人口以外，还将中低收入群体纳入其中。也就是说，这些计划的目标更具普惠性。

通常而言，有条件收入转移支付计划的再分配功能受到转移支付资金较小的限制（Ocampo y Malagón，2011）。例如，在拉美平均补贴额为每人 24 美元，或每个家庭 87 美元。[1] 从图 2.12 可以看出，在乌拉圭、巴西、墨西哥、厄瓜多尔、哥斯达黎加和智利等国，投入这些计划的资金足以满足赤贫人口的现金需求（换言之，完全覆盖了“赤字”）。但是，就玻利维亚、巴拉圭、危地马拉、洪都拉斯和萨尔瓦多等国而言，投入资金量过小，不足以消除赤贫状况。如图 2.12 所示，没有一国投入资金能够完全满足全部贫困人口的需求。

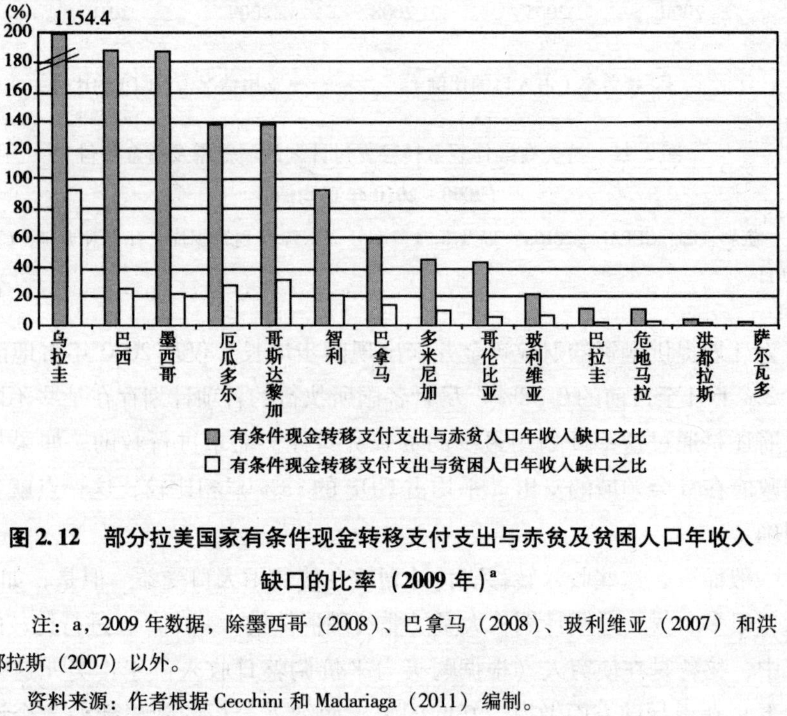

图 2.12　部分拉美国家有条件现金转移支付支出与赤贫及贫困人口年收入缺口的比率（2009 年）[a]

注：a，2009 年数据，除墨西哥（2008）、巴拿马（2008）、玻利维亚（2007）和洪都拉斯（2007）以外。

资料来源：作者根据 Cecchini 和 Madariaga（2011）编制。

值得注意的是，最大的资金缺口来自发展程度较低的国家。而这些国家赤贫和贫困的发生率也更高。

---

[1] 相关数据根据 http：//dds. cepal. org/bdptc（拉美经委会非缴费型社会保障计划数据库）提供的资料计算得来。

表 2.6 拉美部分国家有条件现金转移支付计划对赤贫和非穷人的覆盖率[a,b]

国 家	计 划	受益者构成（%）			支出占 CDP 的比重（%）
		赤贫（按购买力平价计算低于 2.5 美元）	贫困（按购买力平价计算低于 4 美元）	非穷人	
阿根廷	家长计划	35	54	46	0.1
	家庭计划	38	59	41	0.1
	子女普遍分配计划	32	55	45	0.4
玻利维亚	Juancito Pinto 基金计划	34	56	44	0.3
巴西	家庭米袋子计划	47	70	30	0.4
墨西哥	机遇计划	42	66	34	0.3
秘鲁	共同计划	58	84	16	0.1

注：a，覆盖率的详细计算方法见 Lustig（2012）。

b，阿根廷，2009；玻利维亚，2007；巴西，2009；墨西哥，2008；秘鲁，2009。

资料来源：作者根据 Lustig（2012）编制。

另一方面，虽然许多有条件现金转移支付计划在改善入学率、增加就医以及提高食品支出等短期指标方面，显示出了惊人的作用（Fiszbein y Schady, 2009)，但其中长期效应尚不明确，因为对大多数国家而言这些计划的执行时间不长。例如，人们对于上学时间更久是否能够有效转化为更有效的学习、儿童用于食品开支的增加能否切实改善其营养和健康状况等问题知之甚少。此外，即使假设人力资本的形成得以实现，就受益者的长期表现而言尚存在一些疑问，例如对就业市场的影响等。

近来的一些研究在此方面显示出各不相同的例证。例如，Bchrman 等（2011）认为，在入学率方面的中期效果是积极的，而对青年就业方面的影响则是消极的（因为这会导致青年进入就业市场的时间延后），“进步”（“机遇”）计划还会引起农业劳动力向非农部门的转移。然而，另一些研究者，如 Rodriguez Oreggia 和 Freije（2010）则认为，尽管“进步”（“机遇”）计划受益者的人力资本状况可能得以改善，就业市场却并未通过增加收入或减少失业概率的方式予以回馈。在分析上述计划后，McKee 和 Todd（2011）得出结论认为，尽管相关计划可能在中长期对受益人平均收入提高带来积极效应，然而其对减少不平等和贫困的效果是有限的。Behrman（2011）在研究了智利的一些旨在增加对人力资本投资的项目后得出了十分相似的结论。

（二）旨在促进平等的公共产品和服务供应

包括教育、卫生和基础设施在内的公共产品和服务的适当供应可以成为制造机会、促进平等的理想补充。本节内容将对拉美各国这类产品和服务供应的范围和质量进行分析。

1. 卫生

拥有良好的健康状况对于成功参与劳动力市场而言至关重要，人们由此才能取得收入。因此，能否平等地获得这一服务对改善成年人收入不平等现象显得十分重要。此外，关于贫困代际转移的研究指出，对健康的“早期”（儿童时期）投资十分重要，这有助于有效地打破低收入状况在父子间传递的链条。例如，童年时代良好的身体状况有助于儿童获得早期教育（按时上学），并能随后在就业市场上获得良好的回报。健康、教育和收入之间的关联构成了不平等在代际间转移的永久机制。因为出生于贫困家庭的子女往往无法全面获得卫生服务，并会受到其他不良环境条件的影响。这不仅影响其当前和未来的身体条件，也会制约其在正规教育上的投资，从而减少未来收入。[1] 与此同时，卫生和教育也是降低不平等程度、促进代际流动的补充服务。

支持政府对卫生领域进行干预的理由是为遭受健康“冲击”的公民提供保障体系。因为这一冲击往往使其因为身体的原因无法继续获得收入（提供预防性卫生服务），或者因需支付高昂的治疗费用而陷入贫困（为应对突发状况提供融资）。然而，保障全民基本的卫生服务水平并非意味着所有这些服务均需由政府提供。政府只需保证那些无力通过私人市场获得保障的群体获得公共卫生服务即可。但是，如下文中所分析，在很多情况下，拉美国家最贫困的阶层恰恰由于更多在非正规部门就业，从而无法获得公共卫生服务保障。而由于收入所限，他们又无法通过私人保险市场获得服务。

拉美国家的平均卫生支出（包括公共和私人部门支出）低于发达国家 3 个百分点，仅占 GDP 的 7% 。此外，拉美国家这项支出的 44% 来自私人部门，而

---

[1] Currie（2009）强调了这一机制的重要性。

发达国家的这一比例仅为26%。拉美国家公共卫生支出占全部公共支出的比重与发达国家相近。此外，拉美国家公共卫生支出用途（根据投向与缴费型医疗保险相联系的卫生服务资金比例衡量）与发达国家相似。通过表2.7可以看出，拉美国家34%的公共卫生支出投向与缴费型医疗保险相关联的卫生服务供应（66%投向一般卫生服务），而发达国家的这一比例为40%（60%投向普遍卫生服务）。然而需要指出的是，发达国家非正规就业率极低，而拉美国家则极高。这也就是说，尽管拉美国家公共卫生支出中投向一般卫生服务的比例要稍高些，但没有被社会保障体制所覆盖的人口比例要远高过发达国家。❶ 拉美国家卫生支出中私人部门参与的比例很高，并且更强调对缴费型医疗保险的融资。低收入群体往往被排除在外。这也显示出根据家庭收入水平，拉美在卫生服务可获性方面仍存在着巨大的不平等。这部分内容将在下面予以详细分析。

表2.7　拉美国家和发达国家公共和私人部门卫生支出（2009年）[a]　　　（%）

项　　目	拉美国家	发达国家
卫生支出（占GDP的比重）	7	10
私人部门支出（占卫生总支出比重）	44	26
公共部门支出[b]（占卫生总支出比重）	13	15
公共卫生支出中用于社会保险的比重	34	40

注：a，简单平均值。发达国家数据包括德国、澳大利亚、奥地利、比利时、加拿大、韩国、丹麦、西班牙、美国、芬兰、法国、冰岛、爱尔兰、以色列、意大利、日本、卢森堡、挪威、新西兰、荷兰、英国、新加坡、瑞典和瑞士。拉美国家数据则包括国际卫生组织数据库中所有拉美国家数据。

b，指中央政府支出。

数据来源：作者根据世界卫生组织（2011）数据编制。

另一方面，拉美各国政府对卫生领域的投入不仅相对较少，而且投入方式往往也十分复杂，从而在这一领域呈现出就业市场上的不平等和排斥现象，而低收入群体通常扮演了受害者的角色。拉美国家的卫生服务融资、保险、监管

❶　缴费型医疗保险投入占公共支出的比重因国而异。这部分是由于各国现行公共卫生体制的类型、组织结构以及缴费型和非缴费型体制的结合程度各有不同（见表2.8）。

和供应体系掺杂着包括公共、私人和社会保障在内的各种成分，覆盖范围不足，并由于向穷人提供质量欠佳的服务而造成了不平等。拉美国家各种公共卫生融资和供应体制可以简单分为两类：基于社会保险的体制（表 2.8 将其称为 A 型，它不同程度地结合了缴费和非缴费型公共医疗保险）以及一般公共卫生服务体制（表 2.8 称其为 B 型）。

表 2.8　拉美国家的公共卫生系统[a]

各国卫生系统类型	融资方式	组织结构	与缴费型社保体系的关联程度
A 型：纳入社保，缴费型和非缴费型各种组合（阿根廷、玻利维亚、萨尔瓦多、危地马拉、洪都拉斯、墨西哥、尼加拉瓜、巴拿马、巴拉圭、秘鲁和乌拉圭）	通过一般税收，以及社会保险费（由正规部门职工强制性支付）	政府根据行政区划和医疗类别建立公立医院网络。此外，正规部门职工可以享受到与社保相关联的卫生服务网络及其内部的各种分支服务体系（质量通常高于非缴费型公共卫生体系）。在许多国家，私人部门往往提供医保服务，与公共体系相竞争。其主要服务对象为高收入群体	**A1 型**：包括阿根廷、玻利维亚、厄瓜多尔、萨尔瓦多、危地马拉、洪都拉斯、墨西哥、尼加拉瓜、巴拿马、巴拉圭、秘鲁和乌拉圭。公共卫生体系和缴费型医疗保险体系结合度低。换言之，公共医疗网络费用由一般税收支付，而正规部门职工的医疗则由其缴纳的医疗保险费负担（实际上，这种融资区分十分模糊，因为许多医保体系作为投入的产品和服务是由税收承担的）
			A2 型：包括哥伦比亚和墨西哥。一般税收融资和社保融资相结合。缴费和非缴费体系之间存在交叉补贴，但与缴费和非缴费融资方式相关联的覆盖率存在差异

续表

各国卫生系统类型	融资方式	组织结构	与缴费型社保体系的关联程度
B型：全民医疗体系（巴西、哥斯达黎加和古巴）	通过一般税收融资，即这些国家的公共卫生体系不通过收取医保费用的方式进行融资	全民皆有权享受医疗服务，但因为供应有限，并非所有需求都能得到满足。古巴卫生服务分为三级管理：家庭医生、社区医生以及医院和牙科诊所网络。均受中央计划控制。其他国家卫生体系一般分为两部分。一些病痛一般由私人医院负责（对象为能够支付相应私人服务的高收入人群）	公共卫生服务不通过缴费型社保融资，而是完全由一般税收承担

注：a，本表未包括一些正在进行相关改革的国家。因为目前难以对其进行分类（如委内瑞拉玻利瓦尔共和国）。

资料来源：作者根据 Albi Ibanez（2004），CAF（2008a）和 CEPAL（2011）编制。

表 2.8 展示了图 2.13 中列举的各类卫生保险体制在覆盖范围方面的缺陷。第一个缺陷在于缴费型保险体制在 10 等分划分法中，最低和最高收入群体之间覆盖不平等（见图 2.13 上半部分），这也反映了不同收入群体就业正规程度的差异。也就是说，当缴费型医疗服务与是否享受社会保险相关联时（例如表 2.8 中 A 型国家），非正规就业便会影响医疗保险的覆盖范围。与此相反，在纯粹的一般卫生服务的框架下（与就业市场条件无关），覆盖范围便不会因为收入水平差异而显得不平等，如哥斯达黎加的模式（见图 2.13 上半部分）。

另一方面，智利、哥伦比亚、秘鲁和乌拉圭等国实行的非缴费型医疗保险在某种程度上有助于减少缴费型体制所产生的不平等。这一结论来自对图 2.13 上下两部分的比较。然而需要指出的是，缴费型和非缴费型体制所提供的医疗服务质量是不同的，前者通常优于后者。游离于两者之外的群体只能通过公立医院网络获得卫生服务。而这些公立医院通常人满为患，且无法有效提供预防性卫生服务。在阿根廷、厄瓜多尔、萨尔瓦多、危地马拉、洪都拉斯、牙买加、墨西哥、尼加拉瓜、巴拉圭、秘鲁和多米尼加

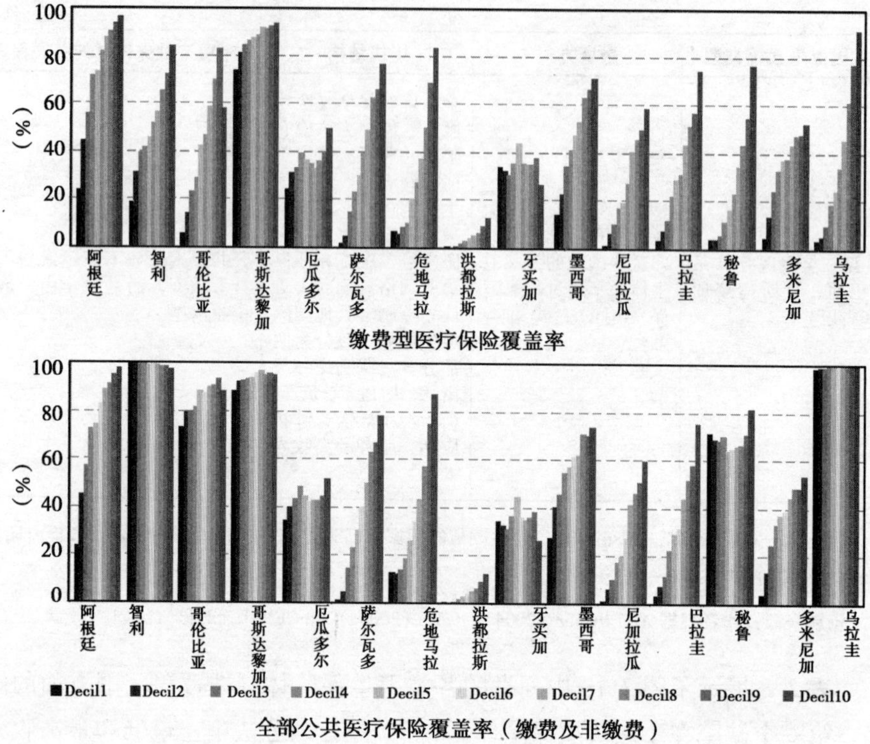

图 2.13 拉美部分国家按 1/10 人口段划分的公共医疗保险覆盖率（若干年）[a]

注：a，阿根廷，2006；智利，2006；哥伦比亚，2006；哥斯达黎加，2006；厄瓜多尔，2005~2006；萨尔瓦多，2005；危地马拉，2006；洪都拉斯，2007；牙买加，2006；墨西哥，2006；尼加拉瓜，2005；巴拉圭，2007；秘鲁，2006；多米尼加，2006~2007；乌拉圭，2006。

图例：Decil：1/10 人口段。

资料来源：作者根据世界银行家庭调查结果（2010）编制。

等国，大部分人只能通过公立医院网络获得卫生服务（见图 2.13 下半部分）。

2. 教育

教育是人力资本形成的核心和劳动收入增加的引擎。此外，日益明显的是，教育的数量，即投入在正规教育上的时间不仅重要，其质量更为关键。只有这样，才能在就业回报以及社会流动性方面获得更为有效和持久的效果。包括拉美国家在内的现代政府都在努力保证全民接受基础教育，但由于各国发展程度不同，高等教育的入学情况在国与国之间的差异更加显著。表2.9显示出，拉美国家的学前和中学（与小学教育一起构成基础教育）入学率在1970～2010年呈现出显著增长。而小学教育则在1970年就已经实现了高覆盖，并不断扩大，达到了几乎全覆盖的程度。[1] 因此，在基础教育的覆盖范围方面，主要的挑战集中在学前教育（3～6岁）和中学教育阶段。

如表2.9所示，拉美学前和中学教育覆盖率（按学龄人口比例计算）增速高于发达国家。尽管如此，相关增长仍不足以弥补拉美国家与人均高收入国家在这方面的差距。另一方面，表2.9显示出，发达国家在大学教育入学率的增长和水平两方面均超过拉美国家。近10年，发达国家大学入学率平均达到50%以上（与20世纪70年代相比增长了35个百分点），而拉美国家的这一比例为30%多（近40年来增长20个百分点以上）。

基础教育总覆盖率扩大的成功往往掩盖了其他方面的问题，特别是教育覆盖面的分布及其质量方面的进展不利。在教育覆盖面的分布方面，学前和中学教育入学率的提高仍无法弥补低收入群体在这方面的不足。表2.10显示出，就地区平均水平而言，在3～5岁儿童接受学校教育方面，五等分中的最富有的群体比最贫困的群体高出1.6倍。在萨尔瓦多和玻利维亚等国，这一差距甚至更大。此外，在巴拉圭等国，平均覆盖率本身就很低，学龄前儿童只有15%接受学前教育，而地区的平均值为57%。表2.10还显示出，就学前教育而言，贫富群体覆盖率的差距在改善。20世纪90年代初，五等分中得最富有群体与最贫困群体在覆盖率方面的差距曾高达2.3倍。[2]

---

[1] 根据SEDLAC（2011）数据，只有3个国家的最近资料显示其小学教育入学率低于95%：萨尔瓦多（91.4%，2008）、危地马拉（84.5%，2004）和洪都拉斯（93.9%，2009）。

[2] 近10年来，学前教育作为最大限度地开发儿童潜力的模式得到了特别重视。大量研究认为，早期激励会对人力资本积累产生十分重要的影响。参见Heckman（2006）。

表2.9 部分拉美国家和人均高收入国家学前、中学和大学教育的毛入学率[a]（1970~1979年与2000~2009年） （%）

国家类别	阶段	毛入学率（%）		
		学前	中学	大学
人均高收入国家	1970~1979年	52.1	69.0	16.0
	2000~2009年	82.6	100.6	51.5
	变化	30.4	31.6	35.5
拉美和加勒比国家	1970~1979年	24.5	40.9	9.6
	2000~2009年	69.4	82.8	30.7
	变化	44.9	41.9	21.1

注：a，根据世界银行WDI（2011）拉美国家和人均高收入国家数据为简单平均值。

资料来源：作者根据世界银行WDI（2011）编制。

中学教育的情况也很相似：尽管近20年来分配程度得以改善，覆盖率也达到了可以接受的水平（平均83%），然而特别是包括中美洲在内的一些国家，穷人和富人在这方面的差距仍十分巨大。从表2.10得出的结论是，虽然拉美在这两个基础教育阶段的可获性上升很快，但仍不足以弥补不同收入群体间的覆盖差距。表2.10还显示出各收入水平群体在高等教育可获性（按针对18~23岁人口的覆盖率计算）方面的巨大差异。因为最富裕的五等分中的群体与最贫穷群体在高等教育入学率方面的差异超过10倍。自20世纪90年代至今，在高等教育可获性方面的不平等一直没有出现大的改善。

不同阶段教育覆盖率的不平等与用以衡量公共支出在教育各阶段分布情况的集中度指数有关。表2.11显示了Lustig（2012）计算的阿根廷、玻利维亚、巴西、墨西哥和秘鲁等国小、中、大学教育集中度指数。就阿根廷、巴西、墨西哥和秘鲁而言，小学和中学两级教育阶段获得的公共资金在绝对值上更具累进性（集中度指数为负值）。对玻利维亚来说，这一近似基尼系数的指数也是负值，尽管在绝对值上远不及其他国家。这说明了教育这种实物转移支付模式在玻利维亚所具有的累进程度较低。[1] 此外，玻利

[1] 更多关于公共支出集中度指数或近似基尼系数的情况请参见专栏2.2。

维亚中学阶段的公共支出集中度指数为正值，这表明其在相对值上具有累进性。另一方面，大学教育支出具有相对累进性（与收入情况相比，教育的受益者较少集中在富裕阶层），因为这一指数在所有拉美国家均小于与收入相关的基尼系数，而阿根廷则更低。❶ 与此同时，阿根廷在三个教育阶段的公共投入方面具有更高的累进性，而玻利维亚在小学和中学阶段集中度最低，巴西则在大学阶段集中度最低。

表 2.10 拉美部分国家不同年龄段按五等分划分的收入区间的平均覆盖率及其演变[a]

（五等分中最高收入/最低收入，1990 年前后及近年来）

项目	3~5 岁			13~17 岁			18~23 岁		
	平均覆盖率（%）	覆盖比（最富 1/5 比最穷 1/5）		平均覆盖率（%）	覆盖比（最富 1/5 比最穷 1/5）		平均覆盖率（%）	覆盖比（最富 1/5 比最穷 1/5）	
国家	最近一年	1990 年前后	最近一年	最近一年	1990 年前后	最近一年	最近一年	1990 年前后	最近一年
阿根廷	73	1.8	1.3	93	1.2	1.1	34	3.4	3.1
玻利维亚	49	—	2.5	88	—	1.2	18	—	24.4
巴西	64	2.1	1.5	91	1.5	1.1	16	30.8	14.8
智利	66	2.2	1.3	96	1.2	1.0	31	9.2	3.5
哥伦比亚	47	1.7	1.9	84	1.3	1.2	22	8.8	5.3
哥斯达黎加	37	2.8	1.6	85	1.5	1.2	18	5.2	9.0
厄瓜多尔	89	2.1	1.2	81	1.8	1.2	25	4.4	3.9
萨尔瓦多	32	4.5	2.8	78	1.6	1.4	14	15.9	16.5
洪都拉斯	32	1.8	1.5	68	1.5	1.4	8	—	22.1
墨西哥	94	1.9	1.2	76	1.8	1.3	22	8.0	2.8
尼加拉瓜	31	2.2	1.9	70	1.6	1.5	9	7.2	22.8
巴拿马	81	2.5	1.3	86	1.8	1.3	17	13.2	9.3
巴拉圭	15	2.3	1.9	81	1.6	1.3	19	16.6	8.8
秘鲁	74	—	1.3	90	—	1.1	29	—	6.6
乌拉圭	75	2.9	1.3	84	1.5	1.3	19	5.6	16.1
委内瑞拉	61	1.7	1.4	84	1.1	1.1	25	2.4	2.7

❶ 表 2.14 罗列了各国收入分配的基尼系数值。

续表

项目	3~5岁			13~17岁			18~23岁		
	平均覆盖率（%）	覆盖比（最富1/5比最穷1/5）		平均覆盖率（%）	覆盖比（最富1/5比最穷1/5）		平均覆盖率（%）	覆盖比（最富1/5比最穷1/5）	
国家	最近一年	1990年前后	最近一年	最近一年	1990年前后	最近一年	最近一年	1990年前后	最近一年
简单平均	57	2.3	1.6	83	1.5	1.2	20	10.0	10.0

注：a，1990年前后数据：哥伦比亚，1996；巴拉圭，1995；厄瓜多尔，1994。其他国家则选择1990~1993年有数据的离1990年最近的一年。最近一年：阿根廷，2010；玻利维亚，2005；巴西，2009；智利，2009；哥伦比亚，2007；哥斯达黎加，2009；厄瓜多尔，2009；萨尔瓦多，2008；洪都拉斯，2009；墨西哥，2008；尼加拉瓜，2005；巴拉圭，2009；秘鲁，2009；乌拉圭，2009；委内瑞拉，2006。

资料来源：作者根据SEDLAC数据库（CEDLAS和世界银行，2011）编制。

表2.11　拉美部分国家按教育阶段划分的教育转移支付（实物支付）集中度指数[a]（若干年）[b]

教育阶段	阿根廷	玻利维亚	巴西	墨西哥[c]	秘鲁
初级教育	-0.37	-0.15	-0.31	-0.24	-0.35
中级教育	-0.23	0.06	-0.21	-0.15	-0.20
高等教育	0.20	0.42	0.46	0.31	0.31

注：a，集中度指数或准基尼系数参见专栏2.2。

b，阿根廷，2009；玻利维亚，2007；巴西，2009；墨西哥，2008；秘鲁，2009。

c，中等教育指数指初中阶段。高中阶段的指数为正值，0.02。

资料来源：作者根据Lustig（2012）编制。

上述情况表明，拉美教育在覆盖率上的不平等突出体现在高等教育阶段，但正如下文分析的那样，教育质量分布的不平衡则集中在基础教育阶段。教育作为产生机会平等和减少贫困手段的有效性关键取决于质量。2009年PISA测试的最新结果表明，拉美国家不仅在平均表现上位列最后几名（见第三章），同时，如图2.14所示，在根据经济社会发展水平以及学校类型（公立或私立）划分的测试结果方面显示出最大限度的不平等。换言之，拉美收入分配的不平等在很大程度上也被复制到了青少年教育水平方面。

在所有样本国家中，秘鲁根据经济社会发展水平划分的差距最大，阿根廷紧随其后。此外，巴拿马、巴西、秘鲁、阿根廷和乌拉圭等国在公立和私立学校教育水平“差距榜”上名列前茅。[1]

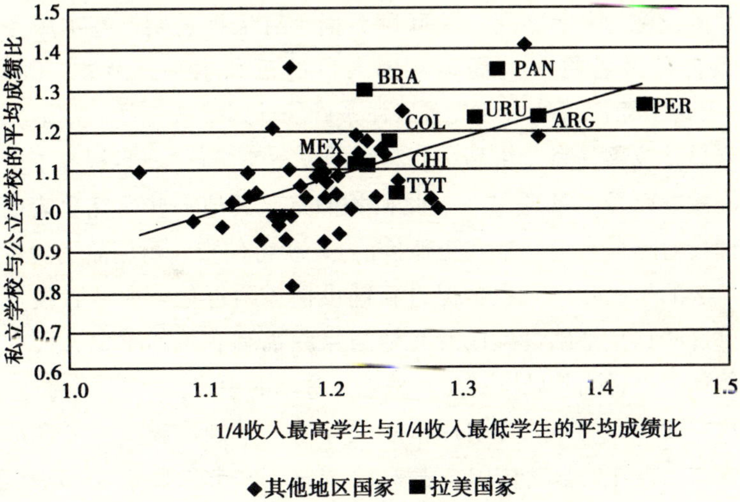

图 2.14　部分拉美国家及其他地区国家根据社会经济条件[a]、学校类型决定的学习成绩

注：a，在标准化的 PISA 测试中，学生的经济社会条件根据一项社会、经济和文化状况指标（ESCE）确定。该指标包含了一系列有关学生家庭背景的因素，如父母的教育状况。职业和家庭财产状况。1/4 根据每个国家内部的该指标状况确定。

资料来源：作者根据 PISA 测试（2009）编制。

图例：BRA，巴西；MEX，墨西哥；COL，哥伦比亚；CHI，智利；IYI，特尼达和多巴哥，PAN，巴拿马；URU，马拉丰；ARG，阿根廷；PER，秘鲁。

3. 在基础设施和平等方面的公共支出

基础设施不仅制约着一个经济体生产活动的规模，也在数量和质量两个方面影响着人们的生活质量。对于发展而言，道路、饮用水、电力、电

[1] 当然，这两方面的不平等并非只属于拉美国家，在参加 PISA 测试的所有样本国家中都有体现（见图 2.14）。

信、港口、机场、公共运输、城市公共空间以及提供公共服务的场所（如卫生和教育场所）至关重要。基础设施之所以成为经济社会结构中极其重要的组成部分，源于它与其他产品和服务之间的互补性，从而促进了私人部门的生产活动以及社会福利（CAF，2009）。

在基础设施与平等之间的关联度方面，有证据表明，基本服务和住房可获性条件的改善将大大提高贫困人口的福利水平。例如，Cattaneo 等（2009）发现，墨西哥的一项改善居住条件的计划（改善住房用地）使儿童健康得到显著改善（寄生虫和小儿腹泻的发病率降低），也提高了受益成人的个人满意度以及生活质量。与此相关的是，其他一些研究也表明，街道路面的铺设对于财富（住宅和土地价值）、获得信贷、耐用品消费等指标具有十分显著的积极效应，也会促进新铺设街道附近住宅所有者投资改善居住条件。这些都是基础设施以及其他与家庭福利有关的重要方面存在互补的显著例证，也说明基础设施是一种减少贫困的手段。

在这方面，人们还通常引用市政服务这一基础设施基本表现形式来证明其对低收入群体的显著作用。表 2. 12 显示一些市政服务的平均覆盖水平，以及这一水平自 20 世纪 90 年代以来的演变过程。卫生设施仍然是拉美国家面临的最严重的问题之一。其平均覆盖率较低，且更多地集中在收入水平最高的 1/5 人口之中。尽管如此，表 2. 12 列出的三项服务（自来水、卫生设施和电力）在减少不同收入群体对相关服务供应的可获性的差距方面还是有改善的趋势。

表 2. 12　部分拉美国家供水、卫生设施和供电平均覆盖率以及按收入段划分的覆盖率的差异[a]

国家	供　水			卫生设施			供　电		
	平均覆盖率（%）	覆盖率比（最富 1/5：最穷 1/5）		平均覆盖率（%）	覆盖率：（最富 1/5：最穷 1/5）		平均覆盖率（%）	覆盖率比（最富 1/5：最穷 1/5）	
	最近一年	1990 年前后	最近一年	最近一年	1990 年前后	最近一年	最近一年	1990 年前后	最近一年
阿根廷	100	1.1	1.0	65	—	2.0	100	—	—
玻利维亚	80	—	1.7	35	—	11.4	74	—	3.0

续表

国家	供水			卫生设施			供电		
	平均覆盖率(%)	覆盖率比(最富1/5：最穷1/5)		平均覆盖率(%)	覆盖率：(最富1/5：最穷1/5)		平均覆盖率(%)	覆盖率比(最富1/5：最穷1/5)	
	最近一年	1990年前后	最近一年	最近一年	1990年前后	最近一年	最近一年	1990年前后	最近一年
巴西	93	2.0	1.2	59	3.7	2.2	99	1.4	1.0
智利	97	1.2	1.0	84	1.7	1.2	100	1.1	1.0
哥伦比亚	91	1.5	1.2	75	2.2	1.8	97	1.2	1.1
哥斯达黎加	99	—	1.0	26	—	1.7	99	—	1.0
厄瓜多尔	91	1.9	1.1	57	3.0	2.2	96	1.4	1.1
萨尔瓦多	70	3.7	1.8	—	11.3	—	91	2.1	1.3
墨西哥	89	—	1.2	59	—	3.0	99	—	1.0
尼加拉瓜	65	2.4	2.7	21	8.3	11.2	74	2.1	2.3
巴拉圭	95	1.3	1.1	10	36.6	12.4	97	2.2	1.1
秘鲁	69	—	2.2	57	—	5.2	83	—	1.7
多米尼加	76	—	1.4	25	—	2.9	98	—	1.0
乌拉圭	98	—	1.0	57	—	2.5	99	—	1.0
委内瑞拉	90	—	1.2	91	—	1.1	99	—	1.0

注：a，1990 年前后数据：哥伦比亚，1996；巴拉圭，1995；厄瓜多尔，1994。其他国家则选择 1990 ~ 1993 年间有数据的离 1990 年最近的一年。最近一年：阿根廷，2010；玻利维亚，2005；巴西，2009；智利，2009；哥伦比亚，2007；哥斯达黎加，2009；厄瓜多尔，2009；萨尔瓦多，2008；洪都拉斯，2009；墨西哥，2008；尼加拉瓜，2005；巴拉圭，2009；秘鲁，2009；多米尼加，2009；乌拉圭，2009；委内瑞拉，2006。

资料来源：作者根据 SEDLAC 数据库（CEDLAS 和世界银行，2011）编制。

（三）特定补贴

拉美各国政府以改善分配为理由普遍采取了对某些产品和服务的需求进行补贴的政策，特别是采取了家庭能源消费、食品和某些燃料补贴的措施。目前，约一半拉美国家实行了食品消费补贴，2/3 以上的国家对能源、燃料和交通运输进行补贴。另一方面，仅有 1/3 的国家对饮用水和相关卫生服务消费进行了补贴（世界银行，2011）。

虽然在很多时候这些补贴采取了社会税的形式，且确实落到了最低收入的群体手中。但在一些情况下，补贴的普惠程度也意味着高昂的财政负担，并由于人为引入了不切实际的价格影响了资源配置。对广泛采取补贴措施进行批评的依据就在此。人们往往强调补贴并不总是符合穷人需求，导致资源配置缺乏效率，并消耗了大量公共资金。此外，当政府采取带有再分配目的的补贴时，往往会忽视由于穷人因无法获得享受补贴所必需的配套产品（如拥有一辆汽车或能够获得公共电力服务），而不能实现补贴的再分配功能。这样，一些补贴因其对象难以确定而不得不采用普惠的架构，但补贴带来的收入再分配效应最终却为中高收入人群所享受。这也就是说，通过补贴实现公共服务的普遍可获性（如电力、饮用水和卫生服务等）是减轻低收入家庭资金负担的先决条件。

表 2.13 通过受益集中度指数展示了特定补贴在包含和排除受益人范围方面的一些“错误”。表中数据显示，食品补贴是所有补贴中相对于其他收入群体更有利于穷人的补贴，其集中度指数均为负值。这与燃料和能源补贴的情况十分不同。如墨西哥的汽油补贴就主要有利于相对较富裕的群体。这项补贴的集中度指数为 0.46，与该国的收入集中度指数十分接近（基尼系数为 0.527，见表 2.14），但仍低于墨西哥的基尼系数，属于相对累进的转移支付。此外，需要指出的是，这项补贴的成本约为 GDP 的 1.6%，几乎相当于“机遇”计划（占 GDP 的 0.34%）的近 5 倍。[1] 另一个特定补贴更有利于富人的极端例证来自阿根廷。例如，该国给予航空公司补贴的集中度指数达到 0.8，远高于收入集中程度（根据市场价格计算的基尼系数为 0.48）。换言之，此项补贴是完全具有累退性的补贴，且意味着沉重的财政负担。[2] 表 2.13 显示出，尽管阿根廷的能源和非航空运输补贴具有相对的累进性（集中度指数低于基尼系数，但却保持正值），财政负担也十分沉重。这两项补贴相当于 AUH 计划预算的 9 倍、初级医疗支出的 2 倍或全国小学和中学两个阶段的财政总支出。[3]

---

[1] 这两个项目占墨西哥 GDP 的比重资料来自 Lustig（2012）。

[2] 航空公司补贴成本相当于“家长”和“家庭”两个计划加起来的支出，或相当于 AUH 计划支出的一半。

[3] 相关比例根据 Lustig（2012）提供的阿根廷 2009～2010 年的数据计算。

表 2. 13　拉美部分国家补贴收益集中度指数[a] 及规模（占 GDP 比重）（若干年）[b]

国家	食品			燃料/能源			交通		
	计划	集中度指数	补贴规模（占 GDP 比重）	计划	集中度指数	补贴规模（占 GDP 比重）	计划	集中度指数	补贴规模（占 GDP 比重）
阿根廷	粮食安全	-0.47	0.11	能源补贴	0.22	1.70	交通和航空补贴	0.16 非航空；0.80（航空活动）	非航空：2.20；航空：0.20
玻利维亚	校园早餐	-0.12	0.01	液化天然气、柴油和汽油补贴	0.33	0.48	—	—	—
巴西	未实施	未实施	未实施	天然气补贴计划[c]	-0.20	0.001	未实施	未实施	未实施
墨西哥	食品计划（DIF）	-0.41	0.03	用电和燃料（液化天然气和汽油[d]）补贴	0.14（电力）、0.28（液化天然气）、0.46（汽油）	电力：0.01；燃料：0.20;液化天然气、汽油 1.6（IEPS）	未实施	未实施	未实施
秘鲁	全面营养计划（PIN）、牛奶计划、食品补充计划（PCA）	-0.38	0.24	—	—	—	未实施	未实施	未实施

注：a，集中度系数或准基尼系数参见专栏 2.2。

b，阿根廷，2009；玻利维亚，2007；巴西，2009；墨西哥，2008；秘鲁，2009。

c，天然气补贴计划是巴西家庭米袋子计划的一部分，但对一部分家庭而言独立运行。

d，汽油补贴实际上是一种负税收（IEPS）（自 2006 年）。

资料来源：作者根据 Lustig（2012）编制。

五、对拉美公共支出及税收影响的整体分析

上述围绕拉美各国公共支出和税收对于收入分配影响的分析并未展示出令人鼓舞的图景。例如，Goni 等（2011）和 Breceda 等（2008）一致得出结论认为，与欧洲发达国家相比，拉美国家在再分配领域收效甚微。他们还指出，上述结论很好地解释了为什么两个地区在初次分配时差异并非巨大，而拉美国家的二次分配却不及欧洲。与此同时，Goni 等（2011）的研究显示，欧洲与拉美不同，现金转移支付承担了大部分再分配功能，而对拉美而言，实物转移支付则扮演着主要角色，但其降低不平等状况（基

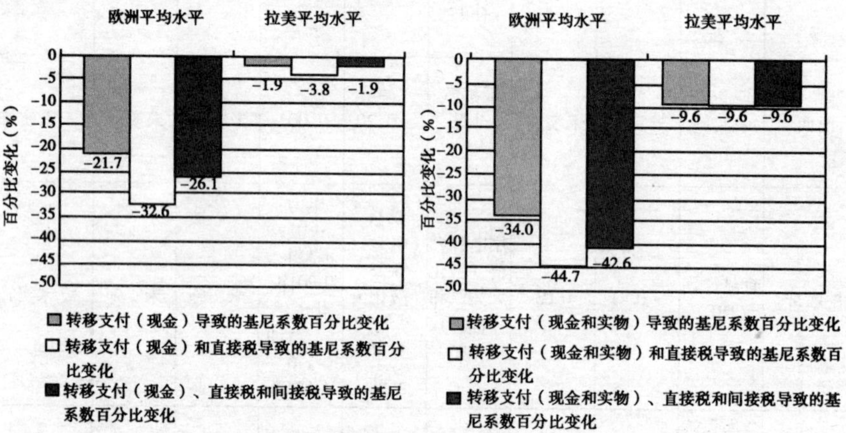

税收和转移支付的效应（仅包括现金）　税收和转移支付的效应（仅包括现金和实物）

图 2.15　欧洲和拉丁美洲转移支付和税收对基尼系数的影响[a]

注：a，阿根廷、巴西、智利、哥伦比亚、墨西哥和秘鲁等拉美国家的简单平均值；德国、奥地利、比利时、丹麦、西班牙、芬兰、法国、希腊、爱尔兰、意大利、卢森堡、荷兰、葡萄牙、英国和瑞典等欧洲国家的简单平均值。实物转移支付包括德国、比利时、希腊、爱尔兰、意大利、荷兰和英国等欧洲国家。

更多细节参见 Goni 等（2011）。

资料来源：作者根据 Goni 等（2011）编制。

尼系数）的程度却远不及欧洲（见图 2.15）。至于税收，拉美国家的税收几乎没有起到再分配作用（见图 2.15 左侧）。而在欧洲，税收却切实降低了

基尼系数。欧洲国家税后（直接或间接税）基尼系数甚至低于进行转移支付（图 2.15 左图仅为现金转移支付，右图包括现金和实物转移支付）之后的基尼系数。现金转移支付作为再分配手段在拉美的不佳表现归咎于多个原因：首先，与经合组织国家相比，拉美国家的公共支出规模更小；其次，拉美较高的非正规就业水平（意味着将在非正规部门就业的劳动者排除在缴费型转移支付体系之外）限制了现金转移支付所发挥的再分配效率。因为现金转移支付无法通过作为其传导渠道的正规就业市场使低收入群体受惠。这两方面原因彼此密切关联，并与拉美地区普遍存在的非正规经济和逃税现象相联系。

在再分配方面，拉美国家税收的不佳表现同样归咎于多个原因。一方面，可征税基不足，在直接税方面尤为如此。偷逃税高发导致了征收潜力不足，从而使税收无法在数量上成为调节收入平等的力量。[1] 与此同时，个人所得税税率显著低于发达国家，拉美国家税制结构也因此更注重在分配功能较弱的间接税。

上述关于公共支出和税收作用的结论来自以往的研究，并得到了 Lustig（2012）最新研究成果的证实。图 2.16 总结了其根据不同收入类型分析的基尼系数变化情况。[2] 通过该图可以观察到，特别是对于巴西、墨西哥和阿根廷而言，大部分再分配过程是通过实物转移支付完成的（可支配收入、税后收入和最终收入之间的差距）。在阿根廷，直接现金转移支付（主要包括非缴费型养老金和针对儿童的 AUH 收入转移支付计划）同样十分重要，因为根据通过市场得到的净收入以及可支配收入计算的基尼系数之间的差值很大。Lustig（2012）的研究成果同样显示出税收的再分配功能很小，无论是直接税（与市场净收入之间的基尼系数变化），还是间接税（根据可支配收入计算的基尼系数与根据税后收入计算的基尼系数之间变化很小）均是如此。

上述 5 个国家中，总体上秘鲁的再分配职能履行的最为不佳，其根据市

---

[1] 第四章就这一问题进行更详细的分析。

[2] Lustig（2012）采取的方法将缴费型养老金收益作为通过市场获得的收入的一部分。然而，将缴费型养老金所得作为政府转移支付计划一部分进行计算时所得结果与此并无差别。如需了解更多细节，参见 Lustig（2012）。

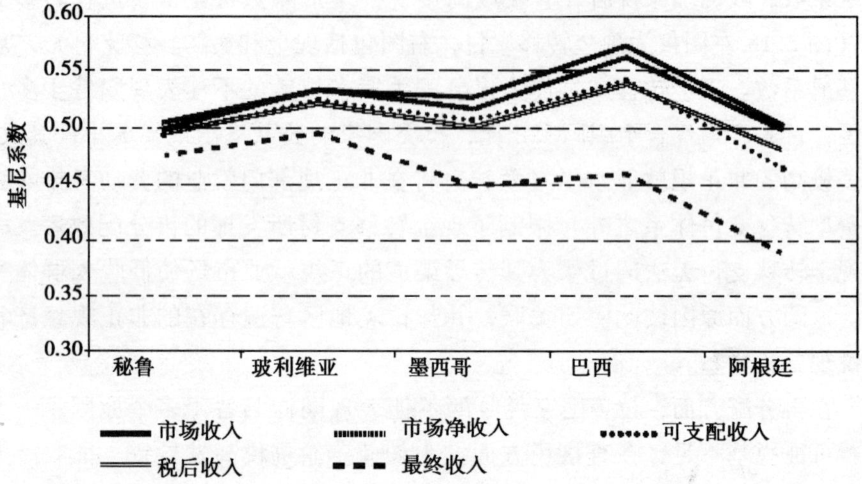

图 2.16 根据市场收入、市场净收入、可支配收入、税后收入以及最终收入[a]计算的部分拉美国家的基尼系数

注：a，关于不同类型收入的定义参见专栏 2.2。

b，纵轴并未 0 开始，以便于观察指数变化。

c，各国数据根据对于再分配的总体影响升序排列（秘鲁再分配效果最低，阿根廷最高）。

d，阿根廷，2009；玻利维亚，2007；巴西，2009；墨西哥，2008；秘鲁，2009。

资料来源：作者根据 Lustig（2012）编制。

场收入计算的基尼系数与最终收入计算的基尼系数之间下降最低（-6.2%），其次为玻利维亚（-7.0%）。根据图 2.16 和表 2.14 中显示的结果，再分配效率最高的为阿根廷（-22.8%）和巴西（-19.9%），墨西哥居中（-15.1%）。表 2.14 展示了公共财政在减少贫困方面的作用。在这方面，各国显示出的效率与收入分配调节情况相似。贫困率下降最大的阿根廷下降了 39.1%（从 23% 下降至 14%），最低的秘鲁仅下降了 2.8%（从 28.6% 下降至 27.8%）。各国赤贫率下降幅度最大，阿根廷达 64%，玻利维亚仅为 6.6%。❶

❶ 贫困率根据市场净收入以及可支配收入计算。Lustig（2012）则根据市场净收入和可支配收入计算了阿根廷的贫困率和赤贫率。因此，各国贫困率及赤贫率的计算均依据这两项收入指标进行。

上述结果支持了公共财政支出确实是能对地区直接再分配起到一些促进作用的手段的看法。然而，并非所有的公共支出均能起到绝对的再分配作用。正如第四节指出的那样，一些公共产品供应的集中度指数低于收入的基尼系数。例如，图 2.17 显示了阿根廷许多公共计划集中度指数（纵轴）的大幅度变化范围。该图的横轴则显示了各种计划的规模（按每个计划支出占 GDP 的比重计算）。通过该图可以得出若干结论：第一，一些完全具有累退性质（有利于最富裕的 1/10 人口）和具有相对或绝对累进性质（集中度指数低于按市场收入计算的基尼系数）的公共计划并存。第二，那些最具再分配功能的计划（针对专门人群的现金转移支付）往往占 GDP 比

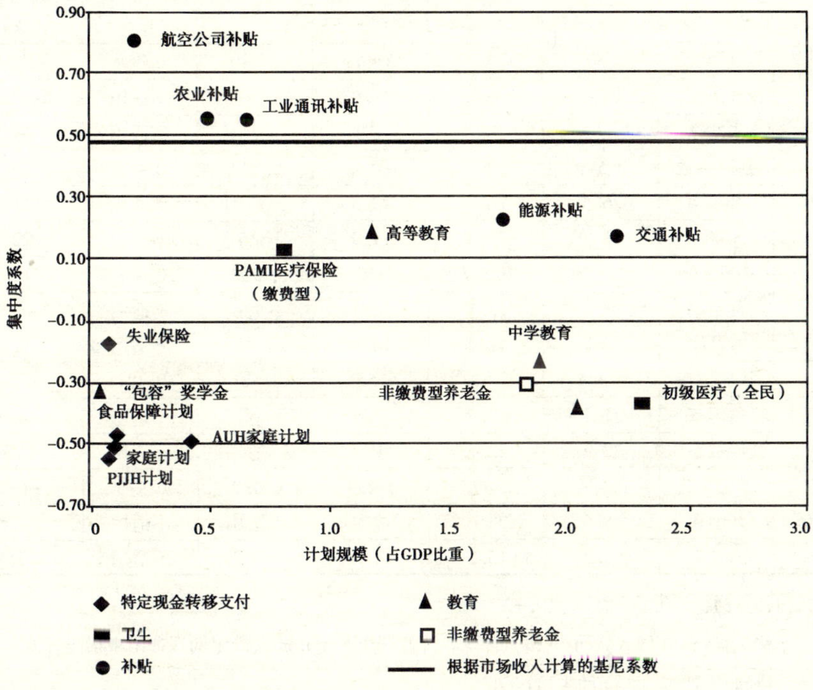

图 2.17 阿根廷各类公共计划的集中度指数和规模

例较小。第三，如图 2.17 所示，阿根廷那些降低基尼系数幅度最大的计划（基础教育、缴费型医保和养老金）结合了两个基本特征：集中度指数为负值，且具有相当的预算规模。最后需要指出的是，那些占用较多预算且仅

起到相对再分配作用的计划往往使得中等收入阶层受益。因为享受这些计划的好处需要具备某些“补充性”的个人条件，例如，拥有资金（承担接受大学教育期间的直接成本和机会成本）、参加缴费型养老金（享受医疗保险）以及拥有并经常使用交通工具和耗电量大的电器（享受能源和交通补贴）。

表 2.14　拉美部分国家按不同收入类型[a]划分的基尼系数、赤贫率和贫困率[b]（若干年）[c]

国家	项目	市场收入	市场净收入	可支配收入	税后收入	最终收入	基尼系数、赤贫和贫困率总的下降程度[d]（%）
阿根廷	基尼系数	0.503	0.498	0.465	0.480	0.388	-22.8
	贫困率	—	23.0	14.0	不适用	不适用	-39.1
	赤贫率	—	13.9	5.0	不适用	不适用	-64.0
巴西	基尼系数	0.573	0.562	0.542	0.539	0.459	-19.9
	贫困率	26.6	26.8	23.6	不适用	不适用	-11.2
	赤贫率	15.3	15.4	11.9	不适用	不适用	-22.0
墨西哥	基尼系数	0.527	0.517	0.508	0.500	0.448	-15.1
	贫困率	23.4	23.8	22.5	不适用	不适用	-3.9
	赤贫率	12.2	12.4	10.8	不适用	不适用	-11.2
玻利维亚	基尼系数	0.534	0.534	0.525	0.521	0.497	-7.0
	贫困率	37.2	37.2	35.5	不适用	不适用	-4.5
	赤贫率	22.2	22.2	20.7	不适用	不适用	-6.6
秘鲁	基尼系数	0.504	0.498	0.494	0.489	0.473	-6.2
	贫困率	28.6	28.6	27.8	不适用	不适用	-2.8
	赤贫率	15.2	15.2	14.0	不适用	不适用	-7.3

注：a，不同收入类型的定义见专栏 2.2。

b，赤贫率指经过购买力平价调整，日均收入低于 2.5 美元的人口比例；贫困率指经过购买力平价调整，日均收入低于 4 美元的人口比例。

c，阿根廷，2009；玻利维亚，2007；巴西，2009；墨西哥，2008；秘鲁，2009。

d，基尼系数总的下降水平反映出税收和本章分析的公共支出所发挥的最终分配效应，其计算方法为：根据最终收入计算的基尼系数和根据市场收入计算的基尼系数之间的差。贫困和赤贫率变化则指的是，根据市场收入和可支配收入计算的值之间的变化率。而阿根廷则是根据市场净收入和可支配收入计算的值之间的变化率。

资料来源：作者根据 Lustig（2012）编制。

上述在再分配功能和占用预算规模方面呈现出混合性结果的情形也常常在拉美其他国家出现。这就决定了一部分公共支出是完全具有累进性的，而其他部分则只具有相对累进性（集中在富裕阶层，但不像初次收入分配程度那么严重），甚至有些支出还具有累退性。例如，阿根廷6.2%的再分配支出具有累退性，而墨西哥则达16.4%。阿根廷仅有44.5%的再分配支出具有完全累进性（集中度指数为负值），墨西哥则为42.8%。其余的支出（阿根廷和墨西哥分别为49.3%和40.8%）则仅具有相对累进性（Lustig，2012）。

六、结　论

拉美国家在人均收入方面的不平等是巨大的，而且，这一不平等现象持续存在。面对长期存在的不平等，拉美各国政府又发挥了怎样的作用？这是本章的核心问题。我们试图为这一问题找到线索，研究在公共收入和支出方面是否存在着制约实现平等的缺陷。

对拉美国家税收情况的分析表明，在拉美税收并非是减少不平等的有力武器。然而，这并非是税收本身的问题。对发达经济体而言，税收、特别是直接税，起到了重要的再分配作用。本章还显示出，在拉美国家，无论是税制结构还是征收额，都未能起到平衡收入分配的作用。这主要是因为拉美的税制结构更注重在再分配方面作用更小的间接税，且各国个人所得税税率普遍较低。这两方面因素相加导致了征税所得较少。税收征缴的低水平导致了税收无法成为促进平等的有力工具。因为与富裕国家相比，拉美各国从富裕人群征收的税收相对较少。

另一方面，较少的征税所得也制约了各国所提供的公共产品和服务在覆盖面和质量上的提高。而公共产品和服务的供应对于其他经济来说具有很强的再分配功能。此外，与发达地区相比，拉美国家现金转移支付所发挥的作用不明显。这显然是受到大量劳动力在非正规部门就业的影响。劳动力市场因而无法像其他非正规率低的发达国家一样，成为现金转移支付的便捷渠道。

然而，近年来拉美推出了一些并不通过正规就业市场作为渠道的收入转移支付机制，即非缴费型转移支付机制，从而稍稍改善了再分配状况。此外，一些拉美国家还在针对儿童的转移支付机制方面取得了进展。这些机制规定的关联责任使其能够向预期方向发展，增加低收入群体的收益，并促进青年人力资本的形成。然而，尽管所有这些非缴费型转移支付机制似乎在朝着改善不平等和贫困现象的方向发展，依然证据显示，其规模仍偏小且无法满足大量社会需求，在地区较贫穷的国家尤为如此。

另一方面，这一社会保障形式的扩大仍面临两种隐患。首先，一些证据表明，非缴费型转移支付，特别是那些不附带条件的转移支付，可能会影响就业决策，导致人们不肯进入正规就业市场。虽然考虑到这种转移支付的金额较小，此类风险可能显得微不足道，但各国在设计社会救助计划时还是应该加以考虑（一些国家已经在进行考虑），从而将引入这种非缴费型社会保障新形式所带来的负面激励降至最低。其次，有条件转移支付计划在更长时期内的有效性值得商榷。在目前看来，这些计划的成果均体现在短期福利指标的改善上，如就学率、就医率以及食品支出等。然而，目前无法确切得知计划的受益儿童能否切实提高自身的人力资本以及就业市场是否会在其成年后对这种投资进行回报。为此，保障有条件转移支付最常见的方式，即卫生和教育的质量就显得至关重要，也需要保证包括就业市场在内的经济大环境有利于实现比今天更为稳定和包容的就业。上述任务要求更加关注教育资源的分配及平均质量、卫生质量以及促进正规就业这三方面的内容。就本章分析的目前情况而言，这三方面的情况难言乐观。

通过本章分析得到并经过以前的研究成果确认的一个好消息是，近十年来，拉美地区在收入分配平等方面出现了总体改善。然而，通过本章的论证，我们不禁要问，这种改善能否持续？似乎有必要保持警惕，因为促进改善的源泉可能濒临枯竭。这主要是由于促进分配平等的力量包括高素质劳动力回报下降（从而改善了劳动收入的初次分配）以及针对老人（非缴费型养老金）和儿童（有条件的收入转移支付）的非缴费型收入转移支付政策的扩大。这些推动近十年来收入分配改善的源泉并不保证能够在未来得以延续。例如，在教育回报率变化方面，引起这种变化的原因（低素质劳动力的相对需求增加、高素质劳动力供给相对增加、高素质劳动力质量下降、产业变化导致对高素质劳动力需求的多层次化）尚在讨论之中，但一切似乎只是暂时性现象。在非缴费型收入转移支付方面，其目前的融资以及未来可能的扩大所带来的资金需求，均意味着财政负担。但并非拉美地区所有国家都有实力提供这些资金保障。尽管有条件转移支付计划可能有助于打破贫困代际转移的链条，然而由于之前提出的在质量以及就业市场的总体条件方面的担忧依然存在，这一目标恐难实现。

总之，本章传递的一个明确信息是，进行有效且可持续的再分配需要具备两个关键条件：（1）通过投资提高人力资本形成的质量推动产生真正的机会平等；（2）建设包容性的福利国家。这种国家通过致力于降低非正规就业与全体公民缔结了同等水平的社会契约。如果缺乏上述两个条件，就很难打破使拉美国家长期成为世界上最不平等地区的恶性循环。

第三章　有质量的公共支出：衡量与最佳实践*

一、前　言

高效管理是所有政府的道德义务，也是政府—公民契约的支撑，甚至在一些国家被明确纳入法律。❶ 进一步而言，高效使用公共资源不仅为国家征税提供了合法性，根据相互性的原则，它还是推动更多和更好征税这一良性循环的核心（见第五章）。

上述观念对于政府管理而言至关重要，因此，需要通过公开讨论明确界定如何理解效率和怎样衡量效率。但遗憾的是，在很多情况下，此类讨论仅限于对结果进行测量。尽管这种测量提供了十分有用的信息，却仍不足以据此对管理效率进行评估。理由很简单，测算结果不佳很可能反映了资金不足或是外部条件不利，而并不一定是对现有资源的利用欠佳。

可以从不同的角度对公共管理的效率进行研究。例如，可以从执行的角度研究所谓的“生产性”效率，或是采取更广的视角研究资源的社会分配。本章仅限于分析“生产性”效率，即考察一国政府是否能够适当使用现有资源生产出一定数量的服务，或是研究目前生产的服务是否能够通过消耗更少的资源实现。

---

* 本章内容由 Fernando Alvarez 负责编写，Mauricio Stern 和 Mariana Urbina 提供研究帮助。

❶ 例如，《委内瑞拉玻利瓦尔共和国宪法》第 141 条规定，“公共管理应为公民服务，需依法建立在诚实、参与、快捷、高效、有效、透明、尽职和负责等原则的基础之上”（见《委内瑞拉玻利瓦尔共和国宪法》，1999）。

值得注意的是，这种效率观念并不提供关于在哪些领域进行了支出或是支出了多少的信息。这些问题与公共支出的水平和结构以及公共资源的整体配置密切相关。回答这些问题需要对政府提供的公共产品和服务进行社会评价，并确定哪些是导致这些产品和服务无法由私人部门提供的市场失灵因素。[1] 在实践中，这一层次的决策通常是不同权力集团之间政治互动的结果，并往往在公共预算之中得以落实。虽然这样的讨论对于公共政策设计而言不可或缺，但超出了本章分析的范围。

当然，获得生产性效率并不足以用来肯定公共管理从资源配置的角度看也是同样高效的。例如，政府可以十分有效地生产某种社会评价较低的公共产品。然而，良好的公共管理在广义上需要恰当地使用中间产品，即从生产性的角度看需要具备效率。实际上，一旦确定投入教育、再分配、卫生和基础设施的资金，就务必保证相关支出和有关中间产品投入以最佳的方式进行。另一方面，改善生产效率也可以增加公共产品和服务供应的数量和质量，而无需加大税赋，也可以减少财政调整带来的实际影响。这些财政支出往往不可拖延，且涉及高度敏感的领域。这些论据都表明，生产效率研究本身对于公共政策设计就具有很高的价值。

本章试图传递的信息之一在于，对效率进行适当的衡量是实现效率的第一步。即使对效率进行狭义上的测量也是一项十分复杂的任务，但好在仍具有可行性。对某一公共部门的效率进行衡量不仅仅是简单地对其工作成果进行分析。在这一过程中，特别需要根据在特定背景下将投入和产出联系起来的理想情景或生产边界，对投入的中间产品以及取得的成果进行比较。因此，对效率的测算与这一生产“边界”的界定密切相关。该边界表明根据目前可用条件、投入资源以及技术能够取得的最好成果。

本章内容分为两个部分：第一节由两部分组成，旨在介绍有关边界方法概况及应用；第二节将对各国进行比较分析，以确定关于拉美地区公共支出低效的担忧是否也体现在国家层面上，分析的领域包括教育、卫生和基础设施。此外，第三节对教育支出的效率进行深入研究，并在这一过程

[1] 就方法而论，采取全面分析的视角进行研究要复杂得多，其正式讨论也仅以建立理论模型为支撑。在对教育和养老金体系进行整体分析方面，参见 Boldrin 和 Montes（2005，2009）；失业保险分析方面，参见 Hansen 和 Imrohoroglu（1992）。

中使用智利和秘鲁教育部门的详细数据。虽然分析中突出了教育和卫生两方面的情况，但这并不意味着本章将进行分领域的专题分析，本章的目的在于为拉美地区公共支出效率的衡量提供实证支撑。本章的第二部分由第四节组成。该节分析哪些是有助于提高效率的实践、原则和机制。换言之，该节将分析如何接近最佳实践所表明的生产边界。第五节对本章内容进行总结。

总体上看，证据表明，尽管拉美公共管理指标不佳可能是投入不足或是外部不利条件导致的结果，低效却也是重要原因之一。例如，在教育领域投入资源既定且外部条件有利的情况下，无论是教育的结果还是覆盖面仅分别达到了其 80% 和 90% 的潜能。尽管近年来某些指标出现了显著改善，卫生领域投入的低效程度同样突出。智利和秘鲁教育机构的数据证实了改进管理的需要。我们从中也可以发现，机构的公立性质并不必然意味着低效。实际上，通过分析教育机构的效率指数分布情况，可以证实，一些公立性质的机构可以和效率最高的私立机构同样高效。

这些分析结果将何种实践或体制安排能够促进高效管理的问题置于讨论的中心。拉美地区已实施的一些措施，包括将公共部门雇员利益与政策目标挂钩的激励机制、在目标群体和开支及补贴金额方面精心设计、在公共管理中使用信息和通讯技术以及重视项目的前期规划和评估等。落实上述措施本身就是一件十分复杂的任务，但对于促进公共管理所必须的高效而言却是不可或缺的。

二、拉美的公共支出具有效率吗？——从生产边界的角度看

拉美各国公民对公共服务满意吗？根据不同信息来源得出的回答是否定的。例如“拉美晴雨表”（Latinobarómetro）2010 年进行的调查显示，对公共服务感到“不太满意”或“一点儿也不满意”的家庭比率为 40% ~66%，具体比例因服务项目而不同。上述看法也许反映了公共服务在质量和数量方面的失灵。即便如此，这也不能成为政府运用资源低效的证据。实际上，在结果和效率之间进行区分十分重要。理由很简单，结果不利完全有可能是因为

缺乏资源或外部环境不利，[1] 而并不一定反映了对现有资源的利用欠佳。

试以教育质量为例。教育质量一般通过标准化的考试结果进行衡量。很容易证明，一所教育机构的平均成绩取决于多种因素，而并非仅与教育资金投入的使用效率有关。首先，如果一所学校经费十分有限，即使采用了最佳实践，很可能最终取得的成果也不理想。其次，众所周知，学生所处的家庭和经济社会环境也会对其学习成绩产生影响。一个父母受到良好教育或经济社会地位较高的学生往往在测试中成绩更好，而与其就读学校的情况关系不大。

因此，对效率进行分析应该系统地包括所有可能影响结果的因素，而不是仅与现有资源的利用欠佳相联系。以这一标准衡量，考虑到资金和环境因素，一些根据成果评判缺乏效率的机构也可能恰恰是高效的机构。相反的论证同样有效。

幸运的是，可以通过生产边界的方法对效率进行测量。专栏 3.1 十分简洁地对此进行了描述。无论如何，这些方法为分析的每一所机构确定了效率指数。指数变动范围为 0 ~ 1，显示出相关机构目前效率与潜在效率之间的差距。该指数也可用于特定产品的生产上。如指数为 0.8，意味着该产品产量相当于根据目前的投入和外部环境可以达到的理想产能的 80%。该指数也可用于投入方面，如指数 0.8，意味着通过采用最佳实践，目前的产量可以通过当前投入的 80% 即可实现。

上述方法就确定生产效率而言十分有用，但仍无法避免与其他一些类似的比较方法的局限性。（1）生产边界的确立或估算需要以从一系列执行单位（如国家、城市、教育机构等）获取的数据为基础，这就使获得的效率指数具有某种相对性。（2）在衡量投入和产出的形式方面需要具有一定程度的一致性。而这一条件并非总是具备，特别是在各国间进行研究时更是如此。（3）很难将所有影响到结果且又超出目标政府或公共服务供应部门控制的因素都纳入分析中。这些外部或环境变量可能会与低效的评估相混淆。由于这些制约条件的存在，应谨慎解读根据这种方法得出的结果。

---

[1] “环境条件”是指影响到的结果、执行部门却无法掌控的因素。因此，也被称为“非任意变量”。

专栏 3.1 生产效率的概念及测量

生产效率的现代测量来源于 Farrel (1957) 和 Debreu (1951) 的思想。他们所作的研究将效率区分为技术效率和配置效率。前者指的是根据现有投入实现产量最大化的能力（以产品为导向的效率），或是根据现有产量争取使用最少投入的能力（以投入为导向）。而配置效率则是指根据现行的价格向量将投入组合配置到最佳比例的能力（Lovell, 1992）。简言之，一个执行部门从生产的角度考虑缺乏效率，可能是因为它没有恰当地使用现有资源，或者购买的投入组合并非在价格上是最优的。

无论采用何种定义，生产效率限于某一个单独的执行部门，如一国政府、地方政府或是公共服务供应部门。因此，通过生产效率的概念对公共支出的社会合理水平或相应结构进行决策的用处不大。因为相关决策过程实际上是讨价还价和政治妥协的结果。除此之外，生产效率仍是进行整体高效管理所不可或缺的条件，也是在公共政策设计中广泛采用的概念。

Farrel 通过目前表现以及最佳实践所昭示的生产边界之间的差距来定义效率的概念。这一概念一直延续下来，并促进了明确包含该概念的技术的发展。这方面的方法很多，且本质各不相同。总的来说，这些方法分为事先确定边界（参数系）的函数形式以及那些不预先确定参数系的方法。

在采用参数系的方法中，最著名的是随机边界法。这一方法通过一个生产函数，根据随机边界对效率进行估计。该生产函数将每一个生产部门的产量和使用的投入、效率指标（分析的中心目标）、一个随机项以及环境条件联系起来。对随机边界进行估算的先驱性研究要归功于 Aigner 等(1977)。考虑通过随机项和低效项建立分配函数，再通过最大相似性的方法估算参数。对参数的估算有助于推测每个执行部门的效率项。

在非参数方法中，最普遍的要算数据包络分析法（英文缩写为 DEA)。这一方法由 Charnes 等 (1978) 提出。简单说来，这一方法认为任何类型的投入—产出间的线性组合都是可行的，并根据观察到的组合建立包络函数。该方法认为，每个决策单位的效率不仅应与可比较的其他单位的真实表现相较，而且还应与虚拟单位的数据进行对比。这一虚拟单位的投入和产出通过可比较单位的相关数据组合而建立。

> 每种方法均有其相对优势。例如，非参数法更加灵活，因为其未对边界设立特定的函数形式。然而，与边界法相比，这种方法对观察到的非典型现象也相对敏感。原因在于边界法引入了可以降低干扰和测量错误的随机项，从而减轻了非典型性现象对边界形状的影响。
>
> 这些方法均试图找到反映出最佳实践的包络函数，而不是仅仅反映投入和产出平均关系的点函数。这也将其与以生产和成本函数估算为核心的方法区别开来。实际上，生产和成本函数的测算要早于 Farrel 的思想。这种考虑将焦点放在技术参数的测算，而非执行部门表现相对于理想状态的偏离之上。
>
> 尽管存在某些缺陷，边界法仍不失为确定执行部门、特别是公共部门潜在低效问题的宝贵工具。
>
> 资料来源：作者根据 Murillo Zamorano（2004）和 Green（2005）资料编制。

生产边界技术已经在对各国的公共支出效率进行的研究中被广泛采用。例如，Afonso 等（2006）对 23 个工业化国家的表现和效率进行了研究。该研究对 7 个领域的表现进行了调查，即卫生、教育、行政管理、公共基础设施、分配管理、稳定经济的作用以及增长管理或宏观经济表现。通过对以上领域的研究，确立了公共部门表现复合指数。该指数被运用为产出变量。另一方面，总支出与 GDP 之比则被用作投入变量。产量导向的效率指数平均为 0.85。也就是说，在支出既定的情况下，产出复合指数显示产量达到了潜能的 85%。效率指数最低的国家是意大利（0.68）。该研究的另一项结论是公共部门越小的国家，一般而言效率指数更高。

在随后的一项研究中，上述学者以 24 个发达程度较前次一等的国家为样本进行了效率研究。该研究同样使用支出 - GDP 比为投入变量，复合指数为产出变量（Afonso et al.，2010）。[1] 与前一次研究不同的是，各国在效率上的差异很大。最为低效的国家的产量导向指数仅为 0.5。此外，平均效率指数为 0.67。这也意味着这组国家的平均复合效率指数仅达到落实最佳

[1] 样本包括欧盟 10 个新成员国、2 个申请入盟国（保加利亚和罗马尼亚）、3 个与其他成员国发展有差距的欧盟老成员国（希腊、爱尔兰和葡萄牙）和 9 个发展中国家。入选的拉美国家仅有巴西和智利。

实践情况下的2/3不到。[1]

另一方面，Crouch 和 Fasih（2004）重点研究了教育领域。他们指出，同时考虑可获性和质量两方面因素的重要性。他们根据各国参与各种国际教育评估项目的情况[2]获取了可比较数据，以获得衡量76个国家教育水平的统一标准。与此同时，他们发现研究对象中，大约1/3的发展中国家效率水平显著低下（低于0.8）。

最后，Herrera 和 Peng（2005）研究了教育和卫生领域的公共支出效率。研究使用了140个样本国家1996～2006年的数据。[3] 研究显示，拉美国家效率水平严重低下。与 Afonso 等（2006）一致的是，这项研究还证明了，水平更高的国家效率指数更低。[4]

在本节接下来，我们将就教育、卫生和基础设施领域的情况进行国别比较分析。卫生和教育方面的成果选取自 Alvarez Parra 和 St. Aubyn（2012）专门为本报告进行的研究。基础设施领域则集中分析一项关于港口服务供应的研究（Herrera 和 Peng，2008）。

（一）教育服务供应的效率

一切形式的教育体系无不以“生产”最大数量的受教育程度高的公民为主要目标，以推动经济发展和社会包容。因此，在对教育领域的公共管理进行评价时，对可获性和质量两方面的指标加以考虑十分重要。进一步而言，一些国家的教育体系可能在以标准化考试中取得的成绩衡量的质量方面表现良好，而在可获得性方面表现较差。也存在相反的情况。实际上有人认为，成绩较差是包容性教育体制的反映，而高得分则是精英教育体系的体现。这强化了对教育服务两个层次进行评价的需要。

本节的分析成果来自一项专门为本报告进行的研究（Alvarez Parra y

---

[1] 上述两项研究均采用了参数法。该方法对离群值很敏感（见专栏3.1）。因此，作者在第二项研究中排除了新加坡（明显的离群值）重新计算了效率指数，降低了结果的偏离程度。

[2] 其中最著名的测试也许是 PISA 测试，其他测试还有拉美实验室教育质量评估测试（LLECE）以及 TIMSS 测试。

[3] 与之前的研究相似，本研究中也采用了参数法来获取边界。

[4] 本文并不试图对国家间公共支出效率比较的研究进行详尽列表，因为这显然超出了本章的范畴。

St. Aubyn，2012）。研究选取了国际学生评价项目 PISA 测试[1]的成绩作为对教育质量的近似评价指标。很明显，此类标准化测试并不一定能够从广义上或各国课程设置目标方面对教育质量作出准确评估，但其优点在于为所有参与测试的国家提供统一的衡量标准。另一方面，研究采用中学净入学率作为衡量可获性的指标。研究之所以选择中学而不是小学的入学率作为指标，是因为如同第二章中所述，中学教育的可获性似乎问题更多。

图 3.1 和图 3.2 显示教育成果指标的相关数据。图 3.1 显示所有参测国 2006 年（横轴）和 2009 年（纵轴）PISA 测试的成绩，并用字母标出了拉美国家。图 3.2 则显示 2005～2009 年各国的平均净入学率。相关数据按地区排列，并显示了一些拉美国家的情况。

在教育质量方面（见图 3.1），可以看出，参加 PISA 测试的拉美国家在两次测试中表现均不佳。参加测试的拉美 7 国表现仅强于卡塔尔和吉尔吉斯斯坦。此外，巴拿马和秘鲁由于仅提供了 2009 年的成绩，因此并未被纳入图 3.1。这两国在 2009 年测试中的成绩低于卡塔尔。

另外，图 3.2 显示，在中学教育的可获性方面，拉美与其他更为发达的地区相比也存在 20% 左右的差距。只有阿根廷、巴西，特别是智利超过了 75% 的平均水平。危地马拉的净入学率接近撒哈拉以南非洲国家的水平，低于 40%。表 3.1 则显示教育投入的比较情况。表中罗列了教育支出占 GDP 的百分比、每名学生中学教育支出占人均 GDP 比重以及中学教育师生比等指标。所有数据均采用 2005～2009 年的平均值。

---

[1] PISA 测试由经合组织举办，旨在衡量接近初中毕业阶段的学生所具备的针对现代社会的基本知识和技能（OECD2010，p. 17）。测试分为阅读、数学和科学三部分。本章使用了三部分分数的平均值。由于三部分内容相关性很强，即使单独使用某方面的成绩结果也应适用。

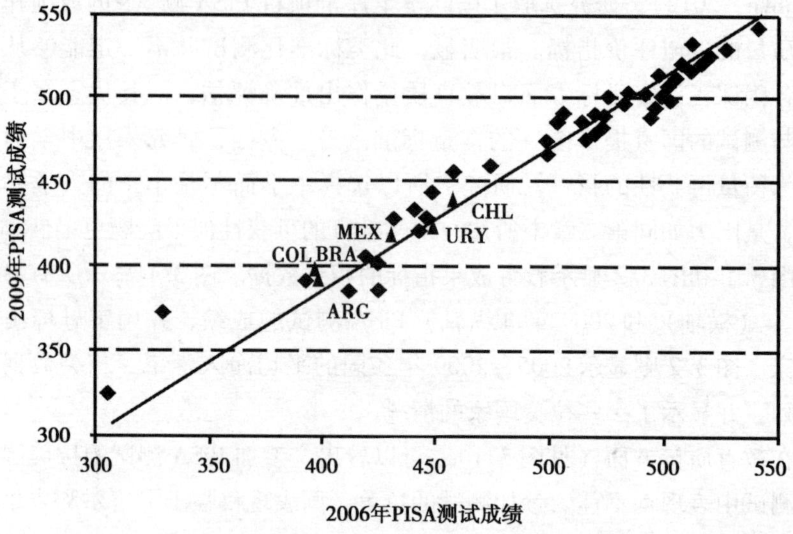

图 3.1　部分国家 PISA 测试成绩比较（2006 年对比 2009 年）

图例：COL，哥伦比亚；ARG，阿根廷；BRA，巴西；MEX，墨西哥；URY，乌拉圭；CHL，智利。

资料来源：作者根据世界银行 WDT（2011）编制。

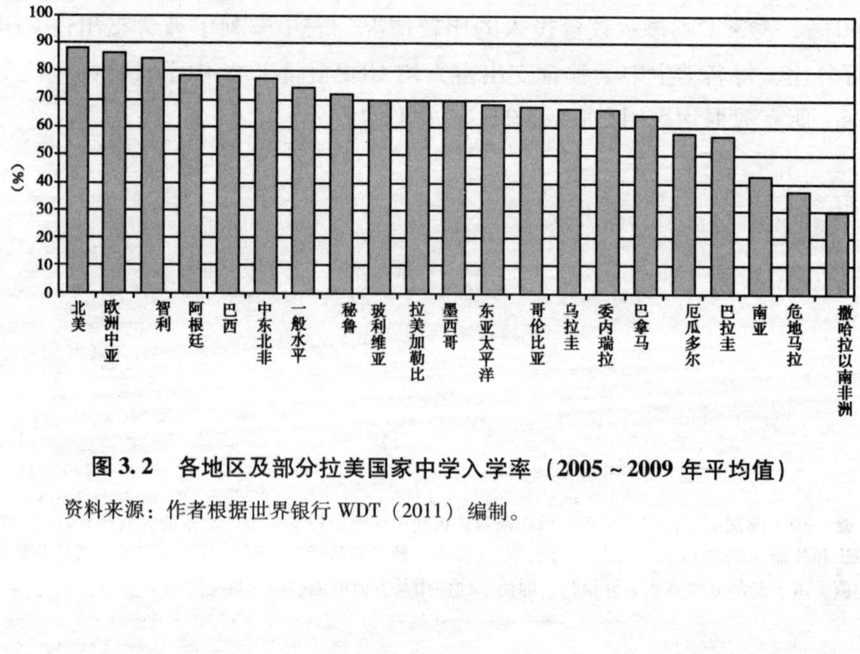

图 3.2　各地区及部分拉美国家中学入学率（2005～2009 年平均值）

资料来源：作者根据世界银行 WDT（2011）编制。

表 3.1　各地区和拉美部分国家教育投入（2005～2009 年平均值）

地区/国家	公共教育支出占GDP 的比重（%）	按每名学生计算的教育支出占人均 GDP 比重（中学,%）	师生比（中学）
撒哈拉以南非洲	4.68	29.03	0.04
北美	4.23	18.67	0.10
东亚－太平洋	4.01	17.40	0.06
欧洲和中亚	4.94	24.78	0.10
中东北非	4.68	18.68	0.07
南亚	4.30	18.85	0.04
阿根廷	4.72	20.62	0.08
玻利维亚	6.31	14.49	0.06
巴西	4.90	15.80	0.06
智利	3.33	13.02	0.04
哥伦比亚	3.98	12.55	0.04
危地马拉	3.08	5.33	0.06
墨西哥	4.89	14.03	0.06
巴拿马	3.82	12.63	0.06
秘鲁	2.62	9.77	0.06
乌拉圭	2.77	10.13	0.07
委内瑞拉	3.66	8.18	0.10
所选国家平均值	**4.01**	**12.41**	**0.06**

资料来源：作者根据世界银行 WDI（2011）编制。

表 3.1 显示，对选定的拉美各国而言，教育方面的公共支出约占 GDP 的 4%，与其他地区持平，略低于欧洲和中亚。就拉美地区本身而言，玻利维亚支出比例最高，超过 GDP 的 6%。而秘鲁和危地马拉的支出不到 GDP 的 3%。与此形成对比的是，就每名学生中学教育支出占人均 GDP 比重而言，拉美则是支出较少的地区。此外，在师生比方面，尽管拉美的这一比例高于南亚、沙哈拉以南非洲以及东亚—太平洋地区，却仍显著低于更为发达国家的水平。

Alvarez Parra 和 St. Aubyn（2012）通过边界法对效率进行研究，并使用师生比、人均支出以及每名学生支出作为投入变量。人均支出和每名学生支出均采取经购买力平价调整的实际价格计算。本节仅显示了根据人均支出计算的结果。❶ 最后，两位研究者在分析效率时还根据统计的重要性和数据的可获性选取了环境变量。❷

表3.2显示了教育质量领域产量导向的效率指数。❸ 表中显示了仅包括投入变量和也包括环境变量情况下的效率指数。第一列显示了PISA测试（2006～2009年）的平均值，按最高分的百分比计算。支出变量作用显著，并与预期的方向一致。非任意变量的加入降低了支出变量系数的规模，但并未消除其重要性。最后，"成人受学校教育时间"变量的系数和重要性支持了父母的教育水平对孩子的表现具有积极影响这一论断。

表3.2 各地区和拉美部分国家教育质量效率指数

（2006～2009年平均值）[a]

地区/国家	PISA测试成绩（相对于最高分）	效率指数（只考虑投入）	效率指数（考虑投入和环境变量）
北美	98.30	93.60	93.81
拉美和加勒比	76.02	87.24	87.63
东亚－太平洋	94.20	96.49	96.87
欧洲和中亚	89.94	91.53	92.38
中东北非	74.99	74.62	77.62
阿根廷	70.34	81.01	81.22
巴西	71.02	83.53	86.29

❶ 在解释PISA测试结果与师生比变量之间的关系时，可以发现这一变量并不起显著作用。相关结果仅显示了班级的规模，而对于反映教育质量而言作用甚微。这可能反映出这一变量国别差异的问题。而2个有关支出的变量却十分相似（见Alvarez Parra和St. Aubyn，2012）。

❷ 特别是那些最终构成边界的变量，如经过购买力平价调整的人均GDP和显示成人教育水平的变量。通过基尼系数衡量的收入差异未被选入，因为会显著降低观察量。进一步情况参见Alvarez Parra和St. Aubyn（2012）。

❸ 相关指数通过随机边界法获得。研究还提供了根据DEA法获得的数据。两组数据反映出的情况基本一致。边界的估算通过2个时期进行。第一个时期的表现变量为2006年PISA测试成绩，第二时期的变量为2009年的测试成绩。另一方面，投入变量和非任意变量则表示了每一时期近5年的平均值。

续表

地区/国家	PISA 测试成绩（相对于最高分）	效率指数（只考虑投入）	效率指数（考虑投入和环境变量）
智利	78.67	91.72	90.05
哥伦比亚	70.52	85.71	87.77
墨西哥	74.93	83.36	85.44
乌拉圭	76.79	95.47	93.35

注：a，结果变量：2006～2009 年 PISA 测试成绩平均值；投入变量：人均公共教育支出（经购买力平价调整，为 PISA 测试前 5 年的平均值）；环境变量：人均实际 GDP（经购买力平价调整）、成人接受学校教育年数，均为 PISA 测试前 5 年的平均值。产量型效率评估，采用随机边界法确定。

资料来源：作者根据 Alvarez Parra 和 St. Aubyn（2012）编制。

第一，值得注意的是，正如之前所述，拉美国家根据 PISA 测试结果衡量的表现显著低于发达国家和东亚－太平洋地区国家。第二，在考虑到投入变量（人均支出）和社会经济环境因素（人均 GDP 以及成人接受学校教育时间）的情况下，拉美国家已经接近生产边界。这意味着，对拉美国家而言，表现欠佳的部分原因在于投入不足，以及不利的经济社会条件。尽管如此，拉美学生在 PISA 测试中取得的成绩（教育质量）平均达到根据地区目前的投入和环境条件可以达到的最高水平的 88%。这也就是说，研究表明，拉美国家在 PISA 测试中的不佳表现部分归咎于不利的外部环境以及较少的投入，但同时在很大程度上也是效率不高而导致的。

在拉美地区各国中，乌拉圭在教育质量方面的效率指数最高。在之后的分析中还可以发现，乌拉圭在可获性方面的表现不及教育质量，而智利在这方面往往位列前茅。阿根廷和墨西哥则是质量效率较低的国家。[1]

研究还分别针对 2006 年和 2009 年 PISA 测试的结果进行了估算。这样，巴拿马和秘鲁虽然没有参加 2006 年的测试，但也被纳入研究范围。此外，

[1] 即成绩更低意味着教育体系更为包容。因为许多来自相对较差环境的学生也被纳入其中。为将这一情况引入边界的估算，可以将入学率作为控制变量。然而，那些决定边界的国家往往同时具备较高的入学率和分数。实际上，在通过社会经济变量对边界估算进行控制时，相应的入学率变化并不显著，甚至呈现出正值。进一步而言，对于研究中的样本国家而言，平均 PISA 测试成绩与净入学率（按测试前 5 年的这一变量的平均值计算）正相关，研究期内的相关系数为 0.61。

还评估了效率指数是否发生了变化。图 3. 3 显示了拉美地区各国的测算结果。

将这两年的情况进行对比，可以发现所有国家的效率指数都取得了轻微提升。能够提供数据的国家，这两年间平均效率指数从 85% 上升至 88% 。令人鼓舞的是，这一改善出现在所有国家，无一例外。秘鲁和巴拿马仅参加了 2009 年的测试，其效率指数低于地区平均水平。

正如前文所述，需要将 PISA 测试指标和以中学净入学率为代表的可获性指标结合起来对效率进行估算。表 3. 3 就显示了以此得出的产量导向型效率指数。投入变量，即按实际价格计算的人均支出，在统计学上具有重要意义，其系数值也呈预期方向。在引入包括人均 GDP 和成人识字率在内的环境变量后，对边界的测算而言，这些变量作用也很显著，且与预期方向相一致。❶

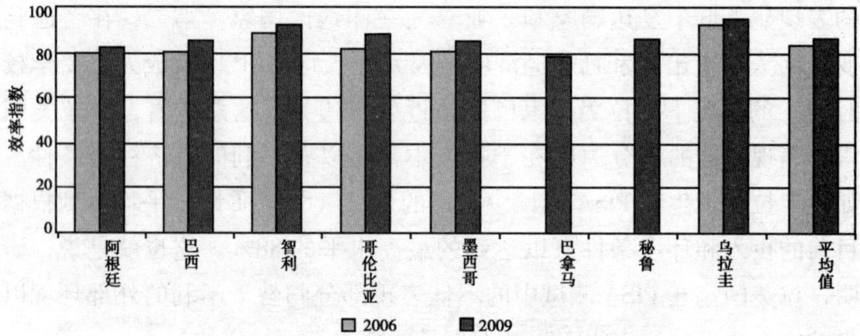

图 3. 3 部分拉美国家教育质量效率指数

（2006 年对比 2009 年，包括投入变量和环境变量）[a]

注：a，结果变量：2006 ~ 2009 年 PISA 测试平均成绩；投入变量：经购买力平价调整后的人均实际公共教育支出（测试前 5 年的平均值）；环境变量：经购买力平价调整后的人均实际 GDP、成人接受学校教育时间（测试前 5 年的平均值）。产量导向型效率指标、随机边界法计算。

资料来源：作者根据 Alvarez Parra 和 St. Aubyn（2012）编制。

表 3. 3 对 2 个阶段进行了估算，即 2000 ~ 2004 年和 2005 ~ 2009 年。每

❶ 计算中采用了随机边界法，结果与按 DEA 法计算相似（Alvarez Parra y St. Aubyn，2012）。

个阶段的第一列显示了结果变量（入学率）。拉美地区选定的国家在这方面呈现出近6个百分点的提高。两个阶段间，效率指数的提高较少（4个百分点）。然而，即使在考虑到社会经济环境以及教育支出水平的情况下，拉美地区仍然低于根据国际最佳实践确定的水平的80%。[1] 智利是表现最佳的国家之一。即便如此，根据测算，其效率仍然只有按照目前的投入和社会经济条件可以达到水平的90%。效率最低甚至只能达到55%的水平（危地马拉）。除危地马拉之外，委内瑞拉玻利瓦尔共和国、墨西哥和巴拿马也呈现出相对较低的效率指数。

总体上看，拉美各国无论在教育质量上，还是在可获性方面的低效程度严重。虽然各国表现不佳的部分原因与不利的外部环境以及资金不足有关，但边界分析也显示出教育的质量和可获性只分别达到潜力的80%和90%。[2]

表3.3　各地区和部分拉美国家教育可获性效率指数

（2000～2004年与2005～2009年比较）[a]

地区/国家	2000～2004年			2005～2009年		
	净中学入学率（%）	效率指数（只考虑投入）	效率指数（考虑投入和环境变量）	净中学入学率（%）	效率指数（只考虑投入）	效率指数（考虑投入和环境变量）
撒哈拉以南非洲	28.63	0.34	0.50	33.91	0.39	0.55
北美	86.67	0.83	—	88.29	0.84	—
拉美和加勒比	67.28	0.70	0.70	70.80	0.76	0.78
东亚－太平洋	61.71	0.72	0.65	64.95	0.73	0.73
欧洲和中亚	85.32	0.90	0.88	87.41	0.91	0.92
中东北非	64.09	0.65	0.75	70.69	0.73	0.93

[1] 在Herrera和Peng（2008）进行的研究中，得出的效率指数为69%。这与我们对第一个阶段的结论相近。在该阶段中未引入环境变量加以控制。Herrera和Peng（2005）在指数计算中并未包括环境变量的影响。他们在第二阶段的研究中引入了这些变量，以解释效率低下现象。

[2] 值得注意的是，对教育表现的测算涉及整个教育体系，而并非只限于公共教育部门。然而，公共部门的数据是对教育公共支出效率进行分析时经常采用的数据（见Herrera和Peng，2005；Alvarez Parra和St. Aubyn，2012）。其中的重要原因之一在于教育领域公共支出的主要部分投向了对学校的补贴。因此，全部教育体系指标与公共教育部门指标之间呈现出重要的相关性。例如，2009年公共教育部门PISA测试平均成绩与全部教育系统成绩之间的相关系数高达0.98。

续表

地区/国家	2000～2004 年			2005～2009 年		
	净中学入学率（%）	效率指数（只考虑投入）	效率指数（考虑投入和环境变量）	净中学入学率（%）	效率指数（只考虑投入）	效率指数（考虑投入和环境变量）
南亚	33.27	0.39	0.77	41.39	0.52	0.73
阿根廷	80.07	0.85	0.83	79.33	0.83	0.83
玻利维亚	71.28	0.79	0.93	70.41	0.79	0.83
巴西	73.49	0.80	0.85	79.07	0.85	0.90
智利	—	—	—	85.26	0.92	0.91
哥伦比亚	57.54	0.63	0.65	68.12	0.75	0.78
厄瓜多尔	49.90	0.59	0.54	58.34	—	—
危地马拉	30.70	—	—	37.82	0.44	0.55
牙买加	77.34	—	—	77.80	0.84	0.93
墨西哥	61.74	0.64	0.67	70.00	0.73	0.76
巴拿马	62.56	0.67	0.70	64.51	0.69	0.72
秘鲁	67.44	0.76	0.80	72.64	0.82	0.89
巴拉圭	—	—	—	57.82	0.66	0.68
乌拉圭	—	—	—	67.06	0.74	0.74
委内瑞拉	56.28	—	—	66.81	0.72	0.73
所选国家平均值	62.58	0.72	0.75	68.21	0.75	0.79

注：a，结果变量：中学净入学率；投入变量：人均公共教育投入（经购买力平价调整，为PISA 测试前 5 年的平均值）；环境变量：人均实际 GDP（经购买力平价调整）、成人识字率，均为测试前 5 年的平均值。产量型效率评估，采用随机边界法确定。

资料来源：作者根据 Alvarez Parra 和 St. Aubyn（2012）编制。

（二）卫生服务的效率

各国卫生体系的主要目标在于为国民提供较好的医疗条件。这不仅意味着解决个人的健康问题，也包括减少此类或其他问题在未来再次发生的可能性。因此，对卫生体系的评估包括预防和治疗两个层面。

一所医院的生产活动可以理解为一个包含多阶段或层次的过程。首先，医疗投入被用于生产服务，例如，疫苗注射、外科手术或理疗等。对医院这一层次的效率进行评估是可能的。患者数量、治疗病例或治疗持续时间可以被认为是与其他层次的效率相关联的中间产品。总之，医院的核心目标是以最低的成本改善患者的治疗条件，这种关系可以用来界定更广义的效率（Zweifel et al.，2009）。本文正是采取了这种广义定义，本节将介绍相关结论。我们选取了出生时的预期寿命以及每1000名5岁以下儿童存活率作为结果变量（Alvarez Parra y St. Aubyn，2012）。这也是国别分析常用的指标。图3.4显示了拉美地区上述指标自1960年以来的演变过程。

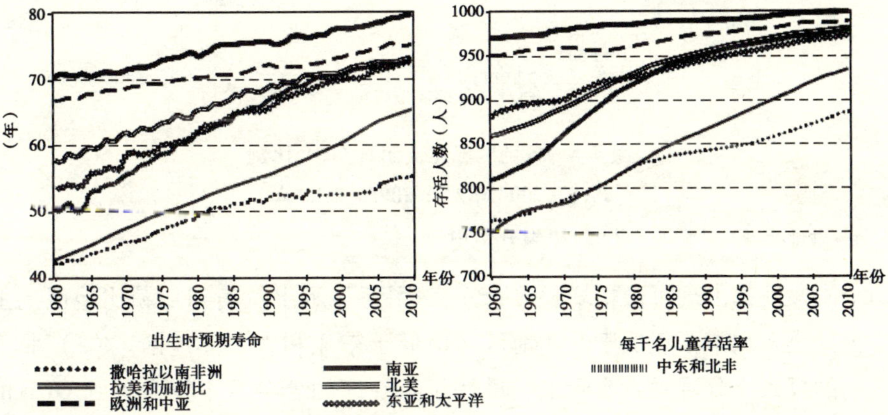

图3.4 各地区出生时预期寿命以及婴幼儿存活率变化（1960～2010年）

资料来源：作者根据世界银行（2011）编制。

该图显示出所有地区的这两项指标都出现了增长。这段时间中表现最好的地区是北美、欧洲和中亚。到分析期末，拉美位于与中东和北非以及东亚和太平洋地区相似的水平，尽管拉美在20世纪60年代初，预期寿命指标要强于上述两个区域。与此同时，在存活率方面，图表更为明确地显示出了一种趋同趋势，但南亚、特别是撒哈拉以南非洲等地区的上述2项卫生指标方面的差距均较大。

图3.5和3.6显示了各地区卫生支出（包括公共和私人部门在内）的水平。图3.5显示了各地区在2000～2004年和2005～2009年阶段的卫生支出情况。而图3.6则显示了一些拉美国家在第二个阶段的支出情况。

（1）可以观察到，在所有地区，卫生领域的公共支出占GDP的比重在

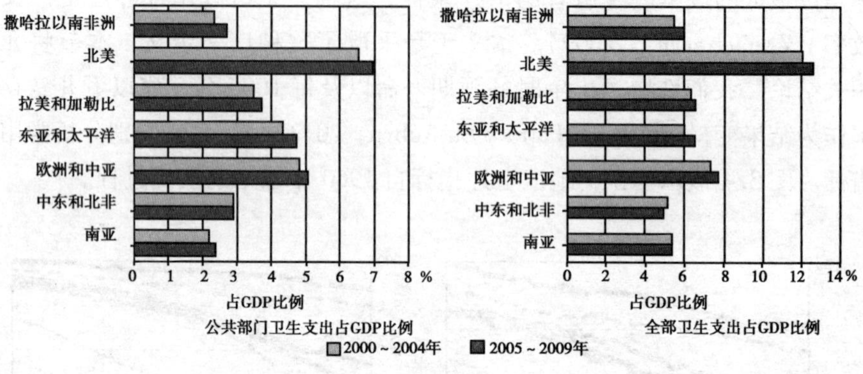

图 3.5　各地区卫生支出占 GDP 比例

（2000 ~ 2004 年对比 2005 ~ 2009 年）

资料来源：根据世界银行 WDI 编制（2011）。

两个阶段间都出现了微幅增长。（2）该图还显示出拉美和加勒比地区的卫生公共投入水平不仅低于发达地区，也低于东亚和太平洋地区。（3）私人部门的投入十分可观。实际上，虽然拉美地区的公共卫生投入不到 GDP 的 4%，但总投入却超过了 6%。

另外如图 3.6 所示，拉美地区各国间情况差异很大。卫生支出占总支出比重较高的国家包括古巴、尼加拉瓜、哥斯达黎加、巴西和阿根廷。而秘鲁、牙买加和玻利维亚等国卫生支出比重占总支出比重较小。与此同时，私人卫生投入总体上占比较大，如巴西。而哥伦比亚私人卫生投入的比重则较小。

表 3.4 显示了针对预期寿命和千名儿童存活率指标的效率表现（产量导向型）。针对这两项指标的生产边界估算，包括按实际价格计算的人均公共和私人卫生投入、人均实际 GDP 以及识字率。该表除显示相关效率指数外，还列出 2000 ~ 2009 年各量的平均值。最后，表中还列出了两列如果采取最佳实践可能给结果变量带来的改善。也就是说，针对每一指标，列出了边界值和实际值之间的差距。

就本文采用的卫生指标而言，拉美地区各国的产量导向型效率指数值相对较高。表现最差的国家是特立尼达和多巴哥以及玻利维亚。这两国在

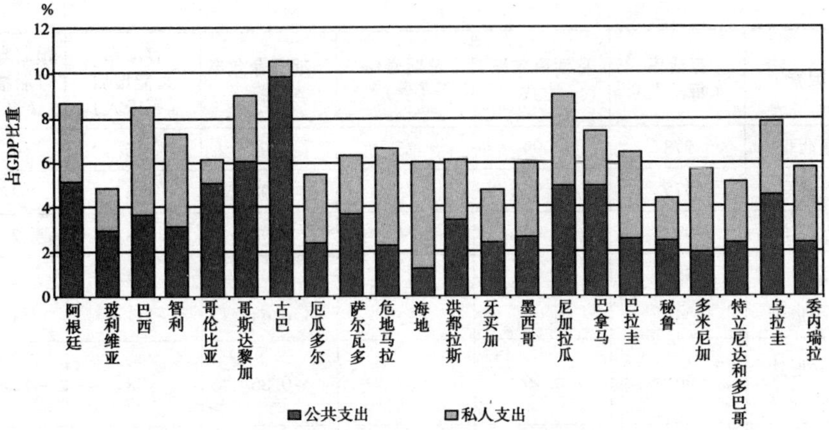

图 3.6　部分拉美国家卫生支出占 GDP 比重

（2005～2009 年平均值）

资料来源：作者根据世界银行 WDI（2011）编制。

存活率方面只达到了潜力的 95%、96%，在预期寿命方面不是潜力的 90%。相对较高的效率指数与拉美各国在结果变量方面接近表现最佳的国家这一事实相吻合。表 3.4 也显示出这方面存在着趋同现象。然而，表面上较小的差距却具有重要的现实意义。例如，对玻利维亚而言，将水平提升至效率边界将意味着在每千名儿童中 48 名将得以存活、预期寿命也可以提高 8 岁以上。对阿根廷而言，向边界值接近将把每千名儿童的死亡率减少 15 名，并增加接近 4 岁的预期寿命。

表 3.4　部分拉美国家卫生效率指数

（2000～2009 年平均值）[a]

国家	存活率（每千人）	存活率效率指数	预期寿命（岁）	预期寿命效率指标	存活率可能增加（每千人）	预期寿命可能增加（岁）
阿根廷	982	0.99	75	0.95	15	4
玻利维亚	928	0.95	65	0.89	48	8
巴西	971	0.98	71	0.93	15	6
智利	990	0.99	78	0.99	9	1
哥伦比亚	977	0.99	72	0.97	12	2

续表

国家	存活率（每千人）	存活率效率指数	预期寿命（岁）	预期寿命效率指标	存活率可能增加（每千人）	预期寿命可能增加（岁）
墨西哥	978	0.99	75	0.95	15	4
巴拿马	975	0.98	75	0.98	16	2
巴拉圭	973	0.99	71	0.98	8	2
秘鲁	968	0.99	72	0.97	14	2
多米尼加	964	0.98	72	0.95	18	4
特立尼达和多巴哥	965	0.96	69	0.86	38	12
乌拉圭	984	0.99	75	0.98	9	1
委内瑞拉	979	0.99	73	0.94	13	4

注：a，结果变量：2000～2009 年预期寿命或存活率；投入变量：实际人均公共卫生投入（经购买力平价调整，为 2000～2009 年期间前 5 年的平均值）；环境变量：实际人均私人卫生投入、人均实际 GDP（经购买力平价调整）、成人识字率，均为 2000～2009 年期间前 5 年的平均值。产量型效率评估，采用随机边界法确定。

资料来源：作者根据 Alvarez Parra 和 St. Aubyn（2012）编制。

上述分析可以与投入导向型的效率分析相互补充。投入导向型的分析将告诉我们在获得完全效率的情况下，可以减少多少支出就可以维持目前的预期寿命和儿童存活率水平。投入导向型的效率分析对于回答可以节省多少这类问题尤为有用。此外，在基础卫生创新成果（如新疫苗）国际传播引起趋同进程的背景下，各国的结果变量均处于相似的水平。投入导向型分析对于这种情形而言也大有裨益。表 3.5 显示了相关分析的结果。

表 3.5　部分拉美国家卫生效率指数

（2000～2009 年平均值）[a]

国　家	存活率（每千人）	预期寿命（岁）
阿根廷	83	78
玻利维亚	60	56
巴西	80	68
智利	91	100

续表

国　　家	存活率（每千人）	预期寿命（岁）
哥伦比亚	83	86
墨西哥	84	82
巴拿马	76	85
巴拉圭	82	73
秘鲁	81	82
多米尼加	71	75
特立尼达和多巴哥	62	54
乌拉圭	85	82
委内瑞拉	81	73
平均值	**78**	**77**

注：a，结果变量：2000～2009年预期寿命或存活率；投入变量：实际人均公共卫生投入（经购买力平价调整，为2000～2009年前5年的平均值）；环境变量：实际人均私人卫生投入、人均实际GDP（经购买力平价调整）、成人识字率，均为2000～2009年前5年的平均值。产量型效率评估，采用随机边界法确定。

资料来源：作者根据Alvarez Parra和St. Aubyn（2012）编制。

投入导向型的效率指数显示，拉美在卫生投入方面未能遵循最佳实践。当然，相关结果并不意味着可以在不牺牲结果的情况下减少投入。因为这样就需要极高的效率，而这本身就是巨大的挑战。分析表明，需要根据问题性质的要求，将产量导向型和投入的视角结合起来考虑。研究表明，平均而言，在维持现有预期寿命和儿童生存率指标的前提下，如果相关支出达到完全的效率，可实现人均节约20%（按实际价格计算）。值得注意的是，拉美各国产量导向型的高支出效率和投入导向型的低支出效率同时存在。[1]各国在这方面的差异也很大。智利的效率很高，而玻利维亚相对于边界量的差距则较大。包括阿根廷在内的一些国家处于中等水平，投入导向的效

[1] Herrera和Peng（2005）也发现了产量导向型高效与投入导向型低效并存的现象。例如，在预期寿命方面，产量导向型效率指数为0.9，而投入导向型则只有0.69。我们对预期寿命指标得出的效率指数值略高一些。这可能是因为我们的样本数据更新，在衡量效率时也引入了一些环境变量。

率指标约为80%。[1]

（三）基础设施领域的效率

公共资本以及基础设施不仅对于提高加总生产率和经济增长率而言至关重要，对于增进家庭福利来说也发挥着重要的作用。因为家庭往往也是公共场所、公立医院和学校、水电服务等需要大量公共投资的产品和服务的重要消费者。这样，基础设施和服务供应的质量对于实现繁荣而言意义重大。尽管私人部门发挥的作用日益显著，各国中央和地方政府在基础设施和服务供应方面仍然扮演着决定性的角色。[2]

对基础设施和服务供应进行评估时，应既分析质，也考虑量。世界银行的最近一项研究为此提供了有用信息（Calderón y Servén，2010）。该项研究为基础设施的3个领域构建了衡量质和量的指标，即电信、电力和道路。[3] 电信行业量的指标采用的数量指标是每千名职工开通电话线路数量，而电力方面为每千名职工发电量（兆瓦）。此外，道路的数量指标为一定国土面积上的道路里程。在质量指标方面，电信领域采用的是开通一条电话线路的等候时间。[4] 电力领域质量指标为输配电损失相当于GDP的比重。[5] 最后，道路的质量指标则设定为铺设路面道路里程占道路总里程的比重。我们对所有这些指标都进行了改造，使其在0和1之间波动，数值越大意味着质量越高。

图3.7总结了3个阶段的上述指标，即1981~1985年、1991~1995年和2001~2005年。左侧代表数量指标，右侧代表质量指标。图中还列出了其他地区国家的情况，以便和拉美国家进行比照。

---

[1] 根据FIEL（2011）计算，阿根廷卫生领域投入导向型的效率指数为0.76。在这一计算中，使用了3个结果变量，即除了本节使用的2个变量外，还包括了65岁以上人口存活率。

[2] 20世纪80年代的危机导致了投资领域公共支出的骤降，在一些过去由公共资金主导的基础设施领域公私支出的比例也发生了变化。1981~1986年，基础设施领域的公共部门支出占GDP的3%，而私人部门仅占0.6%。2001~2006年，公共部门支出仅占0.9%不到，而私人部门则占1%左右（Calderón y Servén，2010）。

[3] 之前的研究发现，这些领域的质和量的指标之间存在着高度的相关性。这也意味着基础设施量的提高往往会伴随质的改善（Calderón y Servén，2004）。

[4] 相关研究者认为，其他衡量指标，如电话系统失灵以及无法进行的电话呼叫也可以衡量服务质量。然而，由于能够提供上述数据的样本国家数量不足，在研究中未予采用。

[5] 这些损失包括技术失误和偷电行为引起的损失。

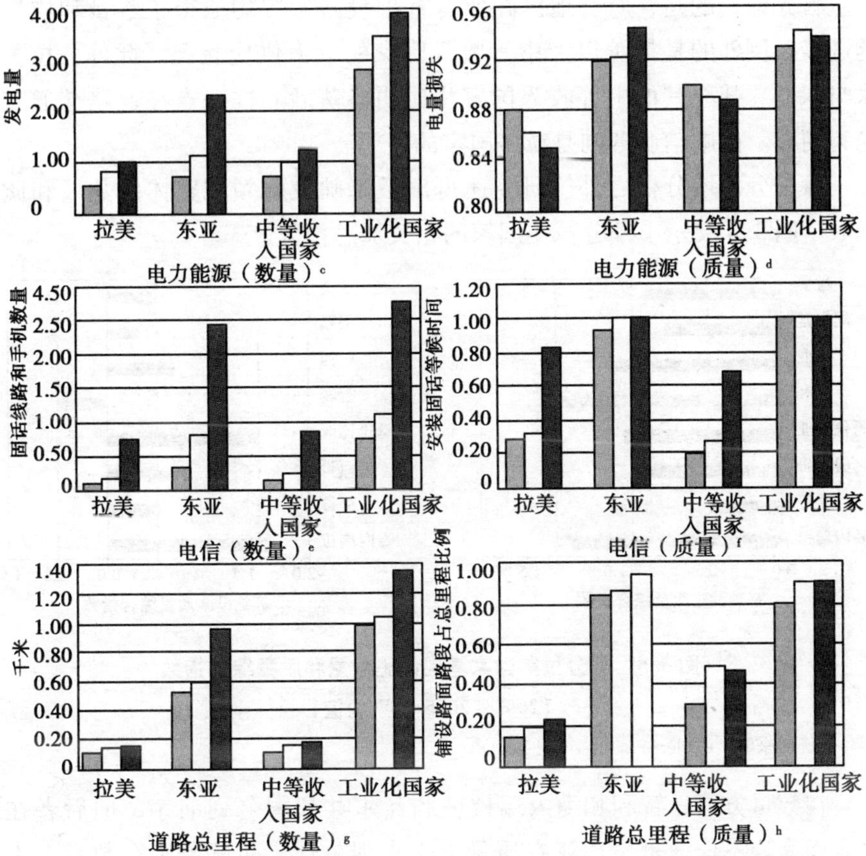

图 3.7　基础设施的数量和质量：电信、电力和道路（1981～2005）[a,b]

注：a，所有变量均用对数表示。

b，对质量指标进行了统一规范处理，从而使值越大代表质量越好。

c，发电量按每名职工所生产兆瓦数计算。

d，电力供应质量通过输变电过程中损失电量占总发电量比例的算术倒数表示。

e，指每名职工安装的固话和移动线路数量。

f，通过安装固话等候时间的倒数衡量。

g，按每平方千米国土道路里程数计算。

h，指铺设路面路段占总里程比例。

资料来源：Calderon 和 Serven（2010）。

首先证实的是，所有地区在所有基础设施领域均取得了数量和质量上的进步。例外的是拉美以及中等收入国家的电力供应状况。此外，拉美国家与东亚、甚至其他中等收入国家相比明显落后。这一点在道路交通方面尤为明显。而电信服务则是拉美国家的强项。

除了分领域分析之外，研究还得出了基础设施领域整体的数量和质量指数。图 3.8 展示了部分拉美国家的相关加总指数。

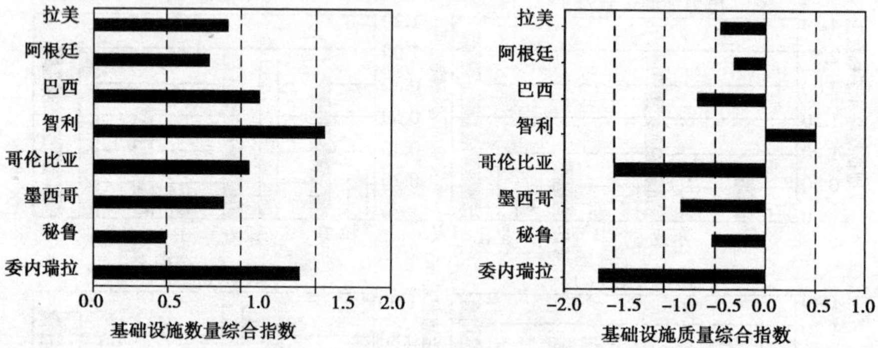

图 3.8　部分拉美国家基础设施数量和质量综合指数
（2001～2005 年平均值）

资料来源：Calderon 和 Serven（2010）。

在数量方面，智利和委内瑞拉玻利瓦尔共和国名列前茅，但后者在质量方面表现不佳。哥伦比亚在质量上也表现欠佳，而秘鲁则在数量上表现堪忧。

总体看，尽管相关数据说明拉美地区各国在数量和质量方面都取得了重要进步，但与东亚、甚至其他中等收入国家相比仍显滞后。正是由于这种滞后，我们不禁要问，拉美基础设施投资的效率如何？

针对这几个领域进行效率分析的困难之一在于无法获得足够多样本国家投资支出的可比数据。尽管如此，Clements 等（2007）还是对 7 个拉美国家的效率进行了研究。研究获得了这些国家道路交通、水、电以及电信领域的效率指数，并在此基础上加总得出了拉美基础设施领域整体的效率指数。根据上述研究得出的效率指数，各国分为高效（墨西哥和智利）、中效

（阿根廷、秘鲁和巴西）和低效（玻利维亚和哥伦比亚）三类。❶

在各类基础设施中，港口服务由于与贸易联系密切，对发展而言作用重大。商品进出口的物流成本是贸易发展的重要制约因素。如图 3.9 所示，与美国以及经合组织成员国相比，拉美国家的这一成本相对较高。❷ 决定这一成本的因素之一就是港口运营的效率。

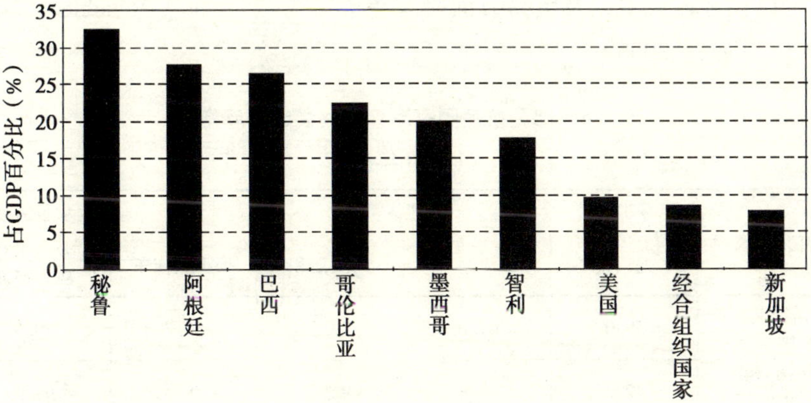

图 3.9　部分国家物流成本占 GDP 的百分比（2004 年）

资料来源：Guasch 和 Kogan（2006）。

Herrera 和 Peng（2008）使用边界法分析了港口设施的效率。为此，他们使用港口的吞吐量作为结果变量，并使用集装箱码头面积、龙门吊数量以及码头、仓库、移动吊车数目以及牵引车和叉车的数量作为投入变量。❸ 他们建立了包括 51 个港口的上述结果变量和 4 项投入变量在内的数据库。表 3.6 显示了拉美地区港口的效率指数。❹ 研究提供了仅使用一种投入变量，以及混合使用集装箱码头面积和龙门吊数量两种变量时得出的效率指

❶ 研究者建议谨慎解释哥伦比亚的情况。因为该国 20 世纪 90 年代公共投资在公共账户中的比重可能被高估了。实际上，自 2003 年开始，公共投资、特别是地方政府投资支出被屡次下调。尽管未对 90 年代的情况进行修正，但也可能存在某种高估的现象。

❷ 物流成本包括运输、海关、仓储和保险等方面的成本（González et al.，2007）。

❸ 值得注意的是，由于缺乏相关数据，职工数量并未包括在内。研究人员认为，鉴于技术革新已使得港口作业较少依赖人工、且职工与作为投入变量分析的各设备之间的数量关系较为稳定，相关疏漏并不影响大局。

❹ 该研究还包括香港、上海、布里斯班、纽约 - 新泽西、南安普顿等港口。

数（投入导向型）。

使用两种投入变量得出的效率指数表明，拉美地区的港口可以在投入更少的情况下实现现有的吞吐量。地区投入导向型的效率指数平均为90%左右。布宜诺斯艾利斯港效率最低，而萨尔瓦多港（巴西）、蒙得维的亚港（乌拉圭）和瓜亚基尔港（厄瓜多尔）效率最高。根据研究结果，提高港口效率可以在运输成本以及贸易方面带来重大改善（Limao y Venables，2000；Herrera y Peng，2008）。

表3.6 部分拉美国家港口货物装卸效率指数（2000年）[a]

港口/国家	一项投入变量				两项投入变量
	龙门吊	移动吊车	码头面积	牵引和拖车	龙门吊和码头面积
布宜诺斯艾利斯港/阿根廷	59.0	41.0	79.5	52.7	79.5
格兰特河港/巴西	72.0	62.4	92.3	48.3	92.3
萨尔瓦多港/巴西	100.0	48.0	100.0	72.1	100.0
桑托斯港/巴西	68.5	57.0	87.3	58.3	87.3
卡塔赫那港/哥伦比亚	81.1	47.4	82.9	46.0	85.7
瓜亚基尔港/厄瓜多尔	96.4	51.9	85.8	54.1	96.4
阿尔塔米拉港/墨西哥	83.5	49.3	89.3	77.4	89.5
曼萨里约港/墨西哥	80.9	55.0	89.8	57.3	91.2
比尔巴鄂港/巴拿马	71.0	29.6	87.5	54.4	87.5
蒙得维的亚港/乌拉圭	96.4	59.5	92.1	43.0	96.4
西班牙港/特立尼达和多巴哥	81.1	42.6	90.7	45.4	91.0
平均值	80.9	49.4	88.8	55.4	90.6

注：a，投入导向型效率测算，使用DEA法。

资料来源：Herrera和Peng（2008）。

三、通过细分数据进行的效率分析：各国内部教育质量方面的差距

前文的分析对于评估拉美地区各国在公共管理方面的相对表现而言大有裨益。然而，这一分析需要建立在某些假设的基础上。这些假设条件又并非总能得到满足。具有特别突出意义的假设之一，就是在进行国别比较分析时，要求对相关变量的衡量具备同质性。因此，对一国内部情况进行分析的优势之一恰恰在于相关变量之间更具可比性。此外，还可以避免与效率无关、但与国家民族特点有关的因素的干扰，而这些因素在国别比较时往往难以完全纳入分析。与此同时，分析更具体的执行部门，如地方政府或教育机构，可以获得更多的观察数据，回答一些在国别层次上难以回答的具体问题。

本节将介绍一项专门为本书进行的研究的主要结论（Alvarez Parra，2012）。该研究通过边界技术获得了智利和秘鲁两国教育机构的效率指数。通过相关数据可以对两国各地区和不同种类的教育机构（公立、私立和政府补贴）的表现进行比较，并提供有利于分类分析的显著例证。[1]

通过适当的方法对公立和私立学校的效率水平进行研究是十分重要的。因为一个近乎程式化的事实是，来自公立学校的学生在标准化的测试中往往成绩差于就读于私立学校的学生。例如，图 3.10 就显示了 2009 年 PISA 测试中不同学校的考试结果。

在拉美所有国家中，私立学校均有更好的表现。公立和私立学校学生成绩差距最大的国家是巴拿马和巴西，差距水平接近 30%。差距最小的是智利和墨西哥，差距水平为 10% 左右。经合组织国家也存在上述差异，但差距水平不到 7%。

---

[1] 越来越多的研究采取更加细分的视角对公共开支的效率、特别是教育领域效率的问题进行研究。例如，Vera（2011）和 Iregui et al.（2006）分别研究了阿根廷和哥伦比亚的教育效率。研究结果呈现出明显的对比。就阿根廷而言，即使在将公共教育机构放在与私立学校可比较的环境中进行分析，两者的效率差异仍然十分显著（Vera，2011）。而对哥伦比亚来说，经过社会经济因素进行控制后，公立和私立学校之间的表现差距并不显著（Iregui et al.，2006）。

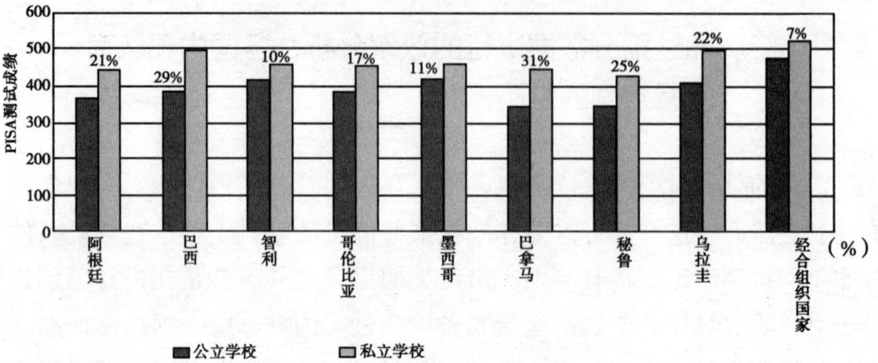

图 3.10 部分国家 PISA 测试成绩以及公立、私立学校之间的质量差距（2009 年）[a]

注：a，2009 年中国上海地区获得了最高分，该地区公立学校平均分为 574 分，私立学校平均分为 601 分，两者差距不足 5% 。

资料来源：作者根据 PISA（2009）资料编制。

尽管上述差异会引发关于公立学校使用资源效率方面的疑问，但也应该承认公立学校往往资金不足以及在两种不同种类学校就读的学生经常拥有不同的社会经济背景。这些因素对学习具有重要影响。为了获得由这些因素控制的效率指数，Alvarez Parra（2012）对智利国家学习成绩评估系统（SIMCE）和秘鲁学生统计评估系统（ECE）考试数据库进行了分析。相关数据库的编制和维护对于根据各国课程结构，对教育效率进行早期评估甚为关键。这对于制定有助于改善教育质量的政策而言作用很大，这种做法应该在拉美国家间得以推广。

在介绍相关国家的情况之前，需要承认，类似本节进行的局部性质的分析具有一些局限性。首先，通常的效率评估具有相对性。也就是说，它反映了一个部门在多大程度上偏离了样本部门所代表的最佳实践。在本节的分析中，执行部门均来自同一国家。因此，一个部门即使接近效率边界也并不一定意味着它采取了国际标准上的最佳实践。

其次，与国别分析一样，并非总能获得必要信息，从而对效率进行毫无疑问的衡量。因此，我们建议对研究结果进行审慎的解读。就本案而言，尽管通过数据库可以对在每家机构就读的学生家庭的社会经济状况加以控制，但数据库却无法区分学生具有的、足以影响学习表现的先天才能。因此，各级学校争夺优秀生源的行为会导致上述无法观测的因素在学校间的不均衡分布。这也会使得成功获得优秀生源的教育机构显得效率更高。❶ 争夺优秀师资的竞争也会带来同样的影响。

（一）智利和 SIMCE 考试

为研究智利教育领域公共支出的效率，我们使用了来自 SIMCE 和智利教育部的、有关全国每家教育机构教职人员数量和入学情况的数据。

SIMCE 考试衡量各学科课程学习是否实现了“基本目标”和掌握了“必须掌握的最基本内容”。考试在全国范围每年举行一次，达到一定教育水平的学生参试。❷ 除了考试成绩之外，SIMCE 数据库还提供了有关其他变量的数据，如就读机构类型（市立学校、私立补贴学校和私立自费学校）、地域（城市或乡村）以及在教育机构就读学生的经济社会背景（低、中低、中高或高）。每所学校自 1988 年起的年度数据均可查阅。

通过智利教育部可以获得有关入学学生（按性别划分）、教师和授课数量等信息，可以查询每所学校自 2004 年起的以上数据。因此，本文的研究区间就设定为 2004～2010 年。

反映每所学校教育质量的指标（SIMCE 成绩）为每年各参试年级数学和阅读测试的平均分。这样，就可以获得对每所学校的效率进行衡量的年度统一指标。❸

表 3.7 对分析中使用的重要变量进行了统计学上的描述。数据按城乡区

---

❶ 生源质量分布不均的影响在所谓的“同群效应”，即与具有类似特点的一组学生相关的外部性方面得到很好的体现。一些研究表明，如果学校可以选择招收最聪明的学生，将出现分层式的均衡现象，即私立学校会获得最好的学生（Macleod y Urquiola，2009）。因此，在这种情况下可以推测公私学校之间的效率差异将会达到极值。

❷ 到 2005 年为止，考试在基础 4 年级、基础 8 年级和中等 2 年级间轮流进行。自 2006 年开始，基础 4 年级每年均需参加考试，基础 8 年级和中等 2 年级则轮流参试。自 2010 年起，增加了中等 3 年级的英语科目考试（见 http：//www. simce. cl）。

❸ 在一些情况下，还可以获得社会科学、自然科学和英语等学科的数据。然而，在使用这些学科数据的情况下，可供观察分析的对象数目将减少。此外，即使可以获得这些学科成绩，其与数学和阅读成绩的关联度也超过 0.9。

域（表格上半部分）和学校类型（表格下半部分）进行了排列。❶ 表中列出的变量包括：（1）质量衡量标准（SIMCE 考试成绩）；（2）每名学生拥有的教师数量；（3）学生上课的小时数；（4）“任课教师”的比重。“任课教师”指的是专门从事授课，而非领导和/或行政技术性工作（如检查和课程规划）的教职人员。

表 3.7 智利教育有关数据（2004~2010 年平均值）

学校类型	SIMCE 成绩			师生比	学生平均上课时间	任课教师比例
	平均	最高	最低			
按城乡学校比较						
乡村学校	236.27	328.78	109.50	0.10	3.41	73.59
城市学校	254.83	352.00	93.75	0.06	1.93	86.98
按学校性质比较						
市立学校	236.99	344.00	93.75	0.08	2.80	79.16
有补贴私立学校	255.78	330.25	98.50	0.06	1.96	84.03
自费私立学校	296.60	352.00	100.00	0.12	3.62	88.06
样本总计	250.66	352	93.75	0.08	2.54	81.49

资料来源：Alvarez Parra（2012）。

尽管城市学校与乡村学校相比，包括教职人员数量和每名学生上课时间等投入变量较少，但在 SIMCE 考试中获得的成绩要优于后者。另一方面，市立学校的表现逊于私立补贴学校，而后者又不及私立自费学校。但正如我们已经强调的那样，至此尚无法对学校资源投入的效率作出结论。这也将在下文中予以说明。

在对效率边界进行确定时，我们使用了前文介绍的 SIMCE 考试成绩作为结果变量，将每名学生实际上课时间作为投入变量。❷ 此外，还将任课教师的比例作为衡量投入变量特点的指标。作为环境变量，我们引入了女学

❶ 共统计了 6471 所学校的情况。其中，51.1% 为市立学校、近 10% 为非补贴私立学校，22% 为乡村学校。

❷ 如果使用每名学生拥有的教师数量这一变量，会得到相似的结果。然而，使用每名学生的实际上课时间更具真实性。因为这更可以用来衡量在教育方面实际付出的努力。

生的比例、与每所学校相关的社会经济背景以及学校位于城市还是农村等指标。

对效率边界进行的估算表明，更高比例的任课教师和女学生往往与考试中更好的成绩在统计学上显著相关。而学校位于农村这一条件起到了显著的消极作用。这意味着对于乡村学校而言，效率边界出现了向下方移动的现象。所有根据学生家庭收入水平设置的控制变量均向预期的方向发展，且效果显著。例如，高收入群体子弟就读的学校在考试成绩上往往比低收入群体子女就读学校高出 20%。

表 3.8 比较了各类学校的平均效率指数。第一列显示了每一类学校平均成绩占最高成绩的比重。第二列显示了未通过环境变量加以控制时的效率指数。最后一列则罗列了加入环境变量之后，根据效率边界测算的效率指数。

表 3.8　智利根据学校类型划分的教育质量效率指标（2004～2010 年平均值）[a]

学校类型	相对成绩	效率指标（只考虑投入变量）	效率指标（考虑投入和环境变量）
市立学校	0.67	0.81	0.90
有补贴私立学校	0.73	0.83	0.91
自费私立学校	0.84	0.91	0.92

注：a，结果变量：SIMCE 考试成绩；投入变量：上课时间；环境变量：是否属于乡村学校、女生比例以及学生家庭经济社会背景情况。产量型效率评估，采用随机边界法确定。

资料来源：Alvarez Parra（2012）。

正如可以看到的那样，在仅包括投入变量的情况下，私立学校比公立学校显得更具效率。而在通过环境变量（学生的社会经济背景、学校是否位于乡村等）加以控制之后，差距显著缩小。❶ 平均而言，就读于市立学校的学生在 SIMCE 考试中取得的成绩仅相当于其根据自身社会经济条件以及学校能够达到的 90%。私立学校也存在低效的情况，但程度稍轻。值得注

❶　虽然差距不大，但在统计学上意义突出。在为每一所学校引入一个虚拟变量之后，其与效率边界的相关性达 1%，系数为 -0.03。

意的是，尽管市立学校的相对成绩平均仅相当于表现最佳学校水平的67%，在引入投入变量计算效率指数的情况下，其与效率边界的差距得以缩小，达到边界值的80%以上。这也意味着，这些学校的不佳表现也是由于投入缺乏而导致的。

图3.11比较了市立学校和非补贴私立学校间SIMCE成绩变量（左侧）和效率指数（右侧）的分布情况。

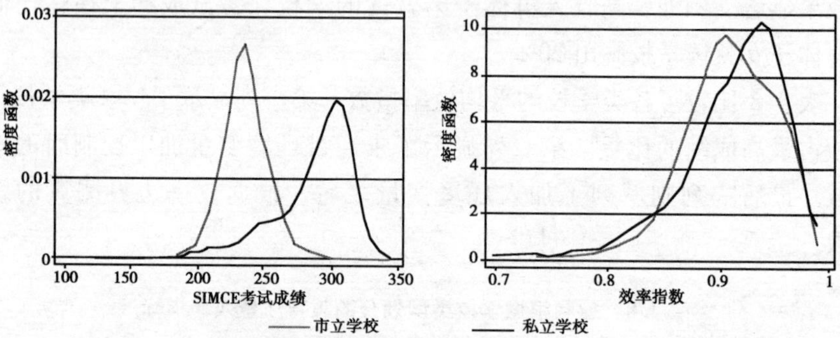

图3.11 根据学校类型分类的SIMCE成绩和效率水平分布状况（2004~2010年平均值）

资料来源：Alvarez Parra（2012）。

首先可以看到SIMCE成绩变量之间的巨大差别没有体现在效率指数上。然而，自费型私立学校的密集度整体稍向右移，显示出它们的效率更高一些。平均而言，公立和私立学校效率指数的差距在2个百分点。这一差距在各地区间也较为一致。即使差距最大的LaAraucania和LosRios两个地区间，差距也不到4个百分点（Alvarez Parra，2012）。哥伦比亚的情况也较为相似（Iregui et al.，2006）。16个经合组织成员国的13个国家也出现了相似的情况，即当通过学生社会经济背景和学校投入等变量进行控制后，私立学校的优势往往就消失了（OECD，2011b）。

总而言之，智利的案例为我们提供了一个相对乐观的前景，即公立教育机构也可以高效运行。然而，分析也承认公私学校间存在着与投入资源不足、学生的社会经济背景以及在一定程度的效率欠缺有关的质量差距。

（二）秘鲁和ECE考试

在对秘鲁的情况进行分析时，我们同时采用了ECE考试的统计数据和每名学生拥有的教师数量以及根据学校所处区域确定的经济社会指标数据。❶ ECE 考试由秘鲁教育部每年组织进行，其目的是衡量实施双语教学小学二年级以及其他学校小学四年级学生的学业水平。下面介绍的指数根据接受西班牙语教育的小学二年级学生成绩情况制作。

考试提供了参试学校阅读和数学两门测试的成绩。数据库并未提供平均成绩，而是提供了达到一定分数线的学生比例。具体来说，提供了每所学校得分在 1 级以下、1 级和 2 级的学生比例。❷ 能够提供 ECE 考试成绩的 13 175所学校中，69% 位于城市，67% 属于直接管理的公立学校，1% 强为私人部门管理的公立学校，其余 32% 属于私立学校。❸ 值得注意的是，位于农村地区的学校大部分属于直接管理的公立学校。

与之前分析的智利情况相似，私立学校的表现更好。这体现为私立学校获得 2 级和 1 级的学生比例更高。在阅读科目的考试中，差距更为显著（见图 3. 12）。

公立学校的学生中，58% 在数学科目测试中获得的成绩为 1 级以下，而私立学校学生的这一比例约为 41% 。此外，直接管理的公立学校学生中只有 19% 在阅读测试中达到 2 级，而 46% 的私立学校学生都能达到这一水平。需要注意的是，由私人管理的公立学校的表现不亚于私立学校，甚至在数学技能方面要略胜一筹。

如图 3. 13 所示，学校表现根据城乡不同差异显著。在城市地区，17%（35% ）的学生在阅读（数学）方面达到了 2 级水平，而农村地区的这一比例仅为 9% （11% ）。

除了分析每所学校在 ECE 考试中的表现之外，我们还研究了每所学校所处区域的经济社会背景数据，特别是有关相关区域居住群体属于哪 1/5 收入层次、区域人类发展指数、缺乏电力供应家庭比例、缺乏供水系统家庭比例以及 6 ~9 岁营养不良儿童比重等数据。

---

❶ ECE 考试成绩以及相关经济社会背景数据由秘鲁教育部教育质量评估司和教育统计司的官员提供。

❷ 2 级水平要高于 1 级。

❸ 由私人管理的公立学校指的是那些由非营利性组织负责管理的学校。这些组织与国家签订协议，负责提供免费教育服务（见第 009 －2005 －ED 号最高法令第 16 条）。

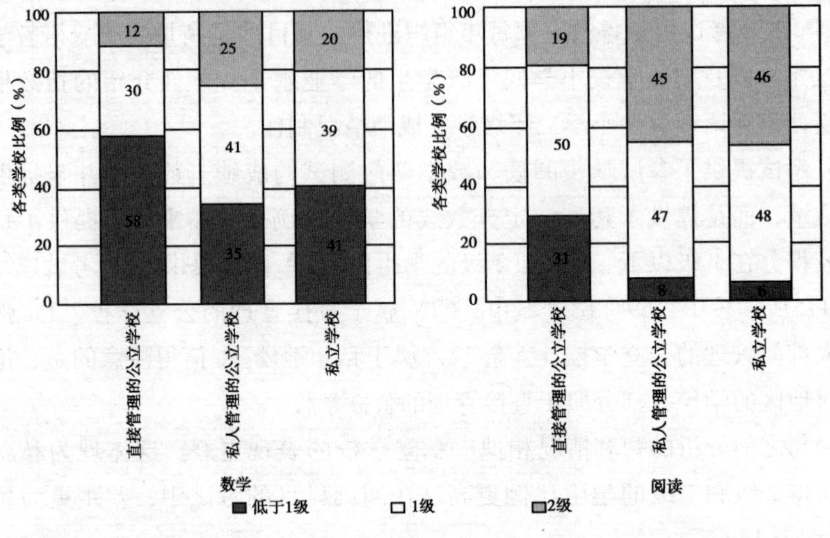

图 3.12　不同类型学校的 ECE 成绩（2010 年）

资料来源：Alvarez Parra（2012）。

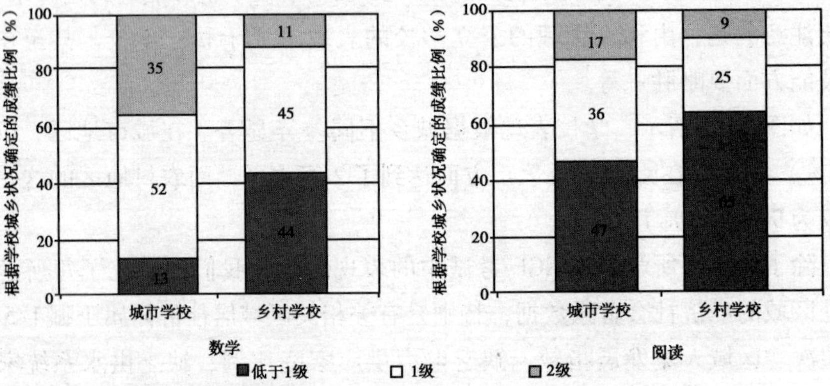

图 3.13　根据学校城乡状况确定的 ECE 考试成绩（2010 年）

资料来源：Alvarez Parra（2012）。

正如预期的那样，位于收入水平更高社区的学校表现显著较佳（见图 3.14）。

值得注意的是，一般学生的社会经济背景因学校类型而异。表 3.9 和图

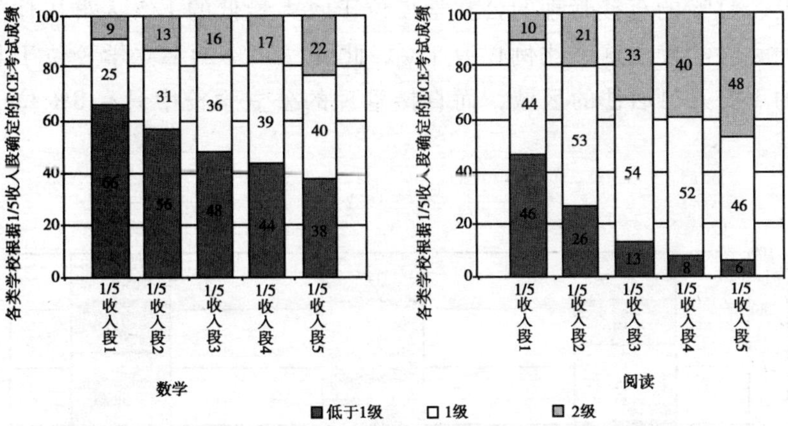

图 3.14　各类学校根据 1/5 收入段确定的 ECE 成绩（2010 年）

资料来源：Alvarez Parra（2012）。

3.15 对此进行了调查。

可以发现，公立学校所在的区域往往存在水电供应问题，儿童营养不良发生率也更高。表 3.9 还显示出，与私立学校相比，公立学校的师生比更低。这也就是说，与智利的情况相似，秘鲁的公立学校也面临着教育资源投入不足的问题。

表 3.9　秘鲁学校所在社区的经济社会特征（2010 年）

经济社会特征	直接管理的公立学校	由私人管理的公立学校	私立学校
缺乏电力供应人口比例（%）	22.47	11.72	6.79
缺乏排水服务人口比例（%）	39.95	17.27	8.85
儿童营养不良人口比例（%）	29.07	14.50	10.13
人类发展指数	0.57	0.63	0.67
师生比	0.05	0.04	0.06

资料来源：Alvarez Parra（2012）。

另一方面，图 3.15 显示出公立学校位于购买力水平较低的区域。

实际上，41% 的直接管理的公立学校位于收入最低的 1/5 人群居住的区域，而私立学校的这一比例仅有 1%。此外，35% 的私立学校位于收入最高的 1/5 人口居住的区域，而直接管理的公立学校中只有 8% 位于这些区域。

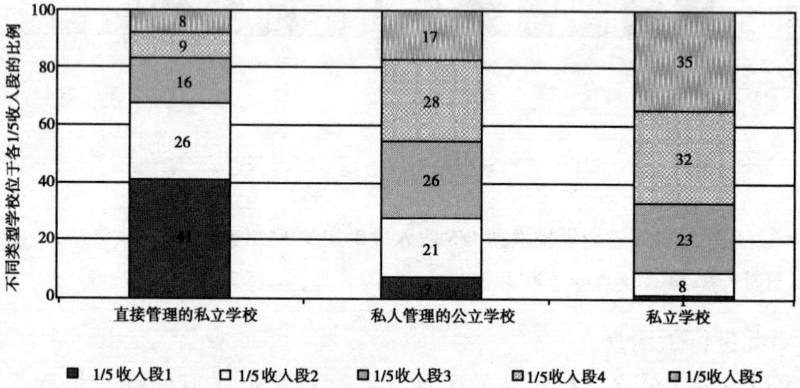

图 3.15 根据学校类型划分的社会经济水平（2010 年）

资料来源：Alvarez Parra（2012）。

描述性的信息指出，直接管理的公立学校表现更差，但是也正是这些学校获得了更少的资源并接收了社会经济条件不佳的学生。这些学校的不佳表现在多大程度上是投入不足和就读学生的经济社会背景造成的呢？又在多大程度上应该归咎于效率低下呢？为了对此进行研究，我们在估算效率边际时，将每所学校达到 2 级水平的学生比例作为结果变量，将师生比作为投入变量。此外，我们还引入了学校所在社区的部分经济社会指标作为环境变量。[1] 表 3.10 和图 3.16 总结了此项分析的主要结果。

---

[1] 部分变量包括代表学校位于城乡区域的虚拟变量、人类发展指数、缺乏供水服务家庭的比例、营养不良儿童的比例以及与社区有关的经济社会发展水平。

表 3.10　ECE 测试效率指数以及根据学校管理类型划分的结果变量（2010 年）[a]

学校管理类型	数学		阅读	
	达到水平 2 的学生比例（%）	效率指数	达到水平 2 的学生比例（%）	效率指数
直接管理公立学校（1）	11.97	46.06	18.75	44.76
私人管理公立学校（2）	24.79	56.65	44.75	61.75
私立学校（3）	19.59	51.63	45.74	59.64
（2）和（1）之差	12.82	10.59	26.00	16.99
（3）和（1）之差	7.62	5.58	26.99	14.88

注：a，投入变量：师生比；环境变量：学校所处社区的经济社会发展水平。详见 Alvarez Parra（2012）。

资料来源：Alvarez Parra（2012）。

可以看出，所有类型的学校效率水平均较低，但直接管理的公立学校最低。例如，分析显示，对于公立学校而言，在 ECE 测试中达到 2 级水平的学生比例仅相当于在实行最佳实践的情况下可以达到该水平的学生比例的 45% 左右。平均而论，直接管理的公共学校的效率指数低于私立学校 5 ~ 15 个百分点。此外，也可以发现，私人管理的公立学校效率较高。最后，图表显示仅有少数公立学校接近效率边际。

总而言之，尽管低效的部分原因可以归咎于投入不足以及就读学生的社会经济背景欠佳，但即使考虑了这些因素之后，仍然存在着效率上的较大差距。这一结论与智利的案例相吻合。此外，除了学校的公立或私立性质之外，管理是十分重要的因素。私人管理的公立学校以及部分公立学校就表现出了较好的水平。

对于秘鲁而言，各地区间公私学校效率差距和总体效率指数差距要远远大于智利。例如，在阅读科目上，差距大的达到 36%（Ucayali 地区），而差距小的达 7%（Moquegua 地区）。[1]

---

[1] 进一步情况参见 Alvarez Parra（2012）。

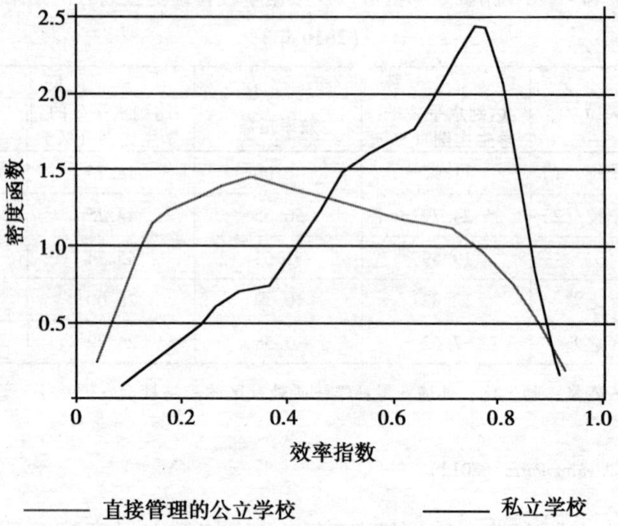

图 3.16 ECE 阅读测试效率指数分布情况（2010 年）

资料来源：Alvarez Parra（2012）。

四、提高公共管理效率的原则和实践

在前文的分析中，介绍了一些从技术－生产率角度衡量公共支出是否具备效率的方法。也就是说，在投入和环境条件既定的情况下，确定最佳实践所能达到的最佳结果。分析显示，在包括教育、卫生和基础设施在内的关键领域，似乎存在着偏离这些最佳实践所代表的效率边际的现象，即实际上达不到根据投入资源情况可以实现的潜在效率水平。

当然，前文的分析并未更多地指出哪些是瓶颈因素，或解释上述效率缺失的原因。然而，较严重的效率缺失现象把对如何确定能够最大限度使用投入资源的措施、机制和原则这一问题放到了公共政策讨论的核心位置。本节就将就此进行一些介绍。

普遍适用于公共部门一切行为的一项重要原则就是透明度和反腐败。在对乌干达进行的一项研究中，Ablo 和 Reinikka（2000）发现了在分配给教育和卫生部门的预算与这些部门实际获得的预算之间存在缺口。这主要归咎于管理不善和缺乏责任追究所导致的。外部和（或）内部审计机制十分重要。此外，应采取一些简单的做法，如在采购金额达到某一水平时要求提供多个报价以及进行公开招标等都是一些基本原则。与此同时，应做到程序灵活、减少官僚主义，提高效率。实际上，一些研究指出，在执行现金转移支付计划的过程中，往往会出现高昂的行政成本。例如，据世界银行报告，2000～2004年，哥伦比亚用于"家庭行动"计划的每100美元中，行政成本就达到了10.5美元。与食品供应计划相关的行政成本甚至更高（见 Lindert et al.，2006）。

另一个必要的做法是建立和维护能够对支出执行单位进行统一评估的信息系统。这有助于找出低效部门，并及时制定改进措施。此类管理评估信息系统在拉美并不多见，应予以推广。

本节将对一些原则进行简要介绍。尽管这些原则与特定背景相关，但其所提供的经验可以适用于许多公共管理领域。这些要素包括适当的使用激励、运用监控机制、社会项目设计、使用信息和通讯技术以及实施项目规划和评估机制。

（一）奖励、惩罚和监督：对公共部门雇员进行激励

达到较高的效率水平要求公共部门的员工能够积极地为实现本部门的目标而努力。不幸的是，这并非总能实现。当一个模范员工发现，其同事经常旷工、工作懈怠却能获得上级在经济待遇等方面相似待遇时，该员工也会失去动力。特别是在无法对员工的努力程度加以考察、其薪酬待遇与工作成果无关的情况下尤为如此。在这种情况下，经济上的激励反而会换回实现工作目标方面的低付出（道德风险）。

可以通过几种不同的方式来应对这类问题。其中之一就是树立职业道德，在部门内部建立崇尚先进的文化。实施建立在可观察指标基础之上的奖惩监督机制也是解决此类问题的另一种做法。总的来说，一套行之有效的制度应该包括这两个相互补充的方面。

建立在绩效奖基础上的现金激励手段总体效果较好。例如，Lazear（2000）指出，与工作表现相关的奖金能够显著提升一家机构的生产率。[1]

---

[1] 部分原因也在于执行此类计划的部门总能吸引到更好的员工。

拉美各国也开始在包括教育部门在内的公共部门实行绩效奖（见专栏 3.2）。然而，对此类激励计划的分析尚处于初级阶段。

专栏 3.2　拉美教育部门的绩效奖

为提高教育质量，可以采用各种互为补充的机制。例如，引入教职员工培训计划，采取措施，增加教师职业发展的吸引力，以招募优秀人才。针对本节介绍的情况，绩效奖金机制是一种特别有用的手段。

原则十分明确：如果教师能够提高学生成绩，就将其薪酬的一部分与学生在标准化测试中的成绩挂钩，以激励教师更加努力，从而提高教育质量。显然，这种激励制度也会导致出现一些始料未及的负面效应。如导致教师间相互协作减少，并将成绩差的学生拒之门外。一些拉美国家已经实行这一制度，如墨西哥的教师职业计划（Carrera Magisterial）和智利的教育机构表现评估系统（SNED）。

教师职业计划始于1993 年。根据这一计划，如果教师在年度多方面评估中获得高分，就可以获得更高的薪酬水平。满分为 100，其中 20 分为学生成绩。国家每年确定发放奖金的门槛分数。这一计划的初衷是促进教师加大努力。例如，表现更好的教师就可能获得其余 80 分中更多的得分，从而更有可能获得奖金，并加大努力程度。在门槛分较低的各州，教师也会获得同样的工作动力。

智利的 SNED 计划建立于 1996 年。它允许为表现出众的学校发放奖金。学校按性质划分为不同的组，以便在就读学生条件相似的情况下对其进行比较。奖金授予表现最佳的学校。发放范围最多不超过全国注册学生人数的 25%。奖金的 90% 在学校教师中分配，剩余 10% 由校长安排支出。

上述两个计划具有显著的不同特点。墨西哥更注重对个别教师的奖励，而智利则针对学校进行奖励。墨西哥的奖励是永久性的提高工资级别，而智利则是发放一次性奖励。此外，智利根据学生特点对学校进行分类处理，照顾到了学生的成长环境和背景因素可能对学业带来的影响。这是墨西哥所未加以考虑的。最后，墨西哥奖励的规模比智利大。墨西哥的奖励相当于基本工资的 4 倍，而智利则最多为年平均工资的 7%。

对相关计划的非专业评估的结果并不令人振奋。例如，墨西哥那些在理论上应该更有动力达到奖金门槛的教师教出的学生往往表现不佳。而智利的 SNED 计划结果要好一些。已经有初步证据显示，计划的激励措施对相对有希望获奖的学校的学生成绩发挥了积极的影响。效应不显著并不能否定这些机制的有效性，因为这可能反映出设计上的一些缺陷。如（1）获奖的概率过低；（2）奖金过低，智利的机制尤为如此。此类或其他类型机制的设计问题应引起特别关注。我们将在本节下面的内容里对此进行进一步分析。

资料来源：作者根据 Vegas 和 Umansky（2005）编写。

员工努力不足的另一表现形式是高缺勤率。有证据显示，发展中国家教育和卫生部门的员工缺勤率较高。例如，Chaudhury 等（2006）发现，秘鲁教职员工的缺勤率达 11%，卫生人员达 25%，而厄瓜多尔教育部门员工的缺勤率为 14%。[1] 根据这些研究人员调查，这一比例远远高于发达国家，[2] 甚至高于发展中国家其他部门员工的平均缺勤率水平。

建立监督和经济激励相结合的机制是应对缺勤问题的一种手段。[3] 对教育领域该机制执行情况的首次评估由 Duflo 和 Hanna（2005）进行。他们对印度 Udaipur 农村地区的情况进行了调查，调查对象是如何使用监督和经济激励相结合的机制。这是一次具有实验性质的调查。调查中，发给该地区每名教师一台相机，由他们负责每天拍摄两张自己和学生的照片，一张在工作日开始时，一张在结束时拍摄。参加调查学校教师的报酬与每月的实际工作日挂钩，约在 500～1300 卢比。在另外一组只采取激励措施的学校，报酬为每月 1000 卢比，未实施基于相机取证的监督机制。结果十分令人振奋，缺勤率从 36% 下降至 18%。此外，这两组学校（实行激励 + 监督和只

---

❶ 在研究期间，他们在每个国家两次走访了随机选择的 100 家教育机构和 100 家卫生机构。如果在走访期间，一名员工无论由于何种原因不在单位，便被认为是缺勤。缺勤率的测算仅限于全职员工和那些在走访期间处于工作时间的其他员工。

❷ 研究者指出，20 世纪 80 年代中期，纽约州公立学校的缺勤率为 5%。但他们也承认，相关数据并非可以直接进行比较。

❸ 一些研究显示，单纯依靠监督而不采取经济激励不足以降低缺勤率。例如，Banerjee 等（2004）指定了一人监督印度 Udaipur 地区卫生人员的出勤情况，并向其支付报酬。但记录到的出勤率信息将不会影响员工的薪酬。结果表明，该措施未能显著改善出勤状况。

实行激励）的平均经济激励金额最终十分接近。因此，提高出勤率的额外成本为购买相机的成本和行政成本。这一机制十分经济有效，且可以应用在其他学校中。

上述例子显示出，监督和激励机制可以十分有效，但必须要保障游戏规则的透明度。例如，肯尼亚的一项计划把监督的任务交给学校领导执行，并在一段时期以后给予出勤率高的教师奖励。相关评估（Kremer y Chen，2001）显示，尽管学校领导保证提高出勤率的教师将获得奖励，但实际上实现这一机制的学校和未实行机制学校之间的出勤率相差无几。

（二）合理设计的重要性

正如第二章中所述，近年来，有条件转移支付和包括失业保险在内的社会保障机制在拉美各国有了显著的发展。为了使这些计划能够在技术意义上获得效率，即使用同样的预算获得更多的产出，务必保证这些计划得到良好设计。❶ 设计意味着需要明确设定计划的各种参数指标。

合理设计是一项复杂的任务，但对提高效率而言又不可或缺。总体上看，需要考虑信息不对称、对代理人的激励，及其对于引入计划的反应等因素。❷ 这一要求意味着良好的设计必须建立在严谨的学术分析的基础上，而这并非惯例。对于有条件转移支付计划而言，设计上的效率体现在很好地处理两个关键问题，即目标人群的选择和转移支付的规模。后者可以根据受益人的一些可观察到的特点而有所变化。

可以使用墨西哥的一项教育和卫生计划 PROGRESA 的相关结果作为例子。这是一项自 1997 年开始实施的、旨在提高农村地区儿童人力资本积累的有条件转移支付计划。在教育方面，这项计划以在校就读为条件提供奖学金。受益家庭需保证其未满 18 岁的子女在公立学校读完从小学三年级至

---

❶ 正如第二章所指出的，实现分配功能往往成为设立这些有条件转移支付计划的动机，但效率对这些计划的存续同样重要。一般而言，有条件转移支付计划具有改善资源分配的潜力。但前提是能够改变受益家庭的行为，且与无条件转移支付相关的收入效应不足以改变消费水平（Das et al.，2005；Janvry y Sadoulet，2006）。

❷ 一个得到并非预期反应的案例出现在 Khandker 等（2003）进行的研究中。他们分析了孟加拉国实施的一项仅为女童提供奖学金的制度，并发现这项制度对男童的入学率也有影响。通过研究学校的入学率数据，他们发现在实施这一制度的学校，男童入学率下降了 30%，这显然并非奖学金制度设计时所预期的结果。

初中二年级的教育阶段。[1] 这一计划的限制条件明显以提高农村家庭子女就学率为目的。这些儿童往往会辍学务农。

为了对这项计划的效果进行评估，墨西哥选择了包括506个群体在内的样本（约包括17000名儿童）。其中，320个随机抽取的群体作为主样本（在最初的两年中获益）、其余的从第三年领取奖学金的群体作为辅助样本，对结果进行修正。正如取自Janvry和Sadoulet（2006）研究中的图3.17所示，通过这一数据库可以了解到适当选择目标人群以及设定转移支付规模的重要性。

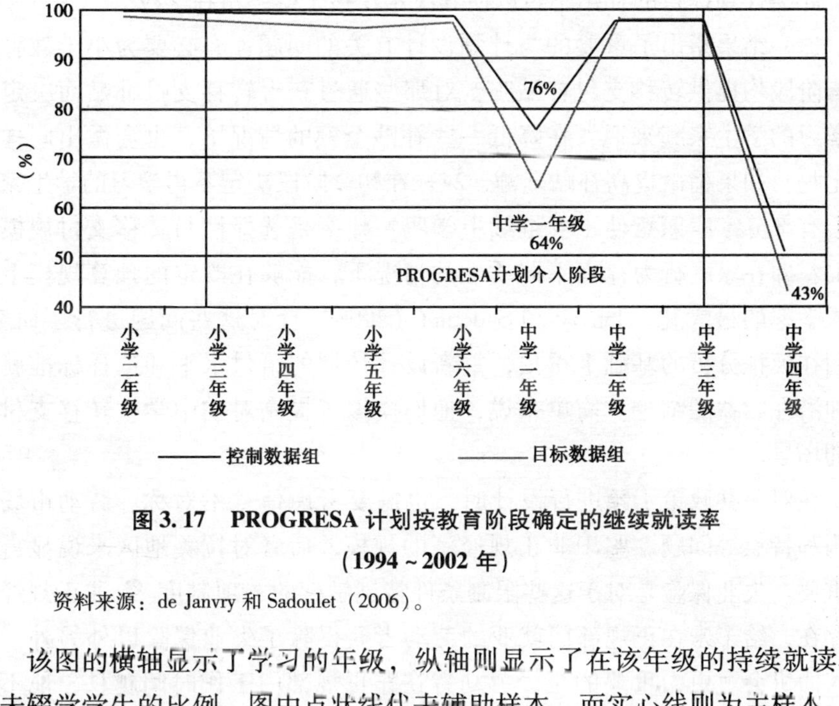

图3.17　PROGRESA计划按教育阶段确定的继续就读率（1994~2002年）

资料来源：de Janvry和Sadoulet（2006）。

该图的横轴显示了学习的年级，纵轴则显示了在该年级的持续就读率，即未辍学学生的比例。图中点状线代表辅助样本，而实心线则为主样本。

对于小学阶段的学生而言，该计划并未在持续就读率方面带来显著改

[1] 为了得到奖学金，必须证明出勤率至少达到85%。1998年设定的教育补贴上限为525墨西哥比索。这也是参加计划家庭每月能够领取的最高金额，约相当于50美元。计划规定的转移支付金额对于目标人群而言甚为重要，平均相当于增加了22%的家庭收入（更多情况参见Janvry和Sadoulet，2006；Scott，1999）。

变。实际上，在这一阶段，两个样本的水平都很高。图中显示，最大的差别出现在初中一年级，此时转移支付计划提高了持续就读率达 12 个百分点。最后，也正是在这一阶段出现了较严重的参与问题，即 24% 的家庭不再愿意用转移支付换取孩子在校读书。

在初中开始阶段出现了最严重的就读持续性问题。出现这一问题可能是因为当达到这一阶段，学生父母认为教育的回报率可能不及使孩子从事其他活动所能得到的回报。❶ 对于 12% 的学生来说，有条件的转移支付在提高就读率的同时，能够促进对人力资本的更多投资。然而，对许多父母而言，此类计划提供的补贴不足以使其决定让孩子继续留在学校。

这一结果指出了重要的与计划设计有关的问题：有必要为小学教育的所有阶段均提供转移支付补贴吗？对那些通过获得转移支付补贴而决定继续学习的学生家庭来说，在降低一些补贴金额的情况下，也会做出同样的决定吗？如果稍微提高补贴金额，24% 在初一阶段决定不再学习的学生家庭中会有部分家庭愿意使子女继续上学吗？什么是选择性与转移支付规模的标准？即在家庭行为存在不同质性的情况下，能够在既定的预算规模上实现入学率的最大化。Janvry 和 Sadoulet（2006）针对这些问题进行了研究。他们在模拟分析的基础上得出，重新设计计划的给付水平和选择标准就能增加潜在收益的结论。简单来说，他们模拟了提高对初中学生转移支付水平的场景。

在对公共政策干预进行设计时，也需要考虑信息不对称、劳动市场的结构和特点等问题。鉴于非正规经济的规模，后者对拉美地区来说显得尤为重要。失业保险是对于这些限制条件特别敏感的一项制度。❷ 非正规经济的存在，给了未在正规部门就业的劳动者获得除了失业保险以外另外一项收入的机会。更为重要的是，劳动者在非正规部门工作时间越长，他不仅

---

❶ 总体看，此类计划的参与程度较低与公共服务供应的缺陷有关。例如，很难想象距离最近的学校都位于 10 千米以外，且缺乏适当交通工具的情况下，这种水平的转移支付能够提高入学率。为此，包括就近建设学校和在学校与居住区之间提供公共交通服务等配套措施是十分必要的。

❷ 有充分的经营性证据表明，建立失业保险可以改变劳动市场参与者的行为和市场机制。Gonzalez Rozada 等（2011）进行的研究提供了最近的例证。他们研究了阿根廷临时性失业保险变动与劳动者生命周期的关系，并发现失业保险给付水平和持续时间的增加会显著导致失业时间的延长。

会放弃花时间寻找正规工作，也会增加对闲暇时间的边际评价。这就会使其更难有动力去寻找工作了。

在不考虑非正规部门存在的情况下对失业保险制度进行设计会带来怎样的后果？非正规部门对于失业保险制度的效率会产生何种影响？Alvarez Parra 和 Sanchez（2009）提出了这些问题。他们发现设计上的低效可能表现为过分庞大的非正规部门以及相对高昂的项目成本。他们还发现非正规部门的存在会对保险给付体系的有效性带来影响。重要的影响包括两个方面：（1）在失业的早期阶段支付出现扁平化；（2）支付出现急剧下降，直至长期失业人员得不到给付。

什么是这些变化背后的逻辑？降低失业保险给付的速度（扁平化）是出于使失业劳动者远离非正规部门并激励其寻找新的工作岗位的考虑。在这一阶段，激励劳动者寻找工作的动力来自失业保险给付骤减直至完全取消的前景。因此，保险给付长期取消便成为减少长期失业吸引力的机制，并激励劳动者在失业早期就着手寻找新的工作。简言之，研究表明，非正规部门的存在提高了保险的给付水平，但也缩短了保险给付的享受时间。

（三）信息和通讯技术：促进有效管理的创新

信息和通讯技术使得人与人之间以及人与机构之间的互动方式发生了革命性的变化，无疑会对资源配置、经济效益和各国生产率产生巨大影响。

信息和通讯技术作为减少贫困的工具、实现金融包容的机制以及在诸多领域辅助人类活动手段的作用，都得到了相关文献的肯定（BID，2011）。显然，各方面的公共管理也不能错过这场革命。实际上，恰当使用信息和通讯技术是能够提高公共部门管理效率的实践。

信息和通讯技术在公共部门的应用可能性十分广泛。首先是电子政务，即在政府内部办事程序中以及为公民和企业提供公共服务的过程中，运用信息和通讯技术。例子之一就是通过便捷的网上银行转账实现缴税，从而降低了该活动的交易成本。身份证件（如护照等）申领过程的自动化也减少了官僚主义程序，避免了官员的盘问，并缩短了办理时间。简言之，自动化有助于提高此项服务的效率。

其次是信息和通讯技术改善了信息的可获性，从而促进了公共管理的透明度和审计。各国中央和地方政府使用网络信息平台已经成为一种显著的趋势。许多研究表明，这一做法有利于改善责任的分配。然而，这一做法也并不一定能够完全纠正各国的官僚主义作风，因为一些不恰当的做法也会被转移至基于互联网的政务平台中（Wong y Welch，2004）。

公共安全是政府发挥重要作用的又一领域，信息和通讯技术也可以有助于提高这一领域的公共管理效率。一项运用信息和通讯技术降低犯罪问题的措施是，在城市的重要地带、公共交通工具和警车上安装摄像头，并在重要位置设立监控中心。这一做法有利于警方开展快速、有效的行动。

利马市特别是San Isidro区提供了这方面的一个案例。这些监控系统似乎使人产生了一种安全感，但其威慑犯罪以及在犯罪后协助抓捕罪犯的效果究竟如何在拉美尚未得到深入研究。一项针对巴尔的摩、芝加哥和华盛顿等美国城市的研究显示出喜人的结果。研究发现，在摄像头安装密集且有训练有素的人员进行监控的地段，降低犯罪的效果十分显著，在其周围地带犯罪发生率得到了控制（La Vigne et al.，2011）。

在警车上使用GPS装置也已经成为加拉加斯部分区域以及哥伦比亚和巴西的城市采取的策略。从理论上讲，可以预期该装置的使用能够降低犯罪。一方面，装置可以用来实际监督警察的巡逻情况，这对于减少巡警和警察总部之间的信息不对称来说十分有用。另一方面，也有利于警方做出更加有效的回应，准确定位犯罪地点，并指出到达案发现场的最便捷路径。

信息和通讯技术可以有效改善的另一个领域是卫生。“根据美洲卫生组织数据显示，至2011年3月为止，拉美至少有1.35亿人因经济或距离原因无法获得基本卫生服务”（Fernandez，2011，p.2）。电子医疗，即信息和通讯技术在卫生领域的应用能够改变这一状况。从几年前起，拉美各国便开始在这方面进行探索（Fernandez y Oviedo，2010），虽然目前的进展还处于初期，但相关意愿却在不断上升。

在卫生领域，信息和通讯技术的创新实践很多，但最为引人关注和突出的要算远程医疗，即医生通过信息和通讯技术为患者提供异地医疗救治服务。该服务的特点很多，医患之间的互动既可以实时进行，也可以延时操作。这样，患者可以减少旅途劳顿，得到更加及时的诊治。

电子医疗的另一项重要应用是电子病历。它至少在以下3个方面提高效率：（1）可以使医生在全面掌握病情的基础上进行诊断；（2）通过电子监护系统配合进行医疗预警；（3）通过产生“以地理区域为参考的”、并不断更新的数据库开展疫情监测[1]（Fernandez y Oviedo，2010）。

Fernandez 和 Oviedo（2010）记录了拉美地区的一些相关经验。如巴西圣保罗的全面卫生体系 SIGA Saudc。该体系包括4大要素：电子病历、患者监控、卫生部门管理以及联网系统。该体系运行效果显著，拥有超过1400万名注册用户以及不同类型的数量惊人的问诊次数。此外，“它降低了30%的候诊和治疗时间。由于与供应网络的连接，实现了在就近药房开药”（Katz，2009，p. 22）。

最后，教育领域也可以利用信息和通讯技术带来的好处。远程教育以及学校使用移动终端和信息化工具是这方面的两个例子。一些研究人员指出，远程教育可以成为一种有效的知识传播途径（Hudson，1990；Witherspoon et al.，1993）。另一方面，使用手提电脑促进学习具有潜在的巨大优势。这种方式与教师授课形成互补，有助于实现有效互动的教学。这一教学方法十分新颖，以令人愉快的方式传授实用知识，可以激发学生的学习热情，增加其专注程度，从而提高学习效果。此外，这种方式还有利于实现教育质量的同质化，弥补教师素质不足导致的效率缺乏。[2] 相关倡议即可以从中央政府层面（委内瑞拉玻利瓦尔共和国的 Canaima 计划）进行推动，也可以由地方政府主导（瓜亚基尔市的“更多科技”计划）。

关于相关计划在改善教育质量方面有效性的实证并非绝对化。一些研究指出了计划的积极作用（Barrow et al.，2009；Barnerjee et al.，2005），而另一些研究却没有发现使用电脑和相关教育计划能对学业产生积极影响的例证（Leuven et al.，2007；Rouse y Kruger，2004）。没有发现效果并不意味着对这种教学方式潜力的否定。相反，这可以解释为，使用电脑本身并不能成为获得成功的保障，还需要保证知识内容的恰当性、电脑界面的友好性，并对教师进行有效的培训，甚至需要使学生家长参与进来。总之，对相关教育计划的作用进行研究时，部分精力应放在理解在怎样的条件下

[1] 这与传统的病历相比具有远程同步进入、信息统一标准、可读性等优点，远程医疗的教育以及综合卫生体系的建立也是电子医疗的重要应用。

[2] 然而，有人指出，由于计算机作为教学工具在使用中的有效性取决于教师的质量，其促进教育同质化的潜力便会降低。

使用电脑作为教学工具才是有效的。

拉美地区尚缺乏对于此类计划的评估。例证之一就是 Carrillo 等（2010）对瓜亚基尔“更多科技”计划进行的评估。研究者运用实证方法研究使用计算机所带来的效果，并发现其在数学方面可以带来统计上十分显著的积极影响。[1] 此外，他们还发现对于开始时就处在成绩分布顶端的学生而言，效果要显著得多。

总之，信息和通讯技术作为一项创新，具备提高公共管理效率的潜力。然而，它并非万能，需要搞清楚哪些是其实施中最有效的战略，在什么样的条件下最有可能运行。所有这些需要进行成本－效果分析。

（四）改善公共投资项目规划和评估的制度：以基础设施为例

在对能够提高效率的做法进行评估时，应考虑到投资支出的重要特点。基础设施方面的支出往往属于回收期较长的大型投资项目。此外，这些投资项目的规模经济特点突出，易出现自然垄断。这一特点再加上私人部门的参与为不同种类的监管提供了依据。监管措施往往是限定价格或费率。这些特点使得基础设施投资对不确定性、规划以及周期波动等因素高度敏感。

出于某些原因，基础设施投资对政治周期十分敏感。一方面有人认为，选举前的公共支出决定显示出了政府在提供公共产品和服务方面的偏好和能力（Rogoff，1999）；另一方面，基础设施方面的支出最易为选民所感知，同时也是执行起来最复杂的一项支出。这也使其成为政府显示自身潜在能力的最佳选择。一项针对哥伦比亚各城市情况的研究支持了上述观点，并指出选举周期对于资本支出、特别是基础设施支出的影响超过对任何其他支出的影响（Drazen y Eslava，2005）。[2] 除了选举周期之外，投资支出对经济周期也很敏感，就拉美而言尤为如此。例如，Akitoby 等（2006）发现，资本支出与其他支出相比具有更强的顺周期性，对拉美和加勒比样本国家

---

[1] 对阅读测试的作用在统计学上并不显著。

[2] 监管措施（如最高费率等）也会受到政治周期以及其他一些问题的影响。所有这些不确定因素都由私人投资者消化吸收，但这会对投资规模以及基础设施建设规模造成影响，将监管职能交由独立机构行使可以成为缓解上述问题、推动更大规模私人投资的一种手段。

来说，这种顺周期性更为强烈。[1]

这种资本投资的波动会对效率造成很大影响。实际上，投资和维护支出的顺周期性和剧烈波动往往导致在建工程久拖不决，和/或已建成项目得不到足够的维护，从而导致公共投资支出的低效（Fay y Morrison，2005）。

可以通过一些机制来解决这一问题。项目在财务上的可持续性对于避免工程拖延十分重要。而长期拖延往往会导致成本增加。执行跨年度预算和进行良好的规划是在这方面潜在有效的策略。《经济发展报告》（CAF，2009）提供了巴西和秘鲁采用上述手段的例证。在很多情况下，投资支出的大起大落和顺周期性与一些刚性规定有关，如负债上限和财政收支平衡规则等。为此，取消与这些规则有关的投资支出是值得推荐的做法。著名的“黄金规则”是这方面的例证之一。它要求政府做到经常项目平衡，但允许通过负债的方式为投资提供融资。

通过加强投资评估体系推动各国公共投资体制更加注重效率和质量也是理想的机制之一。

建立“事前评估文化”，对每个项目的环境影响以及最适合的技术特点加以确定也是十分适宜的做法。这些机制促进了公民对投资项目情况的了解，从而增加了透明度。智利和秘鲁所建立的公共投资体制似乎为我们提供了有益的例证（CAF，2009）。

公共和私人部门间建立伙伴关系是近年来的实践。虽然这种做法也面临着一些复杂的因素，但它确实能够提高效率。在某种意义上，私人部门的参与为我们提供了一种“市场的检验”。这有助于推动更加合理地使用资源，提高了项目执行过程中的透明度，避免了执行那些长期看来并不可行且需要大量和持续补贴维持的项目。为了促进这一伙伴关系的发展，需要确立适当的监管框架，保证双方的承诺得到履行。与此相关的一些原则在《经济发展报告》（CAF，2009）中进行了分析。超国家的联盟也可以大大提高效率，对于小国而言尤为如此。因为基础设施投资往往要求小国所不具备的规模经济，而多国共同开发项目则有助于降低成本。这似乎正是中美洲电力互联体系等项目得以开发的动因。

---

[1] 该研究分析了51个发展中国家，其中16个是拉美和加勒比国家。

最后需要指出的是，与基础设施相关的产品和服务质量问题不仅涉及新项目，对已有基础设施的维护也至关重要。正如《经济发展报告》（CAF，2009）所指出的那样，拉美地区既有的基础设施维护极其不善，而投资支出则倾向于建设新的基础设施，而不是对已有的设施进行维护（Fay y Morrison，2005）。这一倾向显得不甚恰当。一些研究提出，将部分基础设施投资用于维护可以带来明显改善。

对拉美而言，缺乏透明度和规划、资金不到位、项目执行企业和政府主管部门变更等因素，导致项目造价昂贵、烂尾、拖延和质量差的例证比比皆是。提高与基础设施相关的服务供应和质量需要具有整体观，既新建设施又注重维护。这种整体观还应推动建立项目的技术和环境评估文化。此外，效率的提高需要注重长期规划，避免经济、政治和财政周期波动导致的代价高昂的投资项目中断。最后，也可以通过适当的公私部门和地区联合开发的形式提高效率。

五、结　论

本章对效率这一公共管理指导原则的重要性进行了分析。实现效率首先要求对其本身进行适当的衡量。就像 William Thompson Kelvin 所说，“如果无法测量，便无从改善”，因此，需要建立和维护数据与评估系统，作为效率分析的基础。

对效率的分析不仅是单纯的结果观察和比较，还应系统地考察获得这些结果所使用的投入变量以及制约这些变量的条件。尽管它们无法被作为评估对象的执行部门所掌控，但对最终结果起到限定作用。实际上，应该对那些体现任何一级公共管理部门工作成果的指标和效率进行明确区分。效率边际法尽管不乏问题，但仍然是实现上述目标的有用手段。这一方法试图在投入变量以及评估单位环境变量既定的情况下，确定所取得的结果是否符合最佳实践的要求。

本章的研究对象是产量型效率。尽管其本身对于公共政策的设计而言十分重要，但并不足以判定从广义上看公共管理是否具有效率，即无法确定各级政府支出的结构和规模是否理想。然而，一旦在国家和地方预算中对其加以确定，产量型效率就成为实施有效公共管理的一个必要条件。

本章发现，拉美各国公共管理效率低于预期。即使在考虑到各国公共部门往往投入不足，且引入不利的非任意变量之后仍然如此。换言之，与发达国家和亚洲新兴市场国家相比，拉美国家效率缺失程度严重。例如，在教育领域，根据效率边际法测量，在投入既定的情况下，各国在质量和可获性方面只实现了潜力的80%和90%。

基于学校数据的分析得出了颇有深意的结论。首先，通过标准化测试成绩衡量的表现差距在很大程度上源自投入不足以及在不同种类学校就读学生的社会经济背景条件的不同。其次，研究发现，学校公立性质的本身并不意味着缺乏效率。实际上，在本章研究的两个国家的案例中，一些公立学校的效率指标堪与最有效率的私立学校相媲美。不幸的是，在一些情况下，即使通过社会经济背景、投入等因素加以控制之后，还是存在着显著的效率差距。

上述论证说明，需要将能够推动更加有效使用资源的手段引入公共政策之中。这些最佳实践很多，本章对其中的一些进行了分析。但实施这些实践则远非易事。一方面，找到适合国情的最佳实践十分困难；另一方面，实行这些做法往往需要进行体制变革，这会招致各种抵制。这也说明，在迈向发展和社会包容的道路上，公共部门在效率方面面临着巨大而又无法回避的挑战。

第四章 税收结构与征税的挑战*

一、前 言

为了推动平等的经济增长，拉美国家有必要加大对基础设施和社会项目的投入。正如第一章中所提到的，这不仅要求改善现有资源的使用效率，还需要提高国家的收入。从对公共部门的总资源和支出水平的描述中可以看出，尽管近年来拉美地区征税水平有所提高，但现有水平特别是通过征税获得收入的水平仍十分有限。

本章将详细研究近年来拉美地区税收结构的变化，分析该地区国家提高征税面临的主要挑战。本章论述的一个中心内容就是总体征税水平部分取决于税收结构，特别需要建立适当的直接税和间接税比重，扩大使用税收损失较小、有利于促进社会平等的税种。例如，推广使用增值税（对家庭生活基本必需品可以考虑实施较低的税率）、对自然人收入征收的累进税以及向企业征收税率相对统一的税种。

收入分配的高度不平等、非正规企业和劳动者的大量存在、政府税收控制和管理能力的限制及技术困难，以及政府扩大税基并构建更具累进性的税收体系所面临的政治成本和行业压力，都极大地限制了拉美地区采用这类税收结构。而民众对公共支出低效的印象和税收的不平等降低了民众履行对国家各项义务的意愿。上述因素造成了逃税的盛行，而这反过来又进一步降低了民众纳税的意愿和纳税道德。

---

* 本章是由 Pablo Sanguinetti 负责，并在 Alexandra Reuter 的调查协助下完成。

本章将详细论述拉美各税收机构的弊端。特别是之前所提到的，尽管近十年来地区的征税水平有所提高，但考虑到地区税收的特点和发展水平，其税收努力仍低于其所应达到的水平。这一方面是由于税收结构不完善，其中对企业与个人（特别是后者）收入和利润所征的税在税收总额中所占比重过低（约占 28%）。事实再次表明，这一问题并不完全取决于地区税收结构和人均国内生产总值。其他发展中国家（比如东亚）或者发达国家在其人均国内生产总值与当前拉美国家的水平相当时，都实施了税收结构改革，大幅提高所得税占税收总额的比重（超过 50%），这使得上述国家能够在提高税收水平的同时，平衡征税效率和公平再分配的目标。

较高的逃税率是导致拉美地区税收努力程度较低的另一个因素，但不幸的是，目前还没有较好的统计调查（采取对纳税人随机抽样方式进行的经常性统计）来测量这一问题的规模。尽管如此，根据国民账户和家庭调查等信息进行的间接测试表明，各类消费税（增值税）的偷税率约为 27%，而对收入和利润征收的各类税的逃税率约为 50%。尽管打击逃税能够提高征税额，但这一现象对税制结构也产生了不可忽视的影响。例如，如果不缴纳收入税的可能性极高，相关主管部门可能会更倾向于降低这类税的税率（特别是降低较高的边际税率），用更容易管理、更难偷逃的各类间接税来弥补相应的收入（比如对消费和金融交易征收特别税）。但这一做法会使税制更加不公平。

一个能够有效改善纳税情况的方案应当统筹考虑多个方面。一方面，税制的设计能够在多大程度上激励纳税人申报销售行为和收入（如增值税中的公司和供应商间的销售行为和收入），是减少逃税一个重要因素。另一方面，金融体系和其他机构（大型企业、海关等）能够发挥第三方信息源和扣税代理的作用也十分重要。除上述旨在提高纳税积极性和信息流通的措施外，在纳税依赖纳税人自行申报的情况下，事实表明，尽可能地加大稽查和审计的可信威胁也是制度中必须考虑的一个因素。

关于公平和效率的思考也许能够证明使所得税发挥更大作用并更有效地应对逃税的必要性。但除此之外，本报告提出的一个关键结论就是，上述措施也是提高国家和各民主机构能力的一个重要组成部分（Bird，2008；Bird et al.，2004；Lledo et al.，2004）。换句话说，向更多的民众和企业有效征收各类直接税，能够强化各类管理机制和民众参与，从而改善公共管理，而这又能积极影响民众履行财政义务的意愿。

本章其他部分按以下方式组织：第二节提出一个概念框架，以便理解在选择某个特定税制时，在公平和效率方面所需考虑的理由。同时，还将研究经济结构、国家管理能力、政治或选举原因以及公共产品供给效率等方面的限制能够在多大程度上影响各税种的最优组合。第三节将描述拉美地区在税制结构和征税方面的最新趋势。第四节将分析拉美税制结构的局限性和逃税问题。第五节将进行总结并就改善征税和税制结构提出实施路径。

二、概念框架：直接税和间接税怎样组合才是适当的?

正如之前所提到的，税制结构对在兼顾效率和分配公平的前提下提高征税水平，具有十分重要的作用。在此背景下，有必要在详细分析近年来拉美税制结构演变趋势，并找到其税制结构可能存在的局限性之前，首先回顾一下选用直接税（对收入和财产课征）和间接税（对商品和服务课征）[1] 的某一特定组合所依据的相关概念。接下来，将先阐述以研究效率成本及与平等相关的各领域为重点的公共财政规范性理论的主要论断。之后，为了获得更加切合拉美国家情况的假设，将加入有关管理能力限制和逃税管控的论述，对政治经济状况的思考以及用税收支持的公共物品所获社会收益的假设。

（一）产生于最优税制结构理论的假设：效率还是公平

直观地比较课征直接税和课征间接税的成本收益，可以发现，前一种税（如采取累进结构的所得税）会产生效率成本（也就是说，会对劳动力供给、储蓄或投资等决策产生不利影响）；后一种税的效率成本较小或根本

[1] 对于直接税和间接税的定义尚存一定争议。公共财政专家常用的一种定义是，直接税是指对承担税负的纳税人（包括家庭和企业）的收入直接产生影响的各类税种；间接税是指实际税负能够由表面上向国家纳税的企业或个人转嫁给其他企业和个人的各类税种（Buchanan，1970；Due y Friedlaender，1973）。另一种与本章题意更为切合的定义由 Atkinson（1977）给出，其中直接税是指税负能够根据纳税人（不管企业还是个人）自身情况设置，而间接税是指对交易所征收的税种，不考虑参与者自身情况。

不存在。另外，从再分配的角度看，直接税明显好于间接税，很难想象对产品和服务征收的税种能够兼顾再分配的目标。从定义上讲，其税负不是根据购买者的收入而设置的。

对收入征收的各类直接税对效率的不利影响能够通过多个渠道产生。第一个渠道是，根据劳动力供给的工资弹性不同，对收入征税可能会通过影响劳动收入对劳动力供给产生不利影响。当税率结构的累进程度较高，随着收入增长，边际税负不断增加时，这一影响更趋明显。[1]

所得税可能导致效率损失的第二个渠道在于，该税种不仅会影响工资收入，也会影响家庭资产积累所产生的收入。在时间跨度的背景下，这些税种会使得未来消费（部分由储蓄的效率来支撑）相对于当前消费变得更加昂贵，从而降低积累上述财富的积极性。而消费税不随时间变化，不会产生此种影响。很明显，通过影响储蓄，该税在减少企业可获取的资本供给的同时，也会间接影响对经济的投资。此外，由于各类收入税在不同程度上会影响企业收入，因此将直接影响企业增资和生产等决定。显然，收入税也会降低家庭用其储蓄购买企业参与权（股票）的积极性，从而影响家庭的储蓄决策，不利于资本市场的发育。拉美地区一直十分强调收入税可能造成的效率损失及其对投资和生产的不利影响（通过影响投资和生产进而影响经济增长），同时推动给予投资税收优惠（Tanzi y Zee，2000）。

收入税可能对效率造成不利影响的第三个渠道与人力资本积累的决策有关。这方面的理论阐述还比较模糊。在比例税方面，作出积累人力资本的决定（如接受高等教育）会导致需缴税的工资收入减少，这将激励人们获取更高的教育。因为当个人再次进入劳动市场，这部分收入损失将得到补偿（Trostel，1993）。但是正如海克曼等人（Heckman et al.，1998）提出的，累进收入税可能会降低个人获取更高教育的激励，因为大学期间少缴的税远远不够补偿未来更高的人力资本带来的更高收入所需缴纳的税款

[1] Atkinson 和 Stiglitz（1976）就直接税和间接税最优组合进行的早期研究表明，在静态模型条件下（不考虑家庭的储蓄决策，所有收入全部用于消费），当劳动力供给弹性满足一定条件（弹性不取决于产品消费）时，取消消费税会提高效率，因为扭曲劳动力供给的成本仅占产品价格下降所带来收益的一部分。两位研究者由此得出，直接税不仅在再分配方面，在效率方面同样更胜一筹。但正如文章所述，当加入家庭和企业的储蓄和投资决策后，Atkinson 和 Stiglitz（1976）关于所得税同各类消费税相比，效率更高的结论就要进行大幅修正。

(按现值计算)。换句话说，累进收入税会降低教育的预期回报。很显然，如果税收中获取的公共资金被用于资助接受教育所产生的额外花费（与没有税收的情形相比，这提高了教育回报），那么最终效果将变得不确定(Bénabou，2002)。

除了对效率的影响，特别是对关于积累物质和人力资本决策的影响，税收结构的选择对分配平等也会产生影响。因为对于给定的支出结构，用何种税来对此予以资助将决定纳税人的行为特征，特别是收入方面的特征。如果能够准确确定税负和家庭收入水平间的相关性，那么税收结构可以影响税后的收入分配。如果税负与收入水平正相关，那么这一分配将会更加平等。如果负相关，那么分配将更加不平等。

使用消费税而不是累进收入税，可能会造成更大的不平等这一著名论断，是基于这类税无法随个人收入增加递增这样一个事实。对于增值税或销售税等税种，一般来说税率与谁消费这些商品无关。对于低收入家庭来说，收入中用于消费的支出占总收入的比重越高，税负对于此类家庭的影响也会较富裕家庭相应增加，[1] 这可能导致税后收入分配变得更加不平等。[2] 税率递增的个人收入税能够扭转税负中的这种不平等倾向，因为税率（税负占收入的比率）随家庭所得的增长以递增的比率增加。

在选择税收结构时，通过税制实现再分配的目标应该在多大程度上发挥重要作用？同样，经济效益的各组成部分应该有多么重要？这些问题很难回答，因为其中包含政府选择政策时所要使用的社会福利方式。这一方式要增加经济中所有个人的消费水平，并根据其限制因素不同，或多或少地对存在的收入水平不平等给予重视。[3] 一旦这一方式得以确定，能够使福利增量最大化的“最优”税制结构也就被确定。这种选择将考虑效率成本会在多大程度上影响物质和人力资本积累的积极性，以及对经济的长期收

[1] 如果实施差异税率，如在增值税方面对于贫困家庭消费较多的几种商品采用更低的税率，消费税对于该类家庭的影响会有所减少。但是，大范围采用这种机制可能会导致征税控制和管理过于复杂。

[2] 一般来说，这一论断在静态分析背景下得到证明。当考虑到更为动态的背景时，例如在生命周期模型中，其中今日收入会变为未来消费，收入中用于消费的比重随收入分配变化并不确定。

[3] 特别是，当一定福利改善给低收入家庭带来的消费变化比给高收入家庭带来的消费变化越大，缩小不平等带来的边际福利就越大。

入会造成何种后果。同时，也会考虑有关税种的选择是否有助于改善收入分配的平等状况。

公共财政方面的文献对此进行了一些测算，其中使用的模型尽管只是代表静态经济的情况，但是借助模型，能够根据收入税在税收中所占的比重大小，或者财产税与间接消费税的比较情况，定性、定量地测算出效率收益和平等成本之间相互替代的均衡点。这些测算得出，最优税制结构总是将与某些发达国家边际税率相近的收入税作为其重要组成部分（Fellman et al. , 1999；Widman，2001；Bénabou，2002）。❶ 更值得注意的是，该收入税不仅包括对工资收入征收的税种，也包括那些对资本或储蓄/投资的积累征收的税种（Erosa y Gervais，2002；Conesa et al. , 2009）。❷

（二）为什么发展中国家的税制结构同理论所主张的结构相去甚远？

一般来说，公共财政理论中提出的各种模型仅仅是代表了规范情形，尽管可以对模型进行扩展以便加入存在市场缺陷的情况（如获得贷款受限），但这些模型并没有考虑与各国管控税款缴纳的能力或成本有关的方面，也没有考虑政治经济的因素，如涉及征税以及利用税收收入提供新服务产生的选举影响（如再次当选的可能性）。

显然，为了解释这些国家在一定时期采用某种税制结构的原因，或者更进一步说其发展进程中税制结构的演变，在进行实证分析时，上述规范情形没有考虑到的其他方面是十分重要的。从这个意义上说，这方面研究也许能够解释，为什么规范理论就“正确”的税制结构作出了多种阐述，但在发达国家和发展中国家之间，甚至在发展中国家内部，各国采取的税制结构和税收水平都千差万别。

---

❶ 比如，Bénabou2002 年的研究建立了一个模型，其中各收入税在储蓄决策和劳动供给方面产生成本，但这些税收收入通过转移支付能够给低收入家庭带来收益。这些家庭因为难以进入信贷市场，因此无法通过获得保险来应对个人收入的剧变，也无法通过获得的贷款来进行人力资本投资。在这种情况下，使经济再增长实现最大化的平均边际税率是 48%，同时用于再分配的支持约占国内生产总值的 14%。

❷ Conesa 等在 2009 年的研究中提出了一个模型，其中假设存在信贷约束和收入突然变化，允许政府的税收政策对工资收入税和资本税实施不同的税率。上述作者发现，能够实现福利增量最大化（权衡扭曲劳动供给和储蓄供给的成本以及再分配的收益后得出）的资本收入税税率为 36%。同时，工资收入税税率则相对较低（23%）。

Roger 和 Li 的研究（Roger y Li，2009）在这方面迈出了有意义的一步。他们提出，在规范理论的种种阐述之外，发展中经济体和发达经济体运转中的一个明显不同就是对履行纳税义务的管控。当非正规经济在经济中占有重要地位，也就是说，当相当一部分经济在没有法律、财务和金融登记的情况下运行时，这一区别更为明显。一个能够简单、直观地反映这一现象的例子是，这个部门的经济活动实际上仅通过现金使用来掌控，因为使用金融体系进行支付会留下交易痕迹。而财政主管部门可能利用这些痕迹加强管控，并确保纳税义务得以履行。

在这种经济高度非正规化的背景下，相关主管部门在选择税制结构时，应该考虑此举对企业选择在正规部门经营或是进入非正规部门的决策将产生何种影响，以及这一选择将如何影响征税与税务管理。企业进入非正规部门（避免使用金融体系进行交易，并以此躲避其逃税行为被查出）的威胁或许可以解释，为什么对企业收入征税的税率相对较低，或者为什么上述税率在不同经济部门间存在明显差异。[1] 例如，资本密集型工业需要更多地使用金融体系提供的服务，因此对其实行的税率可能会更高。而服务业特别是小型商业获得金融服务的收益一般来说比较小（或者其获得服务的成本要高出许多），因此其税率可能会低很多。这一非正规化的问题或许还可以解释，为什么个人收入税在总税收中的比重十分低下。由于该税税收的相当一部分是对工资收入征收的，因此其正常征收要求大部分民众在正规部门就业，以便主管部门能够借助企业向员工征缴税款。

从这一理论中还可以得出如下结论，如果使用金融服务的成本下降，或是企业发觉使用这些服务的收益更高（尽管会带来更高的纳税成本），进入金融体系变得更加容易，最终将带来有关主管部门纳税控制和稽查能力的提高。由此又将促进税制结构的改变，使其逐渐向更发达国家的税制结构靠拢。[2]

---

[1] 在这里可以想到，非正规化的一个原因也许正是高税率或者其他限制性规定（如劳工规定）导致企业运营成本高企。但是也应该看到，在这一问题背后存在着与企业生产效率有关的原因，影响企业的税前和税后利润（Pagés，2010）。

[2] 这一分析给出了金融体系发展能够通过强化税收征缴和提供更多公共物品对经济增长产生有利影响的另一个渠道。Levine 的研究（Levine，2005）中对金融发展和经济增长的关联性进行了分析。也可以参考 CAF 报告（2010a）。

之前的专门研究将非正规经济作为决定发展中国家管控纳税义务履行能力的一个重要因素。而这一能力又制约了税制结构的选择。这一研究方向可以进一步扩展以便纳入政治经济的因素，也可以明确地将由税收收入支付的公共物品带来的收益（包括选举收益）考虑进去。这与第五章将重点讨论的相关性的假设密切相关。[1]

Kenny 和 Winner 的研究（Kenny y Winner，2006）就上述特点进行了分析。两位作者假设了一个政府需要选择税制结构，以保持选民高支持率，确保再次当选的情形。政府的政治（选举）支持随着其提供的（有效率的）公共物品的增加而增加，随着其向个人和企业征税需求的增加而下降。[2] 为了简化上述情形，可以假设政府必须在两个税制间进行选择，也就是说在一般消费税（如增值税）和个人收入税间进行选择。向民众加税会产生政治成本（较少的选票支持）可以解释为，加税会减少民众的可支配收入，而选民适应新的税收要求也会付出成本（如时间成本，用于支付税款的经济资源以及采取逃税行为的成本等）。很显然，不同税种产生的政治成本大不相同，比如，同消费税相比，收入税由于更加显眼、对可支配收入的影响更加直接，其选举成本可能会更高。

同样可以得出，每种税扣除管控成本后的净征收额与税率的关系呈现出一个倒 U 字型曲线（或者称为 拉弗曲线），其中在一定范围内，净征收额是税率的正函数。但是，从某个较高的税率水平开始，税率继续增加将导致征收额减少。后一种情况的出现可能是由于税基减少的比例大于纳税额增加的比例（比如，当税率极高时，企业将大幅减少投资，从而导致企业收入锐减），或者是由于税率很高时，逃税的激励很大，为控制逃税必须付出比潜在征收额更高的成本。根据税种不同，拉弗曲线的形状会有所改变（如个人收入税的曲线更为平缓，反映出较高的管控成本）。

这一简单的理论框架也可以用来研究不同的变化对于税制结构和总税

---

[1] 根据这一假设，在许多发展中国家，特别是拉美国家中，很多人不履行纳税义务是因为他们觉得国家用税收收入支付的公共服务是低效的、劣质的，或者更有甚者，由于腐败或者资金遭到挪用，国家根本没有提供任何服务。

[2] 尽管企业没有办法投票，但可以假设，这些企业能够组织起来从事游说组织的工作，从而对政府当选的几率产生影响。更直接地说，企业可以赞助各候选人（包括执政党和反对党候选人）的竞选活动，并通过这种方式影响其再次当选的可能性。

收水平产生的影响。其中，有三种情形可能特别值得探讨：（1）当国家的经济结构发生有利于正规部门的发展时（如制造业得到发展）；（2）当管理能力的提高包含着个人或企业履行纳税义务的成本下降，同时也降低了征税部门的稽查成本时（比如，使用互联网发送增值税纳税声明）；（3）当出现公共物品的供给效率提高时。

上述三种情景包含更高的征税水平和更为庞大的公共部门。此外，正规部门相对扩大会带来个人收入税税基的扩大（更多的劳动者成为正规部门的工资收入者，征税曲线将向上移动），这又会导致该税种在总税收中的比重增加。而当技术进步导致税务管理成本降低时，增值税的征收也会出现同样的变化。在这种情况下，不仅净征税曲线会向上移动，使用这一税种的政治成本也会下降（履行纳税义务时的扭曲减少）。这两个因素会导致该税种在税收结构中的比重增加。

最后，根据每种税的相对政治成本、产生更多资源的能力（取决于可征收的税基规模）和管理成本不同（后两方面的差异表现为净征税曲线的形状不同），公共物品供给效率的提高也将会对税制结构产生影响。例如，如果征收增值税的政治成本低于征收个人收入税的政治成本，同时两者的征税成本都不高，那么公共物品提供效率的提高将导致增值税在税收结构中的比重增加。

近年来，拉美经济体的税制框架在多大程度上符合规范研究对于最优税制结构的要求？如果不尽符合，那么导致其出现偏差的主要原因是什么？这些原因在多大程度上能够被前面提及的经济结构、管控问题和政治或选举成本等因素所解释？从拉美地区表现出的发展水平来看，是否可以说，其税收水平和结构落后于其本应达到的水平？下面两节，笔者将试图回答这些疑问。

三、当前拉丁美洲的税制结构和征税水平发展趋势*

近20年来，由于经济增长、宏观经济形势稳定、初级产品价格走高以

* 本节及下一节采用戈麦斯·萨巴伊尼和希门内斯2011年研究的有关信息（Gómez Sabaíni y, Jiménez, 2011），此项研究系为本报告专门进行。

及20世纪90年代初实施的一系列财政改革，拉美地区的税负压力程度有所提高。表4.1以拉美17个国家为样本，描述了1990~2009年总税收比例（占国内生产总值的比重）的演变。对于阿根廷、玻利维亚、巴西、智利、哥伦比亚、哥斯达黎加和墨西哥，相关税收信息为政府的总体信息（包括中央政府和各级地方政府）。而对于其他国家来说，相关信息仅包括中央政府的税收情况。[1] 税收收入既包括对企业和个人的利润、收入，以及对产权和财产征收的税，一般消费税和特殊消费税，国际贸易税和其他较小的税种（如金融交易税），同时也包括社会向公共性质的社保体系缴纳的款项。最后，还要加上通过税收手段获取的开发不可再生的自然资源的财政收入（如向石油公司利润征税以及特殊的定额税）。[2]

表4.1表明，从地区平均水平来看，征税总额占国内生产总值的比重从20世纪90年代初到2008~2009年间增加5个百分点（简单平均值增加34%）。但是，正如表中所显示的，可以看到在税收水平和增长活力方面，拉美国家出现了明显分化。当巴西和阿根廷等国当前的税负已明显超过国内生产总值的30%时，另一些国家如墨西哥、危地马拉和巴拉圭等，该比重尚未超过14%。在21世纪第一个十年即将结束的时候，税负压力水平的差异反映出经济增速的参差不齐。从这个意义上讲，拉美地区税负水平上升的趋势由地区9国引领，其中最为突出的是阿根廷和玻利维亚，其增速已达到或超过地区平均水平的2倍。在另一端，突出的代表是墨西哥和委内瑞拉玻利瓦尔共和国，这两个国家的税负水平较20世纪90年代的数值都有所下降。[3]

---

[1] 由于对部分国家只报告了中央政府的征收水平，这会导致征税总额被低估，因此可以质疑，认为这会显著影响国家间的比较。但是应该看到，那些报告只提供了中央政府相关信息的国家，总的来说都是采用统一宪法，地方政府财政分权水平很低的国家。因此忽略各级地方政府有关信息并不会造成严重的问题。

[2] 因此，国家通过出让特权（按矿产和油气资源价值收取的出让开发权的收入）以及掌握开发资源的公私企业股份等方式获得收入，属于非税收收入，不被计算在内。

[3] 正如表4.1注释中所指出的，其使用的信息来源是2011年拉美经委会统计（CEPALSTAT，2011）。如果使用经济合作与发展组织提供的关于拉美税收收入的数据（参见OECD报告，2011a），上述结论不变，但这一数据所涵盖的国家较少。

表 4.1 拉美部分国家税负压力表（1990~2009 年）三年段平均值及占用国内生产总值的比率[a]

国家	1990~1992 年	1993~1995 年	1996~1998 年	1999~2001 年	2002~2004 年	2005~2007 年	2008~2009 年	1990~2009 年百分比变动	1990~2009 年国内生产总值变动
阿根廷	18.50	21.10	20.50	21.20	23.20	27.80	31.20	68.65	12.70
玻利维亚	10.40	13.60	17.40	17.80	17.80	20.10	22.20	113.46	11.80
巴西	23.70	25.90	27.10	30.20	31.80	33.60	34.40	45.15	10.70
智利	17.00	18.20	18.90	18.90	18.70	20.00	19.10	12.35	2.10
哥伦比亚	10.90	13.20	15.20	15.50	16.80	18.20	17.80	63.30	6.90
哥斯达黎加	17.20	17.90	18.60	19.00	20.10	21.40	22.40	30.23	5.20
厄瓜多尔	10.10	9.50	9.60	11.50	13.30	13.80	16.90	67.33	6.80
萨尔瓦多	10.80	12.40	12.20	12.30	13.20	14.60	14.30	32.41	3.50
危地马拉	8.80	8.60	10.10	10.90	12.00	12.00	11.10	26.14	2.30
洪都拉斯	13.30	13.70	12.90	15.40	15.50	16.50	16.00	20.30	2.70
墨西哥	12.70	12.80	11.30	12.40	12.40	11.10	11.15	-12.20	-1.55
巴拿马	15.00	16.20	16.00	15.90	14.60	15.40	16.70	11.33	1.70
巴拉圭	9.80	11.90	12.70	11.90	11.80	12.90	13.70	39.80	3.90
秘鲁	13.10	14.90	15.90	14.30	14.30	16.30	16.20	23.66	3.10
多米尼加	8.60	10.60	11.20	12.20	12.60	15.20	14.10	63.95	5.50
乌拉圭	22.50	22.50	22.70	23.00	21.90	23.30	24.60	9.33	2.10
委内瑞拉玻利瓦尔共和国	17.30	14.10	14.90	13.20	12.10	16.50	14.40	-16.76	-2.90
算术平均数	14.00	15.00	15.70	16.20	16.70	18.30	18.80	34.29	4.80
加权平均数	18.50	19.40	20.20	19.70	19.60	22.00	23.30	29.44	5.30

注：a，总征税额包括：个人收入和企业利润税、财产税、一般和特殊消费税（增值税）、国贸税和其他较小税种（如金融交易税）。同时，包括向公共性质的社会体系缴纳的款项。

资料来源：Gomez Sabaini 和 Jiménez（2011）以及 CEPALSTAT（2011）。

值得注意的是，税负压力水平及其增长活力方面的差异并不必然与人均收入相关（并不是穷国征税较少而富国征税较多）。正如前面所述，在拉美可以看到，部分经济体大幅提高税收收入甚至超过地区平均水平，但其人均国内生产总值仍相对较低（如玻利维亚）；同时，也可以看到另一些人均收入高于地区平均水平，但税负增长缓慢且低于地区平均水平的有些矛盾的例子（如墨西哥）。正如在下文中看到的，征税水平的参差不齐部分与获得非税收入的可能性有关，其中比较突出的是开采自然资源获得的利润（如智利、墨西哥和委内瑞拉玻利瓦尔共和国）以及运河的使用收益（巴拿马）。❶

（一）拉美税收结构的演变：直接税和间接税

近 20 年来，拉美国家税制结构演变中的一个突出现象就是对商品和服务征收的一般税（增值税或其他类似税种）在总税收中的比重不断增加。图 4.1 表明，从地区平均水平来看，上述税种在税收结构中的相对比重提高了 11.5 个百分点（从 1990 ~ 1992 年占 24.2% 增加到 2008 ~ 2009 年的 35.7%）。此外，可以看到，该税种占比增长几乎都发生在 20 世纪 90 年代实施的旨在扩大税基和提高该税法定税率的改革之后。

拉美增值税在总征税额中的比重增加是发生在世界上此类税种的使用大幅扩大的全球背景下的：使用国家从 1990 年的 47 个增加到当前的 140 个（Bird y Gendron，2007；Keen y Lockwood，2010）。该税种运用的扩大主要是由于其效率高（避免了对销售额强制征收大量简单税），同时也与保证其缴纳相对容易有关，因为企业有申报和记录与其他公司交易的激励。换句话说，增值税设计中包含的对企业申报交易情况的激励，在改善该税管理和降低逃税情况时起到了重要作用。❷

对收入和资本收益征收的各税种成为解释近 20 年来拉美税负增长的第二个因素。上述税种在税收总额中的比重提高了 6.7 个百分点，从 1990 ~ 1992 年的平均 21.3% 增加到 2008 ~ 2009 年的 28%。在这方面，大部分增加发生在近十年，正如在后文中讲到的，这一增加受到企业所得税良好表现的影响，而这一表现又受到与自然资源开采相关的部门经济活动大幅增加的推动。不管怎么说，尽管有所增加，但收入和利润税在税收总额中的比

❶ 在墨西哥，如果将出让石油开采权的收入计算在内，这部分财政收入在 2008 ~ 2009 年上升至国内生产总值的 17%。如果再加上墨西哥石油公司向政府缴纳的利润，该收入占国内生产总值的比重将上升到 20%。

❷ Pomeranz 在 2010 年的研究中，定量分析了该税的上述特点在智利的表现，对减少逃税和加大以顾客 - 供应商关系联系起来的企业间溢出效应所产生的影响。下面，在第四节将具体对上述结果进行分析。

重仍低于经济与合作组织成员国的标准，也低于东亚其他发展中国家的水平，对此后文将有所论述。

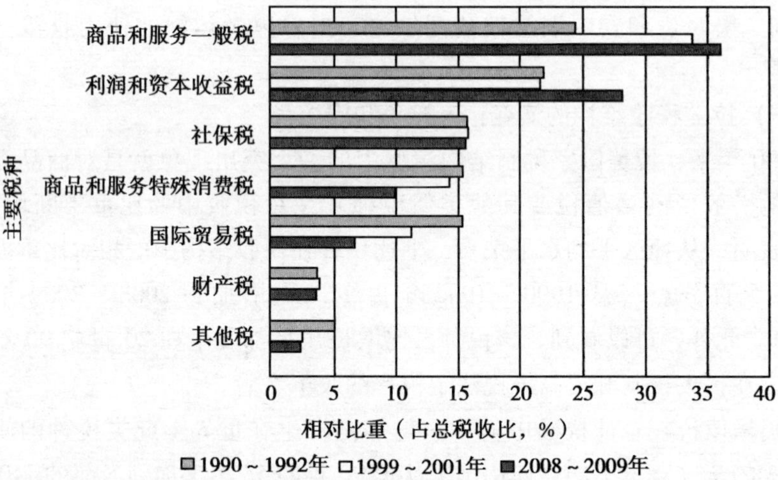

图 4.1　拉美主要税种在税收框架中平均所占的相对比重的演变[a]（占总税收的比率）

注：a，包括的国家样本与表 4.1 一致，计算算术平均数。

资料来源：Gómez Sabaíni 和 Jimenéz（2011）。

尽管这两种税（一般消费税/增值税、收入和利润税）在税制结构中的地位不断强化是所有国家的共同特点。但在征税额增长迅速的经济体中，这一点更为重要。正如表 4.2 所显示的，在巴西和阿根廷，征税额占国内生产总值的比重提高了 10 个百分点，这两种税在税收总额中的比重近年来已达到约 60%。而在智利，尽管征税额的增长相对较低（占国内生产总值的比重提高 2 个百分点），但这两种税占总税收的比重很高（70% 以上）。在消费和收入一般税的贡献增加带动税收总额显著增长的较小经济体中，较为突出的是玻利维亚，1990～1992 年至 2007～2009 年间，其征税总额的增加约占国内生产总值的 12%（尽管这一增长在很大程度上是由于收入和利润税的增加）。

表 4.2　拉美部分国家税制结构的动态变化[a]（1990～2009 年）

国家	税　　种	按税种分的税收收入				
		占总征税额比重（%）		占国内生产总值比重（%）		变动（占国内生产总值的百分比，%）
		1990～1992 年	2008～2009 年	1990～1992 年	2008～2009 年	1990～2009 年
阿根廷	租金和资本收益	6.6	16.5	1.2	5.1	3.9
	商品和服务一般消费税	30.3	34.9	5.7	10.9	5.1
	其他税	37.6	29.7	6.8	9.3	2.5
	社保	25.5	18.9	4.7	5.9	1.2
玻利维亚	租金和资本收益	8.7	23.0	0.9	5.1	4.2
	商品和服务一般消费税	50.3	43.1	5.3	9.5	4.3
	其他税	28.8	25.6	3.0	5.7	2.7
	社保	12.2	8.2	1.3	1.8	0.6
巴西	租金和资本收益	17.1	22.5	4.1	7.7	3.7
	商品和服务一般消费税	37.5	37.3	8.9	12.8	3.9
	其他税	19.6	14.6	4.6	5.0	0.4
	社保	25.8	25.6	6.1	8.8	2.7
智利	租金和资本收益	18.9	31.9	3.3	6.1	2.9
	商品和服务一般消费税	40.8	43.7	6.9	8.3	1.4
	其他税	31.6	16.5	5.3	3.1	-2.2
	社保	8.7	7.9	1.5	1.5	0.0
哥伦比亚	租金和资本收益	32.0	35.1	3.5	5.3	1.8
	商品和服务一般消费税	29.5	35.5	2.8	5.4	2.5
	其他税	30.1	14.4	3.2	2.2	-1.1
	社保	12.0	13.4	1.3	2.0	0.7

续表

国家	税种	按税种分的税收收入				
		占总征税额比重（%）		占国内生产总值比重（%）		变动（占国内生产总值的百分比,%）
		1990～1992年	2008～2009年	1990～1992年	2008～2009年	1990～2009年
哥斯达黎加	租金和资本收益	9.9	19.0	1.7	4.3	2.6
	商品和服务一般消费税	25.9	26.5	3.7	5.9	2.2
	其他税	35.2	23.2	6.0	5.2	-0.9
	社保	33.4	31.6	5.7	7.0	1.3
厄瓜多尔	租金和资本收益	13.7	27.0	1.4	4.6	3.2
	商品和服务一般消费税	29.2	32.5	2.9	5.5	2.6
	其他税	31.4	17.4	3.2	3.0	-0.2
	社保	25.7	23.1	2.6	3.9	1.3
萨尔瓦多	租金和资本收益	19.6	31.4	2.1	4.5	2.4
	商品和服务一般消费税	30.0	43.7	3.3	6.3	3.0
	其他税	37.5	13.4	4.1	1.9	-2.1
	社保	12.9	11.5	1.4	1.6	0.2
危地马拉	租金和资本收益	26.6	29.0	2.4	3.2	0.9
	商品和服务一般消费税	30.3	46.6	2.6	5.2	2.6
	其他税	43.2	21.6	3.8	2.4	-1.4
	社保	0.0	2.7	0.0	0.3	0.3
洪都拉斯	租金和资本收益	24.9	30.1	3.3	4.8	1.5
	商品和服务一般消费税	18.1	36.2	2.4	5.8	3.4
	其他税	52.6	26.3	7.0	4.2	-2.8
	社保	4.4	7.4	0.6	1.2	0.6
墨西哥	租金和资本收益	35.1	48.5	4.4	5.2	0.8
	商品和服务一般消费税	23.6	33.5	3.0	3.6	0.7
	其他税	23.9	3.0	3.0	0.4	-2.7
	社保	17.5	15.0	2.2	1.6	-0.6

续表

国家	税　　种	按税种分的税收收入				
		占总征税额比重（%）		占国内生产总值比重（%）		变动（占国内生产总值的百分比，%）
		1990～1992年	2008～2009年	1990～1992年	2008～2009年	1990～2009年
巴拿马	租金和资本收益	27.3	30.0	4.1	5.0	0.9
	商品和服务一般消费税	9.6	13.7	1.4	2.3	0.8
	其他税	34.4	22.2	5.2	3.7	-1.5
	社保	28.8	34.2	4.3	5.7	1.4
巴拉圭	租金和资本收益	13.2	19.0	1.3	2.6	1.3
	商品和服务一般消费税	4.8	45.4	0.5	6.2	5.7
	其他税	75.6	26.0	7.4	3.6	-3.9
	社保	6.4	9.7	0.6	1.3	0.7
秘鲁	租金和资本收益	8.2	38.4	1.1	6.2	5.1
	商品和服务一般消费税	19.0	37.4	2.5	6.1	3.5
	其他税	60.3	13.0	7.8	2.1	-5.7
	社保	12.5	11.3	1.7	1.8	0.1
多米尼加	租金和资本收益	25.3	24.6	2.1	3.5	1.3
	商品和服务一般消费税	16.3	31.5	1.4	4.4	3.0
	其他税	58.4	43.6	5.1	6.1	1.0
	社保	1.2	0.6	0.1	0.1	0.0
乌拉圭	租金和资本收益	5.4	19.7	1.2	4.8	3.6
	商品和服务一般消费税	27.8	34.7	6.3	8.5	2.3
	其他税	29.8	18.3	6.7	4.5	-2.2
	社保	37.0	27.4	8.3	6.7	-1.6
委内瑞拉（玻利瓦尔共和国）	租金和资本收益	78.0	39.9	13.7	5.8	-7.9
	商品和服务一般消费税	0.0	36.9	0.0	5.3	5.3
	其他税	16.8	17.2	2.8	2.5	-0.3
	社保	5.2	6.0	0.9	0.9	0.0

注：a，对于阿根廷、玻利维亚、巴西、智利、哥伦比亚和墨西哥来说，有关信息为各级政府总体情况；对于其他国家来说，信息为中央政府情况，表中“其他税”一项包括财产税、商品和服务特殊消费税、国贸税和金融交易税。

资料来源：Gómez Sabaíni 和 Jiménez（2011）以及 CEPALSTAT（2011）。

地区税制变化中的另一个重要现象则与外贸税收的下降有关。由于实施了对外贸易开放政策，对外贸课税的收入在税收结构中的比重已经下降

55%，从 1990 ~ 1992 年的三年间平均占 13.6% 下降到 2008 ~ 2009 年的 6.1%，其中 20 世纪 90 年代降幅最大（见图 4.1）。尽管存在这一总趋势，但是近期一些国家为加大对开采自然资源为主的活动的课税力度，又重新设立了这些税种，特别是针对出口的税种（如阿根廷）。

商品和服务特别消费税（选择性税种）在税收结构中的相对比重也有所下降，从 1990 ~ 1992 年平均占税收总额的 14.5% 下降至 2008 ~ 2009 年的 9.1%。但是，大部分下降是发生在近十年来一般消费税不断加强成为所分析的国家统一趋势的背景下。

最后，就地区平均来说，社保缴纳也成为税收的重要组成部分，其占拉美税收结构的比重一直稳定在 17% 左右。从占国内生产总值的比重来看，这意味着其占比在分析的相同阶段内，由 2.5% 升至 3.1%。如表 4.2 所示，此类税收在税负较高的国家中（如阿根廷、巴西、哥斯达黎加、乌拉圭）所占比重较大，其税额占国内生产总值的比重较税负压力较低的国家（如危地马拉、洪都拉斯和巴拉圭）可能高出 3 ~ 4 倍。很明显，这一情况与不同国家中经济活动特别是就业的正规化水平相关。[1]

（二）对金融交易和开采自然资源征收的税种

1. 金融交易税

除了此前描述的各主要税种的演变，拉美各国税收政策的一个特点就是通过设立政治成本较小、易于操作管理、偷逃几率较小的税种，扩大税收并弥补各国税负水平的差异。在上述税种中，比较突出的是对金融交易和开采自然资源征收的税种。在承认其有利之处的同时，其中部分税（特别是金融交易税）造成扭曲效应并对经济效益产生不利影响的可能性被看做很低。

对金融活动征收的税种，尽管在各国名称不同，但近十年来发展迅速。在拉美地区，阿根廷、巴西、哥伦比亚和委内瑞拉的情况可以被认为是最为明显的。[2]

金融交易税常被用作税收收入中最“便捷”的来源。其主要理由如下：

---

[1] 此外，应该指出，对于不同国家或者同一国家的不同时期来说，社保费的征收也会受到是否采用私人资本运作制度的影响。比如，智利在 1990 ~ 1992 年与 2008 ~ 2009 年社保缴费额的大幅下降主要是由于在该国的退休金和养老金体系中资本化运作模式的不断扩大。

[2] Coelho（2009）的研究表明，上述税种的使用在亚太地区也有所扩大。

（1）由于征收该税是基于金融中间商的扣款操作，准备工作较少，也无需征得纳税人同意，因此在一个相对较短的时间内就可以实施；（2）由于银行借贷额是国内生产总值的数倍，因此一个很低的税率就可以征得一个较大的税额，特别是当纳税额较低且该税不是长期征收时，这一现象更为明显；（3）由于该税是间接税，不会直接影响家庭可支配收入，因此其政治成本可能较低。

当前，该税种在拉美 7 个国家实施，根据其征收情况不同，可以分成两类（González et all. 2009）：第一类是对金融交易中的借记行为课税（如在哥伦比亚、多米尼加和委内瑞拉玻利瓦尔共和国）；第二类是对普通账户中的借记和信用行为以及金融体系的其他操作课税（如在阿根廷、玻利维亚、巴西和秘鲁）。此外，为避免避税操作，在阿根廷、巴西、秘鲁、委内瑞拉玻利瓦尔共和国，不仅对金融机构间，对通过有组织支付体系进行的资金转移也要课税。

通过征收金融交易税所获得的收入对税收总额的贡献很大。表 4.3 给出了这一收入如何上升到阿根廷税收总额的 7% 以及如何在巴西、哥伦比亚和委内瑞拉玻利瓦尔共和国超过税收总额的 5% 。

表 4.3　拉美部分国家金融交易税税收（2008 年）　　（%）

国　家	税收收入	
	占 GDP 的百分比	全部的百分比
阿根廷	1.89	7.15
玻利维亚	0.28	1.20
巴西[a、b、c]	1.40	5.75
哥伦比亚[d]	0.67	5.01
秘鲁	0.31	1.95
委内瑞拉	0.91	6.74

注：a，只包括中央政府数据。

b，在 2008 年 1 月 1 日被废止后，金融流动临时税于 2011 年再次生效实施。

c，相关信息来自 2007 年数据。

d，近期，开启了一个逐步降低金融交易税率进程，以便在 2014 年完全取消该税。

资料来源：Gómez Sabaíni 和 Jiménez（2011）以及 Coelho（2009）。

尽管这一税种创收能力强，征收成本低，但其通过以下渠道会对经济效益产生负面影响：(1) 在生产方面，会加剧纵向合并（扩大企业内部交易以避免纳税）；(2) 在消费方面，会提高生产中多种阶段性产品（也就是说，使用中间产品较多或需要金融资源多次流转的产品）的相对价格；(3) 其最为不利的影响可能会在长期中显现出来，这一税种随着征收时间不断延长，将会逐渐导致金融去中介化，这不仅会对整个经济（企业和家庭）造成生产和福利成本，还会损害其他税种的征收和控制，因为使用金融体系及其所提供的信息对核查和便利纳税至关重要。[1]

现在有必要知道，为什么在上述不利影响的情况下，有关国家还是实行了这一税种。从某种意义上讲，这是由于其主要成本在长时间中才会显现，而其税收收益在短期内即可获得。在某些情况下，在公共财政危机时期，上述效率损失很自然地被倾向于低估。

2. 来自自然资源的财税收入所起的作用

多个国家为改善财政收入而选择的第二条道路与来自自然资源（特别是不可再生资源，如油气）密集型产品生产和出口带来的税收和非税收收入在拉美占据显著地位有关。正如此前所述，公司收入和利润税征收额的大幅增加，部分是由于近十年来来自这一活动收入的增长。

正如后面可以看到的，随着这些活动产生越来越多的额外利润（收入远高于包括资本机会成本在内的开采成本），使用上述税收的直接效率损失也许并不明显。但是，这些财政资源的存在的确可能会造成“财政惰性”（阻碍税收管理和结构的改善），从而产生更为广义的效率损失；可能还会影响公共管理和支出的质量，这一点将在第六章中详细分析。这一现象的出现可能是由于这些替代收入来源的存在削弱了对公共物品的需求与需要通过征税购买这些物品之间关系，同时也减少了公民—纳税人监督各级主管部门支出决策的动力。

在拥有重要的不可再生资源（气、油、矿产）禀赋的国家中，各国政府通过出口初级产品获得收入并将其转化为财政资源的最直接方式，就是

---

[1] Erosa（2001）进行的定量测算显示，金融交易税比资本税产生的扭曲更为明显，前者除了会扭曲储蓄和投资决策，还会扭曲个人的就业决策。因为金融资产受税收回报率影响而下降，这将导致个人更倾向于将积累（哪怕数额有限）用于做生意，而不是购买金融资产（比如储蓄）。

通过设立公共公司或掌控股权介入资源开发。另一方面，各国政府还拥有从上述活动获得收入的其他机制，如使用特许授权，一般按照产量收取，能够确保从上述资源开发中获得一个最低收入。在很多情况下，继续对资源开发类企业的利润按不同税率收取传统税。

表4.4表明，所有国家源自初级产品（包括可再生和不可再生产品）开发的收入占国内生产总值的比率在1990~1992年有所提升，特别是相对于21世纪的前几年而言，其间由于初级产品国际价格走低，导致此类财政收入降至最低。[1] 同时，该表也显示出，根据收入来自税收资源（包括企业利润和出口税）或者非税收资源（特许授权、国有企业利润上缴或入股私营企业），国家间出现了重要的差异。例如，阿根廷、玻利维亚和秘鲁主要使用税收机制获取收入。另一方面，在智利、厄瓜多尔、墨西哥和委内瑞拉玻利瓦尔共和国等国中，一般来说，很重要的一部分收入来自开发资源的国有企业的利润上缴或其他形式的转移。在委内瑞拉，可以看到1990~1992年和2007~2009年，上述收入的构成发生了巨大变化，非税收收入大幅提高。当前，该国继续保持拉美此项收入最大的经济体的地位（占国内生产总值的17%）。

表4.4　拉美部分国家来自初级产品的财政收入和国内生产总值的比率（1990~2009年）　（%）

国　家	收　入	1990~1992年	1999~2001年	2007~2009年
阿根廷	税收	0.5	0.0	2.9
	其他	0.0	0.0	0.0
	合计	0.5	0.0	2.9
玻利维亚	税收	1.1	2.8	7.5
	其他	6.8	2.3	3.1
	合计	7.9	5.1	10.6

[1] 表4.4中的估测也包括向农产品生产和出口征税的情况（特别是阿根廷）。一方面，上述估测与第六章中的估测（只考虑不可再生资源产品）的差异在于，这里的收入仅是对政府整体而言（CEPAL，2011），而在第六章中是对整个非金融公共部门进行估测，这就强化了国有企业在国家机构中的地位（Villafuente et al.，2010；Perry et al.，2011）。

续表

国　家	收　入	1990～1992 年	1999～2001 年	2007～2009 年
智利	税收	0.0	0.0	0.0
	其他	2.8	0.6	3.4
	合计	2.8	0.6	3.4
哥伦比亚	税收	0.2	0.1	1.2
	其他	0.7	1.0	1.4
	合计	0.9	1.2	2.6
厄瓜多尔	税收	0.0	0.0	0.0
	其他	9.8	7.2	11.1
	合计	9.8	7.2	11.1
墨西哥	税收	0.6	1.4	0.0
	其他	5.7	4.7	8.0
	合计	6.3	6.1	8.0
秘鲁	税收	0.0	0.2	1.9
	其他	0.0	0.0	0.0
	合计	0.0	0.2	1.9
委内瑞拉共和国	税收	12.7	3.0	2.9
	其他	4.5	5.7	13.3
	合计	17.2	8.7	16.2

资料来源：Gómez Sabaíni 和 Jiménez（2011）。

上述收入的增加，部分是由于各国面对近十年来初级产品国际价格的加速上涨，采取了加强对该部门征税的措施。比如，玻利维亚、智利、委内瑞拉设立了针对上述产品商业流通的新税种。阿根廷利用取消固定兑换体系并实施本币贬值后，自然资源出口部门利润相对增加的形势，决定通过初级产品出口（包括农产品和石油产品）许可的方式获取财政收入。

一般来说，上述税种对经济效益的影响有限。随着对密集使用不可再生资源的产品（即附加值较低的产品）生产课税日益增加，由于生产供给的弹性较低，[1] 上述高税率或者高纳税额不会产生更大的资源配置扭曲。在此情况下，上述税种有助于国家以适当方式获得与这一不可再生生产要素开采有关的利润（当然，当国家直接经营其生产时，自然而然会获得相关利润）。

除了关于生产效率的考虑，有两个因素在评价此类财政收入时必须加以考虑。首先，由于是不可再生资源，有必要计划好在其耗尽时应该做些什么，来自上述资源开发的收入锐减所产生的缺口需要通过支出水平的大幅调整或获取更高的税收来弥补。其次，有必要决定如何应对用于出口的初级产品价格周期性变动带来的公共收入波动。

第一个因素涉及代际间平衡的问题，因为收入减少产生的缺口将通过较低的支出水平和较高的税负影响下几代人。而在第二种情况下，上述价格波动将显著影响税收收入，使得确定合适的税制结构变得更加困难。上述资源的存在所带来的公共政策的挑战将在第六章更加详细地分析。

四、拉美的税收努力很低吗？税制结构问题和逃税

尽管在税负水平方面存在显而易见的改善，但地区各税收体系在公平有效的前提下，实现为国家提供足够资源的目标仍有困难。其中能够找出的问题多种多样，相互之间明显存在联系：（1）税收努力低下；（2）税制结构过于倾向间接税，影响实现公平的目标；（3）较高的偷税程度。下面，将具体说明以上每个方面的情况。

（一）较低税收努力

拉美国家的税收努力低于其经济发展所应达到的水平。这一结论可以从图 4.2 中明显得出。图 4.2 以 96 个国家为样本（既包括经济合作与发展

[1] 短期内，较低的供给弹性（由于资源储量水平给定）的确意味着，实施上述税种产生的效率成本有限（不会对生产产生较大影响）。但是，应该指出，在一个更加动态的情形下，其中储量不再是固定的，而是取决于开采活动和技术进步，供给将随着上述税种的变化而变得具有弹性。如果上述税种税率很高，将会导致进行上述经济活动的积极性下降，从而影响未来扩大生产的可能性。

组织成员国等发达国家，也包括发展中国家)[1]，给出了其总税负占国内生产总值的比重与人均收入间的关系。穿过点云的直线代表征税水平随各国发展水平变化的平均走势。从中可以看出，这一关系是正相关的，这意味着税收机构的良好运转和国家征税能力的增强与财富直接相关。这表明，更高的人均收入（由技术进步和投资、储蓄增长等因素导致）将对公共物品产生更大的需求，将要求国家具备更大的征税能力来满足上述需求。这一有益的效应远超过税收对效率并因此对长期收入产生的不利影响。另外，人均国内生产总值和税负压力间的关系是正相关但不是线性的（是抛物线)，这意味着对于税负占经济规模比重的增长来说，存在一个极限。这一极限的出现可能与达到高收入水平后对公共物品的需求弹性下降有关，或者与财政收入达到较高水平后（比如，超过国内生产总值的35%），继续扩大征税带来的经济扭曲（效率成本）增加有关。

从图4.2中可以看出，拉美大多数经济体都在此线之下，这说明对于各国达到的发展水平来说，其税负水平与所分析的众多国家样本相比，低于应达到的预期值。可以看到，只有在巴西，征税水平明显在平均值之上。

如果将税收水平与决定潜在征税水平的其他经济结构性特点（如贸易开放度、城市化率和农业人口占总就业人口的比率)[2] 联系起来，之前的结论依然适用。图4.3给出了当前课税水平与由此与上述决定因素倒推得出的预测值（“潜在”课税水平)。正如所看到的，除巴西以外的大多数拉美国家的税收水平低于考虑了拉美经济体上述变量后所应达到的水平。

除了将每个国家的税收水平同其他收入相似国家的平均水平相比较外，还可以使用一种叫做“界限法”的替代方法，同那些在感兴趣的变量中表

---

[1] 对于能掌握相关信息的国家，其税收水平对应的是政府一般水平（包括中央政府和各级地方政府）。

[2] 加入上述其他变量旨在使这一测算征税能力随经济结构性特点变化而变化的计量经济模型更加准确。例如，城市化程度和农业的就业参与度是衡量财政主管部门核查纳税人难易程度的两种方式。人口集中在城市就业或经济活动，要比人口分散在农村地区，且更容易进入非正规部门的情况下，核查成本更低。同时，随着大部分生产面向外贸，主管部门将更加容易掌握（通过海关）商业操作的登记情况，这使得税收核查和税款征收更加方便。最后，一个在这里没有加入，但将在表4.5中涉及的内容是代表收入分配集中度的变量。正如后面所要分析的，这一决定因素与税收努力间的关系比较复杂。这里只预先提出，分配的高度不平等也会增加掌握国家财富的个人（或企业）组织起来逃避纳税的可能性。关于这一点，将会在第四节中再次提到。

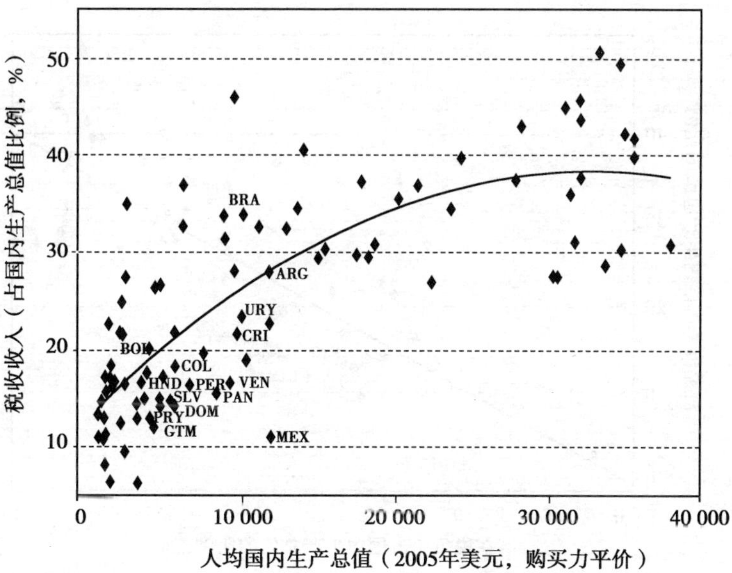

图 4.2 拉美部分国家税负[a] 和人均国内生产总值（多年值）

注：a，税收收入包括向公共机构缴纳的社保费用。

资料来源：作者根据 Pessino Fenochietto（2010）制作。

现最佳或举措最有成效的情况（国家）比较。这一方法在第三章中被用来评估医疗和教育方面公共支出的效率。这里将使用这一方法比较一个具体国家的征税水平（用占国内生产总值的比率衡量）同其他经济体在相关特点（如人均国内生产总值）给定时所应达到的水平，这里不考虑有关国家的平均值，而是考虑征税水平最高的那些国家的数值（“界限”一词由此而来）。

以 Pessino 和 Fenochietto（2010）的测算为基础，表 4.5 用界限法对一组拉美国家样本的税收努力进行了测算。除了人均收入、经济开放度、经济中农牧业产值的情况之外，作者还在潜在的征税水平的决定因素中加入

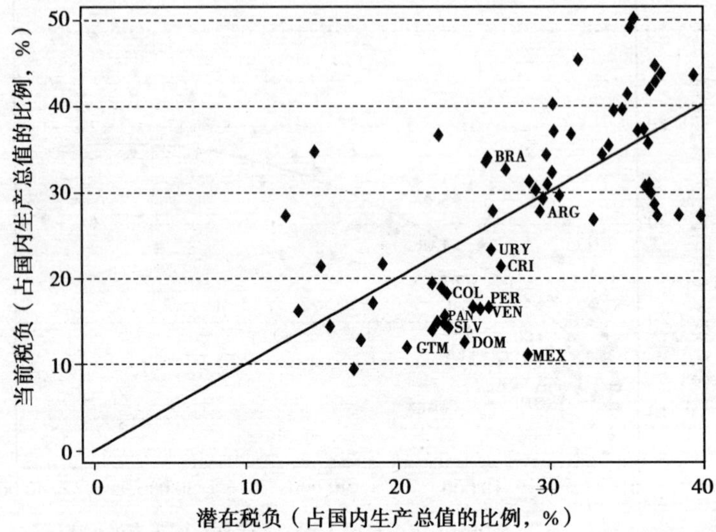

图 4.3 拉美部分国家当前税负和潜在税负[a]（多年值）

注：a，当前税负是征税额占国内生产总值的比率。

潜在税负是按以下线性推测法预测的值：常数 + alog（国内生产总值） + b（城市化） + c（农业） + d（贸易开放），其中国内生产总值为购买力平价调整与人均国内生产总值，城市化是城市的指数，农业是指农业人口占就业总人口的比例，贸易开放度是指贸易是指国际贸易占国内生产总值的比例。

资料来源：根据世界银行 2010 年统计数据库以及 Pessino 和 Fenochietto2010 年研究自行制作。

了民众受教育水平和收入分配情况。❶ 此表中的情况进一步强化了之前得出的拉美国家征税水平低于期望值的结论。一方面，巴西的税收努力水平最为接近理论值（在较低程度上，这种情况也出现在乌拉圭身上），而另一方面，危地马拉和多米尼加等国的征税水平仅为其发展水平和经济结构所应达到水平的 50% 或更低。

❶ 此处潜在征税水平的决定因素与图 4.3 倒推模型所提到的因素相似，只是增加了教育水平和基尼系数。正如之前的注释中所提到的，用这种方法测算出的结果表明，收入分配的不平等状况与税收努力负相关。

表 4.5　拉美部分国家的税收努力（多年值）

国　　家	年份	税负压力（占国内生产总值比例,%）	估计努力（征税值占潜在征税值的比例,%）
阿根廷	2006	27.4	63.9
巴西	2006	34.2	98.4
玻利维亚	2006	26.6	67.8
哥伦比亚	2003	19.6	73.6
哥斯达黎加	2006	22.2	67.9
萨尔瓦多	2006	15.3	54.3
危地马拉	2005	10.7	38.7
巴拿马	2001	14.3	46.8
巴拉圭	2006	15.3	63.7
秘鲁	2005	15.3	56.9
多米尼加	2005	14.2	48.5
乌拉圭	2006	25.0	89.0
低收入国家平均值		13.9	77.6
中低收入国家平均值		16.5	63.2
中高收入国家平均值		26.8	77.2
高收入国家平均值		36.0	78.4

资料来源：Pessino 和 Fenochietto（2010）。

（二）更多征收间接税的倾向：收入和财产直接税占比较低

之前论证的地区较低的税收努力水平一定程度上是由于其税制结构尚未完全开发企业和家庭所得税，而是更多地依靠商品和服务间接税。[1] 从某种程度上说，正如第二章所表明的，这一事实意味着拉美国家的税收体系在收入再分配方面没有发挥重要作用。

间接税在税收总额中所占比重的增加部分是由于税基的扩大和增值税税率的提高，这使得该税成为主要的课税手段。图 4.1 给出了增值税税率是

[1] 正如下文将证实的，直接税运用较少不仅是由于地区征税收入和利润税的努力不足，也由于对财产税的运用不足，如不动产税在很多国家由各级地方政府负责。

如何从20世纪80年代中期的10.9%上升到2009年的14.7%。

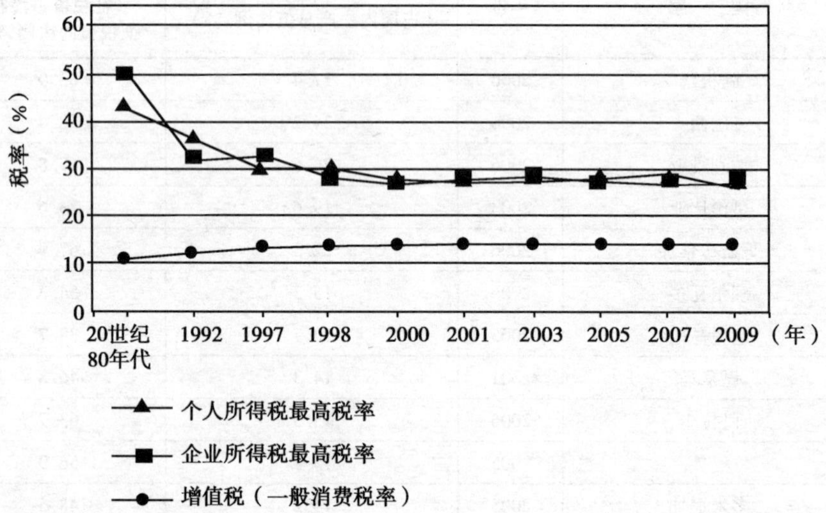

图4.4 拉美地区所得税和增值税法定税率演变（20世纪80年代至2009年）

资料来源：Gómez Sabaíni 和 Jiménez（2011）。

除了增值税的有关变化，更多依赖间接税的倾向还与税率结构及所得税运转的其他方面变化有关。在这方面，与资本流动日益自由化的国际形势相呼应，拉美国家也降低了自然人和企业的所得税税率。正如图4.4所示，20世纪80年代至2009年，上述税种最大边际税率下降了45%，从49.6%（企业）和43.3%（自然人）统一下降至27%左右。

如表4.6所示，拉美国家个人所得税最高税率的下降幅度远大于经合组织成员国的平均水平。这些国家仍保持着40%以上的个人所得税税率。

表4.6 拉美地区和经济合作与发展组织所得税平均法定税率（2007年）

税制	平均法定税率（比率）	
	拉美地区	经济合作与发展组织
个人	28.2	40.6
企业	28.4	27.7

资料来源：Gómez Sabaíni 和 Jiménez（2011）。

实际上，拉美地区所得税和利润税的征收水平落后于其发展水平和经济结构所应达到的水平。图4.5给出一个与计算征税总水平（见图4.3）相

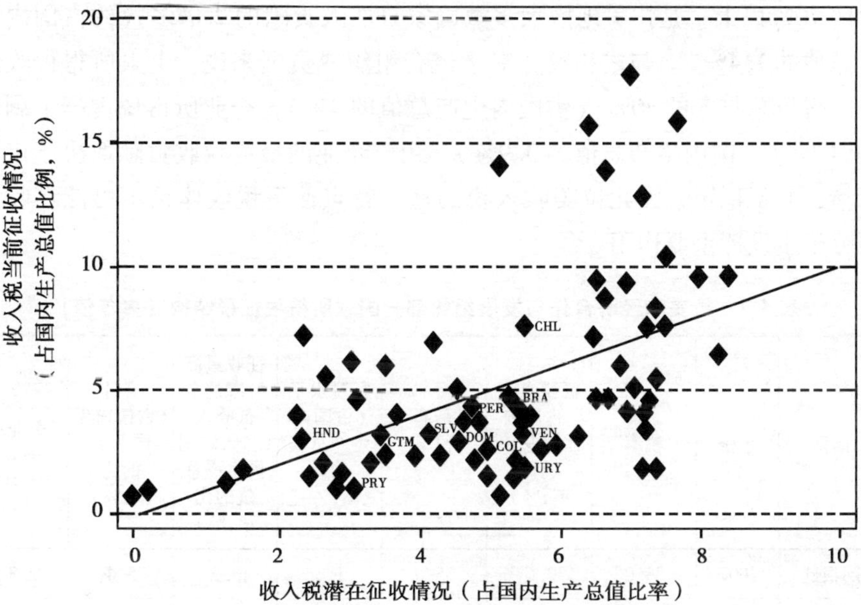

图4.5 拉美部分国家个人和企业收入税的征收、实际值和潜在值[a]（2005～2007年）

注：a，当前征收水平由2006年收入和利润税占国内生产比率组成。

潜在征收水平是按以下线性推测法预测的值，常数 + alog（国内生产总值） + b（城市化） + c（农业） + d（贸易开放），其中国内生产总值为购买力平价调整与人均国内生产总值，城市化是城市的指数，农业是指农业人口占就业总人口的比率，贸易开放度是指国际贸易占国内生产总值的比率。

资料来源：根据世界银行2011统计数据自行制作。

似的测算，只不过这里只是对所得税征收水平进行测算。可以看出，拉美大多数经济体处于45°线以下，这表明，征税水平（占国内生产总值的比率）低于其人均国内生产总值、贸易开放程度和农业就业占总就业比重等因素所确定的潜在水平。这一情况再次显示出，拉美地区使用这一税基（个人和企业收入）支撑国家收入的努力不足。

部分国家，如智利，其征收上述税种的努力似乎较为突出。但是，正如表4.7所示，所征收的大部分所得税来自对企业利润课税。事实上，从拉美国家平均水平来看，企业贡献了国内生产总值的约3.6%，占该税种总税收的70%以上，是拉美地区大多数国家自然人贡献的2倍多（约占国内生产总值的1.4%）。与之相反，对于经合组织成员国来说，个人所得税收入占所得税总收入的70%（占国内生产总值的9%），企业所得税占据了剩余的30%（占国内生产总值的3.9%）。由于企业的最终税收贡献取决于市场行情，并不稳定，因此拉美收入税的这一特点使得税收体系不可能在收入再分配中发挥重要作用。

表4.7 拉美和经济合作与发展组织部分国家所得税征税结构（多年值）

国别	年份	最高税率（%）	征税水平（占国内生产总值的比率,%）	最高税率（%）	征税水平（占国内生产总值的比率,%）	征收最高税率的最低收入（占人均国内生产总值的比率,%）	合计（占国内生产总值的比率,%）	企业/个人
阿根廷	2007	35.0	3.6	35.0	1.6	3.3	5.4	2.3
玻利维亚	2007	25.0	3.0	n. d.	0.2	n. d.	3.3	15.0
巴西	2007	34.0	5.1	27.5	2.6	2.4	7.7	2.0
智利	2007	17.0	7.3	40.0	1.2	11.0	8.4	6.1
厄瓜多尔	2006	25.0	2.3	25	0.8	n. d.	3.1	2.9
萨尔瓦多	2007	n. d.	2.7	n. d.	1.9	n. d.	4.6	1.4
危地马拉	2007	31.0	2.9	31.0	0.3	13.1	3.4	9.7
洪都拉斯	2004	n. d.	3.7	n. d.	1.6	n. d.	5.3	2.3
墨西哥	2005	30.0	2.4	30.0	2.2	3.4	4.6	1.1
巴拿马	2006	30.0	2.9	27.0	2.0	4.0	5.0	1.5
秘鲁	2007	30.0	5.9	30.0	1.4	13.1	7.2	4.2
多米尼加	2007	25.0	2.9	n. d.	1.1	n. d.	4.0	2.6

续表

国别	年份	最高税率(%)	征税水平(占国内生产总值的比率,%)	最高税率(%)	征税水平(占国内生产总值的比率,%)	征收最高税率的最低收入(占人均国内生产总值的比率,%)	合计(占国内生产总值的比率,%)	企业/个人
乌拉圭	2007	n. d.	2.6	25.0	1.0	10.	3.5	2.6
拉美国家[a]		28.2	3.6	30.1	1.4	7.1	5.0	2.6
经合组织	2006	28.1	3.9	42.6	9.2	3.3	13.1	0.4

注：a，由于没有其他来源详细信息，这里是13个国家的平均值。

n. d.：未掌握。

资料来源：Gómez Sabaíni 和 Jiménez（2011）以及 KPMG（2011）。

除了各国实施的税率，还有多个因素可以解释拉美地区个人收入税糟糕的实行情况，其中较为突出的是，收入分配高度集中、贫困水平高和经济活动非正规化程度高。较窄的税基导致正规劳动市场参与者的工资收入占拉美总产值的比重很低。此外，大部分工薪阶层人员收入在所得税免征线之下。因此，这一税种仅覆盖了一小部分人，很多情况下这一群体不超过从事经济活动人口的10%。正如在表4.7中所看到的，在拉美部分国家中，最高税率所对应的起征收入是人均收入的10倍，而在经合组织成员国中，这一水平仅是人均国内生产总值的3倍。

除了上述情况，还应考虑到地区个体和自主经营者避税与不履行纳税义务的情况普遍，而主管部门难以对该部门进行监控。

除了影响工资收入税征收的种种问题，还可以看到，资本利润在拉美大多数国家中都获得了极为优惠的待遇，要么完全免税，要么仅适用极低的实际税率，这解释了为何上述非工资收入的税收贡献几乎不存在。

从历史角度看收入税的演变

经济结构和发展程度对有效征收收入税（特别是对个人征收的收入税）的种种制约使许多观察家想到，将税收努力集中到改善这一税种的征收似乎并不适宜。尽管如此，图4.5中给出的事实表明，同收入水平和经济结构相似的发展中国家相比，拉美国家的努力程度仍较低。与发达国家在人均收入水平与当前拉美国家相似时的情况相比，这一结论仍然成立。

换句话说，总体征税水平，特别是收入税征税水平低下（其中个人收入税情况更为突出）是几十年来一直伴随着拉美的一个特点。尽管近年来拉美经济增长，发展水平更高，但这一问题一直没有得到显著改善，成为公共政策和机构演变中的一个缺陷。

为了理解并阐释这一问题，也许有必要回顾拉美国家税制结构和征税水平长期演变的情况，并将这一动态变化同其他发达经济体进行比较。利用 1925 ~ 2008 年的历史信息，图 4.6 在左图中给出了一组拉美国家（阿根廷、巴西、智利、哥伦比亚和秘鲁）在考虑到不同人均收入区间（1 000 ~ 13 000美元，按购买力平价调整到 1990 年价格）后，企业和个人收入税占税收总额的平均比重。右图给出美国和加拿大的相同信息。❶ 使用较长阶段的信息，能够对两组国家在其发展进程中达到相似的收入水平时税制结构的演变进行比较。尽管在大多数情况下，两组国家达到上述人均国内生产总值水平的阶段并不重合（发达国家总是首先到达）。例如，加拿大和美国在 1925 ~ 1935 年，人均收入达到 4 000 ~ 5 000美元，而在拉美仅有智利和阿根廷在同期达到了相似的水平（3 000 ~ 4 000美元），巴西、哥伦比亚和秘鲁在近 40 年后才达到这一水平。

通过对两组国家不同人均收入阶段税制结构的比较，可以看出明显的差异。当拉美地区个人收入和企业利润税占总税收的比重保持稳定低速增长时（从收入水平 1 000 ~ 3 000美元时的平均占 24% 增长到收入水平达 11 000 ~ 13 000美元时的 35%），美国和加拿大的情况则大不相同。上述两国，当收入水平处于 3 000 ~ 5 000美元时，收入税占总税收的 30%（与拉美国家达到相同人均国内生产总值水平时情况相似）。但之后随着经济的发展，这一比重增长迅速，在达到较高收入水平时，这一比重已达到 60%（几乎是拉美比重的 2 倍）。❷

现在如何解释同北美地区相比，拉美地区收入税发展相对滞后的这一

---

❶ 如果在发达国家一组中加入西班牙，结论不会发生变化。

❷ 上述对收入税占总税收比重低的讨论是在拉美公共部门征税额占国内生产总值的比例明显低于北美国家的背景下进行的，因此这一比重较低也反映出其征税水平占国内生产总值的比例明显较低。

现象？也许对这一问题解释也可以说明为什么拉美国家同其已成为发达国家的北部邻居相比，征税能力低下。

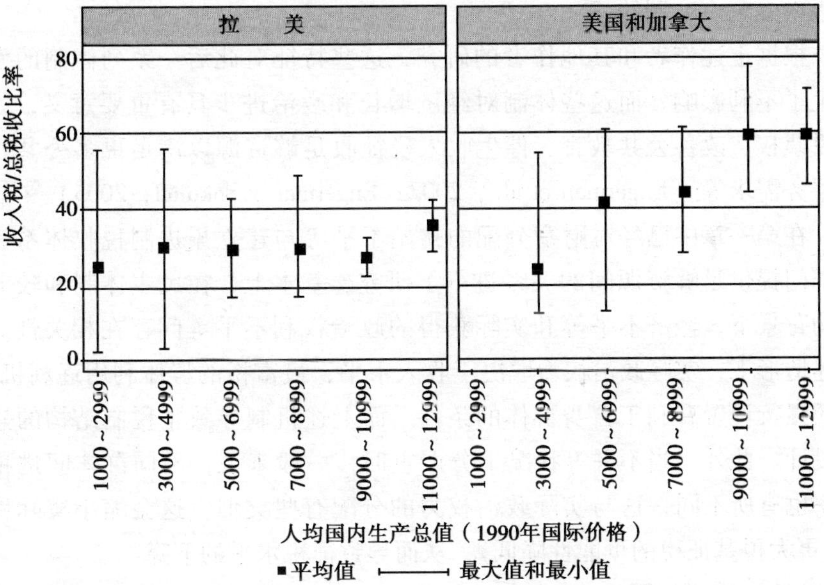

图 4.6 拉美国家、美国和加拿大在不同人均收入阶段[a]自然人和企业收入税的平均比重

注：a，样本包括的拉美国家有阿根廷、巴西、智得、哥伦比亚和秘鲁，所用数据为1925～1990年的数据。通过对每一阶段国家/年份进行观察计算出平均值。

资料来源：Mitchell（1992），Fondo Monetario Internacional（2011），Gómez Sabaíni 和 Jiménez（2011）以及 CEPALSTAT（2011）。

Sokoloff 和 Zolt 的研究（2007）通过对19世纪中叶到20世纪中期情况进行详细的历史分析，研究了这一问题。作者表明，1870～1880年，从人均收入方面看，加拿大和美国不比它们南方的邻居领先多少，但双方在财富分配方面却差异明显，拉美的集中度要高出很多。而拉美财富的高度集中又是由使用半奴隶制劳动力从事规模经济要求高的作物种植（包括建立大规模种植和加工园，特别是对中美洲和巴西的糖业开发）、矿产品开采的劳动模式和许可证授予（如玻利维亚和秘鲁的银矿开发）以及殖民地土地所有制遗留下来的用于农牧业开发的土地占有不平等（如在阿根廷）等决定的。与此相对，美国和加拿大土地广袤，农业生产技术所需资本相对较小（规模经济要求低），这产生了大量独立生产者，使这两国的收入和财务的集中受到一定制约。❶

根据上述作者和其他作者的研究，这些特征对此后一系列体制的发展产生了不利影响，而这些体制对经济增长和政治进步具有重要意义，如扩大投票权、改善公共教育、催生收入税征收足够资源以满足更多公共物品和服务需求等（Engerman et al.，2002；Engerman y Sokoloff，2005）。❷

在第一章中已经对财富分配的初始不平等与建立累进制税收体系为公共部门提供足够资源间的关系进行了研究。基本上，在民主体制和较弱的机构背景下，经济不平等和实际获得的政治权利不平等间存在相关性。在上述情形下，实际政治权力取决于收入水平，最富裕的群体利用逐利机制，试图强行设置有利于自身群体的条件。而上述机制导致了税制结构的累退型设计。此外，当不平等状况十分严重时，一般来说，不同群体间逃税的几率也有所不同，这与实际政治权力的分配有些类似。这会缩小实际税基（向更大税基征税的可能性降低），从而导致征税水平的下降。

（三）逃税问题

之前论证的较低的税收努力水平在很大程度上是由于较高的逃税水平造成的。这不仅意味着实际征税水平低于潜在水平，纳税义务履行的缺失还会改变税收立法所寻求的分配效果，既会影响横向平等（使处于相同处境的人获得同等待遇），也会影响纵向平等（使处于不同处境的人获得恰当的不同待遇）。在横向平等方面，逃税会使拥有同等支付能力的个人面临不同的税负，因为逃税者将比履行纳税义务的人最终少纳税。在纵向平等方面也会受到影响，因为纳税能力较强的个人一般更有机会就采取避税策略或降低逃税风险获得专业咨询。

---

❶ 毫无疑问，在美国南部也存在着建立在采集工业（如烟草和大米）基础上，其需要大量劳动力，部分劳动力需求由奴隶满足。事实上，收入和财富分配不平等水平与直接税运用存在负相关关系的假设，对于美国，哪怕是其近期（如1980年）的情况仍然成立（Sokoloffy Zolt，2007）。

❷ 值得注意的是，近年来对更广泛国家进行的计量经济学测算表明，较高的收入不平等水平与较低的税收努力水平相关（参见 Pessino y Fenochietto，2010），这与通过历史分析得出的结论一致。

此外，一个逃税水平高的税收体系还影响整体社会体系的实际运转，不仅会改变之前所述的平等原则，还会影响社会融合，降低社会对国家的信任，从而对纳税道德产生不利影响，并进一步强化不履行纳税义务和逃税等行为。

拉美国家中只有极少数持续、定期对逃税情况进行测算，这使得使用这类信息，就减少不履行纳税义务的行为制定目标，并检测税务管理的有效性面临不少困难。此外，在为数不多的定期进行测算的国家中，这一测算一般只涉及增值税。如在智利，税收管理部门每年对增值税逃税情况进行测算，并从政府层面制定了减少不缴纳增值税行为的野心勃勃目标。这里有必要强调一下墨西哥的经验。2003 年以来，该国以法律形式要求必须公布对直接税和间接税逃税情况的研究。从那时起，墨西哥公布了大量相关研究，为测算和跟踪该国的逃税情况提供便利。

专栏 4. 1 简短阐述了测量逃税情况的不同方法。其中，较为突出的是间接测量法，如使用国民账户测算征收增值税或者企业利润税的理论值。在个人收入税方面，采取家庭调查是一个常用的获取信息的渠道。后文中的表 4. 8 中给出的对逃税情况的测试使用的就是上述方法。另一个更为严谨和直接的测量逃税情况的方法是对一组企业或个人样本进行审计、检查，得出其所拖欠税款的确切值，根据这一结果测算出逃税水平并将其推广到经济中的全体纳税人身上。这一方法的缺点在于实施成本要高出很多，而且必须十分注意手段的设计（例如，被检查的纳税人样本必须是随机的），以便使对于更多人行为的推测具有可信度。

专栏 4. 1　现有的测量逃税状况的方法

Jorrat 和 Podestá（2010）将现有的不同方法分为两大类。一类是整体体系、宏观测量或间接方式，其中包括建立在经济增量（国民账户）基础上的方法、使用家庭调查信息的方法以及将征税同商品和服务生产所需物质原料的使用相联系的方法。另一类是局部体系、微观测量或直接方式，主要涉及使用具体的特别审计或核查项目，在测出一个具有代表性的样本的逃税情况后，将其行为推广到一个给定的纳税人群体中。

在最为常用的方法中，较为突出是通过国民账户测算潜在征税值。这一方法通过国民账户各项数据估测出某一税种的潜在征收值，之后将其同该税种的实际征收值相比较，之间的缺口通常被认为是由逃税造成的。这一方法对测算税率较平、税基与某一经济增量相关的税种时比较实用。因此，这一方法是测算增值税和企业所得税逃税情况时最为常用的。此外，这一方法经常被提到的优点包括计算简便、实施成本较低、可以测算连续多年的逃税情况，从而能够对其在一定时期内的演变进行分析。而其最显著的缺陷在于所用信息的来源并不是十分可靠。

但是，在计算个人所得税的逃税情况时，最为常用的一种方法是基于家庭调查测算潜在征税值。考虑到这一税种的累进性质，对按不同税率纳税的群体进行家庭调查似乎更为合适。这一方法首先根据受调查个人年度申报的收入，按所对应的税率等级，计算出应缴纳的税款；随后将计算出的征税额按不同的收入等级分类，再将该数值同税务管理部门从不同收入等级的个人中实际征收的税收值进行比较。这一方法的优点在于简便且成本低，而其主要局限是受调查者特别是高收入阶层的受调查者经常会漏报或少报所应缴纳的税款。

另一种更为直接的方法是定点抽样法。其中，通过对一个纳税人样本进行审计，税务管理部门可以获得关于逃税率的具体信息。尽管这一方法具有能够使用所有统计方式的优势，但其实用性取决于实施上述审计部门的经验等多个因素。而且，将上述结果推广到其他民众中也有一定困难。一个被广泛提及的原因在于，税务管理部门通常对逃税可能性较高的纳税人进行审计。很明显，如果对一组随机选择的纳税人进行上述审计，这种情况就不会出现。

资料来源：Gómez Sabaíni y Jiménez（2011）。

1. 拉美国家逃税情况的估测

表4.8给出了来自拉美经委会一份关于所得税逃税情况的比较研究的数据。其中，以使用国民账户和家庭调查信息的常用方法为基础，对拉美7个国家收入税的逃税情况进行了测算。表中还给出了 Gómez Sabaíni 和 Jiménez 研究（2011）中关于增值税逃税情况的指数。

根据所掌握的逃税情况测算的结果显示，如果同增值税比较，个人和企业所得税的逃税现象更加严重。可以看到，计算出的拉美国家增值税逃税率为11%（智利）~38.1%（尼加拉瓜），平均值约为27%；而所得税的逃税率从41.6%（墨西哥）、47.4%（智利）直到63.8%（厄瓜多尔），平均值约为51.4%。此外，在上述拉美大多数国家中，企业所得税的逃税额比个人所得税的逃税额要高。

表4.8　拉美部分国家增值税和所得税逃税率的比较（多年值）

国　　家	增值税		所得税			
	年份	估计逃税率（%）	年份	估计逃税率（%）		
				合计	个人	企业
阿根廷	2006	21.2	2005	49.7	n. d.	n. d.
玻利维亚	2004	29.0	n. d.	n. d.	n. d.	n. d.
智利	2005	11.0	2003	47.4	46.0	48.4
哥斯达黎加	2002	28.7	n. d.	n. d.	n. d.	n. d.
哥伦比亚	2006	23.5	n. d.	n. d.	n. d.	n. d.
厄瓜多尔	2001	21.2	2005	63.8	58.1	65.3
萨尔瓦多	2006	27.8	2005	45.3	36.3	51.0
危地马拉	2006	37.5	2006	63.7	69.9	62.8
墨西哥	2006	20.0	2004	41.6	38.0	46.2
尼加拉瓜	2006	38.1	n. d.	n. d.	n. d.	n. d.
巴拿马	2006	33.8	n. d.	n. d.	n. d.	n. d.
秘鲁	2006	37.7	2006	48.5	32.6	51.3
多米尼加	2006	31.2	n. d.	n. d.	n. d.	n. d.
乌拉圭	2006	26.3	n. d.	n. d.	n. d.	n. d.

注：n. d.：未掌握。

资料来源：Gómez Sabaíni 和 Jiménez（2011）。

对现有的关于地区逃税情况的研究进行分析后，可以得出以下结论：

（1）需要强调的是，尽管国家间存在差异，除了智利的增值税逃税率外，拉美地区所得税和增值税逃税率都比较高，至少超过潜在征税额的20%。这意味着，从理论上讲，通过改善管理和稽查打击这一现象，能够大幅提高国家掌控的资源❶。

（2）根据上述数据，所得税的逃税情况比增值税情况严重。这些计算肯定了增值税能够激励企业登记和申报从供应商采购原料的情况（以此减少缴纳营业税），并将此类信息通报主管部门（第三方报告）。上述优势有助于以更加经济和有效的方式加强对履行纳税义务的控制和检查。

Pomeranz 以智利为案例进行的一项研究（Pomeranz，2010），比较广泛地探讨了增值税的上述特征对更好地控制逃税产生的影响。研究表明，在随机抽取的2 800家企业中，宣布对其进行审计不仅提高了收到通知的企业的增值税缴纳额，也提高其供应商的缴纳额。❷ 另一方面，接到审计通知的企业，其客户的纳税情况没有明显变化。这说明，上述激励对于供应商和客户企业的影响是不对称的。❸ 同样地，之前提到的研究表明，上述对企业申报与供应商采购行为的激励几乎覆盖了整个生产链，只是在企业向最终消费者销售的最后一环断裂。在此意义上讲，接受审计的可能性增大（通过向随机选择的1 万家企业寄送通知的方式实施）对直接面向最终消费者的企业缴纳增值税的影响较大，而对处于生产链条之中的企业影响要弱得多。这说明，对于处在供应商 - 顾客紧密关系链条中的企业，透露相关信息和正确申报销售额的激励似乎成了对税务管理部门审计和检查的替代。

2. 美国的逃税情况

为了将拉美的偷税情况同发达国家的情况相比较，在这里给出美国的相关信息也许是很有意义的。此外，关于美国逃税信息的一个突出特点就是该信息是通过更为可靠的方法取得的。这一方法是对一个纳税人样本实施随机审计，并通过这种方式验证上述纳税人是否依法报税。此类分析由国内税务局（IRS）每三年进行一次。在2006 年的报告中（IRS，2006 年），国税局计算出美国2001 年的逃税率约为潜在征税额的16%，约合3 450亿

---

❶ 无论如何，上述估计应该作为征税额增加的上限，可以预见，更强的监控和纳税义务的更好履行可能会严重影响至今仍依赖逃税生存的企业和经济活动的生产和利润。难以置信的是，尽管履行税收法规产生的此类影响不可忽视，但在这方面迄今没有任何可信的测算。

❷ De Paula 和 Scheinkman 关于巴西情况的研究（2010）也揭示了征税管控对于原料供应商的外部性（外溢效应）。

❸ 也就是说，企业登记销售额以便计算应缴增值税的积极性不高，但是其登记原料采购的积极性很高，因为其在采购过程中缴纳的增值税可以在最终销售的增值税中予以抵扣。

美元。图解 4.1 指出了应征税款与实际征税额间缺口的主要组成部分。很明显，80% 以上的偷税都与企业和个人申报收入过低有关，尽管个人报税中，这一问题更为凸显。

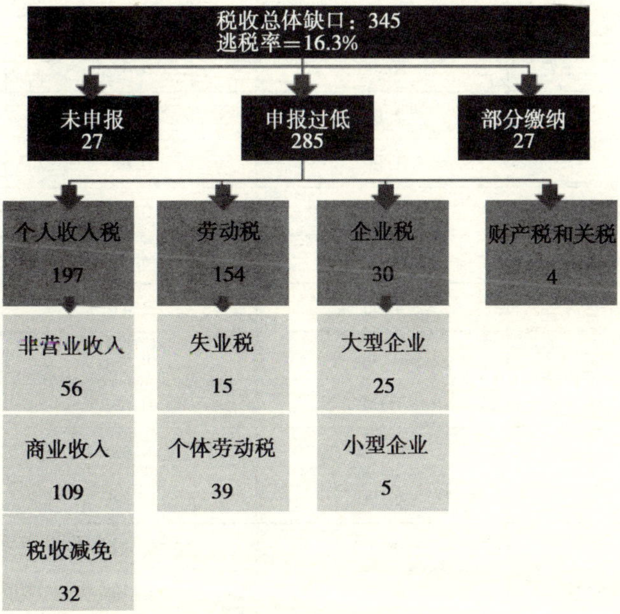

图解 4.1　美国税收缺口的组成部分（2006 年）

资料来源：Besfamille（2011）。

表 4.9 更为详细地展示了个人收入税中最重要的两个组成部分（与商业活动有关的收入以及与其无关的收入）申报过低的原因。通过对上述信息的分析，可以得出几个重要的结论。首先，雇主从工资中扣除收入税使得逃税的可能性大幅降低到最小。只有不到 1% 的收入被错报（申报过低）给财政部门。其次，第三方信息源对申报收入或其他需要纳税的商业行为起到重要作用，这在利息、资本收益、养老金和分红等通过金融体系获得的收入的逃税水平较低中得以体现。在这方面，低报收入的比率不足 4%。最后，通过与商业有关的活动获得利润的逃税水平最高，其中农业活动收入申报过低的水平最高（未申报额占应申报额的 72%），其次是非农业财产或个体劳动者收入（占 57%）。

表 4.9　美国自然人收入税的逃税率（2001 年）

收入类型	税收缺口（10 亿美元）	税收缺口（占总逃税额的比率）	逃税（比率）
低报收入	166.00	100.00	11.00
非商业收入	56.00	33.73	4.00
工资、薪金、小费	10.00	6.02	1.00
利息收入	2.00	1.20	4.00
分红收入	1.00	0.60	4.00
国家多缴税款返还	1.00	0.60	12.00
前配偶养老金收入	n. d.	n. d.	7.00
养老金和年金	4.00	2.41	4.00
失业补助	n. d.	n. d.	11.00
社保收益	1.00	0.60	6.00
资本收益	11.00	6.63	12.00
其他收入	26.00	15.66	64.00
商业收入	109.00	65.66	43.00
非农业财产收入	68.00	40.96	57.00
农业收入	6.00	3.61	72.00
租金和特许权收入	13.00	7.83	51.00
合伙收入	22.00	13.25	18.00

注：n. d.：未掌握。

资料来源：Besfamille（2011）。

有意思的是，尽管在发达国家中，税务体系和管理部门的能力要高出很多，但在对规模较小、正规化程度较低部门的经济活动进行控制和检查时仍能发现一些问题。由于缺乏征税人员和获取其交易活动的信息源，因此在上述部门中，发觉违反税务规定行为的几率难以确定。上述结果也被以 1995 年美国明尼苏达州的一项实验为基础所进行的研究所证实。在该实验中，向随机选取的 1 724名（缴纳州收入税）纳税人寄信，称将对其申报情况进行审查。研究表明，与没有受到此信的控制组相比较，收到审查通知的组中中低收入纳税人普遍较上年提高了纳税额。值得强调的是，对于那些个体经营者或在农业部门就业，从而有更多逃税可能的纳税人来说，这一实验的效果更为明显。

对美国的上述结果的分析也被最近丹麦进行的一项研究所证实。Kleven 等人（2010）做了一项实验，对随机选出的 2 万名完成报税的个人进行核查。研究发现，由第三方负责报税的个人（如工薪劳动者）逃税率很低。另一方面，对于纳税额取决于自行申报的个人来说，逃税率要高得多。对这些人来说，审查显著提高了其在此后几年的收入申报和纳税额。这说明，实施控制和稽查的可信威胁在履行纳税义务的行为方面具有一定影响。[1]

3. 审查威胁和纳税义务的履行：加拉加斯市苏克雷区的实验证据

为了检验在发展中国家中更大的审查威胁所产生的影响，并作为本报告准备工作的一部分，在加拉加斯城区的苏克雷区对当地企业进行了一项实验。在区（该市第二大区，占地 164 平方千米，人口约 100 万）财税局和研究办公室的合作下，选取了 6 300家企业（约占该区的 87.5%）参与此次研究。该研究旨在寄送系列信件（共 5 种），其中一种通知企业区财税局正在实施的各种旨在加强税收控制和缴纳的行动。[2] 除了最偏远的地区，在全区实际共寄出 2 255封信件。[3]

通过区政府财税局的官方登记，可以自 2011 年 5 月 15 日起，每 15 天对各家公司的欠税余额进行跟踪，直到 9 月底（共 10 个时间段）。结果显示，同没有收到任何信件的企业相比，在收到信并感觉受审查的可能性增加后，各企业明显减少了欠税余额。尽管对小企业效果更为明显，但是不论企业所属的经济部门和在区中的地理位置，这一结论都是成立的。图 4. 7

[1] Fellner 等人（2011）也发现，在奥地利有线电视缴费的案例中，当用户感到其受检查的可能性提高时，会改善其履行缴费义务状况。

[2] 特别是信件通知企业，区财税局通过雇佣更多的财税稽查员，建立旨在改善纳税人识别的电子信息系统以及更新移动稽查队车辆等方式，提高了现代化程度。其他信件主要涉及：（1）按时纳税的重要性（税收道德）；（2）在减贫和改善医疗教育服务等社会项目上的行动；（3）经济方面的基础设施改善（治安、照明、垃圾回收和交通）。最后一封信（安慰剂）提醒纳税人财税局新办公室的地址。

[3] 信件在 6 种可能的组（没有收到信或者收到 5 种信中的一种）中的指派是随机的，寄送时没有考虑企业的地址和规模，以便在收到每种信的组（也包括没有收到任何信的控制组）之间可以进行统计学上的对比。实验进行后，各组间的任何差异都可以被认为是区政府寄出的信造成的。

给出了 2011 年 5 月 15 日起对企业起始欠税余额影响的估计效果，并设立了可信区间（可信度约为 95%），左半图给出了对全部企业的效果，右半图仅给出了对小企业（月销售额低于 4 700美元）的效果。在两张图中，欠税余

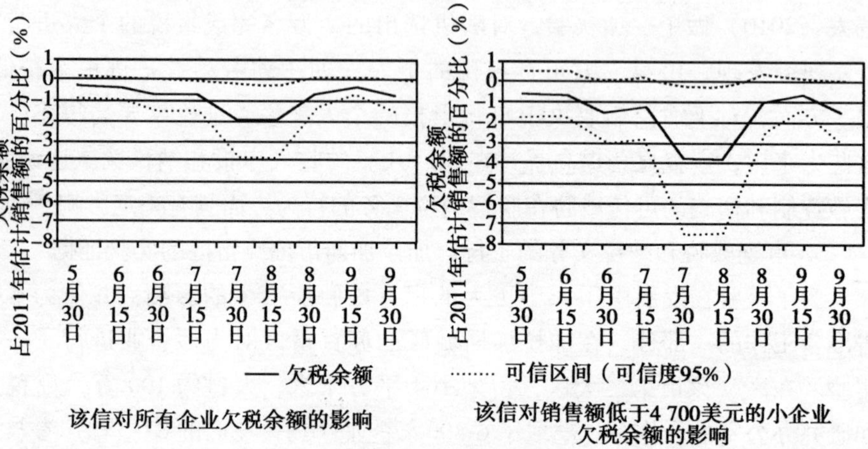

图 4.7 苏克雷区（米兰达州，委内瑞拉）企业收到旨在提高其受检查威胁感的信后的纳税表现（2011 年）

资料来源：作者制作。

额都被表示为占公司销售额的比率。有关信件是在 6 月 7 ~ 25 日分发的，因此可以将该月的月末视为介入（收到信件）后的第一阶段。在 6 月 30 日已经可以看到一个数量上较小但在统计学意义上很明显的影响效果。积累到 8 月 15 日的效果是，各企业缩减的对区政府的债务占到了其销售额的 2%。对于小企业来说，这一缩减约占其销售额的 4%。考虑到截至 8 月 15 日累计的平均债务仅占全部企业预计销售额的 3. 1%，占小企业的 4. 1%，上述效果从数量上讲是十分明显的。对小企业来说，上述影响的产生主要是由于其结清了历史债务，或者更好地说，这些企业按时履行了季度末（6 月底）到期的纳税义务。此外，正如图中所示，这一效果对企业而言是暂时的，也就是说，在收到上述旨在提高其受审查可能性的信件一段时间之后，

这些企业的行为与从没有收到信件的企业就没有什么不同了。[1]

4. 打击逃税的意义

对拉美国家中逃税现实的分析表明，如果能够降低不履行纳税义务的水平，可以大幅提高征收的资源。但正如之前看到的，多项研究显示，有效打击这一现象的方案必须统筹多个方面。一方面，要力争使税种的设计（如增值税）能够产生申报销售行为或收入的激励、上述机制能够降低对企业进行审查的必要性，同时也反映出在设计稽查策略时要注意外部性。也就是说，要通过检查指定的企业（拥有较大供应网络的企业），达到不直接检查就能提高其他企业纳税的效果。另一方面，研究证实，促进金融体系和其他机构（大企业、海关等）发挥第三方信息源和扣税代理的作用能够显著提高纳税义务的履行水平。

除了旨在改善激励和信息流动的举措，研究还表明，实施更多检查和审计可信威胁也是一个不应忽视的因素，特别是对那些纳税依赖自行申报的企业和个人来说。

另外，逃税的存在和打击的困难也会对税收政策的设计产生影响。从这个意义上讲，关于公共财政的多项研究得出的一个结论是，较高逃税率和控制这一现象的成本过高会导致税收体系变得更加累退（Besfamille，2011）。换句话说，当个人低报收入的可能性较高时，主管部门可能会倾向于降低税率（特别是最高的边际税率）以预先应对这一行为。之前提到的Kleven 等人的研究（Kleven et al.，2011）在提出边际税率越高，丹麦的个人收入税逃税率也越高时，对这一假设也给出了间接的证明。

最后，一个被部分学者（Mikesell y Birskyte，2007）强调的方面是，尽管对不履行纳税义务实施审查和处罚是打击逃税策略的核心部分，但仅凭这些无法解释在部分经济体，特别是发达经济体中观察到的较高的纳税水平。在这方面，财政义务的履行尽管很大程度上取决于国家的稽查能力，但也受到多种因素影响，甚至包括一些主观因素，特别是在文献中被称为“纳税道德”的因素。“纳税道德”被定义为个人对不管经济和政府

[1] 在美国明尼苏达州进行的实验（Slernrod，2001）中，也得出了向纳税人发送能够提高其受审计可能性的信息所产生的影响具有时效性这一结论。

所处的环境如何，纳税都是做一个好公民的正确态度这一理念的认同程度。

在下一章中将详细研究在拉美国家中，这一因素在多大程度上发挥着作用。在此仅有必要说明，纳税道德也很容易受公共政策和税务管理的影响。在这方面，税务部门在培育公民按章缴纳国家规定的各类税的社会责任意识方面也许应发挥核心作用。此外，正如在第五章将要看到的，除了更完善、更透明的税务管理会对纳税道德产生影响外，民众感到税收收入被用于能对全体民众特别是纳税人产生实实在在好处时，也会对其产生重要影响。

五、结　论

对拉美国家税制结构和征税水平有关情况的分析表明，尽管拉美地区近十年征税水平有所提高，但是其税收努力仍低于其发展程度和经济其他特征所应达到的水平。这一现象的产生，部分是由于税制结构存在缺陷作造成，其中企业和个人收入与所得税占总税收比重过低（略高于28%）。拉美国家同其他国家的比较再次显示出，这一问题并不能完全归咎于人均国内生产总值和地区经济结构。其他发展中国家，比如东亚发展中国家，或者当发达国家人均收入水平与拉美国家当前水平相近时，都实施了税制结构改革并大幅提高了上述税种占总税收的比重（超过50%），这使得上述国家在保持高征税水平的同时，能够平衡效率和再分配平等的目标。

较高的逃税水平是解释拉美税收努力程度低的另一个变量。尚不存在好的统计研究（定期进行并使用对纳税人随机取样的方法）来测量这一问题的规模。尽管如此，通过使用国民账户和家庭调查信息进行间接测算显示，增值税的平均逃税率为27%，而收入和所得税的逃税率接近50%。尽管打击逃税也许能够提高征税额，但这一现象的存在也会影响税制结构。例如，当不履行收入税纳税义务的可能性极高时，主管部门可能会倾向于降低上述税种的税率（特别是最高的边际税率），并用其他更容易管理、更难逃避的间接税（如特殊消费税或金融交易税）来取代上述税种。这使得系统变得更加不平等。

一个有效改善纳税状况的计划也许应该统筹多个方面。一方面，尽可能使税种设计产生申报销售行为和收入（如增值税中的企业与其供应商的关系）的激励，这是减少逃税的一个重要因素。另一方面，尽可能使金融体系和其他机构（大公司、海关等）发挥第三方信息源和扣税代理的作用也是十分重要的。除了上述旨在改善激励和信息流动的举措外，对于纳税依赖自行申报的企业和个人，可以看到，对其实施检查和审计的可信威胁也是体系中不可忽视的一部分。

除了上述旨在证明加强对逃税有效控制和提高收入税作用的效率和平等的考虑外，在第五章中将论述的另一个还应注意的方面是，上述行动也是加强国家和政府机构能力的重要举措。

第五章　税收与好政府：授权和回报*

一、前　言

自现代国家诞生之日起，其活动的资金来源就一直与其和公民关系的方式密不可分。如果国家运用对使用武力的垄断，通过强制性手段来获取资源，或者通过开发自然资源的收益来获得资金的话，那么公民对国家提供的服务的评价对于国家征税的能力而言就显得无足轻重了。另外，如果像现代社会普遍发生的那样，国家必须要求公司和公民纳税作贡献的话，那么同样可以预期，公司及公民则会要求通过某种方式参与有关使用这些资源的决策，如组成议会或者代表大会，确定政府行动的界限，并协商投资和支出的优先领域。

美洲的历史展现了诸多征税命令如何同纳税人的要求相联系的事例。在殖民时期，新格林纳达总督区盛行由出生在美洲的欧洲人同西班牙王室订立所谓的“殖民协议”。根据协议，所有关于税收的决定须同当地人协商后才能做出。此外，当地人还必须在殖民地的官僚权力机构中任职。然而，到18世纪末期，西班牙王室单方面增加非采金活动的赋税。这种行为被认为是破坏了“殖民协议”，引发了反帝国主义的情绪和政治运动。再加上其他因素，最终导致宣布独立（Kalmanovitz，2008）。在北美，英国王室和美国之间也发生了类似的过程。在英王室强加的新税种与英国议会中的北美殖民地代表决裂引发冲突，也加速了美国独立的进程；著名的“无代表不

---

* 本章由 Daniel Ortega 在助理研究员 Mauricio Stern 和 Mariana Urbina 协助下完成。

征税”的说法就是在这次历史性冲突中被广为传播（Moore，2007）。

“无代表不征税”这一古老理论现在可以作为最新的论据重新加以阐释，其目的是有助于一场关于拉丁美洲国家发展的可能性的讨论，尤其是关于利用这一古老联系促使治理质量和政府支配的资源之间形成一种积极的共生关系的讨论。这是一次促进围绕公共部门效率和有效性的缺陷（见第三章）以及获得更多资金进行产品和公共服务分配的需要展开讨论（见第二章）的有益尝试。讨论似乎还可以促进良好治理和征税之间的良性循环。

本章将从两个方面说明良好治理和税收之间的关系。有观点认为，如果公民较认可治理的质量，则更愿纳税；另一种观点则认为，当公民纳税更多时，就更有动力积极参与监督和控制政府的进程，这有利于提高治理的质量。这两种机制相辅相成，形成一种良性循环（见图示 5.1）。最终，经济达到一种能为国家活动提供相应的资金的水平，而民众扮演监督者的角色，确保国家的活动尽可能最有效地进行，并且适当地照顾人民的要求和需要。

一个公民对其他公民对财政的贡献的看法和期待，是可以对这种共生关系产生重要影响的另一个因素。当一个人不仅认可治理质量，而且感觉其他人在通过纳税参与公共努力的时候，可能会产生更强的纳税倾向，甚至会支持那些对他意味着将承担更高税率的政策。第四章对地区税率水平的分析表明，这是一个特别有意思的渠道，因为多个国家似乎不仅在执行减少逃税的政策上，而且在对税收改革方面也有空间，它意味着增加的税收将由个人承担。在此背景下，对治理质量的感觉及引导公民间行为的“社会规则”的因素可能显示出拉美国家税收改革倡议成功或失败的差异。

关于政府治理的质量和纳税意愿之间的关系，本章将论及税收道德，并且重新使用回报原则这一体现该关系本质的概念。那种认为纳税是公民义务或纳税是好事的想法，不可避免地同国家向公民提供的产品和服务对其是有价值的这一理念相联系。在专制体制内，谈论税收道德是没有意义的，因为国家（政府）的职能并不以改善人民福祉为导向，人民若是感受到帮助其实现福祉的承诺则是不正常的。那种认为每个公民都能感觉到他所缴的税对于政府提供的产品和服务并无太大作用的想法是正常的。因此，

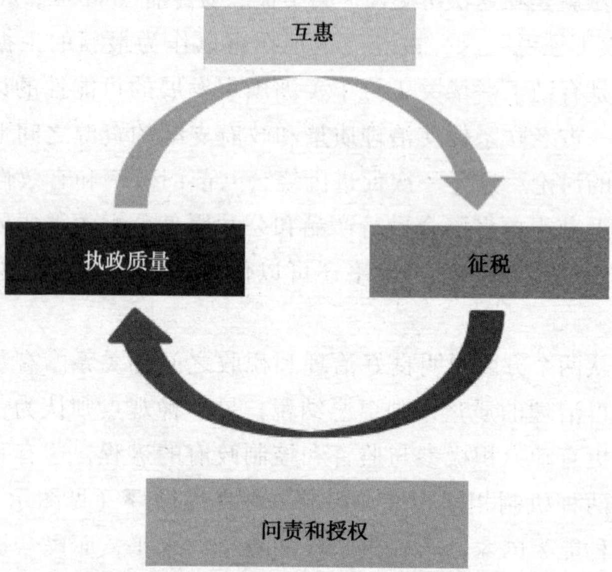

图解 5.1　征税与公共有效性间的良性循环

资料来源：作者自制。

一个好政府有可能激发公民更加按时准确地纳税的理由必然是表现为治理或者国家回报的原则（有条件的利他主义），这一点与从个人经济理性出发做决定的典型关系有些许不同。本章将进一步展开论述这一观点，并根据业已存在的有关税收道德的事实以及本报告所做家庭抽样调查得出的新结果，分析其经验优点。另一方面，认为公民同样会对其他公民的行动作出回应的想法，与某些社会规定或者示范效应同样影响个人决定更加有关。

税收和政府治理质量之间的关系有着使这种关系变得更加紧密的历史背景，本章将描述两种密切相关的解释。一种解释是，有人认为多课税更激励政府同那些试图得到税收的团体进行增税谈判，并作为谈判的一部分，更多地考虑这些团体的需求及顾虑。另一种解释同前一种既有联系但也有明显不同，那就是当政府增税时，公民更加倾向于为监督和控制税收的使用而施加压力。后一种解释在对公共政策产生教训的可能性方面具有吸引力，特别是对于公民参与机制越来越重要的现代民主体制，通讯和电子媒介在现代民主体制中扮演着十分重要的作用。这里展示的事实与这一渠道的存在相一致，尽管CAF－拉丁美洲开发银行2011年调查的描述性信息暗示，税收有可能增加公民参与，但因此，对高官的问责还不够：民众仍然感到选票是最重要的控制手段，对于直接参与机制仍心存疑虑。

有相当一部分围绕这个话题展开的辩论，没能清楚地区分暂时性地管理公共资金的政府治理的质量看法，与以某种形式规范社会共存的全部规定和机制的国家治理的质量的看法。在一些实证研究中这些概念可能被混淆了。但是，从本章对机制研究的观点看，上述混淆并不特别具有争议，因为笔者感兴趣的是，政府或国家回报的原则以及政府或国家治理的质量和公民对全部公共机构管理进行监督意愿的看法。然而，从方法论角度看，这种混淆的确可能妨碍界定究竟是对政府的回报关系，还是对涵盖更加广泛的国家的回报关系。

本章并不试图就回报原则或公民监管机制得出一个最终的结论，但是会就其重要性提供新的证据，期待以此为拉美在当前形势下进行的特别重要的讨论作出贡献。下一节讨论的是对政府的回报原则，第三节分析税收的渠道和问责制，第四节提出最后的思考。

二、纳税激励和好政府的作用

第四章仔细分析了税收体系和各国税收主管部门在获得更多税收收入中所扮演的角色。基本原则和出发点是，个人和企业不愿纳税。因此，国家必须建立一套强制个人和企业纳税的体系。正如第四章清楚说明的，税收体系的设计应该考虑最大限度地弱化逃税和避税冲动，而税收征管体系本身在法律、人员和物质资源方面应该足够完善才能保证其完成工作。

不论是在学术领域还是在公共政策的辩论中都指出，尽管国家掌握的强制性税收体系很重要，但还有其他可以为增加税收发挥重要作用的因素。比如，个人在一定程度上会感到纳税是一种道德上的义务，仅仅因为纳税是一项公民责任（Alm et al.，1992），或者当个人感觉同胞纳税更多时，他就会更愿意纳税或者更少逃税（Frey y Torgler，2007；Frey y Meier，2004）。一个支持该想法的理由是，仅仅依赖税收这一强制手段的公共财政的经典模型预测较现实所观察的高得多的逃税水平（Andreoni et al.，1998）。因此人们推测，应该还有其他解释相当部分公民行为的非经济性因素。本节观点就支撑有关税收道德假设的概念框架展开，描述关于这一假设以及关于个人遵循某些社会行为的期待的实证。

人们常把个人感觉税收是公民义务、不应该逃税的程度称为“税收道德”，这一程度经常通过个人对何种水平的逃税不能接受这样的问题调查来衡量。提及公民责任的起源以及为改善自身福利在公民责任与个人激励间产生的关系是合适的，因为一个明确的概念框架能够帮助理解支持（或反对）这种行为的事实含义。认为公民有责任将部分劳动成果交给国家的想法必然同国家具有某种社会价值的观念（尽管是模糊的）有关；如果国家及其正式结构对于公民是明显有害的，税收道德理念就失去了道德和政治意义。现在一旦在这种背景下提出税收道德理念，它就更接近于回报原则的概念，具体而言，是针对国家的回报或对其在政府中的代表的回报原则。

当一种行为源于个人对正面的或者受益的感觉，并不期待任何附加报酬时，这种行为就是回报性的（Cox et al.，2008）、正常的利他主义的一种方式，但是以得到一种积极姿态为条件。例如，当一个人帮助一个过去帮助过他的认识的人时，仅仅是为了回报过去这个人给予过他良好对待，而并非出于增加其未来自身福利的策略。在税收中，似乎可以说当一个人感觉到税收的用途对社会是积极和有利的，那么这个人可能会愿意缴纳更多的税，尽管对此人而言，其纳税额对整个国家是微不足道的；也就是说，他纳税的用途对其个人福利没有任何影响。因此，从某种意义上说，纳税是一种超脱个人经济计算的针对政府的回报表示。请注意回报原则的概念与利他主义的概念密切相关，但是回报原则是以接受过政府的良好对待（或好的服务）为条件的；这与纳税是为了将来得利的理念是不同的，因为个人意识到他所缴纳的税对于公共预算而言只是极小一部分。

反对逃税的程度（税收道德的典型指标）是纳税意愿的表现，即使它随着对资金管理质量的感觉变化，对于政府的回报原则依然存在。然而，国家和政府不是一回事，个人针对某一特定政府的纳税意愿很低，但对国家机构的评价可能很高。因此，个人会感到必须依法纳税。尽管接下来不区分国家和政府，但对政府回报原则和对国家回报原则的差异，则可以为更好地界定税收道德提供一个平台。

谈论该话题需要在发展中国家进行更多的研究，并非作为解释公共财政经典模型产生的高估逃税规模的尝试，而是探索以这种个人行为为基础设计的税收政策，可能具有并对更传统的倡议形成补充的重要性的量化。正如前面所定义的，回报原则可能对面向减少逃税、提高税负、增加税收改革的政治支持产生影响。这种干预可能在公共部门机制脆弱的国家，或者因为纳税人信息质量不高，或是因诉讼－司法体系存在缺陷导致处罚不合规者的能力不足，或是审计者的负面激励问题，或是任何其他的问题而造成征税监管困难的国家等更有效。不论何种原因，最终都限制了国家在税收问题上的强制能力。

对国家或者政府的回报原则理念还有其他含义，这是因为它可能成为本章介绍中提到的可能形成良性循环中的关键一环。它是从这样的理念出发，既执政当局的良好治理，使税收增加超出税收管理能力，表现为一种使资金流向最佳管理的自然机制。在拉美地区，国家一级以下以及地方政府重要性越来越大的背景下，这能够改善在发展过程中至关重要的公共服务和产品的供给。对此，可从不同方面做进一步阐述，专栏 5.1 介绍了波哥大的经验，波哥大市市长凭借良好的公共形象成功地激励市民自愿为该市多纳税。

专栏 5.1　波哥大的“为进步作贡献”机制

2001 年，Antanas Mockus 凭借“为所有人平等地生活”的政纲第二次赢得波哥大市长竞选，政纲提倡公民文化和有效及透明的公共管理。Mockus 承诺执行负责任的财政政策（根据波哥大市财政局统计，2000 年和 2001 年波哥大市财政赤字占该市国内生产总值的比例分别为 0.30% 和 0.20%），2002 年，他本人的支持率达到了 51%（IPSOS – Napoleón Franco，2011），同年 Mockus 的市政府设立了一套被称作“为进步作贡献”的财政收入机制，根据该机制，纳税人在如实缴纳统一土地税、工业税、商业和广告税的基础上可自愿再额外缴纳 10% 的税，超额的税款全部投入社会投资项目开发。

根据波哥大市财政局的数字，该机制使得2002年和2003年波哥大市财政收入每年额外增加56亿比索，增加额分别占这两年土地税和工业税总额的0.51%和0.38%。尽管这些数字不是非常重要，但它还是说明，当公民感觉自己缴的税会被用于社会利益项目时，是愿意向当地政府纳税的。这个自愿税种维持了一段时间，但是其后的纳税额都比不上2002年。

资料来源：根据 IPSOS – Napoleón Franco（2011）和波哥大财政局（2011）自制。

（一）拉丁美洲的道德事实和财政或税收回报原则

经常在与这个话题相关研究中使用的税收道德的实证测度是，认为逃税有充分理由的人口比例。该指标在世界价值观调查、欧洲价值观调查和拉美晴雨表等多个国际调查中被采用，并使国家间的比较分析和某些与人口对于逃税的立场相关的因素分析成为可能（p. e.，见 Torgler，2005；Frey y Torgler，2007；Azar et al.，2008；Daude y Melguizo，2010）。参考拉美晴雨表和世界价值观多年的调查，表5.1显示的是回答逃税是完全没有道理的人口的比例，认可总统执政的人口比例以及信任政府的人口比例。拉美晴雨表的调查时间范围是1998～2010年，世界价值观调查的调查时间范围是1998～2008年。[1]

表5.1 全球部分地区和拉美部分国家回答“逃税是完全没有道理”的人口比例，认可总统执政的人口比例以及表示信任政府的人口比例（多年的平均值）[a] （%）

国家/地区	税收道德		认可政府指标	
	拉美晴雨表	世界价值观调查	总统支持率（拉美晴雨表）	政府信任度（世界价值观调查）
非洲	—	65.18	—	25.19
西欧	—	58.22	—	5.13
东欧	—	51.85	—	5.68
中亚	—	75.37	—	25.46
东亚	—	67.15	—	18.81
北美[b]	—	62.99	—	6.34
大洋洲	—	61.50	—	4.48
阿根廷	59.29	80.65	53.86	3.79

[1] 多米尼加的情况仅是依据2005年的数据得出的。

续表（%）

国家/地区	税收道德		认可政府指标	
	拉美晴雨表	世界价值观调查	总统支持率（拉美晴雨表）	政府信任度（世界价值观调查）
玻利维亚	35.45	—	51.71	—
巴西	52.96	38.87	75.40	9.62
智利	50.39	66.74	69.5	11.88
哥伦比亚	48.55	71.94	76.40	14.74
哥斯达黎加	50.56	—	52.47	—
厄瓜多尔	43.50	—	50.11	—
萨尔瓦多	49.83	81.07	66.19	17.50
危地马拉	43.39	54.25	43.85	6.43
洪都拉斯	51.30	—	46.17	—
墨西哥	45.67	64.38	53.31	10.85
尼加拉瓜	51.86	—	42.30	—
巴拿马	45.59	—	50.25	—
巴拉圭	57.42	—	53.46	—
秘鲁	40.72	64.22	20.16	4.82
多米尼加	28.99	—	52.82	—
乌拉圭	51.31	68.62	64.45	20.53
委内瑞拉	58.88	70.10	52.03	20.74
拉美平均值	48.09	66.08	54.11	12.09

注：a，税收道德：1998 年，2003 年，2005 年和 2008 年（拉美晴雨表）；1998 年，1999 年，2000 年，2001 年，2005 年和 2006 年（世界价值观调查）；认可政府指标 2002 年，2003 年，2004 年，2005 年，2006 年，2007 年，2008 年，2009 年和 2010 年（拉美晴雨表）；1999 年，2000 年，2001 年，2005 年和 2006 年（世界价值观调查）。

b，不包括墨西哥。

资料来源：拉美晴雨表（2011）和世界价值观调查（2011）。

平均数值反映不出许多国家不同年份之间的重要变化，但表格还是能够描绘出拉丁美洲的税收道德水平以及拉美不同国家之间及其与世界其他地区的一些差别。根据拉美晴雨表的数据，平均而言，拉美近一半民众认为逃税是绝对不能自圆其说的，尽管在阿根廷、巴拉圭和玻利维亚等国家，这个比例接近 60%，而在多米尼加等另一些国家，该比例看上去还不到 30%，在秘鲁该比例大约为 40%。有关不同国家之间存在差别与民众对于国家提供服务的评价相关的假设是不能仅仅通过回答一个问题就能得出结论的。因此，在为此目的收集的数据库中经常会有对时任政府或总统的支持率评价。如表 5.1 所示，最近十年，拉丁美洲的总统支持率是非常高的（1998 ~ 2010 年平均为 54%），尽管根据世界价值观调查，民众对政府的信任度要低得多。一般而言，这一时期同拉美经济显著增长的时期吻合，而经济增长通常会提高时任政府领导人的支持率。正如之前提到的，税收道德必然伴随着一个观念，即国家或者政府管理是好的，因此可以预见，伴随着对政府管理感知的改善，拒绝逃税的意愿也将加强。

为了将税收道德和对政府管理支持的数据置于世界其他地区的背景下进行分析，同样也显示世界价值观调查所作的涵盖所有大陆、包括不同年份数据的政府信任度调查。[1] 尽管同拉美晴雨表针对拉美国家所做的两项指标的统计水平有差别，但该表从比较的角度看还是有用的，它说明拉丁美洲的税收道德对于世界标准而言并不低。这项研究最重要的目的是，两个数据库是否显示出纳税意愿和政府质量感知是正相关的关系。事实上，关于税收道德和政府支持度的相关性，拉美晴雨表得出的结论是 0.28，世界价值观调查得出的结论是 0.29。两项调查对民众对政府的感知和对逃税的反感之间的关系得出了基本相同的结论。

总体而言，研究税收道德的目的是量化对机构的信任度、发现和处罚逃税的概率以及对执政者水平的感知，与社会对于逃税的接受程度的关系等不同因素的比重。无论税收制度和征税管理如何，当拒绝逃税的程度越普遍时，纳税的意愿理应越强，因此向国家缴纳的税应该越多。这样，如果当局能影响改善税收道德的要素，理应有能力增加税收。为了更加清楚地说明这一分析方法，表 5.2 显示了税收道德（以认为逃税是完全没有道理的民众的比例衡量）和该国总统表现感知（以民众对所纳税用途的感觉

---

[1] 展示的是 1998 ~ 2008 年的平均值。请注意世界价值观调查所作调查涵盖的国家并不必然每年都出现，在很多情况下，在一个时间段内只出现一次，这样在很多情况下，不管是税收道德的平均值，还是政府支持度的平均值，只是某一年的单一数据。因此，各指标的水平不能同拉美晴雨表的数据直接作比较。

衡量）之间有条件的相关性。该表采用拉美晴雨表提及的税收道德问题调查的全部年份（1998 年，2003 年，2005 年，2008 年，2009 年和 2010 年）和全部国家。这是对 Torgler 在 2005 年仅采用 1998 年数据所做分析的一次有价值的延伸工作。每列数据的不同在于计算相关性时所考虑的额外变量：第一列展示的是根据所有国家和年份数据得出的简单相关性，第二列的计算方法同第一列是一样的，但考虑了不同国家和年份间的差别以及人与人在年龄、性别、社会经济水平、教育、职业和婚姻状况等方面的差异；最后一列考虑了受访者的意识形态倾向（右派/左派）、对机构的信任度和国民自豪感。需要强调的是，在包含第一组指标后（第二列对比第一列），有条件的相关性降至原来的一半，在加入衡量意识形态、机制和国民自豪感等变量后（第三列对比第二列），有条件的相关性又减少了 1/4，这意味着这些变量既与政府管理认可程度，也与税收道德有着重要的关系。

表 5.2　拉丁美洲总统支持率和税收道德相关性[a]（多个年份）[b]

	(1)	(2)	(3)
支持率	0.025 ***	0.012 ***	0.009 ***
样本数	159 889	159 874	74 890
R^2	0.001	0.342	0.471

注：a，阿根廷、玻利维亚，巴西，哥伦比亚，哥斯达黎加，智利，厄瓜多尔，萨尔瓦多，洪都拉斯，墨西哥，尼加拉瓜，巴拿马，巴拉圭，秘鲁，乌拉圭和委内瑞拉。

b，2003 年，2005 年，2008 年，2009 年和 2010 年。

*** 表示 P < 1% 。

资料来源：根据拉美晴雨表（2011）自制。

在可以得出的结论中值得强调的是，税收道德指标与政府质量感知（在个人层面，无论年龄、性别、教育背景、财富状况及其他个人特点）呈密切的正相关性。这一肯定性结论不仅在拉丁美洲，在世界其他地区也具有代表性。下面根据 CAF－拉丁美洲开发银行在地区不同城市所做的新一轮调查再次对此问题进行分析。

（二）CAF－拉丁美洲开发银行调查（2011 年）得出的结论

从回报看，到目前为止分析税收道德使用的典型指标是缴纳更多税的意愿和民众对于逃税行为的看法。2011 年，拉丁美洲开发银行覆盖为地区 9

个国家17个城市的调查❶，包括一系列指向衡量家庭有效纳税额，对政府（地方和中央）质量的感知以及缴纳不同类型税的意愿问题。鉴于调查的地方性，调查也试图区分受访者对国家政府和所在城市政府的感知。

为了分析政府管理质量对纳税意愿的潜在影响，这项调查还加入了像这样的假设问题："如果政府减少腐败，您愿意缴纳更多的税吗?"这样做的目的是，对于调查涵盖的城市而言，表5.3显示出不同假设情景下回答愿意纳更多税的人减去肯定将纳更少税的人的比例。

表5.3 拉美部分城市在某些与政府有关的假设情况下缴纳更多税的意愿[a]（2011年）

城市	消除腐败	改善透明度	消除逃税	更多开支用于穷人	更好的卫生和教育	更加安全	平均值
布宜诺斯艾利斯	5.27	7.73	−0.96	6.57	18.34	13.18	8.36
科尔多巴	−3.12	−2.52	−8.15	−1.35	26.84	16.38	4.68
拉巴斯	14.07	15.54	8.51	20.57	30.55	29.26	19.75
圣克鲁斯	−4.86	6.94	2.81	15.13	32.17	28.68	13.48
圣保罗	18.63	13.55	17.77	−6.78	−14.38	−10.57	3.04
里约热内卢	23.93	29.96	32.16	18.31	10.29	20.08	22.46
波哥大	13.15	12.17	7.91	37.30	43.66	33.44	24.61
麦德林	−11.49	−12.97	−13.51	−8.00	−0.10	−7.47	−8.92
基多	−2.98	−8.28	−6.15	8.46	18.26	15.12	4.07
瓜亚基尔	−16.75	−21.84	−20.70	−16.41	−18.15	−16.04	−18.32
巴拿马城	−10.02	−16.42	−18.22	−8.88	−12.93	−7.55	−12.34
利马	10.85	12.08	3.38	19.98	33.73	29.44	18.24
阿雷基帕	9.58	5.95	−3.22	5.63	21.60	10.67	8.37
蒙得维的亚	3.02	2.40	−8.60	8.59	25.30	21.12	8.64
萨尔图	1.24	−0.37	1.60	16.80	43.54	30.27	15.51
加拉加斯	0.75	0.93	−3.04	16.52	18.72	19.31	8.87

❶ 布宜诺斯艾利斯，科尔多巴，拉巴斯，圣克鲁斯，圣保罗，里约热内卢，波哥大，麦德林，基多，瓜亚基尔，巴拿马城，利马，阿雷基帕，蒙得维的亚，萨尔图，加拉加斯，马拉开波。

续表

城市	消除腐败	改善透明度	消除逃税	更多开支用于穷人	更好的卫生和教育	更加安全	平均值
马拉开波	-11.56	-3.87	-13.47	-6.39	-3.64	-1.94	-6.81
总计[b]	11.56	11.52	9.98	9.23	11.37	11.44	10.85

注：a，回答“是，我可能会纳更多的税”的受访者减去回答“不，我可能纳更少的税”的受访者的比例。

b，对应各城市加权平均数。

资料来源：根据拉美晴雨表（2011b）自制。

平均而言，受访家庭表示，如果用于教育和卫生的开支更有效率，如果政府提供更好的社会治安，如果国家增加对穷人的帮助，如果改善公共资金的管理（更少腐败，更大透明度和更少逃税），将愿意交更多税。不过，马拉开波、瓜亚基尔、巴拿马城和麦德林看上去是例外，这些城市的居民认为税负已经很高了，因此无论那种假设情况下，大部分人都主张减税。巴西的受访者认为，他们国家需要加强民主体制，提高透明度。“消除逃税”在不同地方的解读也是不同的，在有的城市这个假设条件激发更大的纳税意愿；而在另外一些城市，却相反。也许在有的城市，对税收体系是否公正的看法起到决定性作用。表5.3反映的只是一个简单的关系，人们自然会想到，在巴西、厄瓜多尔或者委内瑞拉很可能还存在着其他影响因素能够解释表中的差别，比如不同的年龄或者教育背景。由于这个原因，进一步的工作是在更大的纳税意愿和政府管理质量评价指标之间建立关系，但是要努力避免混淆不同国家、不同年龄组的特定环境与纳税意愿之间的关系，正如前文拉美晴雨表调查展示的那样。

在根据CAF-拉丁美洲开发银行2011年的调查结果作进一步分析之前，有必要介绍一下每个城市家庭的纳税情况以及他们对于当前税负水平的看法。表5.4显示了交纳国税和地税的家庭比例以及他们对于税负水平是否合适的看法。

表5.4 拉美部分城市居民交纳各种税的情况及其对税负水平的看法（2011年）

城 市	交纳所得税	交纳车辆税	交纳住宅税	交税很多	增值税已经提高
布宜诺斯艾利斯	5.66	12.20	50.05	74.14	38.35

续表

城　市	交纳所得税	交纳车辆税	交纳住宅税	交税很多	增值税已经提高
科尔多巴	3.60	24.07	56.29	84.63	15.38
拉巴斯	4.32	18.63	73.41	62.70	59.05
圣克鲁斯	2.92	23.08	43.71	63.94	45.38
圣保罗	19.33	40.95	43.26	93.12	27.55
里约热内卢	14.98	23.55	31.62	83.20	43.78
波哥大	9.75	26.70	61.15	73.10	15.84
麦德林	6.73	8.30	61.10	80.47	12.19
基多	10.17	8.17	35.88	73.28	24.77
瓜亚基尔	2.45	3.98	42.76	79.27	38.21
巴拿马城	17.25	7.53	2.82	68.42	22.93
利马	15.58	7.99	50.10	70.03	20.54
阿雷基帕	15.99	5.58	50.30	67.92	20.75
蒙得维的亚	46.88	28.10	71.97	72.62	17.49
萨尔图	27.48	30.89	63.81	75.68	17.71
加拉加斯	4.67	7.07	9.02	52.15	21.73
马拉开波	3.23	5.81	19.97	55.69	2.56
总计[a]	**13.51**	**23.59**	**44.40**	**78.98**	**28.63**

注：a，对应各城市加权平均数。

资料来源：根据拉美晴雨表（2011b）自制。

受访居民感觉他们交税很多，平均而言，地区差不多八成的人都如此回答，各城市间的变化不大，也许只有加拉加斯和马拉开波是例外。然而，回答已经交了所得税或者利得税的家庭不到14%，这一比例在半数城市下降到不及7%。另一方面，平均不到24%的受访者声称交过车辆税。看上去交税意识最强的是住宅税，尽管在加拉加斯、马拉开波和巴拿马城等城市，交这种税的居民比例仍然很低，可能是因为在这些城市只有在家庭出售不动产时政府才会强制征缴住宅税。此外，超过1/4的居民声称曾经同意放弃索要发票，换取节省下商户按照法律应该交纳的增值税。在有的城市，自动声称曾逃税的比例达到59%之高（如拉巴斯）。从表5.4我们可以看出，总体上拉丁美洲的居民税负很低，但是他们自己却感觉交税很多。

从这个比较点出发，试图确定家庭交更多税的意愿与对公共管理质量的感受变化的程度的关系。表 5.5 显示了交更多不同税种（财产税、车辆税、所得税等）的意愿和个人是否认为政府在真正为人民谋福利之间的关系，排除了年龄、居住地、性别、财富和政治倾向（左、中、右）等因素影响。表中的每一行说明的是受访者的纳税体会及其对政府态度之间的关系，从中可以看出那些认为政府关心人民福祉的受访者往往较少地说“我交税很多”，不管是地税（住宅税和车辆税）还是国税；此外，持这种观点的受访者也表示愿意交更多的税，不管是地税还是国税（收入税、财富税和消费税）。这样，从统计学观点看，一旦被一些观察到的因素所控制，纳税意愿和对政府的看法间的正相关关系就变得非常明显和强烈。这个结果和之前根据其他数据来源所作分析以及有关税收道德的不同研究得出的结论相似。

表 5.5 拉丁美洲部分城市对政府（当地或国家）的看法和交更多税的意愿[a]之间的条件相关性[b]（2011 年）

纳税意愿和申报纳税额	与“政府关心人民福利”的条件相关性（根据地税或国税）
我交纳很多税	-0.013**
我愿意交纳更多的住宅税	0.006***
我愿意交纳更多的车辆税	0.003
我交纳很多国税	-0.051***
我愿意交纳更多的收入税	0.004**
我愿意交纳更多的财富税	0.012***
我愿意交纳更多的消费税	0.007***

注：a，根据受访者的居住地、财富水平、性别、教育背景、年龄和政治倾向等条件得出的相关性。调查样本为 10 200人。

b，布宜诺斯艾利斯，科尔多巴，拉巴斯，圣克鲁斯，圣保罗，里约热内卢，波哥大，麦德林，基多，瓜亚基尔，巴拿马城，利马，阿雷基帕，蒙得维的亚，萨尔图，加拉加斯和马拉开波。

*** 表示 $P<1\%$，** 表示 $P<5\%$。

资料来源：根据 CAF－拉丁美洲开发银行调查（2011b）自制。

除纳税意愿之外，分析对政府的看法是否与家庭有效申报的纳税额有关系也是有价值的。正如之前指出的，家庭申报的纳税水平看上去有重要的计算错误。然而，根据家庭申报纳税额计算与表 5.4 一样的条件关系是有价值的，这样就得到了表 5.6。表 5.6 的计算结果与表 5.5 形成鲜明的对比，因为从统计学上看，表 5.6 反映的整体相关性为零。

表 5.6　拉丁美洲部分城市对政府（当地或国家）的看法和申报纳税额[a]之间的条件相关性[b]（2011 年）

申报纳税额	与"政府关心人民福利"的条件相关性（根据地税或国税）
收入税	0.002
车辆税	-0.005
住宅税	0.004
同意为了免交增值税不要发票	0.005

注：a，根据受访者的居住地、财富水平、性别、教育背景、年龄和政治倾向等条件得出的相关性。调查样本为 10 200人。

b，布宜诺斯艾利斯，科尔多巴，拉巴斯，圣克鲁斯，圣保罗，里约热内卢，波哥大，麦德林，基多，瓜亚基尔，巴拿马城，利马，阿雷基帕，蒙得维的亚，萨尔图，加拉加斯和马拉开波。

资料来源：根据 CAF - 拉丁美洲开发银行调查（2011b）自制。

根据有效纳税和纳税意愿这两个指标得出的不同结果，暗示了在纳税行为分析中采用回报原则的假设需要小心翼翼，至少基于两点原因。首先，纳税意愿并非个人做出的一个具体的经济决定，它只是一个意向声明，而这种声明可能对决定隐含的真实成本考虑不足。其次，调查反映的条件关系在实际中可能完全是另一码事，比如个人常常尽可能地逃缴一切税款，在被询问时，受访者感到唯一能对逃税行为自圆其说的说法就是声称政府没有效率，或者政府没有恰当地履行职责。在这种情况下，纳税意愿和对政府看法间也呈现正相关关系，但是却与民众和管理资金的政府之间的回报原则没有一点关系。例如，存在其他事实能够说明，❶ 本文介绍并被广泛提及的有关税收道德的相关性不能断言，促使这部分民众回答愿意交更多

❶ 其他可能在纳税意愿和对政府质量印象间观察到正相关关系的原因可能同某些公共服务偏好有关系：例如，对公共照明或者安全看重可能提高个人为此交纳更多税的意愿，还会促使个人对于政府的印象更好。另一个可能是收入变化：如果受访者近期过得更好，那么他们对于政府的印象会更好，这种情况是可能的，这部分人因为收入提高，纳税意愿随之增强也是可能的。Bagüés 和 Esteve Volart 2011 年暗示，收入提高可能提高对政府的支持，但不改变公民对质量的看法。

的税是因为事实上他们对当地或者中央政府的看法积极。

（三）家庭中的实验性调查

正如前面指出的，有关税收道德和回报原则争论的核心问题是，对政府和国家的看法同纳税意愿或实际纳税额之间是否存在因果关系。在基本层面分析中，实证是基于此类假设性问题："如果政府的工作做得更好，您愿意交更多的税吗？"更为复杂的分析是，确定税收道德的衡量指标和声明的纳税意愿或者实际纳税额之间的相关性，这些衡量指标可以是简单的相关度，也可是综合考虑人口、社会经济和受访者自身等因素后得出的结论。最后，在将其他可能在同一方向影响两个变量的因素排除后再进行计算是重要的，这样就能避免所得出的相关性还受到其他因素影响。这最后一步也就是寻求得出可信的因果关系的实验性研究。

个人对于政府（地方或国家）质量看法的改变按理说应该改变其交纳更多税的意愿。为了更加可信地验证这一假设，CAF2011 年调查加入了一个实验元素：在问卷最后，向每个调查城市的 600 名受访者提供四个信封：第一个信封中是一段反映国家政府管理的真实的正面新闻，第二个信封中是有关地方政府的类似新闻，第三个是有关地方政府管理质量的负面新闻，第四个信封里则什么都没有。[1] 大约 21% 的受访者选择了第一个信封，28% 的人选择第二个，选择第三个的有 29%，其余 22% 的人选择了第四个信封。在读过新闻或者打开空白信封后，受访者需要回答几个有关对国家和地方政府印象以及交纳更多地税和国税意愿的额外问题。注意获取当地或者国家政府的正面信息完全是随机的（四个信封外观完全相同）。因此，可以看出有关新闻是否改变人们对当局的印象，此外，还能看出那些看到和没看到新闻的人的纳税意愿的差别。这个实验将纳税的明确意愿归因于看到的新闻，同时也为回报原则假设提供了更加可信的证据。

根据 Ortega 等学者（2011）所作的详细研究，从资料分析中得出的第一个结论是，获得当地政府的信息对个体对于政府质量的看法影响程度很小，尽管在统计学上是有意义的。为了说明这些信息对于家庭所持看法的

---

[1] Cruces 等学者（2011）在一项针对家庭的再分配偏好调查中加入随机实验。近期另外一些加入提供某种信息的实验是 Duflo 和 Sáez（2003）以及 Chetty 和 Sáez（2009）进行的。

影响，估算了对以下确定性描述的回答："您所在城市收的税为改善人民的福利用于公共服务。如果这一阐述是事实，您……？【1分=非常不同意，10分=非常同意】"，和获得有关当地政府的正面或负面新闻的事实之间的关系。表5.7显示了这些城市整体和每个城市的这些指标之间的关系。得到的结果是，平均而言，获得一个关于当地的正面（或负面）新闻提高（或降低）个人评价0.22点。同5.5的平均值相比，这个程度很小，但是在统计学上是有意义的。当比较每个城市时，就会发现整体上实验在期待的方向上收到效果，尽管各个城市间的变动幅度很大。例如，在科尔多巴、里约热内卢、波哥大和萨尔图，新闻的影响显著，而在布宜诺斯艾利斯、巴拿马城和马拉开波等城市，影响实际为零。

表5.7 拉丁美洲部分城市得到含有当地政府管理正面或负面新闻的信封对于对政府质量[a]印象的效果（2011年）

城 市	含有正面新闻的信封 - 含有负面新闻的信封
布宜诺斯艾利斯	0.06
科尔多巴	0.49 ***
拉巴斯	0.26
圣克鲁斯	0.24
圣保罗	0.04
里约热内卢	0.68 ***
波哥大	0.45 **
麦德林	-0.21
基多	0.08
巴拿马城	-0.12
利马	0.12
阿雷基帕	0.10
蒙得维的亚	-0.13
萨尔图	0.39 **
加拉加斯	-0.20
马拉开波	-0.05
总计	**0.22 *** **

注：a，效果取决于受访者的居住地、财富水平、性别、教育程度、政治倾向、就业状况、国籍、对同胞纳税的看法和税收道德等条件。调查不包括瓜亚基尔。调查样本为9 600人。

*** 表示 P<1%，** 表示 P<5%。

资料来源：根据CAF调查（2011b）自制。

一旦确定分发的新闻影响个人对于政府的看法，就要寻求量化因信封中的新闻而改变态度的受访者表示愿意交纳更多或更少税的程度及其对受访当时是否正交纳很多税的观点。这个结论通过综合全部城市以及四个新闻对受访者看法影响程度很大的城市的数据得出，这四个城市是科尔多巴、里约热内卢、波哥大和萨尔图。根据回报原则假设，可以预计因为得到正面新闻改变对当地政府看法的受访者，理应表达交纳更多住宅税（不动产税）和车辆使用税等地方税种的意愿。此外，这部分人中声称税负已经很高的频率应该下降。鉴于家庭不一定能很好地区分各种税由谁负责收取，还分析了对逃缴增值税的效果。

表5.8再现了里约热内卢市的结果。从这张表可以看出，在里约热内卢，稍微改变市民对于市政府的看法基本上能增强他们的纳税意愿。根据该表，正面新闻对于促进交纳车辆税意愿的效果在统计学上是有意义的。此外还看得出，正面新闻对于认为自己过分纳税（回答交纳太多税的居民比例）的人丝毫没有影响。最后，该表还显示，对市政府看法的改善对于市民通过同意购买不开发票的产品逃缴增值税的意愿产生负面影响（符合预期）。其他三个城市的调查结果基本类似，但是因为统计上可信度较低而未被采纳。请注意，这些相关性仅仅是通过分析有关新闻对市政府形象产生的影响而获得的。因此，表5.8的相关性不受前面讨论的认定问题的影响，因为可以肯定，对于政府看法的改变仅仅同看到的新闻而非其他因素有关。

表5.8反映的事实尽管不能在任何情况下都能称之为结论性的，但仍然支持民众在纳税问题上按照与政府回报的方式行事的观点。数据基本上符合预期，尽管这一推论在交纳车辆税和拒绝逃税两项意愿上表现得更明显。

尽管这里得出的结果在统计学上不是完全结论性的，但的确可以说明民众对于当局的看法同他们的纳税意愿是有关系的。考虑到该实验中的看法是根据一则本来可能并不会对读者产生重要影响的新闻发生改变的，尽管如此，还是成功确定了对某些税的纳税意愿的改变。可以想象，面对对政府质量看法更大程度的改变，对纳税意愿的回答可能会更加重要。这可以被解读为支持公民和政府在纳税问题上存在回报行为观点的有利论据。

表 5.8 里约热内卢一项实验[a]市民对于市政府的看法和交纳更多地税的意愿的相关性（2011 年）

市民对市政府的看法对交纳更多地税的效果	
对交纳更多不动产税的效果	-0.017 (0.188)
对交纳更多车辆税的效果	0.273 ** (0.137)
回答"地税已经很高了"	-0.043 (0.076)
对逃缴增值税意愿的效果	-0.101 ** (0.048)

注：a，效果取决于受访者的居住地、财富水平、性别、教育程度、政治倾向、就业状况、国籍、对同市居民纳税的看法和税收道德等条件。调查不包括瓜亚基尔。调查样本为 600 人。

** 表示 $P<5\%$。

资料来源：根据 CAF 调查（2011b）自制。

下面是这个实验传递的另一个信息：继续和改进对这一关系的调查的努力是值得的，因为不以可信方式确定对政府的看法和纳税意愿，或者税收道德之间关系的条件相关性，可能造成不准确甚至错误的结论。同样有必要强调，这些调查结果的意义不是政府应该将征税的努力集中于新闻宣传；尽管调查显示随着市民对政府管理质量认同感的提升，自己的纳税意愿也随之增加，因为这一效果达到的范围取决于受访者个人的背景，而且应该成为实验性调查或者其他专门针对每个城市调查设计的目的。

（四）其他证据

在一项为这个报告准备的工作中，Timmons（2011）使用一套巴西联邦政府面向市政府实行的审计体系，以此来调查腐败信息披露与否是否对市政府的税收额产生影响。监测方案是按月随机选取 20～40 个城市（从 2003 年项目开始到 2008 年，平均每月选择 24 个城市），由联合总审计署技术团队进行审计。这些审计结果完全向社会公开，被当地媒体广泛报道，理论上这有可能对市民对当地政府的评价造成影响，进而可能会影响市民的纳税意愿。据 Timmons（2011）证实，那些审计结果不佳或者暴露出腐败事实的市政府，在报告公布后的财产税征税额减少了，而审计结果良好的市政府该税种的收入反而有所增加。然而，这项研究发现的效应仅仅对起始征税额很低的城市才成立：审计结果中的每一个腐败行为（平均值为3），导致人均实际征税额下降大约0.33，这一幅度要超过一半受访城市人均征税额的1/10。对于那些更为富裕的市政府，这个影响程度几乎可以忽略。例如，排名位列前1/4的富裕城市的人均实际财产税税收额超过7.9，也就是说，一个腐败行为对财产税征收额的影响还不足5%。如果再考虑到财产税占市政府财政收入的比例仅仅为1%，则意味着一个腐败行为只减少大约0.05%的市政府总收入。

这个例子的一个中心问题是，由负面审计结果造成的税收额下降，是源于市民的互惠主义行为，还是由于可能减少征税努力的政策提出者的策略行为，或是为了选举或者为了减少有关腐败的消息披露后造成的政治损失而降低税率的结果。尽管不能十分明确地进行区分，有迹象表明至少部分是由于市民的回应，因为当审计结果不错时，税收增加；在这种情况下，政治经济的说法是欠合理的（尽管这种可能性不能完全排除）。然而，无论是市民惩罚机制还是政治经济的机制，都与回报原则假设一致。

如果政府腐败或者效率低，市民可以决定少交税，但是也可以选择采用其他方式惩罚政治家。比如，当巴西的审计报告透露腐败现象非常严重时，市长们连任的可能性就小了（Ferraz y Finan，2008）。另一方面，与积极的审计报告相比，在披露腐败行为的报告发布后接下来的三年中，采取参与性预算模式的可能性要大为提高，这并不一定是对政策制定者的一种惩罚，但多多少少代表着市民减少了对当选当局决定资金用途的放权程度。

（五）社会准则，回报原则和税收改革

除了公共管理质量对公民增加纳税意愿或者充分履行正式财税义务有影响之外，对其他公民行为的感知同样也对个人决定产生重要影响。这种现象可以归因于使一种或者另外一种行为多多少少被社会接受、符合一定的社会规范这样一个自然倾向。同时，这种现象也可能同示范效应有关系。在示范效应的影响下，一个人仅仅会因为其行为与他人类似而感到满足。这种心理刺激可能对于有关税收的讨论特别重要。这些讨论不仅与增加个人纳税额的意愿有关，而且还涉及支持提高税率的税收改革的意愿。借助2011年CAF调查的资料，图5.1显示了那些认为大部分人都恰当履行纳税义务的家庭，自己的纳税意愿也要强一些。当然，这个关系不能区分这种感觉对于纳税意愿的影响以及更愿意纳税的人同时也认为别人同样纳税的事实之间的关系。然而，图 5.1 显示出这两个因素往往如影相随，而且和被告之他人履行财务义务的程度很高时（纳税或者交电费），个人往往也提高自己履约程度的实验证据相吻合（Wenzel，2001 或者 Allcott，2009）。一个具备高度可信度和民众支持度的政府不仅能减少逃缴现有的税负，而且能成功为提高税率进行税改凝聚政治支持，这种情况是可能的。这与回报原则、社会准则和示范效应三者能够相互补充，使得好政府通过改变税率（或者设立新税种）获得的加税效果比通过减少逃税更显著的理论是一致的。

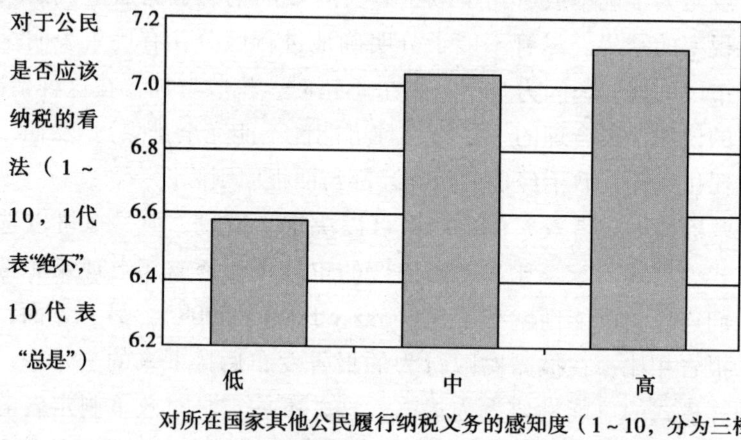

图 5.1 社会准则：支付个人税款的意愿和对他人纳税程度的感知，拉丁美洲部分城市的平均值[a]（2011 年）

注：a，布宜诺斯艾利斯，科尔多巴，拉巴斯，圣克鲁斯，圣保罗，里约热内卢，波哥大，麦德林，基多，瓜亚基尔，巴拿马城，利马，阿雷基帕，蒙得维的亚，萨尔图，加拉加斯和马拉开波。

资料来源：根据 CAF 调查（2011b）自制。

社会准则和示范效应在其与针对政府或者国家的回报原则的互动关系中的重要性需要进一步研究，特别是要根据民众不仅通过纳税，而且通过其他机制采取回报行动的证据来分析。有关讨论是由税收话题引发的，但从其他方面看，互惠原则和社会准则或者由团体行为诱发的个体行为之间也可能存在互补性。

证据表明，民众主要通过体制机制回应政府的管理质量，比如选举或者要求对政治家进行更全面的监督以及更大程度地直接参与决策。然而，有强烈的迹象表明，民众也通过改变履行纳税义务来作出回应。当民众感觉政府腐败或者低效时，就少纳税；当他们感觉所交的税使用良好，就会多交税。由于社会准则的影响，上述现象可能会更加普遍，或者可以被看做同胞间的回报原则问题。在有些情况下，这种回应的程度看上去并不大；但在另外一些情况下，其程度却是可观的。发现这些现象的意义在于，这个问题需要进行更多更深入的研究，这样才能更好地了解其效果范围。

总之，政府的效率和诚实是公共管理整体的基本要素，对于税收征管也很可能如此。效率能够提高征税额的渠道可能同民众的纳税意愿有很大关系，但是正如第四章论证的那样，与税务部门征税努力的有效性也有直接关系。间接地，还同民众要求对财税当局采取更多更好的监督机制有很大关系，下一节我们将对此进行分析。

三、作为“授权”机制的税收

政府的管理质量和政府融资方式之间存在关系的提法并不新鲜。政府得到推进某些项目的委托并需要为此融资，一般而言，谁提供资金，谁就对决定资金用途发挥影响。历史上，随着国家不再使用武力获取资金，有必要设立纳税人表达其对资金用途同意或者批准的机制。在现代民主国家中，这一谈判过程通过被授权的机关完成。例如，纳税人授权议会同政府就税收的水平和用途进行谈判。一个有趣的历史事实是英国议会在17世纪取得公共财政控制权，政府的开支来源（包括军队和官僚体系）应该获得批准，当局必须就税收额和税收用途同各行各业在议会的代表进行谈判。18世纪末，这已经成为一个传统，因此向英国殖民地强征税款的企图被视为一个“好政府”的严重过错。最终，美国因为在英国议会没有代表而拒绝缴税（“无代表不纳税”），引发独立战争（Moore，2007）。

正如第二章和第四章所讨论的，国家的资源收入可能来自不同途径：

对提供某些服务的垄断控制，比如能源和港口；从与开采自然资源有关的经济活动中获取收入或直接控制；国际援助；国有公司；最后，还包括对普通民众和公司征税。一个普遍的疑问是，"好政府"或者公共管理质量的决定因素是什么，为此探讨国家融资活动的方式如何同政府开展工作的效率或效益发生关系是有意义的。需要强调的是征税和公共管理之间的关系，尽管理解好政府还受其他决定因素影响是重要的；此外，税收还可能同政府其他融资方式互动，对公共管理质量造成不同的结果。

为何税收本身可以对政府效率产生积极影响是值得期待的？如图5.1所示，原因是纳税作为一种公民授权机制推动政府述职，进而改善开支和公共管理整体的质量。这个观点的简单和程式化逻辑可能在于，在大多数情况下，民众并不完全熟悉政府的整个预算。特别是民众更熟悉（或更感兴趣）其纳税额体现在预算中的那部分，但他们不完全了解预算的其他资金来源（转移支付、自然资源收入等，见第六章）。这样，随着预算中的税收收入越来越高，民众对于政府可能的开支也将更清楚；如果政策制定者不提供与预算水平相对应的产品和服务，民众就会通过选举或其他机制进行惩罚。相反的例子发生在预算资金主要来自转移支付时，这时民众无法观察清楚；一个更加不透明的预算使政策制定者在使用资金时有更大的灵活性。因此，尽可能高效地提供产品和服务的动因也就降低了。正如随后将要分析的，仅凭税收推动民众要求政府更负责任还不够；还需要有其他这些要求可以传递和转化成公共管理者义务的渠道，这就是现代民主制度下的选票以及多种直接施压和参与手段。

税收作为信息披露机制的观点非常好地与税收能够从政治上鼓励民众这一略有不同的解读互为补充；换言之，纳税动员了一些公民抵制缴税，这本身就引发了一场关于国家所征税款的目的更大的辩论和思考。从某种程度上讲，这两种观点非常类似，其中心思想都在于税款增加政府述职以及民众要求政府怎么做的授权需要。除了分析这些观点甚至承认围绕这一机制发生的逸事外，自然而然的问题就是，是否存在支持这些假设的系统化的实验性证据。下面将揭示CAF2011年调查取得的结果，随后将以更加严谨的方式进行检验，试图确认它们之间是否存在偶然性联系的某些证明。

（一）基于CAF调查（2011年）的看法

推动授权效应发挥作用的某些因素是民众对于其监督政策提出者角色

的认知，民众的政治和选举参与，特别是民众根据其交纳税款多少改变其降低还是提高其要求政府述职的权力的看法。CAF 调查（2011）包含了这方面的一些问题，本节将说明那些最有代表性的发现，让大家了解该机制在当前环境下的重要性。这个假设的首要元素和基本指标就是民众参与度或者叫政治活跃度。表 5.9 展示了受访者声称在最近一次总统选举中投票的比例以及为了获知候选人竞选纲领所做努力的程度。在几乎所有城市中，声称参加上一次总统选举投票的民众的比例都非常高（几乎平均占到受访者的九成）。尽管这个数字高于官方数据（全国水平如表 5.10 所示），这说明民众对总统选举过程非常重视。而且，当被询及为了解候选人政纲付出的努力时，相当一部分民众（平均而言，几乎占一半，在一些城市远超一半）表示，非常努力地了解候选人的政纲。尽管在这次调查中，民众的政治活跃度可能存在某种程度的高估，数据还是清楚地说明，民众很重视选票作为其表达对政治人物决定态度的机制。

表 5.9　拉丁美洲部分城市受访者声称在上次总统选举中投票的比例和为了获知候选人竞选纲领所做努力的程度（2011 年）　（%）

城　市	在上次总统选举中投票	为了获知候选人竞选纲领所做努力的程度		
		很大	很少	没有
布宜诺斯艾利斯	89.83	40.52	47.31	12.17
科尔多巴	89.31	20.80	42.21	36.98
拉巴斯	96.00	44.87	44.18	10.94
圣克鲁斯	90.56	46.71	37.69	15.60
圣保罗	90.29	44.76	40.26	14.98
里约热内卢	91.62	41.89	38.51	19.60
波哥大	73.19	66.46	19.92	13.62
麦德林	58.81	40.56	40.33	19.11
基多	92.18	45.25	42.69	12.05

续表（%）

城　市	在上次总统选举中投票	为了获知候选人竞选纲领所做努力的程度		
		很大	很少	没有
瓜亚基尔	90.30	38.52	44.71	16.77
巴拿马城	83.03	59.08	31.45	9.48
利马	94.44	55.91	35.06	9.03
阿雷基帕	94.12	51.06	39.01	9.93
蒙得维的亚	95.23	54.84	32.39	12.78
萨尔图	97.13	53.18	34.37	12.45
加拉加斯	84.29	49.31	33.91	16.78
马拉开波	91.33	77.37	15.93	6.70
总计[a]	**88.29**	**47.94**	**36.82**	**15.24**

注：a，各调查城市的加权平均值。

资料来源：根据拉丁美洲开发银行调查（2011b）自制。

表5.10　拉丁美洲部分国家最近几次大选民众参与程度（多个年份）

国　家	年　份	参与率（%）
阿根廷	2011	78.89
玻利维亚	2005	84.51
巴西	2010	82.19
智利	2010	86.94
哥伦比亚	2010	49.27
厄瓜多尔	2009	75.30
墨西哥	2006	58.55
巴拉圭	2008	65.48
秘鲁	2011	83.71
乌拉圭	2009	89.88
委内瑞拉	2006	74.69

资料来源：阿根廷国家选举局（2011）；乔治敦大学美洲政治数据库（2011）；巴西高等选举法院（2011）；智利选举法院（2011）；哥伦比亚国家选举委员会（2010）；哥伦比亚国家公民身份局（2010）；厄瓜多尔国家选举委员会（2011）；墨西哥联邦选举局（2011）；巴拉圭高等选举法院（2011）；秘鲁国家选举办公室（2011）；乌拉圭选举法庭（2011）和委内瑞拉国家选举委员会（2011）。

衡量政治活跃度的另一个方式是通过直接活动表达意见。表 5.11 显示的是，声称曾为要求政府更好地使用公共资金参加过会议、抗议或游行的民众的比例。显然，大部分民众认为选票是最佳的抗议手段。超过 85% 的受访者表示，最近 5 年没有参加过此类直接活动；略多于 8% 的受访者参加过一次；不到 5% 的人参加过两次及两次以上。甚至在参与此类活动程度最高的城市加拉加斯，参加过一次和两次及两次以上的也分别只有不到 17% 的和 7% 左右。

表 5.11 拉丁美洲部分城市最近 5 年曾为要求政府更好地使用公共资金参加过会议、抗议或游行的受访者的比例（2011 年）

城 市	从 未	1 次	2~5 次	6 次及以上
布宜诺斯艾利斯	85.53	8.25	4.39	1.83
科尔多巴	93.36	3.39	2.62	0.63
拉巴斯	80.14	14.08	4.57	1.21
圣克鲁斯	79.76	15.17	4.36	0.70
圣保罗	92.41	3.79	2.45	1.34
里约热内卢	80.12	14.33	5.20	0.34
波哥大	86.95	6.08	5.03	1.94
麦德林	85.48	11.16	3.10	0.26
基多	84.88	10.98	3.37	0.76
瓜亚基尔	90.11	9.22	0.68	0
巴拿马城	83.37	12.82	2.28	1.53
利马	90.63	4.95	2.76	1.67
阿雷基帕	78.11	14.79	6.00	1.10
蒙得维的亚	88.37	6.74	3.92	0.97
萨尔图	89.44	5.83	3.85	0.88
加拉加斯	76.73	16.74	3.60	2.94
马拉开波	87.83	8.97	2.26	0.95
总计[a]	**86.86**	**8.36**	**3.57**	**1.21**

注：a，各调查城市的加权平均值。

资料来源：根据 CAF 调查（2011b）自制。

可能一些人认为，抗议和游行是表达关切和需要诉求的有风险的机制，因此决定转而寻求其他更加机制化、民众扮演的角色和产生的后果在其中更加清楚的渠道。这种机制的一个例子是参与式预算的模式，通过这一模式，民众有权力约束政府，决定部分公共资金的用途。这种模式试图更好地根据社会需求决定公共开支的用途，甚至在某些情况下，直接转交部分开支的管理权。表 5.12 描绘了各个城市声称了解参与式预算机制和曾参与其中的受访者比例。在麦德林、阿雷基帕、蒙得维的亚、萨尔图、加拉加斯和马拉开波等城市，受访者对该机制的了解程度较高，比例达到 25% ~ 50%；即使在布宜诺斯艾利斯、里约热内卢和圣保罗，这一比例也不是微不足道，达到 10% 上下。然而，平均来说，民众对于该机制的了解程度大约为 13%，不到 5% 的人曾参与其中。

表 5.12　拉丁美洲部分城市受访者对参与式预算的了解度和参与度（2011 年）

城　　市	了解参与式预算	曾参与过参与式预算
布宜诺斯艾利斯	10.63	2.85
科尔多巴	3.64	0.71
拉巴斯	15.70	6.22
圣克鲁斯	8.06	2.30
圣保罗	9.33	3.10
里约热内卢	9.91	3.32
波哥大	12.74	6.42
麦德林	26.28	9.49
基多	4.29	2.57
瓜亚基尔	8.94	1.93
巴拿马城	6.28	1.31
利马	18.06	7.22
阿雷基帕	23.77	13.18
蒙得维的亚	45.69	10.64
萨尔图	24.20	5.96
加拉加斯	33.44	6.67
马拉开波	23.42	1.87
总计[a]	**13.57**	**4.58**

注：a，各调查城市的加权平均值。

资料来源：根据 CAF 调查（2011b）自制。

尽管大部分民众不熟悉所在城市参与式预算的倡议，问卷介绍了参与式预算的概念，以获得全体受访者对这一模式的评价。一个调查问题是，如果更多地通过参与式预算做出开支决定，将愿意交更多或更少的税。表5.13显示了受访者对这一问题的回答结果。最引人关注的是大部分受访家庭（大约68%）回答，如果通过参与式预算做决定，将交和现在一样多的税。这也许是因为民众仅仅不是很了解这一模式，因此即便参与式预算的重要性增加，由于民众不知如何评估它的效果，仍然不会改变目前的纳税额。另一方面，受访城市中约1/5的人回答准备少交税，这反映了对参与式预算的负面评价；最后，还有12%的人回答愿意多交税。各城市间的差异明显，表格体现的是有关参与式预算对于市民福利效果的不了解和不安以及那些自我感觉更加了解情况的人对该模式的轻微负面评价，这些人或是基于自己的经验，或是通过其他途径得到的信息来作出判断。

表5.13　拉丁美洲部分城市在政府通过参与式预算支出的情况下，愿意交比现在更多还是更少的税的受访者的比例（2011年）

城　市	多得多	多一点	和现在一样	少一点	少得多
布宜诺斯艾利斯	6.82	12.82	72.18	7.02	1.16
科尔多巴	0.71	6.64	74.95	17.70	0
拉巴斯	1.28	11.80	71.49	15.05	0.38
圣克鲁斯	2.45	17.33	69.04	10.15	1.03
圣保罗	0.67	8.41	65.67	14.14	11.10
里约热内卢	0.85	6.31	57.49	29.07	6.28
波哥大	1.85	6.31	85.04	6.67	0.13
麦德林	8.85	9.23	76.58	5.23	0.11
基多	4.27	12.31	77.93	5.24	0.25
瓜亚基尔	10.57	19.90	64.25	5.28	0
巴拿马城	11.16	31.59	50.66	6.19	0.40
利马	0.80	12.50	72.33	14.37	0
阿雷基帕	2.86	10.71	74.96	10.53	0.94
蒙得维的亚	0.97	7.57	83.30	7.14	1.02
萨尔图	2.09	9.07	79.31	9.17	0.34

续表

城　市	多得多	多一点	和现在一样	少一点	少得多
加拉加斯	4.63	15.98	65.86	13.46	0.08
马拉开波	3.84	24.67	60.82	10.07	0.60
总计[a]	**2.04**	**9.95**	**68.33**	**14.93**	**4.74**

注：a，各调查城市的加权平均值。

资料来源：根据 CAF 调查（2011b）自制。

授权假设的另一个关键因素是民众对于纳税带来的权利的感知。表 5.14 展示了人们关于依法纳税是否提高公民要求政府履行职责的道德权威的观点。几乎 3/4 的受访家庭感到，纳税带来要求政府的权利；或者类似地，公众普遍认为，不依法纳税限制了民众要求政府实行透明和高效管理的活跃度。通过这个途径，受访者自己报告的低纳税水平（见表 5.1 所示），恐怕与民众为要求更好的公共管理较少发动直接运动有某种关系（见表 5.11），尽管这一事实也可能同拉美地区近年良好的经济表现有关。甚至在税收带来权利感知水平低的城市（加拉加斯、巴拿马城、科尔多巴和布宜诺斯艾利斯），超过 55% 的家庭视纳税为批准面对公共决策者的公民权的元素。

表 5.14　拉丁美洲部分城市受访者对以下陈述的看法（比例）："依法纳税者理应比不依法纳税者有更多权利要求政府"（2011 年）

城　市	是	否
布宜诺斯艾利斯	61.66	38.34
科尔多巴	59.92	40.08
拉巴斯	91.81	8.19
圣克鲁斯	85.77	14.23
圣保罗	63.86	36.14
里约热内卢	76.05	23.95
波哥大	81.34	18.66
麦德林	78.68	21.32
基多	74.88	25.12
瓜亚基尔	68.13	31.87

续表

城　市	是	否
巴拿马城	55. 18	44. 82
利马	80. 34	19. 66
阿雷基帕	78. 84	21. 16
蒙得维的亚	85. 45	14. 55
萨尔图	83. 56	16. 44
加拉加斯	60. 20	39. 80
马拉开波	69. 34	30. 66
总计[a]	**72. 57**	**27. 43**

注：a，各调查城市的加权平均值。

资料来源：根据 CAF 调查（2011b）自制

公民政治活跃度的另一个重要元素同选民在选举时期对候选人的考察相联系，特别是考察与纳税有关的时候。表 5. 15 显示了受访者对这一问题的观点；在调查中受访者被询及，是否认为纳税使得人们在投票时更好地掌握候选人情况。尽管问的是一般看法，但回答还是反映了受访者的内心考量：他们的确认为，如果纳税越多，了解候选人的意愿也就越强。尽管前面提到过，相当一部分人表示非常努力去了解大选候选人政纲（见表 5.9），略少于 1/4 的受访者认为，纳税使更多的人参与大选投票，萨尔图和里约热内卢等城市持该观点的人的比例超过四成。

表 5. 15　拉丁美洲部分城市受访者对以下陈述的看法（比例）：“纳税使得人们在投票时更好地掌握候选人情况”（2011 年）

城　市	不正确	两个答案都不对	正　确
布宜诺斯艾利斯	57. 69	18. 68	23. 61
科尔多巴	73. 09	11. 14	15. 76
拉巴斯	46. 04	26. 88	27. 08
圣克鲁斯	44. 26	21. 88	33. 87
圣保罗	72. 41	14. 03	13. 56
里约热内卢	37. 24	19. 65	43. 12
波哥大	68. 61	10. 86	20. 52

续表

城　市	不正确	两个答案都不对	正　确
麦德林	64.64	21.67	13.70
基多	50.36	23.00	26.64
瓜亚基尔	36.92	40.69	22.38
巴拿马城	61.88	25.31	12.80
利马	60.88	15.94	23.19
阿雷基帕	68.86	12.61	18.54
蒙得维的亚	59.76	12.00	28.24
萨尔图	43.07	14.19	42.75
加拉加斯	51.59	23.17	25.25
马拉开波	61.00	24.52	14.47
总计[a]	59.01	17.44	23.55

注：a，各调查城市的加权平均值。

资料来源：根据 CAF 调查（2011b）自制。

更具体而言，CAF 调查（2011）同样问及，家庭是否感到纳税最终使得民众参与政治的程度以及对政府工作的监督程度更高。表 5.16 显示了该问题的调查结果。尽管程度略低一些，但和需要了解候选人信息的例子类似。最常见的观点是，纳税并不必然推动人们更加深入地参与到监督政府管理的活动中去。然而，几乎三成受访者回答说，纳税至少是推动民众监督政府的动因。各城市间的情况差异很大，值得注意的是，比如科尔多巴 83% 的受访者说，税收起不到推动民众的作用；而瓜亚基尔的受访者中，对是否会影响持肯定和否定态度的比例几乎相同。

表 5.16　拉丁美洲部分城市受访者对以下陈述的看法（比例）："纳税使得人们参与监督政府活动的程度更高"（2011 年）

城　市	不正确	两个答案都不对	正　确
布宜诺斯艾利斯	49.96	21.56	28.48
科尔多巴	82.34	12.14	5.51
拉巴斯	35.60	32.04	32.35
圣克鲁斯	39.41	22.90	37.69

续表

城　市	不正确	两个答案都不对	正　确
圣保罗	69.28	14.20	16.53
里约热内卢	35.44	23.79	40.77
波哥大	42.53	13.52	43.95
麦德林	55.72	22.24	22.03
基多	40.32	26.08	33.61
瓜亚基尔	29.38	42.36	28.25
巴拿马城	51.23	29.11	19.67
利马	42.23	23.76	34.01
阿雷基帕	43.42	23.41	33.17
蒙得维的亚	54.04	11.32	34.63
萨尔图	38.09	15.62	46.28
加拉加斯	47.42	31.07	21.50
马拉开波	56.46	21.82	21.72
总计[a]	**50.83**	**20.36**	**28.81**

注：a，各调查城市的加权平均值。

资料来源：根据 CAF 调查（2011b）自制。

这个描述性证据与征税、民众授权度和好政府之间的关系相一致。民众表示十分看重投票这一很好的民主参与机制，并且普遍重视与候选人在大选中的政纲有关的信息。民众对其他参与和监督机制感到不确定和不了解。但是，当了解这些机制之后，也就重视起来。然而，一般而言，除了投票以外，民众几乎不怎么为要求更好的政府管理而参与其他政治运动。尽管民众认为，纳税产生要求政府的权利，基本上看不到在纳税和某些特定的公民监督机制之间存在具体联系。这可能与民众不了解和不相信除投票以外的现有的参与机制有关系，这就强调了选举是该地区最重要的民主监督机制。

尽管这些数字可能暗示，在当前的拉丁美洲，更大的直接税压力可能会引发针对不同层级政府问责的压力，但仍难以得出明确的结论：增税会改善政府的效率。为此，必须在直接税相对转移支付或其他筹资来源和政府透明度或者衡量其效率的指标之间建立一个因果关系。下面介绍某些试图建立这一关系的研究。

（二）其他研究的证据

和研究对政府感知以及公民纳税意愿的例子一样，确定纳税和政府效率之间的因果关系是复杂的，甚至即便最终在税收和某些衡量政府效率的指标之间发现正相关时，也不能确认税收改善效率。因为造成这种关系很可能还有其他原因，比如在公共机构质量更好的国家，腐败较少但税高，就不存在一种因果关系。另一个例子可能与人力资源有关：如果一个经济体累积人力资源，因此收的税更多，因为劳动力的劳动生产率更高，可能也会观察到公告管理质量的提升，这可能是由于受培训程度更高的民众需求的力量，也可能是由于公共行业和其他行业劳动力共同发展累积的能力。尽管成功地在税收和好政府间建立了因果关系，这一关系运行的特定渠道并不明显，因此只有理解这些渠道的重要性，才能为公共政策作出持久和有用的贡献。

这一辩论与研究拉美自然资源繁荣对公共行业透明度和寻租效应的发展之解读密切相关，因为来自自然资源开采特许权或收益，常常取代税收在财政总收入中的重要性。近期，运用小地区数据对巴西开展的多个研究，为支持税收分量从正面影响巴西公共管理质量这一假设提供了整体证据。例如，始于20世纪第一个10年前半段的石油繁荣，意味着巴西市政府获得前所未有的非税收入增长（部分由于大西洋大陆架的开采，2000～2006年巴西的石油产量增长了66%［ANP，2011］）；这个增幅不是在各市之间平均分配的，因为根据石油开采特许权的分配规则，各城市获得石油的收益取决于石油产量和海上油田的区位，所有这些造成不同城市从石油开采中获取的收益有着巨大差别。例如，1997年市政府从石油开采特许权中获得大约1.67亿雷亚尔的收入，2008年则上升至47亿雷亚尔（Ferraz y Monteiro，2010）。鉴于石油收入的突然改变归因于石油价格变动和决定石油在陆地不同区域分布的地质因素，认为石油收入和前面所述对市政府起主导影响的政治或者经济条件无关是合理的。

在此背景下，人们发现，在那些石油收入增长更快、税收收入在市政府预算比重下降的城市，腐败情况也更多（Caselli y Michaels，2011）。一个特别明显的发现是，尽管石油收入突然增长，一开始的确会增加市长连任的可能，但一旦选民发现石油繁荣并不能带来更多的公共产品和服务时，就会失去对竞选连任的市长的信任，不再投他的票（Ferraz y Monteiro，2010）。这说明，事实上当存在关于可支配资金的合适信息以及资金无效率使用的信息时，民众就会惩罚公共政策提出者，这恰恰是民众在现代民主制度下行使监督权的机制。

这一推理不仅在对来自自然资源的额外财政收入的研究中获得验证（第六章将详细研究），而且看上去，在由于某些原因使得市政府财政收入组成发生改变的背景下也有效，这也改变了在市政府总收入中税收本身相对从中央政府获得的转移支付的比重。一个例子是巴西的收入管理现代化计划（PMAT），这是一项中央政府支持市政府将其税收体系现代化的计划。这个计划改善了市政府自身的征税能力，进而改善了民众对公共预算的了解；同时，这又推动了民众监督当局的机制，减少了从计划中受益的市政府的腐败情况（Gadenne，2011）。另一方面，也是在巴西，还发现当市政府预算中来自中央政府转移支付的比例越大，腐败情况也就越多的证据。

尽管最近的研究大部分集中于巴西，这个假设同其他国家的发现也吻合。委内瑞拉的新近调查研究了市政府预算透明度指数（由非政府组织“透明委内瑞拉”计算和监控）和其获得中央政府转移支付数额之间的关系。调查不仅研究了全国336个市政府中的82个的转移支付对于其预算透明度指数的影响，还分析了市政府不参加该非政府组织每年一度研究的可能性。

分析得出两个主要结论：（1）由于石油价格升高带来的市政府转移支付收入的增长（特别经济分配法）引发预算透明度下降，甚至当注意到转移支付可能存在的内生性问题时也是如此。这可能与市政府在国家议会施加政治压力的能力有关，同时还可能与预算透明度有关。（2）由在市政府选民登记簿人数衡量的政治参与度，增加了各城市参与计算市政府透明度调查的概率。这些结果与税收或者最容易成为公众监督对象的收入的分量能改善管理这些资金的透明度的假设一致。此外，调查还证明，政治运动可能是这一效应发挥作用的渠道（Catanho，2011）。

在阿根廷和秘鲁，同样有证据显示，地方政府自身的税收分量改善其管理指标。最近，在这些国家，开采不可再生自然资源的特许权产生了和巴西类似的效应（第六章将作进一步分析）。

四、结 论

朝着有组织社会发展的固有事实是，在提供某些产品和服务与为此组织融资的需要之间存在矛盾，因为没有公民会对提供某些产品和服务感兴趣。提供道路基础设施、国防、公共照明和更近代（自19世纪末起）的教育、公共卫生以及为了维护社会和谐的必要机制（法律、司法体系等）职能，都是国家在不同领域受民众所托的活动。很难找到在不将那些不能支付合适价格的人排除在外的情况下，由私人提供这些产品和服务的充分理由。为这些活动融资自然来自纳税人缴纳的税款（一般而言是非自愿的），纳税是公民资格的要求；但是，在民主制度中，纳税同样赋予纳税人决定由谁代表其以及以何身份管理资金的权利。国家的生存在相当程度上取决于其具有的回应民众通过选票和声音甚至移民表达的呼声的能力（Hirschman，1978）。从个人角度看，对国库的贡献赋予纳税人要求合理使用公共资金的道德权力。纳税是公民委托他人行使公共职责的具体表现，在此意义上讲，公民有更充分的理由要求权利，而国家有义务满足公民的要求。

本章介绍了有关国家融资的方式对于其发展过程是重要的理念和经验性证据。随着公共部门融资额在民众可见的税收额中的比例越来越高，应该启动公民对于公共管理的控制和监督机制；另一方面，随着政府更好地履行职责，公民能够减少对纳税的天生的抗拒性，终结公共管理效率和纳税之间的恶性循环。

尽管通拉美部分城市的调查，确定了针对政府的回报原则的相对微小的效应，但这一能力有限的调查，成功地确定了回报原则的积极效应的事实表明，当民众对于公共管理、可能还有家庭使用的产品和服务的质量感知大幅度改变时，产生的实际影响可能就会很大，因此，回报原则效应将对民众产生直接影响。尽管没有提供针对国家政府回报原则的直接证据，但期待中央政府和地方政府具有同种类型的激励关系是合理的。此外，本章还复核了新近的证据，这些证据以一贯的方式从不同角度表明，市政府税收占比提高了民众政治活跃度和民众对当局的问责要求，这是保证更好的公共管理的良好机制；因此，民众要求公共行业更多地为国家发展提供资金。

尽管有上述发现，但还是提醒读者注意，税收和“坏政府”有联系也是适当的，特别是在缺乏民众参与机制的情况下。纳税并非公民行使要求政府良好履行职责的权利保障，还需要充分的体制和渠道使民众的要求能够落到实处。在没有直接民主或通过选举代表的间接民主这样的政治参与机制的社会，支撑问责的元素并不存在，国家的融资方式可能与公共资金的管理质量一点关系都没有。因此，重视公民可获得的政治参与机制。这些机制不仅赢得公民的信任，还能有效地帮助公民行使对政府的监督和控制权。税收可以增加公民对参与路径的要求，存在参与路径和认可未来自发形成的参与渠道是重要的。

第六章将从不可再生自然资源开采中获得收益的特定案例入手，讨论融资来源、政府透明度和效率之间的关系。

第六章　自然资源及公民与国家之间的关系*

一、前　言

来自不可再生自然资源开采的收益——即超出包括资本机会成本在内的生产成本以外的剩余部分，对于包括拉美在内的自然资源丰富的国家来说十分可观。获得这些收益的部分或全部便可以满足政府很大一部分的预算需求。自20世纪中叶金属和油气产品价格走高开始，来自矿业和能源行业的收入占拉美主要生产国政府预算的比重平均从18%上升至35%。即便是原材料价格低于目前价格的情形下，可以预见到自然资源收益将继续对地区各国的公共预算融资发挥关键作用。近年来，拉美各国政府对自然资源的税收制度进行了改革，旨在使国家在收益中获得更大的比例。这也反映出各国政府希望巩固这一财源的意愿。

这部分收入应该对改善民生和人民的生活水平发挥积极作用。作为额外收入，它可以帮助国家改善公共产品和服务的供应，以推动增长，促进公平。然而，正如第五章中所分析的那样，随着国家获得来自广大纳税人的税收以外的替代性财源，公民与国家间授权和双向关系的纽带也遭到削弱。换言之，公民失去了直接或间接监督公共管理和要求合理使用资源的动机。因为他们觉得部分预算融资并非出自自己的腰包。这同时也减少了

---

* 本章内容由 Adriana Arreaza 负责编写，CarlosCatanho、Alexandra Reuter 和 Mariana Urbina 提供研究帮助。

国家改善服务质量的压力。由于公民感受到获得服务的质量低下，还缺乏缴纳额外税收的动力，从而形成了低税收、公民低参与度、预算过程缺乏监管和公共政策质量低下之间的恶性循环。

对于不可再生自然资源来说，问题更为严重。（1）矿业和油气开采的性质决定了相当部分的国家收入集中在少数企业手中，这破坏了预算收入与大部分公民之间的关系。（2）政府往往通过从法律角度看缺乏透明度、过于复杂和不稳定的机制获取自然资源收益，这使得公民难以获取与这些收入有关的信息，从而导致公民或检察机关难以对公共管理进行有效监督。（3）原材料价格惯有的剧烈波动会直接传导至财政收入，使预算规划过程复杂化。（4）在制度薄弱的背景下，自然资源开采带来的高收益会导致各利益集团为获得收益而进行的争夺，或激化政治上的庇护主义。这些因素都会加剧可治理性问题，削弱国家的法制，降低公共管理的质量。

经济学文献已经对自然资源丰富并不一定带来更大的经济发展这一现象进行了充分的描述。在解释这一现象的诸多假说中，最为人所知的假说指出，原材料价格的变动会导致实际汇率波动，从而对经济的资源配置产生影响。另一些假说则指出，政府所扮演的角色会对来自自然资源收益的正确或错误使用产生影响。本章将讨论至今研究较少的一种传导渠道，即自然资源通过对公共支出融资结构的影响在政府管理的能力和质量方面所发挥的作用。正如前文所述，公民监督管理者动力的下降、对资源数量缺乏正确可信的数据、自然资源价格的高波动性以及这些收入可能为利益集团所掌控从而产生激烈的分配争夺等因素意味着，更多的自然资源收益未必能转化为更大规模的公共投资、公共服务的持续增长以及民生指标的改善。

本章搜集的论据指出，实际上，拥有来自自然资源的收入并非一定会转化为更加有效的财政政策。一方面，预算中来自自然资源收入的资金比重越大，这部分收入以及整个预算管理的透明度也越低。另一方面，虽然自然资源收入丰厚的国家对实物和人力资本都进行了更多的投资，但近10年来这并未带来教育和卫生支出的更高效率，也未显著改善一些民生指标。一些研究显示，这一结论对拉美地方政府的情况也同样适用。巴西和秘鲁的案例显示出，尽管与其他地方相比，那些拥有能源或矿业开采收入的市镇总支出和投资支出增长更快，但这并未带来更好的民生指标，如住房、公共基础设施、入学和卫生等。

一个关键问题在于那些拥有丰厚自然资源收入的国家应该如何保障资金管理的效率，对公民福祉发挥积极作用。许多自然资源丰富的国家通过制定相关的预算规则，或设立主权稳定和储蓄基金来改善资金的管理。然而，国际经验显示，这些安排能否获得成功取决于其是否能够改善透明度，并对预算决策参与者产生激励。除了增加透明度以及提供关于这些收入来源的信息之外，还需要为相关制度安排建立制约和监督机制，以按步骤有效地将自然资源收益纳入预算决策，并激励实施良好的治理。

包括前言在内，本章共有7节，结构安排如下：第二节将针对来自自然资源的收入特点及其影响公共管理的渠道建立理论框架；第三节通过分析国际案例说明如何评估自然资源收入对公共收入结构、预算构成以及财政管理质量的影响；第四节分析内容与第三节相似，但引入了拉美一些国家地方政府的案例；第五节分析了自然资源收入对于拉美国家的重要性，并考察拉美国家获取这部分收入的方式；第六节分析了在使用自然资源收入方面建立预算规则或主权基金国家的经验；第七节将得出本章的一些结论。

二、自然资源、预算融资的结构和公共政策质量：理论框架

相关文献研究了自然资源对发展产生影响的若干渠道。Sachs 和 Warner（1997，2001）的研究表明，自然资源丰富的国家平均增长低于资源禀赋较低的国家。从这一论断出发，许多文献试图解释引发这一看似相互矛盾的“自然资源诅咒”现象的机制是什么。❶ 最初，研究强调的传导渠道为实际汇率升值导致去工业化，从而引发了上述现象。❷ 后续研究并未就这一渠道

❶ 最近一些研究，如 Lederman 和 Maloney（2007）得出了与 Sachs 和 Warner 相反的结论，尽管这些结论并非是最终的。

❷ 这方面的主要论点在于自然资源带来的繁荣会导致实际汇率升值，从而导致贸易品生产因失去竞争力而萎缩。贸易品部门会对整个经济体系发挥重要影响（如技术的外溢效应）。因此，该部门的萎缩会对经济增长产生消极影响。参见 Forsyth 和 Kay（1980，1981），Corden 和 Neary（1982）的研究。

找到有力证据，[1] 并强调其他环境变量可能对这一关系带来限制。[2] 越来越多的一系列沿此方向进行分析的研究指出，如果一国机制体制薄弱，并存在着制约民众参与和监督的可治理性问题，自然资源就可能会对发展带来消极影响，从而导致在公共政策方面出现管理不当。[3]

如第五章所述，在财政收入更多来自对公民征收的直接税的情况下，公民便会更好地根据所支付的税收来衡量公共产品的成本。这也会激励公民加强对公共管理的监督，以保证所支付的税收得到合理的使用。公民可以直接履行这项职能，也可以通过使公共政策负责人述职的机制（如检察机关、议会等）间接地进行监督。这样，纳税人便成为预算决策过程中重要的参与者。这也会激励政府表现得更好，以得到纳税人更多的税收。这便在税收、纳税人对预算决策的参与和监督、可治理性和公共政策的质量之间形成良性循环。

相反，如果公共部门在除了来自广大民众和企业税收之外的替代性财源，纳税人监督公共政策和支出项目的动力就会减弱。因为预算决定对其收入的影响并不十分直接可见。政府有效执行自身职能的激励也会随之减弱，从而对国家的发展带来不利影响。

预算决策与税收来源之间的脱节在自然资源丰富的国家，特别是矿业、油气等不可再生资源丰富的国家尤为严重。首先，不可再生资源的收入和生产成本之间高度不对称，从而导致高收益。这也意味着通过自然资源开采获得的收入（通过税、费、红利或特别贡献金等方式）与对产品和服务征税之间存在着巨大的差异（Dalgaard y Olsson，2006）除了收益规模巨大之外，不可再生自然资源的开采还需要发挥规模经济效应。因此，开采活

---

[1] 参见 Manzano 和 Rigobon（2001），Lederman 和 Maloney（2007），Brunnschweiler 和 Bulte（2008），van der Ploeg 和 Poelhekke（2009）。

[2] 这些文献认为，如果存在良好的体制机制，自然资源可以成为福源。相反，缺乏制约的政治体制无法限制政府的随意性，从而导致资源收益的使用不当，对发展产生消极影响。例如，在缺乏民主、体制不健全的国家，自然资源突然带来的财富往往会加剧对财富的追逐，增加腐败，破坏机制体制，削弱可治理性。另一方面，国内金融市场欠发达、且无法获得国际金融市场融资的国家无法有效抵御自然资源收益特有的剧烈波动性。这一观点及其他分析详见 vander Ploeg（2011）。

[3] 参见 Sala－i－Martin 和 Subramanian（2003），Mehlum 等（2006），Robinson 等（2006），Areki 和 van der Ploeg（2007）以及 van der Ploeg 和 Venables（2010）。

动的税收主要集中由少数生产企业提供。在这里需要强调的是，从少数不可再生自然资源生产企业获得高额收入意味着使公民远离税收环节，因为这部分收入并不直接对大多数纳税人构成负担。正如前文所述，这会导致民众缺乏了解、参与、监督和制约公共管理的动力。

其次，尽管少缴税降低了公民对公共管理进行监督的动力，但无论如何，公民总希望了解政府将来源于自然资源开采的收入用在了何处。如果对这部分收入善加使用，就应该能够提高人民的生活水平。然而，自然资源收益使用过程中的透明度低于一般税收。如果公众无法及时、全面获得这部分收入使用的相关信息，且相关收入直接归入与预算无关的基金中并按照公众不了解的规则进行管理，情况就更为严重。这也就是说，来自自然资源的收益可能通过预算外和不透明的机制直接纳入国库，从而导致一般公众难以了解相关情况（Farejohn，1986）。这自然也使得针对预算收入制定的监管和审计制度难以发挥作用。自然资源收入信息的低透明度也可能成为制约从这部分收入获得融资的公共政策管理效率的因素。

再次，如果缺乏透明度的问题阻止了公众对预算情况进行很好的跟踪了解，他们就会假定管理者缺乏效率，并要求通过直接增加自身收入的机制扩大现阶段的公共支出，而不是在自然资源收益猛增的情况下将分配过程交由国家决断。在这样的情况下，执政者为获得选民支持，从而留任，有动力扩大现阶段支出，提高消费，而牺牲更加良好的公共政策管理。❶

另一个可能对公共政策质量带来消极影响的因素在于高收益过于集中在少数生产者手中。这会导致利益集团为获得这些收益而相互争夺。这还会加剧可治理性的问题，削弱以法治国家，引发没收风险以及法律上的不确定性，对公共管理的效率带来消极影响（Cárdenas et al.，2011）。在极端情况下，为获得收益而进行的争夺会导致社会和政治的不稳定，甚至引发武装冲突（Collier y Hoffler，2004）。例如，便于运输和走私的自然资源开采，如钻石和贵金属等，可能导致产权环境的脆弱性。与农业活动相比，它还为当局的腐败提供了更大的诱因（Boschini et al.，2007）。

❶ Alesina 等（2008）认为，由于信息不对称和选举激励，财政政策变得具有顺周期性。Ardanaz（2011）考察了加剧顺周期性的信息不对称来源。这一逻辑可以从资源的季节间配置扩展至行业间支出的分配。

最后，自然资源收益的一个突出特点是其价格的剧烈波动性。这主要源于原材料定价特有的波动剧烈的特征。另一方面，自然资源储量的日渐消耗为来自这些不可再生资源的收益设定了上限。鉴于原材料收入所带来繁荣景象的暂时性，各国政府应该将相关收入再投资于金融、生产或人力资产之中，通过相关投入的回报来弥补随着资源耗尽而日渐下降的收入，或用于减缓收入周期波动带来的大起大落。通过这样的方式，还可以避免收入过渡性波动转导到消费环节。换言之，公共支出不应该根据自然资源收入波动而逐年对应，以持续保证稳定的消费水平。然而，在存在政治职能和机制性问题时，收益的波动及其随着资源耗尽而消失将会对政府预算决策的质量产生影响。在这种情况下，政府将倾向于在现阶段花得更多，且有效投资更少，[1] 这不利于资源在时间上以及行业间的合理分配，会导致效率和福利的损失。

自然资源收益的规模、持续时间以及波动程度使得各国面临着如何使用这些收益以及如何保证政府有效使用这些收益的两难境地。虽然合理使用自然资源收益的准则并非本章所要讨论的核心议题，但对其加以了解也十分重要。对于本章最后一节中将要分析的各国采取的旨在改善预算管理的许多规则而言，这些准则具有基础地位。专栏 6.1 简单地介绍了其中一些准则。

专栏 6.1　各国如何使用来自不可再生资源的收入?

一般而言，一个国家或地区通过自然资源开采和销售所获得的收益可以缓解经济体的预算约束，从而扩大消费，提高民众的福利水平。然而，一个两难选择是需要在现阶段花费多少，而又要将多少收益储蓄起来留给后代消费。由于自然资源面临枯竭，其开采时间有限，上述问题尤其具有意义。

从十分简单的概念层次看，自然资源收益使用的一条最佳原则在于储蓄部分收入，并将其再投资至长期资产之中。相关资产可以是金融资产或生产性资产（包括实物资本和人力资本）。投资取决于资产回报率以及当

[1] Lane 和 Tornell（1996），van der Ploeg（2011）。

前和未来消费在不同社会中的重要性。投资的目的在于来自其他资产的回报可以产生足够收入，以弥补自然资源不断枯竭所导致的收入逐渐减少，从而在未来维持当前的消费水平。如果一个社会希望长期维持稳定的消费水平，就需要进行投资，通过投资回报弥补资源收入的下降。

将资源收入投资于其他类型的资本当中是获得可持续发展的实用规则（Hartwick，1977；Hamilton y Hartwick，2005）。随着一个社会不断将这部分收益储蓄下来，用于实物和人力资本积累（当前或未来），它的生产潜力以及福利水平就会得到不断提高（van der Ploeg，2011）。与此同时，投资多少，投资什么，这些决策取决于不同投资选择的回报率。这当然也是因国家而异的。

因此，投资战略应该与各国发展程度相适应。例如，在实物和人力资本积累均较少的经济体中，应该存在许多回报率高于发达、且资本充足的经济体的投资项目。这样，与资源丰富的发达国家相比，发展中经济体就可以将更大部分的资源收益投资于国内资产（包括基础设施和人力资本）（Collier et al.，2010）。根据这一逻辑，可以预见，发达国家将会把石油收益的主要部分储蓄在拥有外部金融资产组合的代际养老金之中。而对发展中国家而言，将更大部分的石油收入用于增加国内生产资本更为有益。例如，在教育领域投资的回报将比发达国家高出许多，但必须保证国内投资不超出经济体本身的吸收能力。

资料来源：作者编写。

之前的分析显示出，来自自然资源开采的大量财政收入可以通过若干传导渠道对公共管理、特别是财政政策产生消极的影响。分析一方面强调了这部分收入所带来的预算和支出决策的割裂，另一方面也指出了其对征税需求带来的影响，并导致公众获取足够信息、监督政府管理动力的下降。在这部分收入管理中存在的信息和透明度不足的问题也不利于政府进行充分的述职，加剧了公民监督的难度。此外，这部分高额收入显而易见地集中在少数部门手中会引发分配冲突，影响政治和社会稳定，并对发展带来消极影响。最后，收入的剧烈波动增加了预算规划的难度，在制度不健全的环境下会促进财政政策顺周期和低效率的表现。

是否有证据表明，在那些财政收入高度依赖自然资源开采收益的国家公共政策效率更低？第三节将根据国际经验进行相关的国别比较，而第四节中我们将针对拉美一些国家地方政府的情况提出一些结论。

三、通过自然资源收益为预算提供融资及其对公共管理的影响：国际经验

本节将对国别比较的情况进行分析，以证实公共政策的质量是否确实受到来自自然资源收入的影响。具体而言，我们研究了来自自然资源开采的高收益对财政收入和支出的表现、预算决策的透明度以及政府提供旨在提高公民生活水平的产品和服务的效率等内容是否产生了影响。

通过对各国资料的考察，最初的印象之一就是，那些拥有来自自然资源的高额收入的国家更易于依赖这些收入。图6.1显示了不可再生资源丰富程度（人均油气和矿业产品出口量）与来自自然资源的收入占GDP（左侧）和占全部财政收入（右侧）的比重之间的关系[1]。正如该图所示，来自自然资源的财政收入占整个经济体（左侧）以及全部财政收入的比重（右侧）随着人均自然资源产品出口量的增加而增加。

上述关系也可以反映出各国的经济和政治发展状况。例如，石油收入对于挪威的重要性（占预算的25%）远低于根据其出口规模所可能达到的程度。而尼日利亚或利比亚的情况恰恰相反，几乎其预算的90%来自石油收入。与出口规模和收入情况相对应的程度相比，这两个国家对石油收入的依赖程度要高得多。挪威早已拥有较广的个人和企业税基和坚实的预算体制。这些因素并未随着石油的发现而消失。但其他不发达国家的情况并非总是如此。

在专门为本报告所作的一项研究中，Perry等（2011）通过不同时期的数据实证地分析了上述关系。研究结果显示，即使在通过人均收入和制度

[1] 样本国家包括那些自然资源产品至少占出口量25%的国家。

质量指标[1]进行控制的情况下，财政依赖以及自然资源丰富程度之间的关系仍呈现显著的正相关性。

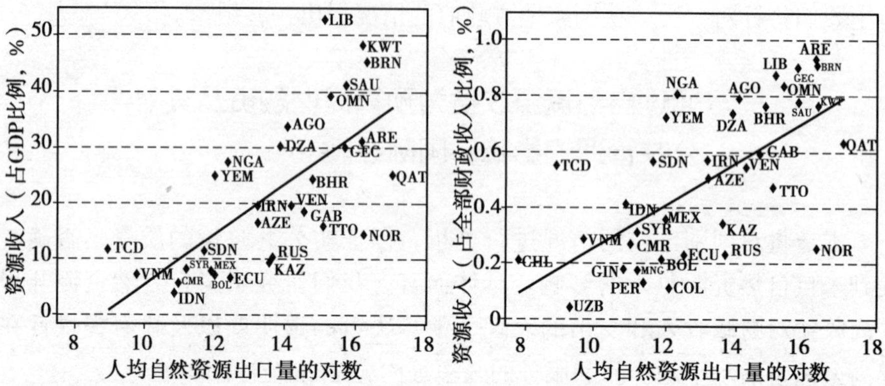

（a）来自自然资源的财政收入占GDP比例　（b）来自自然资源的收入占全部财政收入的比例

图 6.1　部分国家来自自然资源的财政收入及其占预算的比重（2004～2008 年平均值）

图例：LIB：黎巴嫩；KWT：科威特；BRN：文莱；BHR：巴林；SAU：沙特；OMN：阿曼；AGO：安哥拉；ARE：阿联酋；DZA：阿尔及利亚；GEC：赤道几内亚；NGA：尼日利亚；YEM：也门；QAT：卡塔尔；GAB：加蓬；AZE：阿塞拜疆；TTO：特立尼达和多巴哥；NOR：挪威；RUS：俄罗斯；KAZ：哈萨克斯坦；SDN：苏丹；SYR：叙利亚；MEX：墨西哥；BOL：玻利维亚；CU：古巴；CMR：喀麦隆；VNM：越南；IDN：印度；VEN：委内瑞拉；IRN：伊朗；TCD：乍得；PER：秘鲁；UZB：乌兹别克斯坦；COL：哥伦比亚；CHL：智利；ECU：厄瓜多尔。

资料来源：作者根据 Perry 等（2011）编制。

国际数据显示，在自然资源收入占财政收入比重较高的国家，财政管理与其他国家不同。与拥有更加多元化税基的国家相比，财政更加依赖自然资源的国家平均支出要略低于其经济规模所决定的水平，尽管这些国家的总收入要略高。然而，那些相当比例的预算来自于自然资源收入的国家的公共管理指标一般要差于其他国家（见表 6.1）。这也意味着拥有更多自

[1] 为衡量制度质量，研究使用了世界银行的治理指标之一政府效率指标（英文缩写 GEI）以及国际风险指南（ICRG）的政府质量指标。GEI 指标衡量了对公共服务质量、官僚机制质量及其屈服于政治压力的程度、政策提出和执行过程的质量以及政府实施承诺的可信度等方面的感受。ICRG 指标则对官僚体制质量和制度性的主观评价进行了评估。

然资源收入的国家的支出未必能切实转化为福利的增加。

表 6.1 拥有高额资源收入的国家财政表现
(2000~2003 年平均值)[a,b]

项 目	财政上不依赖资源收入的国家		财政上依赖资源收入的国家	
	平均值	标准差	平均值	标准差
来自资源的财政收入(占 GDP 比重,%)	0.01	0.30	10.61	12.86
全部财政收入(占 GDP 比重,%)	30.21	20.15	31.55	12.75
财政支出(占 GDP 比重,%)	31.97	14.10	30.81	12.75
中央政府债务(占 GDP 比重,%)	54.61	32.95	54.03	48.41
净资产积累(占 GDP 比重,%)	13.69	13.69	18.10	15.93
政府效率指数(ICRG)	0.10	1.04	-0.41	0.78

注：a，如果 2000~2003 年，一国预算中平均 25% 的部分来自资源收入，则被认为是资源依赖型国家。在 184 个样本国家中，41 个国家被认为是财政上依赖资源收入的国家。

b，财政上依赖资源收入的国家包括安哥拉、沙特阿拉伯、阿尔及利亚、阿塞拜疆、巴林、玻利维亚、博茨瓦纳、文莱、喀麦隆、卡塔尔、乍得、智利、哥伦比亚、厄瓜多尔、阿联酋、加蓬、几内亚、赤道几内亚、印尼、伊朗、哈萨克斯坦、科威特、利比亚、墨西哥、蒙古、纳米比亚、挪威、阿曼、巴布亚新几内亚、秘鲁、俄罗斯、叙利亚、苏丹、特立尼达和多巴哥、乌兹别克斯坦、委内瑞拉玻利瓦尔共和国、也门和赞比亚。

资料来源：作者根据 Perry 等（2011）编写。

另一方面，拥有丰富自然资源的国家似乎能够储蓄的更多，这反映在总资产（包括公共和私人部门）的净积累上。除了资产的净积累外，还需要对拥有大量自然资源收入国家的支出和投资策略的可持续性进行分析。为此，我们使用了经调整的净储蓄的定义（Pearce y Atkinson，1993；Hamilton，1994）。这一定义大致相当于公私部门的毛储蓄减去固定资本贬值，加上教育支出（被认为是人力资本投资而非支出），再减去矿业、石油、天然气和森林等自然资源储量的消耗值。从图 6.2 中可以看出，经调整的净储蓄率和自然资源收入占 GDP 比重之间呈负相关。这说明，即使把人力资本投资计算在内，在考虑到资产贬值和自然资源储量下降的情况下，拥有更多来自自然资源收入的国家仍倾向于储蓄的更少。

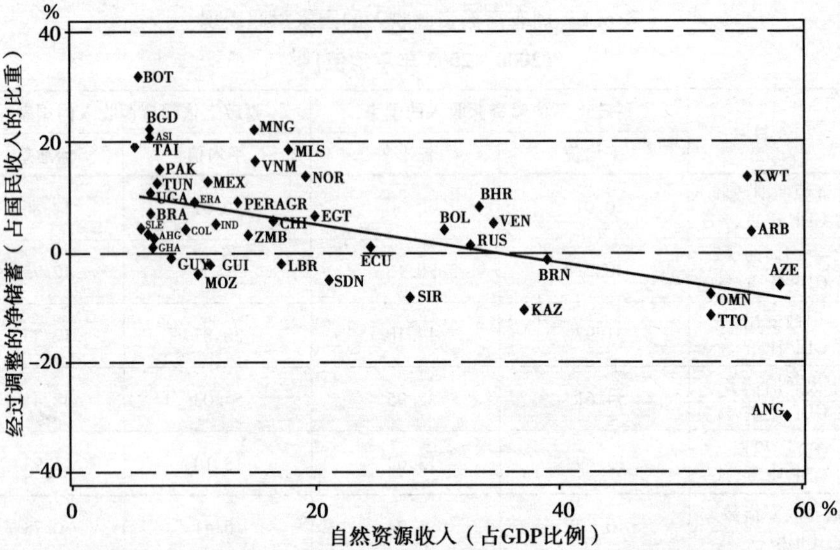

图 6.2　部分国家经过调整的净储蓄以及自然资源收入（2003～2008 年平均值）

图例：BOT：博茨瓦纳；BGD：孟加拉；BRA：巴西；PAK：巴基斯坦；UGA：乌干达；LBR：利比亚；ZMB：赞比亚；MOZ：莫桑比克；GUI：几内亚；GUY：圭亚那；TUN：突尼斯；KAZ：哈萨克斯坦；GHA：加纳；ARG：阿根廷；EGT：埃及；MNG：蒙古；LIB：黎巴嫩；KWT：科威特；BRN：文莱；BHR：巴林；SAU：沙特；OMN：阿曼；AGO：安哥拉；ARE：阿联酋；DZA：阿尔及利亚；GEC：赤道几内亚；NGA：尼日利亚；YEM：也门；QAT：卡塔尔；GAB：加蓬；AZE：阿塞拜疆；TTO：特立尼达和多巴哥；NOR：挪威；RUS：俄罗斯；KAZ：哈萨克斯坦；SDN：苏丹；SYR：叙利亚；MEX：墨西哥；BOL：玻利维亚；CU：古巴；CMR：客麦隆；VNM：越南；IDN：印度；VEN：委内瑞拉；IRN：伊朗；TCD：乍得；PER：秘鲁；UZB：乌兹别克斯坦；COL：哥伦比亚；CHL：智利；ECU：厄瓜多尔。

资料来源：作者根据世界银行（2011）WDI 编制。

这些国家将自然资源收益转化为其他能在未来带来收入流的资产的能力较低。然而，相关定义并未纳入各国教育投入回报的差异，也未反映其在教育投入的效率和有效性上的不同。这会导致相同水平的净储蓄对各国资源使用战略的可持续性带来的不同影响。但无论如何，这一定义扩大了对储蓄的传统认识。

另一个有助于对拥有丰富不可再生资源的国家进行区分的因素是财政管理的透明度。首先，政府获得相关收入的方式部分说明了这些收入对预算而言的重要性。正如第二节所述，这也可以影响到收入管理的透明度。如图 6.3 所示，矿业或油气资源开采收入使用的透明度高低与相关领域贡献金数额大小呈负相关。[1] 如第五节所述，贡献金是拉美国家政府获得不可再生资源收益最常使用的方式。

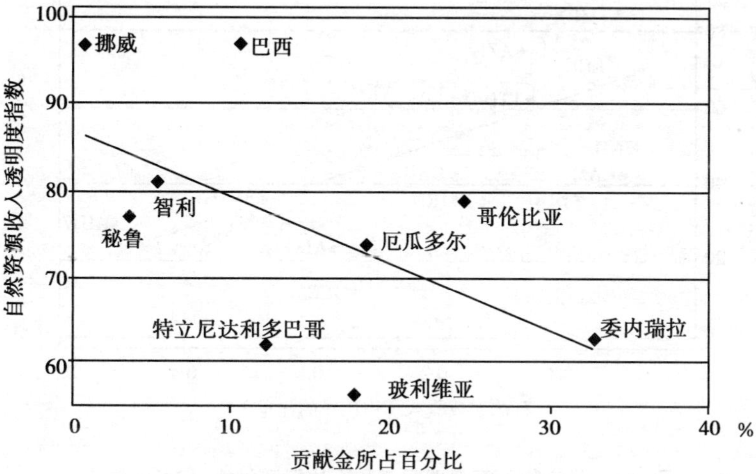

图 6.3　部分拉美国家自然资源收入管理透明度以及贡献金所占比例（2010 年）

资料来源：作者根据透明国际组织和收入观察研究所（Revenue Watch Institute）（2010）资料编制。

其次，在考虑到来自不可再生资源的财政收入总量的情况下，上述负相关仍然存在。图 6.4 显示了 2010 年国际主要石油生产国来自石油的财政收入透明度指数，并比较了石油收入相对于 GDP 的规模。尽管数据分散，但可以看出，随着石油收入的增加，收入管理的透明度不断下降。挪威是

[1] 相关指数分析和评估了以下方面信息的可获得情况：获得资金的机制（生产者的合同和许可程序）、收入产生机制（生产和支付）、机制框架（主要参与方的规则和作用）、国有企业的运作（公司治理和信息披露）、自然资源主权基金（运作规则）、各级转移支付以及履行国际采掘行业透明度标准的情况。

自然资源收入使用过程中透明度指数最高的国家，甚至高于根据其石油收入所能达到的水平。相反，赤道几内亚是另一个极端的案例。其透明度水平甚至远远低于根据其石油收入所应达到的水平。如第二节所述，自然资源收入管理的低透明度给公民获取信息带来了困难，使其难以对公共管理进行监督，也从而降低了政府提高效率的动力。

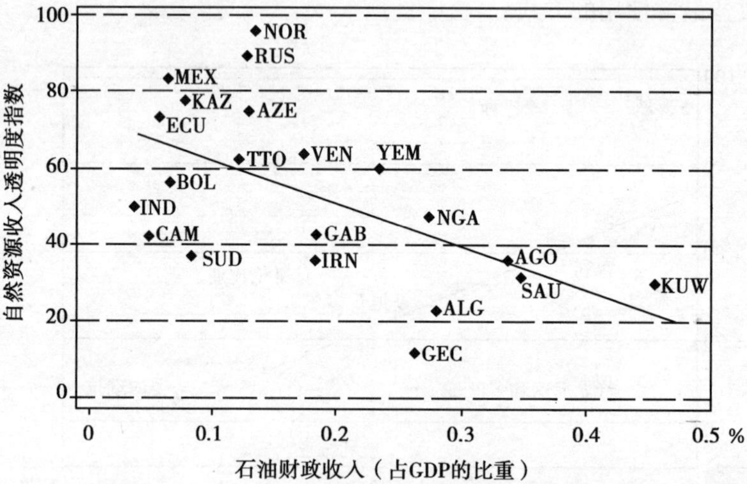

图 6.4 石油收入管理透明度和石油财政规模（2010 年）[a]

注：a，石油收入占 GDP 的比例为 2000 ~ 2008 年的平均值。

图例：NOR：挪威；RUS：俄罗斯；MEX：墨西哥；KAZ：哈萨克斯坦；AZE：阿塞拜疆；ECU：厄瓜多尔；TTO：特立尼达和多巴哥；VEN：委内瑞拉；YEM：也门；BOL：玻利维亚；IND：印度；CAM：喀麦隆；SUD：沙特；GAB：加蓬；IRN：伊朗；ALG：阿尔及利亚；AGO：安哥拉；KUW：科威特；NGA：尼日利亚；GEC：赤道几内亚。

资料来源：作者根据 Perry 等（2011），以及透明国际和收入观察研究所（2010）数据计算编制。

再次，除了收入使用之外，Perry 等（2011）发现，根据预算透明度标准，[1] 在一个包含更多国家在内的样本中，预算中越大部分通过自然资源收

[1] 相关衡量指标根据 Open Budget Initiative 调查结果建立。这一调查主要评估了公众获取预算信息、公民参与式预算过程的机率以及监督部门（立法机构和外部审计机关）的权威等情况。

入解决，整体的预算过程越缺乏透明度。

到目前为止，我们介绍了基于平均数据得出的相关关系。但是，平均数往往掩盖了数据在不同时间的差异。而各国的这一差异可能十分巨大，因此，如果需要对自然资源丰富程度、预算决策以及政府效率之间的关系进行更加严谨的统计学分析，我们就需要既对数据进行横向比较，也要进行时间上的纵向研究。为研究来自不可再生资源收入多寡与财政表现变量之间的关系，Perry 等（2011）进行了一系列的计量经济学分析，获取了 184 个国家 1960 ~2010 年的数据，并通过人均收入和制度质量等因素加以控制。他们发现，拥有更多来自自然资源的收入与相对于 GDP 更高的公共支出水平相联系，但这一关联随着人均收入增加而减弱。换言之，人均收入水平更低的国家石油收入的支出水平越高，而更富裕的国家则将石油收益的更大部分用于储蓄。

上述结果与在收入更低的国家，实物和人力资本投资的回报率比高收入国家更高这一事实相吻合。为此，需要研究拥有大量自然资源收入的国家在教育、卫生（人力资本）和公共基础设施等方面的投资是否确实比其他国家更多，因为这有助于提高公民的生活水平。Perry 等（2011）指出，国际证据并未显示出在不考虑人均收入水平的情况下，拥有更多自然资源收入的国家在卫生和教育领域的支出显著高于其他国家。另一方面，他们发现只有在富裕国家，公共投资与自然资源收入之间才呈现出正相关。换言之，在人均收入较低的国家之中，拥有大量来自不可再生资源收入的国家总支出水平更高，但与其他国家相比并未在公共基础知识、卫生或教育领域投入更大比例的资金。

还需要了解的是，在反映财政管理结果的指标与自然资源收入占预算的比重之间是否具有某种关联。在这方面可以看出，自然资源收入占财政收入的比重越大，教育（每 1 美元支出带动的小学和中学入学率）和卫生支出（每 1 美元支出带来的预期寿命或免疫服务增长）效率指标表现就越差。

另一方面，最近的研究指出了支出在时间分布上的不足。Humphreys 和 Sandbu（2007）发现，在短期，政府消费与自然资源收入波动之间呈显著的正相关。这显示了此类收入会影响自然资源在时间分配上的效率。然而，在存在制约政府权力机制的国家，支出对收入变动的敏感性便大为降低。这也就是说，在存在对行政部门任意度量权制约的时候，政府根据收入波动而改变年度支出计划的倾向降低了。Perry 等（2011）还发现，那些更为依赖自然资源收入为预算提供融资的国家在公共支出方面显示出更大的波动性，但是并未发现这些国家相比其他国家而言，公共支出相对于 GDP 呈现出更大顺周期性的实证支撑。他们将这一现象归结于通过自然资源获得的财政收入与 GDP 之间平均同向性更弱，尽管自然资源丰富的国家在这方面呈现出十分不同的表现。

上述结果显示出，在对自然资源的财政依赖以及政府管理的低效和低透明度之间存在着关联。下面，我们将通过对一国内部的情况进行分析，进一步补充国别研究中得出的结论。

四、拉丁美洲：来自不可再生资源的收入对一国内部的影响

国别的经验性证据显示出了财政收入依赖自然资源可能带来的问题。然而，计量经济学研究在确定因果关系方面存在着一些局限性。例如，一些无法观测的变量（文化、制度、政治等方面以及政府的整体效率等）可能既对自然资源收益的使用决策，也对自然资源在出口中的重要性以及财政依赖程度产生影响，从而使自然资源价格的变动不仅影响到收入水平和分配，也影响到生产决策，并将对自然资源丰富程度以及财政依赖水平的衡量内生化。换言之，解释性变量同时也成为了结果变量。这自然会妨碍因果关系的确定。通过使用一国内部的数据可以减轻一部分问题。因为这样可以获得在横向上（例如在市镇一级）更为同质的数据，使得国家间不可观测变量的差异成为恒量。因此，也可以使用这些数据进行更为可靠的推断。

尽管各国存在差异，但除了环境整治、公共照明、地方道路和垃圾处理之外，拉美的地方政府越来越多地参与到基本卫生和教育服务供应之中。尽管如此，地方政府的税收能力仍显不足，需要依靠中央政府的转移支付

来为上述支出提供资金。平均而言，转移支付占地区市镇级政府收入的近70%。[1] 近年来，来自不可再生资源开采的转移支付的重要性日益增加。拉美地区这部分中央对地方转移支付分配的特点之一是逐步向开采活动所在地（市、省和州）倾斜。

近来的一系列研究试图根据一国的地方性数据，从实证的角度评估来自自然资源的财政收入对资金分配决定、支出效率以及预算过程透明度带来的影响。总体而言，被这些研究认为是基础性的事实是，来自不可再生资源收益的转移支付往往具有与资源产地（以及国际价格变动）相关联的外在性特点。这与其他类型的转移支付不同，并不取决于各市镇自身的条件。通常说来，相关研究比较了目标变量在两个不同时期以及在拥有自然资源收入和缺乏这一收入的市镇之间的表现。

（一）巴西的案例

Caselli 和 Michaels（2011）使用上述方法评估了 1991～2000 年巴西获得石油贡献金的地区与其他没有这项收益的地区对比，是否改善了其居民的生活水平。作为研究对象，研究者选取了正对巴西石油公司近海油井的各市镇。根据法律，国家石油公司应向这些地方支付固定比例的贡献金[2]。他们还使用这些市镇人均石油产量作为衡量市镇收入的手段，以避免贡献金可能取决于各地区[3]条件而引发的内生性问题。

上述研究者发现，从财政的角度看，拥有更大数量油井的市镇更依赖石油贡献金收入。这些地区收入的巨大增长也反映在更高水平的支出上，特别是在城市基础设施、教育和卫生服务方面的支出。然而，支出增加并未带来公共产品供应质量的改善。通过对住房条件、公共基础设施、入学率和卫生状况等多项指标的比较，并没有发现接受贡献金的地区比其他地区表现更好。研究者也没有发现与其他地区相比，获得贡献金收入的地区的家庭收入水平在数值上有显著增加。除了可能存在的支出低效的情况以

---

[1] 对拉美市镇收入和支出结构的更详细分析参见 Eguino 等（2010）。

[2] 财政部每月将贡献金分配给各地方。各市镇可以自由支配相关资金，提供公共产品。但根据法律规定，不得增加公共部门的固定合同制雇员，也不能将资金用于偿还债务。需要说明的是，市级政府是巴西卫生和教育的主要提供者。

[3] 他们使用的地理单元是最小的可比较区域。这在统计计算中略大于市镇，且能够提供关于所评估的结果变量的详细信息。

外，他们发现，有证据显示，拥有丰厚贡献金收入的地区存在着更为严重的腐败问题。

Ferraz 和 Monteiro（2010）的研究与 Caselli 和 Michaels（2011）的发现形成了互补。他们分析了巴西沿海石油产区各市政府在石油贡献金收入增加时的表现。[1] 这些研究者发现，收入的增加与临时合同制公共部门雇员的激增相关联，但并未带来教育和卫生等公共服务的显著增加。他们认为，雇员增加会为当政者在下一次选举中带来更大选举优势，但这一优势会在中期逐渐消失。研究者指出，这一结果与选民的学习行为相一致。即当选民发觉公共收入的增加并未带来公共产品供应扩大时，他们在投票中对当政者施以惩罚。

（二）秘鲁的案例

秘鲁在过去 10 年中经历了矿税的大幅增长。在此基础上，可以对比受益和未受益市镇在财政管理上的表现是否不同。矿税是秘鲁的一种政府间转移支付机制，占政府向采矿企业征收的税率为 30% 的所得税的一半。这项收入的分配方式如下：（1）25% 属于采矿地市镇所隶属的地区级政府，其中 5% 给该地区的公立大学；（2）10% 归采矿地市镇政府所有；（3）25% 归采矿地所在省下辖各市镇所有；（4）剩余 40% 在采矿地所在大区下属各市镇间分配。[2] 如图 6.5 所示，矿税项下转移支付在 21 世纪头 10 年中保持持续增长，并自 2004 年起，随着国际市场金属价格的上扬而显著增加。2004～2007 年，相关转移支付创历史新高，增长超过 1000%。尽管在 2008 年金融危机爆发之后，矿产品价格经历回调，但相关转移支付仍保持在高位，并从 2011 年起再次上升。

Sanguinetti（2010）运用不同时期矿税的变化以及产矿或非产矿地政府的不同表现数据，研究矿业所得资金分配体制对秘鲁地方财政实践以及各地发展水平的影响。为此，他评估了与非矿区市镇相比，矿税所得如何对

---

[1] Ferraz 和 Monteiro（2010）使用市级单位而非最小可比较区域作为地理单位。研究期从 1996 年（油价繁荣期开始之前）至 2008 年，并通过时间和各市镇数据对固定效应加以控制。他们使用了与 Caselli 和 Michaels（2011）相似的工具变量。

[2] 市镇、省、大区三级分配体制在 2009 年进行改革，但此前的分配方式适用于本研究中使用的样本。

矿区市镇的征税行为以及支出构成产生影响。

首先，该研究试图确定相关转移支付是否对地方政府的征税努力产生了消极影响，并发现就大区层次而言，并未出现统计学上较显著的税收替代效应。换言之，矿税的征收并未导致其他税收的减少。其次，研究分析了矿税收入对公共支出的质量和结构产生了怎样的影响。结果显示，一般而言，更多的矿税收入与日常支出中更多的资本支出相关联。研究者将这一结果归因于获得矿税收入地区政府将资金用于公共投资的任务。他最后认为，矿税集中在更为富裕的地区会扩大不同地区间发展的差距。

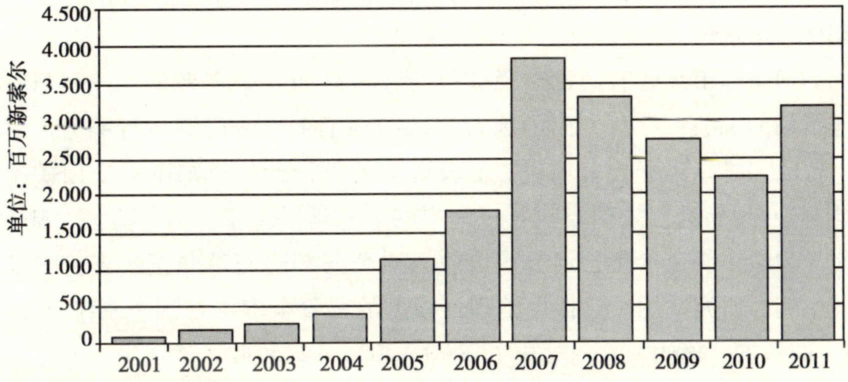

图 6.5　秘鲁对地方进行矿税转移支付的规模变化（2001～2011 年）

资料来源：作者根据秘鲁经济和财政部数据（2011）编制。

在评估了矿税收入对地方征税和公共支出构成带来的影响之后，还需要分析这一收入是否在民生福利方面发挥了积极作用。特别需要阐明的是，更高金额的矿税转移支付是否对提高民众生活水平具有积极意义。Arreaza 和 Reuter（2012）研究认为，与其他市镇相比，获得更多矿税收入的市镇具有更好的民生指标。为此，他们使用了来自全国市镇登记系统的数据。该系统包含全国市镇政府（镇级、市级和省级）在基础设施、地方公共服务、社会发展管理和政策方面的年度管理统计数据。他们特别使用了 1 540个市级和省级政府报告的数据，来证实 2004～2007 年，相对于同期没有获得相关收入的地方政府而言，获得矿税收入的地方政府在管理指标上是否显著领先。他们还引入了一些与地方特点相关的特定变量对分析过程加以控制。

结果显示，在人均矿税收入高的地区，得到地方政府预算批准的人均投资项目数量和金额均很高。然而，证据也显示出，与没有获得相关收入的市镇相比，获得大量矿税收入的市镇并未在管理指标上显著领先。例如，在卫生领域，统计分析结果显示，获得矿税收入的市镇与没有相关收入的市镇相比，人均公共医疗机构数量并无大的差别。同样，研究也并未在儿童、青少年和老年保护机构数量、社会组织数量、上述两种机构受益者人数、提供包括互联网在内的通讯服务的公共机构数量等方面找到有利于获得大量矿税收入市镇的证据。考虑到此类转移支付确实会带来更高水平的支出、特别是预算支出，可以认为在资金的管理过程中存在着某种程度的效率低下的现象。

如何解释市级政府通过矿税获得的收入增加并未带来公共产品和服务供应增加的现象？行政方面的因素可能制约了市级政府的执行能力。即虽然矿税收入可以用于投资项目，但投资前的可行性研究却不得使用矿税资金。[1] 这可以解释投资项目执行过程中的一些延误现象。另一方面，Maldonado（2010）研究了秘鲁地方政府收入对公共部门雇员非正式支付需求扩大的影响。研究使用了包括可治理性模型的秘鲁全国家庭调查系统（ENAHO）的数据。该研究专门分析了2000～2006年矿税收入增加带来的地方收入增长，发现在从矿税增长中最为受益的样本地区中，非正规支付随着矿税收入的增加而显著上升。他的结论是，矿税收入对地方政府收入带来的冲击规模导致支出的转移，即部分支出并未用于公共产品供应。

地方研究的结果显示出，来自自然资源的收益扩大了地方政府的收入，并带来更高水平的支出。但是，并无法确认相关支出是否带来了政府管理

[1] 自2008年起，政策允许市镇将部分矿税收入用于项目的可行性研究。而之前只能通过日常支出负担。

指标以及公共产品供应质量的改善[1]。

五、拉美不可再生资源的税收体制

正如前文所述，政府通过来自自然资源开采的收入为预算提供部分资金会对公共管理的透明度和质量带来消极影响。这部分收入对于公共财政的重要性不仅取决于收入的规模本身，还取决于政府所能得到收入的比例。因此，需要对政府如何获得来自自然资源的收入进行了解。本节将集中对这一问题进行分析，并对有助于拉美主要生产国提高政府在矿业和油气资源收益中所占比例的财政制度改革进行探讨。

政府从自然资源生产者那里获得收入，这两者之间的关系如何？探讨政府和生产企业之间关系的出发点是开采自然资源的合同体制。与世界上许多地区一样，在拉美，国家是地下及其所蕴含的自然资源的所有者。因此，惯常的做法是通过国有企业对这些资源进行开采。在矿业和油气领域尤为如此。另一方面，在私人部门参与自然资源开采的情况下，国家通过特许或签订专门合同的方式，与相关企业做出有关生产和税费的安排。

在特许经营的情况下，国家在一定期限内将所有权转让给经营者，后者根据收益情况向国库缴纳税费。而合同则包括不同类型：联合产生合同规定企业可以获得合同中所规定的部分产量作为收益；服务合同则规定企业通过提供资源开采服务得到国家直接支付的酬劳。酬劳通常取决于经营收益情况，而这部分收益一般无需缴纳采掘行业的专门税。最后，还有一些合同规定国家和私人经营者成立合资企业，共担风险，共享收益。

此外，国家还可以通过以下各种机制获得收益：参与获得国有或合资

[1] 针对拉美地区的其他一些研究也显示出自然资源收入对于地方政府财政管理的影响。针对阿根廷的情况，Gelemur 和 Pochat（2011）发现，获得更多贡献金收入的省份支出更多，但未必更好地改善了卫生、教育和其他公共产品供应，在基本社会福利指标方面也不存在与其他地区的显著差异。Perry 和 Olivera（2009）则研究了石油贡献金对于哥伦比亚地方政府财政行为的影响。他们分析了各市镇的横向数据，发现各地方政府并不会因为获得贡献金收入就降低其他税收。此外，在制度健全的情况下，贡献金收入与征税行为呈正相关。鉴于法律规定的用途，贡献金收入也会带来更高水平的公共投资。该研究还记录了 Arauca 省政府在管理石油贡献金的过程中出现的典型腐败和低效的案例。

企业的分红；收取与其他行业一样的普通税收（利润税、增值税等）；收取采掘行业特别税费，如贡献金、收益费或当资源价格超过一定门槛时征收暴利税❶。

贡献金是国家最常用的获取自然资源收益的机制之一，即生产企业根据产量（如按每吨金属或每桶原油）支付给国家一定金额，或按照资源产品的生产或销售价格（从价计算的贡献金率）支付一定比例。与从量计算不同，从价计算的贡献金数额随着资源产品的价格波动而变动。企业无论盈利与否，均需缴纳按两种方式计算的贡献金。此外，还存在一种根据企业盈利状况所需缴纳的贡献金，其与对企业的激励机制更加兼容。但这种类型的贡献金使用较少，因为对于政府而言，从量或从价计算的贡献金收取更为便捷，因而更具吸引力。❷ 另一方面，由于政府并不完全掌握企业的生产状况，与利润税相比，从价征收更能避免逃税问题，也更能保证国家获得易于监管、更为稳定的收入。这样，征税的方便程度就比经济效益显得更加重要。❸ 然而，贡献金并无法保证国家随着资源产品价格的上涨而获得更大比例的收入。

另一方面，政府可以征收利润税，即针对企业扣除成本、折旧和贡献金后的利润征收税收。税收和贡献金既可以采取固定税率，也可以采取可变税率。固定税率不具有累进性。随着资源产品价格的上升以及随之而来的企业利润增加，平均税率要低于边际税率。相反，如果采取根据自然产品价格或收入段决定的可变税率，国家就可以保证相关收入具有一定的累进性。国家保证在收入分配中的份额不断增加的另一种方式是征收所谓的“暴利税”，即当资源价格达到一定门槛时，按递增的边际税率征税。政府还可以采取一些非常用的机制获得自然资源收益，如征收特别费或专门税以保障开采合同的签署、征收生产税、在生产、发展和运营各个阶段为企业收回成本限定限额以及财政限制等（阻止企业合并操作）（Monaldi，2011）。

❶ 如需了解拉美自然资源开采行业的合同类型和税收制度请参见 Monaldi（2011）。

❷ 在拉美国家中，智利使用了根据利润收取贡献金的方式。秘鲁自 2011 年起也开始采取这种方式收取贡献金。

❸ 关于矿业领域的贡献金情况参见 Otto 等（2006）。

另一方面，国家获得自然资源收入的方式在时间上并非一成不变。实际上，矿业和油气行业的税收和监管体制一直取决于资源产品的价格周期。在国家和生产企业签订的合同不考虑税收相对于资源价格上涨的累进性的情况下，当资源价格处于高位时，国家所得份额低于应等比例增加部分；而当资源价格低位徘徊时，国家所得则超出等比例部分。这往往会引起政府与生产企业（包括国有企业。在这种情况下，政府会倾向于拿走更大部分的收益）之间以及地区政府和消费者之间的分配争夺，并会最终导致对合同的重新谈判，从而增加国家从收益中获得的份额。❶

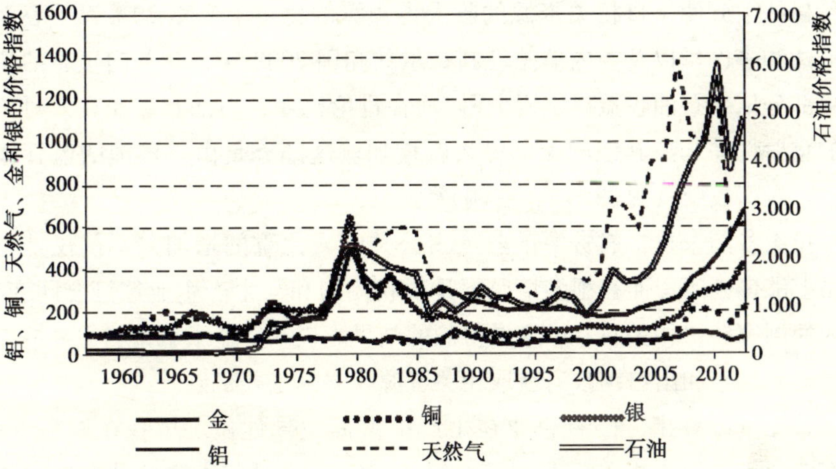

图 6.6　拉美主要不可再生资源价格指数变化（1960～2010 年）[a]

注：a，1960＝100。

资料来源：作者根据世界银行 GEM Commodities（2011）资料编制。

例如，20 世纪 90 年代初，这一领域向外资开放的背景是资源产品价格处于低位。各国政府于是决定废除和降低一些税收，以增加该行业对于投资者的吸引力。然而，自 2003 年起，资源价格开始增长，许多国家趋向于通过国有化、重新谈判合同或提高贡献金或税收等方式增加国家在收入中享有的比例（Campodónico，2008；Otto et al.，2006；Monaldi，2011）。如图 6.6 所示，近 10 年以来，与 90 年代的价格水平相比，地区出口的主要自

❶　更详细分析请见 Manaldi（2011）。

然资源价格、特别是油气资源价格呈显著上涨。

在财政方面，相关产品价格的上涨意味着自然资源收益对拉美国家财政收入的重要性显著增加。平均而言，通过自然资源开采获得的财政收入从2002年占GDP的不到5%上升至2008年，原材料价格创下历史新高时的11%。尽管油气价格随着国际金融危机的爆发出现回调，2010年油气资源收入相对于GDP的比重仍大大高于2000年年初的比重（见图6.7，左侧）。

另一方面，在拉美地区，国家获得的自然资源收入占预算的比重平均从18%上升至35%，尽管各国情况存在较大差异。在智利和秘鲁，金属产品价格的上升使来自相关资源的收入占预算的比重上升至20%以上。而特立尼达和多巴哥以及委内瑞拉玻利瓦尔共和国2008年公共部门预算的超过60%部分依靠石油收益提供资金[1]。而在哥伦比亚，石油和矿业收入对于预算的重要性并未像其他国家那样大幅增加。这部分是由于该国的监管体制更注重吸引投资（见图6.7，右侧）[2]。

拉美各国来自自然资源的收入占公共收入比重的增加并不仅仅是资源价格上涨带来的，而在很多情况下是税收体制和与生产企业签订合同变化，从而使国家获得相关收益中递增份额的结果。表6.2显示了拉美主要油气和矿产资源生产和出口国政府获取相关资源收益的主要机制。

首先可以看出，国有企业在生产中占据主导地位。尽管在许多国家，私有企业均参与了相关行业，但在很多情况下，国家往往是最大生产企业的唯一股东，或在与该国私人企业合资合同中拥有多数股份。这就使得贡献金、税收以及其他费用的征收所得集中在少数企业之中。秘鲁是一个例

[1] 财政账户的范围是指玻利维亚、厄瓜多尔、墨西哥和委内瑞拉、智利全国政府和秘鲁中央政府的非金融公共部门，也包括获得矿税收益的地方政府在内。针对委内瑞拉的情况，Villafuerte 等（2010）将委内瑞拉国家石油公司（PDVSA）的部分支出计算为非石油支出，以突出近年来该公司支出发挥了准财政支出的重要性。例如，PDVSA 向各类社会计划以及政府运作的各类发展基金拨款在2006年相当于GDP的6.6%，2008年则达到8.5%。这种对于公共部门的定义不同于第四章中所介绍的仅限于中央政府或全国整体政府的情况。

[2] 需要对巴拿马和巴拉圭的情况加以说明。在这两个国家，相当部分的预算资金并非来自纳税人所缴纳的税收，这与许多自然资源依赖型国家相似。就巴拿马而言，近10年中，运河服务的税费和红利平均占GDP的3%，政府总收入的12%。与此同时，对巴拉圭而言，Itaipu - Yacyreta 电站的能源出口提供了相当于GDP 3%和政府财政收入17%的资金。但本章分析的重点是不可再生自然资源生产国。

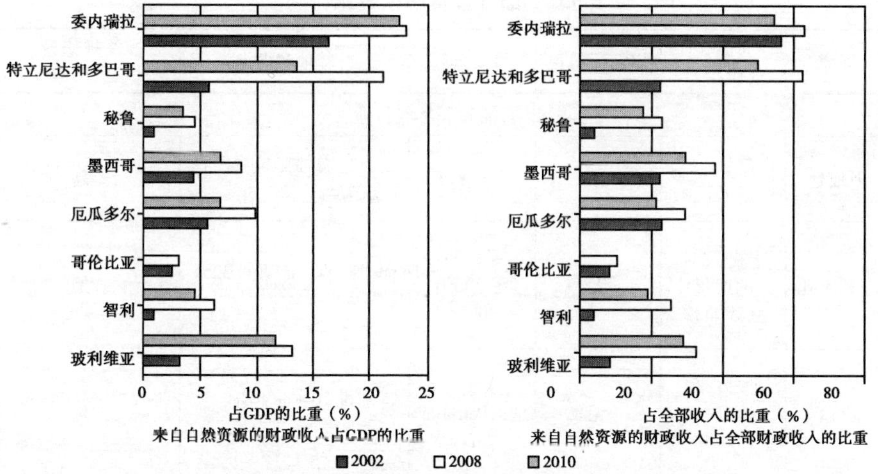

图 6.7 部分拉美国家来自自然资源的财政收入[a]（若干年）

注：a，哥伦比亚的数据截至 2007 年。

资料来源：作者根据 Villafuerte 等和 Perry 等（2011）编制。

外。该国的矿业部门由私营企业通过生产合同进行开发。此外，所有国家均采取了针对产量从价计算贡献金的方式。但税率差别很大，从智利采铜业的不到 5% 直至委内瑞拉玻利瓦尔共和国原油开采部门的 30% 。所有国家均征收与其他经济部门相似的利润税。但厄瓜多尔、墨西哥和委内瑞拉玻利瓦尔共和国对石油部门征收超额税。

另一个值得强调的方面是，近 10 年来，所有资源生产国（墨西哥除外）都改革了资源行业的监管法规，以通过贡献金和税收的方式增加国家在收益中的份额。一些国家还针对采掘部门引入了额外税收制度，如厄瓜多尔和委内瑞拉玻利瓦尔共和国征收的暴利税以及阿根廷征收的提留税。这种制度设计是为了保证在价格超过一定门槛值时，国家在收益中的比例能够实现递增。与此同时，玻利维亚、厄瓜多尔和委内瑞拉玻利瓦尔共和国还与私人企业重新谈判了合同，提高国家占股比例，从而使政府获得收益中更多的份额。

表 6.2 部分拉美国家资源税制度

国家	贡献金（税率）	超额所得税	国家参股	其他税收	法规修改（近10年）
石油和天然气行业					
阿根廷	产值的12%（1967）	无	是，YPF	出口交割价征税（2007）[a]	是
玻利维亚	上交18%的产量（2005）	无	是，重组YPFB（2005）[b]	油气直接税 32%（2005）	是
巴西	油气产值的10%（1998）	无	是，Petrobras	特别税10%～40%（1998）[c]	是
哥伦比亚	旧合同20%；新合同8%～25%（2002）[f]	无	是，Ecopetrol	国家能源局征收税（2003）[g]	是
厄瓜多尔	根据区块征收采出量的12.5%～18.5%（1978）	Petro-Ecuador，100%；私营企业，0%	是，Petroecuador	暴利税50%（2006）；99%（2007）[h]	是
墨西哥	无数据[i]	35%	是，Pemex	油气收益和使用特别税	否
委内瑞拉	采出量价值的33%（2001）	16%	是，PDVSA	《国际油价暴利税法》（2011）[k]；《国内液态燃料市场整顿法》（2008）[l]；社会项目直接融资《油气组织法》（2006）和（2001）	是
矿业					
智利	产量的0.5%～5%（2005）[d]	无	是，CODELCO	18445号法令，出口销售收入的10%（1985）[e]；运营收入特别税：5%～34.5%（1974）	是

续表

国家	贡献金（税率）	超额所得税	国家参股	其他税收	法规修改（近10年）
秘鲁	1% ~12%（2011）[j]	无	无	矿业特别税（IEM），2% ~8.4%（2011）[m]；矿业特别费（GEM），4% ~13.12%（2011）[n]	是

注：a，油价超过每桶42美元时，实施交割价计算方法，增加税收的累进性。

b，通过油气法修改实施油气行业国有化。

c，在石油或天然气开采企业产量或收益剧增阶段征收。

d，税率取决于产量。

e，仅向国有企业CODELCO征收。

f，取决于油田的日产量。

g，国家能源局征收的税收包括地下资源使用税、开采税和高价税。

h，按新许可规定，高油价收益的99%归国家所有。

i，墨西哥没有石油业特别税，该国仅允许政府和Pemex参与石油行业。

j，自2011年起，贡献金按季度营业利润征收（不再按销售价征收），所有企业均需按照新规定支付贡献金（不仅仅包括没有签订法律稳定性合同的企业）。

k，2008年引入，2011年修改，以保证在油价突破70美元每桶时国家可以在收入中获得递增份额。

l，目的是将液态燃料供应的中间业务保留给政府。

m，IEM根据营业利润向没有签订法律稳定性合同的企业征收。

n，GEM根据营业利润向签订法律稳定性合同的企业征收。

资料来源：由作者根据Monaldi（2011）和Campodonico（2008）以及各国不同年份资料编写。

与此同时，税收制度的变化受到各国自然资源禀赋以及现有投资成熟度的限制。例如，在油气领域，拥有大量探明储量和运营资本的净出口国，如阿根廷、玻利维亚、厄瓜多尔、墨西哥和委内瑞拉等国，与包括巴西、哥伦比亚和秘鲁在内的拥有较少储量且主要供应国内市场并希望吸引投资的国家相比，更倾向于获得更多收入（Monaldi，2011）。总体上看，相关制度规定的税费显著提高了国家获取的收益水平。然而，在一些情况下，这些改革并不一定能够增加自然资源收入或整体预算管理的透明度。本章的附录部分将更加详细地介绍拉美主要生产国自然资源税收体制的演变过程以及这一演变过程对收入及其构成的影响。

作为前文提到的自然资源开采税收制度改革以及原材料价格上涨的结果，拉美各国政府在近10年中获得了可观的收入，但这些收入的用途如何？它是否对改善公共政策质量发挥了效力？

通过整体分析的结论显示，各国使用这部分额外收入的方式各不相同。拉美8个主要资源出口国（玻利维亚、智利、哥伦比亚、厄瓜多尔、墨西哥、秘鲁、委内瑞拉玻利瓦尔共和国和特立尼达和多巴哥）的财政收入出现了显著增加。这些收入的一部分用于支出，而另一部分则用来偿还债务。但在一些国家，支出的扩大更为显著。例如，哥伦比亚、厄瓜多尔和委内瑞拉玻利瓦尔共和国的支出扩大比智利更为迅速。与其他国家不同的是，智利的财政规则规定了相当于GDP0.5%的结构性平衡要求。在支出结构方面，厄瓜多尔和特立尼达和多巴哥的公共投资显著增加，地区其他国家增加的幅度较小（Perry et al.，2011）。

各国间的不同质现象可能是由于政治制度差异所导致的。例如，在针对自然资源收入制定了明确的强制性预算规则的国家，财政管理结果应该与可以随意使用该收入且缺乏透明度的国家迥异。这方面情况将在第六节予以分析。

六、有关自然资源收入使用的预算规则

前面的分析显示出，拥有来自自然资源的收入并不一定会带来财政政策效率的提高。核心问题是拥有丰厚收益的国家应该如何使用这部分资金，以保证财政管理有助于改善公民的福利状况。为加强资金管理，许多拥有丰富自然资源的国家纷纷制定了预算规则，或成立了主权稳定或储蓄基金。然而，国际经验表明，此类旨在将自然资源收入以适当的方式纳入预算、对管理形成激励的制度安排能否获得成功，最终还需要取决于其自身的透明度、与预算决策参与者激励机制的兼容性以及制衡机制的建立。本节主要分析在何种条件下，预算制度安排能够促进对自然资源收入的更有效管理。

许多国家建立和执行了针对自然资源收入管理的预算规则，以加强财政制度，防止储蓄和支出分配决策可能因政治考量而走样。原则上，许多

此类规则的基本目标在于使支出不受资源收入波动的影响，以防止出现财政上的过度顺周期性，并保证后代也能从资源繁荣中受益。为此，上述储蓄和支出规则通常根据资源产品的长期价格而制定。与此同时，许多国家选择将剩余收益积累起来，成立主权储蓄或稳定基金。

虽然规则和基金均十分重要，还需要对资金安排过程中的政治-经济问题加以考虑，以避免资金使用偏离初衷。在存在制约体制的情况下，上述问题便于解决。最终决定只有在获得一系列监督和决策机构的批准才能作出。此外，预算过程的透明度也十分重要。只有在此基础上，公民才能够获得相关信息，成为有能力对预算过程进行监督的重要决策参与者。这可以通过选举政府述职机关（如议会）代表、以直接的方式或通过投票选举对执政者的管理行为进行奖惩而实现。

理想的状态是预算安排能够因地制宜地适应各国经济、政治和体制方面的国情。例如，那些预算制度健全、政治制衡机制完善的国家并不需要像发展程度较低的国家那样，制定过于严格的预算规则来管理资源收益。而后者则需要制定严格规则，以增强可信度，激励各参与方（政府、议会和私人部门）完全兑现承诺。

另一方面，相关安排需要考虑经济繁荣可能带来的分配压力，确保资源在行业间和时间跨度上的分配能够适应各国国情。例如，正如第一节中所述，发展中国家教育和固定资本投资的回报率可能高于工业化国家。因此，低收入国家和工业化国家就不能够基于同一标准制定规则。

与此同时，国家需要与生产企业建立明确和透明的合同及税收关系，以便对生产者上缴国库的资金情况进行很好的后续跟踪。合同还应规定随着收益的增加，国家可以在利润分成时享有递增的份额。这就可以减少国家在资源价格上涨时重新对合同进行谈判的动机，并避免政府通过不透明、或无法对企业投资产生激励的机制获取递增收益。相关政策变动不仅会削弱各方监督国库收入的能力，也会影响企业投资的能力，从而在长期造成产量下降。这又会导致恶性循环的产生，即国家通过更加扭曲性和更不透明的机制来获取更大份额的收益，以弥补产量下降带来的损失。

除了上述分析之外，最近的研究一致指出，有关资源收入的预算安排需要遵循一些前提，以保证其有效性（Humpreys y Sandbu，2007；Truman，

2007)。首先，建立预算规则有助于促进监管。随着预算规则的落实，预算体制的可信度得到巩固，各方的承诺也得以强化。规则可以是数量型或质量型。数量型规则为可供支出的自然资源收入（年收入或储蓄基金积累资金）设定了上限。同时，还有一些规则决定了多少资金应该纳入储蓄或稳定基金。而质量型规则则规定了花在哪些方面。通常为资金支出设定了专门用途或在关键领域成立投资基金。

数量型规则的优点在于透明且易于为各方所实行，但缺点是降低预算管理的灵活性，从而导致经常变化，甚至被取消。有一些非常简单的规则，如将支出限定为收入的某一百分比。但这也从而减少了政府实施反周期政策的空间。与此相反，一些设计得更好的政策则有助于促进和实施反周期管理。质量型规则正好相反，它带来了管理上的更大灵活性，但透明度相对较低。例如，在一些情况下，预先安排的支出可能会导致平行预算的出现，从而降低了财政管理的透明度和效率。在这种情况下，来自政治上的激励和压力可能会使支出侧重于当前的消费以及缺乏效率的用途。

另一个能够增进透明度的因素是规则的相对简便性。规则越简单，就越容易对其遵守情况进行监督。随着预算过程透明度和效率的提高，这些规则可以逐步放松，甚至取消。对政府信任的增加还可以降低公众增加现阶段支出的需求。公众的这一需求旨在希望能够直接分享到资源繁荣的成果，而不是任由效率低下的政府作出不恰当的决定，或使得相关资金为腐败活动所吞噬。

为保证来自自然资源开采的收入得到良好管理，预算决策过程中的制衡机制也是一个关键的方面。如果不存在负责监督主权基金活动，或是预算规则履行情况的机构，也没有听取政府述职的机关，逃避承诺的成本就可能很低。[1] 所以需要就相关的制衡机制作出体制上的安排。规范决策过程的做法之一就是划分责任，规定每一个单位需要向另一个部门述职。决策过程还应包括主要政治组织（执政党和反对党）、不同权力机关（议会或负

---

[1] 如果偏离规则不会给执政者带来消极影响，规则就可能不会得到执行。尽管这些规则在法律上得到了强化规定，违反规则会带来法律上的制裁，但如果制裁成本低于违法所得，执政者还有动力去违背规则。因为这可能会提高其留任的概率，或可以通过直接获取部分所得而受益。如果规则设计不考虑这些政治动机，很可能会造成规则的走样（Humphreys y Sandbu，2007）。

责基金运作的独立机构）和公民的参与。这可以使得在每一个时期，一方都会对其他方的利益加以考虑，从而提高支出分配的效率。此外，为了将对执政者的激励与预算规则的履行结合起来，需要将不同额度的支出审批权在各级机关间进行分配。

参与式预算过程的每一级机关均需要进行述职。独立于行政权力之外的机构（检察机关）负责监督，以保障预算安排的透明度和可信度。与此同时，每一级监督机关应具备开展工作的足够权限。例如，监督机关出具的意见对于资金划拨或投资决定具有强制性。

在任何情况下，资金使用过程中的透明度十分关键。这可以加强公民和公共舆论在决策过程中的分量。随着公民对资金不当使用进行惩罚的意愿不断提高，透明度可以对执政者的行为产生影响。主权储蓄或稳定基金可以为提高透明度创造契机。这就需要规定基金应向公众披露收入、投资领域、提取用于支出的金额以及如何通过预算程序安排这些支出等信息；[1]也可以通过加强与国际相关机构的合同关系来提高透明度。这些国际机构往往要求通过某家国际银行对资金的运作和转移进行公开登记。

最后，来自自然资源资金的收入、支付和分配规则应完全与预算挂钩。尽管相关决定可能由不同部门作出，但最终需要合并到预算之中，以此保证公共财政的秩序和透明度。为资源收入单列预算，并且无需像其他预算一样受到严格法律限制，会导致资金在没有适当监督的机制支配下被不当使用。这在存在更多投资和社会支出需要的不发达国家更为重要。在这方面常见的做法包括设立为战略性项目或行业进行融资的基金，以更加顺畅地满足相关需求。但是，缺乏监管或运作能力最终会降低项目的效果和效率，损害到公民的福利状况。

在这方面具有标志性意义的最佳实践之一是挪威做法。专栏 6.2 对其进行了总结。首先，挪威通过相关收入和支出规则，将构成主权储蓄基金的石油收入很好地纳入了预算程序之中。该预算安排的目标十分明确，即保障后代也能享有石油收入带来的福利，并逐步将石油收益引入整个经济体

[1] 一些国家通过自愿加入由八国集团和世界银行支持的“采掘业透明倡议”，或国际货币基金组织提出的“主权财富基金原则”明确作出加强透明度的承诺。

之中。机制的设计与这一目标相吻合，并很好地利用了该国的制度优势以及对各级行政部门的制衡机制。最后，基金获得的资金和进行的投资高度透明。这得益于不同预算决定的分开以及参与方就其管理进行述职的强制性。

专栏 6.2 挪威政府养老基金

1990 年，挪威成立了旨在对其石油收入进行长期管理的主权基金。挪威政府养老基金（英文缩写 GPF）具有双重目标：管理石油收入的波动以及作为政府的储蓄工具，积累金融资产，以应对未来与人口老龄化相关的支出需要。第二个目标旨在进行石油收入的代际分配。

基金从中央政府获得石油行业净现金流、资本回报以及石油活动有关交易的净利润，并扣除为弥补非石油赤字而进行的支出。基金只能将资金转移至政府预算，并完全纳入预算程序（见专栏图 6.2.1）。

资金使用的财政规则规定，非石油赤字可以通过基金资金长期而并非在每一财年获得融资。但赤字规模需相当于 GPF 的长期年化实际回报率，目前约为 4%。这样，基金的资本金便无需用来为年度预算提供融资。此外，没有对基金的支出领域进行预先设定。

财政部是在形式上负责 GPF 运行的部门，但重要事项变更需预先通过议会讨论，以实现基金的战略目标与国家政治经济现状的结合。此外，财政部制定基金投资规定、对投资对象企业进行观察，并有权将风险过高、或行为不端的企业排除在 GPF 的投资范畴之外。挪威银行通过其投资管理部（英文缩写为 NBIM）对 GPF 的资产进行运作，并推动实施良好的公司治理。财政部则为投资组合确立参考标准，并对风险水平加以控制，以保证回报与确定的参考框架相吻合。在框架确定之后，基金的运营管理交由挪威银行承担。挪威银行也行使基金的所有权。还需要指出的是，基金的部分资产由外部管理人管理，剩余部分则由挪威银行管理。

此外，战略委员会负责加强 GPF 的法律机制以及长期投资战略的基础。该委员会还负责提高透明度，并推动对有关基金投资战略的重大决策进行讨论。战略委员会需着眼未来，就基金投资战略的基础编写报告，但

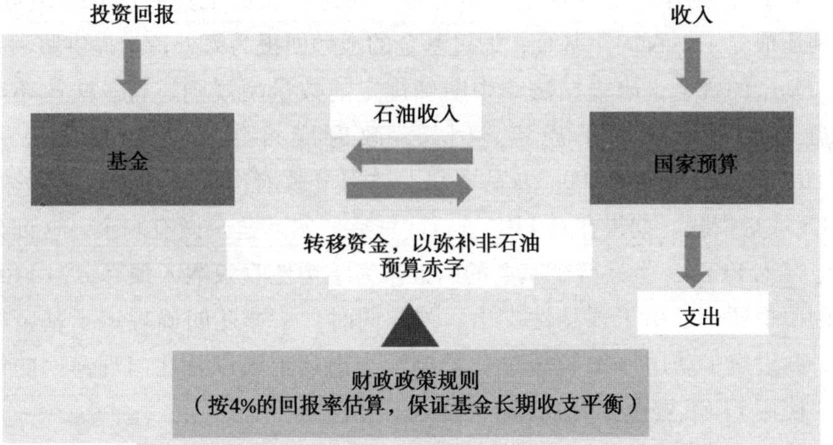

专栏图 6.2.1　挪威政府养老金与财政政策的结合

资料来源：CAF（2008b）。

不对基金在经济政策中的作用加以评估。同样，基金的运作职能、监督和预算决定均由不同部门承担。这就避免了将全部决定交由一个部门作出而可能引发的政治－经济问题。

通过将资金流动和投资决策公诸于众的方式，与 GPF 相联系的各部门推动提高了透明度。挪威银行负责编制和发布基金财务季报，并公布基金全部投资以及公司治理优先领域的清单。银行还需公布其对基金投资企业各方面的评价。NBIM 还需提供有关投资战略、风险和结果的报告。财政部则负责每年向议会提交有关基金战略、投资回报以及投资对象企业道德标准落实情况的报告。外部审计报告也需公之于众。

资料来源：根据 CAF（2008b）编写。

拉美各国针对资源收入实施预算规则的情况各不相同。智利是引用较多的最成功案例。该国的制度安排是结合了结构平衡规则和三大公共储蓄平台。结构平衡规则旨在使公共财政免于经济和铜价周期波动的影响，使支出能够根据长期收入水平确定。结构平衡规则是一种数量型规则。它规定，财政政策的实施必须保证每财年实现占 GDP 0.5% 的结构性盈余。盈余规模根据政府需要提供支付的长期负债调整。养老储备基金（FRP）是为向基本养老金和预见性支出需求提供补充融资而设立的。而经济社会稳定基金（FEES）则作为旨在稳定支出的季节间财政储蓄工具而设立。2008 年，智利还成立了二百周年基金，通过基金的金融回报为海外留学提供奖学金。

基金的资金进出根据法律中明确规定的数量型规则进行。法律还对实际盈余的用途作出了规定。例如，政府应每年向 FRP 提供最少为 GDP0.2%，最多达 GDP0.5% 的资金。这部分政府出资可以来自实际盈余、FEES 或是借款。如果在对 FRP 进行注资后，实际盈余尚有剩余，这部分资金应存入 FEES。上述两个基金的回报作为结构性收入纳入预算，但 FRP 产生的回报还可以用于预见性支出。与此同时，法律还明确规定了基金的用途，并设定了动用 FRP 资金进行预见性支出的上限以及在出现赤字的情况下，使用 FEES 资金弥补预算不足的上限。

除了上述规则以外，法律还规定，FEES 需要编制和发布基金状况季报，并适时向参众两院的财政委员会以及预算特别委员会述职。这些规定显然有助于提高资金管理的透明度。与挪威的做法一样，不同部门承担了不同的职能，并独立运作，从而保证了相互制衡。例如，一个由专家组成的独立委员会负责确定铜的长期价格以及经济的长期增长率，作为计算结构性平衡的基础性变量。这种做法避免了政府为逃避执行规则而任意调整上述指标，从而增强了预算程序的可信度与合法性。FEES 的运作由中央银行负责，财政部则进行监督。

需要指出的是，与挪威相比，智利的财政安排更具刚性。挪威允许赤字水平低于或高于 GPF 的长期回报率，从而为应对石油收益的周期性波动增加了某些灵活性。而在智利，结构平衡规则要求根据每年的结构性收入确定支出的上限，从而产生盈余，以支付现有的长期负债（Jul，2008）。制度的优势和信誉、透明度以及监督机构的制衡作用允许挪威在资源预算安排方面采取更宽松的规则，增加政府的灵活性。而智利在资金运作方面则实施了严格得多的规则，以增强信任度。尽管这种做法在短期的灵活性方面带来了一些成本，但增加了资金管理的透明度，规则的执行更易于得到监督，从而有利于促进对规则的遵守。这也为政府赢得了公民的信任，并且加强了财政制度。

通过上述的两个案例（挪威和智利）可以明显看出，有关财政安排应该切合各国国情才能实现目标。在两个案例中都可以发现，透明度和述职在鼓励各方遵守安排方面至关重要。

在其他拉美国家，这方面安排的效果喜忧参半。在一些国家，制定了明确的规则，但并未对透明、适时地公布信息，或进行述职作出强制性要求。

哥伦比亚于1995年成立了储蓄和宏观经济稳定基金（FAEP），由该国的共和国银行进行管理。各参与方包括国家石油公司 Ecopetrol、中央政府以及部分获得贡献金收益的省市政府。FAEP 在资金收支方面需遵循严格的数量型规则，以计算收入的平均机动部分。超过该金额的多余部分需存放在基金之中。基金并未完全实现其关于稳定性的目标。这可能是因为基金并未全部纳入预算之中。中央和地方政府的举债金额也因此可以超过其为基金提供的储蓄金额。2000 年，第 633 号法令第 133 条允许省市政府使用储蓄在基金中的资金偿还债务后，这一问题更加凸显。之后，2007 年，由于中央政府也需要使用储存在基金中的资金还债，FAEP 就彻底被解散了。然而，该基金在存续期间确实使得财政失衡状况更加透明，且有助于控制地方政府支出，并增加了其借债的难度（Villar，2001）。

厄瓜多尔在 2000 年实施美元化之后，也做出了一系列财政安排。然而，这些安排没有得到履行，并导致对监管规定的屡次修改。2005 ~ 2008 年，厄瓜多尔成立了多个具有特定目标的基金，并就资金进出作出了明确承诺，但并未对信息披露和外部审计作出要求。2008 年，财政规定再次修改，这些基金被废除。新规则规定，日常支出只能通过非石油收入进行融资（Villafuerte et al.，2010）。

墨西哥于 2000 年设立了稳定基金。基金资金进出规则也屡遭修改。例如，2002 年规定，石油收入相对于预期的减少应全部由基金资金弥补。之后，2006 年的《财政责任法》提出了预算平衡和跨年度框架等目标，且引入严格的数量型规则将石油基金纳入预算，以通过基金资金进出来满足财政需求。近年来，预算平衡的规则似乎提高了财政制度的信誉，且通过从法律上强化财政纪律控制了赤字。定期对财政操作以及资金流动信息进行披露的要求也提高了透明度。

特立尼达和多巴哥于 2000 年成立了稳定基金，旨在克服油气资源收益波动对支出造成的影响和加强财政纪律。但该基金一直未得到启动，且最终在2007年被另一个新基金所取代。该新基金以促进稳定和代际储蓄为目的，以便后代也能从当前的资源热中受益。该国为基金设立了明确的数量型规定，以根据财政状况管理资金进出。例如，当来自油气资源的财政收入比预算额下降超过10%时，可以从基金提款，最多弥补缺口的60%。但提款额不得超过基金现有资金的25%。基金作为公共账户需接受年度审计。基金董事会需就基金的运作和投资收益向财政部述职，并向议会提交经审计的财政报告。然而，就最近资源价格繁荣的情况来看，这种财政安排似乎并未对减少支出的顺周期性作出太大贡献。

最后，需要介绍一下委内瑞拉玻利瓦尔共和国的情况。该国的情况与厄瓜多尔相似，在近10年中也成立了许多基金，且相关规则屡遭修改。目前，委内瑞拉拥有2个基金：成立于1997年的宏观经济稳定基金（FEM）和2005年设立的国家发展基金（FONDEN）。FEM的管理由央行负责，需定期向全国代表大会汇报运作情况。该基金通过数量型规则纳入预算，但规则屡次被修改。自2003年起，政府不再向该基金注资，基金也由此撤销。国家发展基金则从央行的超额储备和国家石油公司缴纳的石油暴利税（石油公司最初的注资是专项的）中获得资金。基金收入根据油价确定，受数量型规则制约。该规则也曾两度被修改。但在基金支出方面，不存在数量型规则。经共和国总统事先批准，基金董事会可根据需要将资金预先分配至基础设施和社会领域的战略性行业。基金运作不受审计，且与国家预算脱钩。与特立尼达和多巴哥的情况一样，这一有关石油收入的安排似乎并未显著降低财政政策的顺周期性。

七、结 论

本报告强调了政府管理的效果和效率对于发展的重要性。与此同时，也指出影响公共管理质量的机制之一就是预算融资的结构。为此，本章围绕这样一个观点进行了讨论，即财政收入越少依赖于公民的税收，就会出现信息问题，公民监督预算程序的动力也随之减少，从而导致政府在资金使用上的低效。除税收以外，拉美各国公共预算的另一个十分重要的来源是不可再生资源的收益。在一些国家，政府获得的矿产品和油气资源收益占其收入的一半以上。在这种情况下，就需要对这部分收入给政府管理带来的影响进行研究。尽管许多研究已经广泛地分析了自然资源可能对发展带来积极或消极影响的其他经济和制度渠道，但本章研究的预算渠道则是到目前为止较少被强调的。这一渠道也并非因此就显得不重要。

地方预算中，来自自然资源收入的相对外生性和规模可以使我们对这部分收入给政府行为带来的影响进行更加可信的实证评估。本章就拉美地区情况得出的证据与国际数据相吻合，显示出政府通过资源收益为相当一部分预算提供的融资并未转化为财政管理的改善，也未带来民生福利指标的提升。尽管来自自然资源的财政收入缓解了政府的预算约束，从而使政府可以扩大支出，但这部分支出并未促进公共产品供应状况的改善。

毫无疑问，资源收益将在中期继续成为拉美国家重要的融资来源之一。即使在各国能够改善从其他经济部门征税能力的情况下也是如此。关键问题在于如何使政府提高效率的动力不被这一情况所扭曲，从而使这部分收益对公民福利带来积极影响。大部分关于公共政策的关注点集中在保证资源收益在时间上有效分配的机制设计。设计需要针对资源收益特有的波动性和阶段性特点以及这些特点带来的困难。为此，各国采取了制定预算规则或建立主权稳定或储蓄基金的方式。然而，财政安排能否成功实现预期目标在很大程度上取决于透明度和对预算过程各参与方的激励，而更少地取决于支出和储蓄数量规则等专门技术安排，或是主权基金本身是否存在。制衡和监督机制对于任何预算安排的运行都十分重要。在这方面，收入管理和监督程序的透明度不可或缺。这可以保证公民直接、或通过代表和参与机关以间接的方式有效参与式预算过程。

国际和地区经验表明，有关预算安排应该符合各国国情，考虑到各自的长处和弱点。为提高可信度，体制薄弱的国家可以实施灵活度低但透明而易于为公民所监督的预算安排。随着决定得到执行，信任度不断提高，可以增加相关安排的灵活性。另一方面，对于稳定或储蓄基金而言，需要将其纳入预算，以保障透明和高效的管理。最后，在机制设计上，需要考虑到对各参与方的激励。只有这样才能避免在利益集团的压力之下，安排被屡次违反，制度设计初衷难以实现。第七章将对此进行深入分析。

附录：拉美各国获取不可再生资源开采收益的财政制度的演变

在阿根廷，出口提留税逐步增加，从25%增加到25%～40%（根据油价决定）。之后，该国于2007年规定，国际油价每桶位于45～60.9美元的区间时，原油出口的税率继续保持为45%。当油价超过60.9美元时，出口税率将按照由政府确定的方式计算。计算将考虑国际油价以及出口商获得的价格（交割价）。根据新的提留税计算公式，交割价将为每桶42美元，超出部分为提留税。这样，政府在2008年以提留税方式获得的石油收益占其石油收入的超过50%（见图6.8，左图）。

玻利维亚法律框架最显著的变化是2005年对油气法的修改，油气行业也由此被国有化。随着新法律的实施，除了18%的贡献金之外，国家开始征收油气直接税（IDH），占油气产量的32%。这样，贡献金和IDH两项合计不低于50%。实际上，对于油气收入而言，IDH已成为最重要的征收手段（见图6.8，右图）。

哥伦比亚则将贡献金征收税率从20%修改为根据产量，在8%～25%浮动。2003年，该国还成立了国家能源局，负责管理勘探开采以及征收贡献金和对国家转让资源权利的现金补偿。尽管2004～2010年，国家油气收入翻了1倍，相关税收、贡献金和哥伦比亚国家石油公司上缴利润占政府总收入的比例则保持稳定。

巴西最大的变化是在2010年引入了联合生产合同机制。该机制规定，负责生产的企业应该与巴西国家石油公司Petrobras共享生产许可。到2009年，油气领域各种收入占比保持相对稳定，国家石油公司上缴的利润占大部分比例（见图6.9左图）。

智利有关法律的重大改变为2005年通过的第20.026号法令（RoyaltyII法案）。该法规定根据年销售量（吨）确定金属开采企业的应税金额，税率为0.5%～5%。然而，如图6.9右图所示，智利矿业收入的主要部分来自国家铜业公司（CODELCO）缴纳的税收和红利。

在厄瓜多尔，国家获得的石油收入2000～2005年翻了一番。大部分收入来自厄瓜多尔石油公司缴纳的税收。由于签订联营合同的私人企业生产

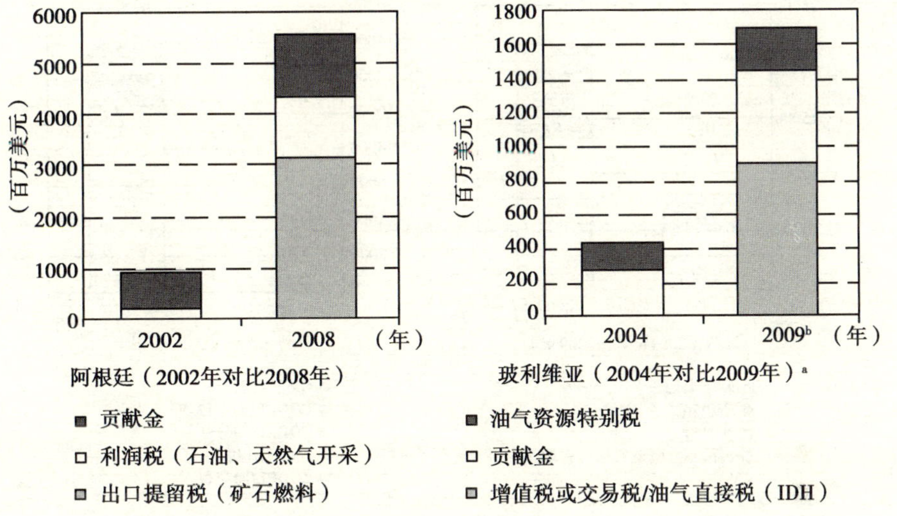

图 6.8　部分拉美国家来自自然资源开采的财政收入构成（阿根廷、玻利维亚）

注：a，根据新的油气法（2005 年 5 月 17 日第 3058 号）自 2005 年 6 月起开始征收 IDH。

b，估算值。

资料来源：作者根据 Campodonico（2008）、能源署（2002、2008）、美洲石油协会（AFIP，2002、2008）以及社会经济政策分析部（2011）资料编制。

扩大，贡献金收入增加了 5 倍，在国家石油收入中达到与厄瓜多尔石油公司上缴利润持平的程度。近 5 年中，法律框架发生了重大变化，特别是在暴利税方面。2006 年，该国与外国企业重新谈判了石油合同，以保证国家至少获得额外收入中的 50%。额外收入为石油每月价格以及签订合同时价格之间的差。2007 年，新的许可则规定，在高油价带来的额外利润中，国家占 99%（见图 6. 10，左图）。

墨西哥的相关法律未进行人的调整。国家获得收益的 100%。该国尚未具备条件修改宪法，从而允许私有企业参与石油行业。国家的全部油气收益来自石油天然气税以及墨西哥石油公司（PEMEX）的上缴利润（见图 6. 10，右图）。

2000 ~ 2010 年，秘鲁包括铜和金在内的矿业开采法规未进行大的调整。在这 10 年中，国家通过两种方式获得矿业收入：所得税和 2004 年确定的、税率为 1% ~ 3% 的贡献金。直至 2010 年，资源收入的主要部分来自企业利

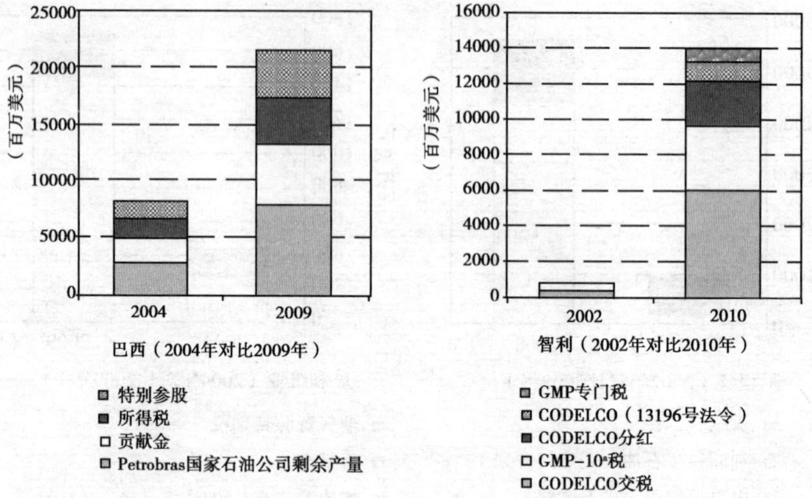

图 6.9　部分拉美国家来自自然资源开采的财政收入构成（巴西、智利）

注：a，GMP－10 即十大私有矿业集团，该集团包括了智利 10 家主要的私人铜生产企业。

资料来源：作者根据 Campodonico（2008），ANP（2009），Petrobras（2006、2009），COCHILCO（2011）以及 CODELCO 年报（2002、2010）编制。

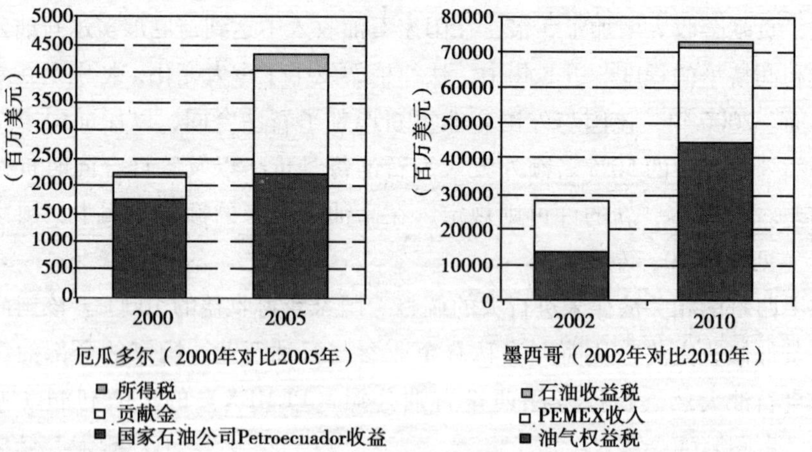

图 6.10　部分拉美国家来自自然资源开采的财政收入构成（厄尔多尔、墨西哥）

资料来源：作者根据 Campodonico（2008）和财政年度联邦法（2002、2010）编制。

润税的征收（见图 6.11，左图）。但从 2011 年 9 月起，法规作出调整，提高了贡献金。税率从原来的按销售价格确定变更为根据季度营业利润的 1% ~12% 征收。与此同时，原来企业每年缴纳的自愿税被一项根据营业利润确定的新利润税所取代，这包括：（1）向未签订稳定保障合同的企业征收的特别矿业税（IEM），税率 2% ~8.5%；（2）特别矿业费（GEM），费率 4% ~13.12%。新的制度保证了国家在矿业收入中获得递增份额，但仍然注重对投资者的激励。

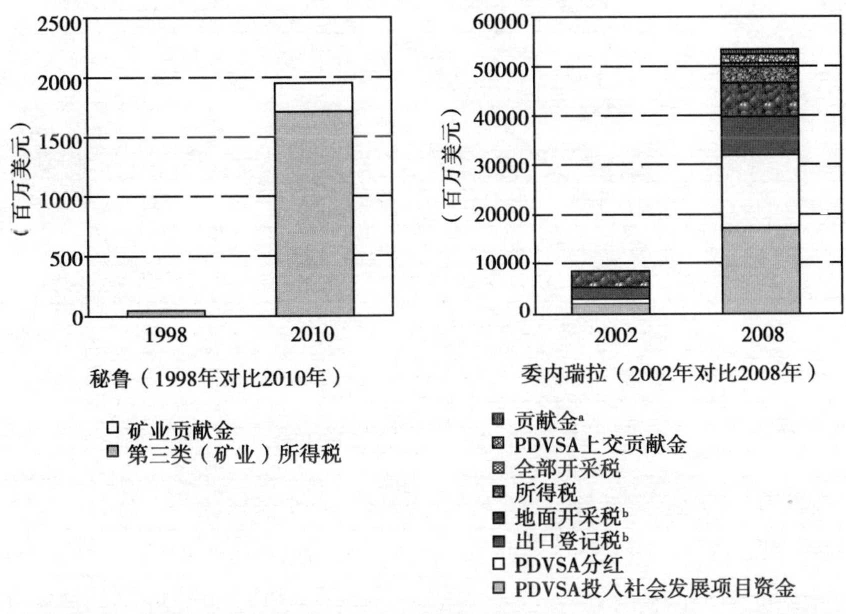

图 6.11　部分拉美国家来自自然资源开采的财政收入构成（秘鲁、委内瑞拉）

注：a，由 Faja 合资企业、BTTOR 以及其他签订服务协定或进行合资的企业支会。

b，由 PDVSA 支付。

资料来源：作者根据 SUNAT（2011）和 PODE（2007 和 2008）编制。

最后，委内瑞拉玻利瓦尔共和国是拉美近 10 年来相关法规变化最大的国家之一。2001 年，该国改革了油气法，将委内瑞拉石油公司（PDVSA）的实际贡献金率提升至 33%。此外，还规定私人石油企业需支付递增的贡献金率。2007 年，该国与石油企业修订了开采合同，规定必须成立由 PDV-SA 占多数股份的合资公司。2008 年，委内瑞拉实施了石油暴利税。当油价超过 70 美元时，开始实施递增税率。2011 年，石油法被再次修改，以确保国家从高油价中获得更多收益。此外，自 2005 年起，PDVSA 直接为社会项目提供融资，并可以将这部分资金从所得税中扣除。这样，所得税的重要性逐步让位于贡献金和其他税费（见图 6.11 右图）。

第七章　预算过程与收支联系*

一、前　言

财政预算在公民与政府关系中起着重要作用；财政预算构成了下述空间：行政权力提出开支与税收的优先次序及其构成，而后与代表公民权益的各种政治力量达成协议。预算过程也为明确收支决策之间的联系提供了相应的框架。正如整份报告所强调的，倘若这一联系能更加透明并且受到关注，那么就可以形成授权和回报的过程，推动做出更好的收支决策，在不牺牲宏观经济稳定性的情况下，增加国家可支配的资源。

预算既是确定承诺与目标的空间，也是公民向政府要求账面收益的空间。因此，财政预算扮演的一个首要作用是，既要提供公众阐明需求的过程，又要为将来负责执行预算的行政机构无法实现的目标与计划提供论辩的空间。

这就意味着，讨论和批准预算的立法机构，对于实现更加有效且符合公众要求的公共治理，起着关键作用，因为它代表了不同的社会利益群体，它也有能力监督行政机构兑现其承诺。图解 7.1 显示了预算通过何种渠道联结政府与公众。

在图解 7.1 中，预算（在立法机构进行相关讨论）成为公民与行政权力之间进行政策沟通与信息交换的地方。随着这些机构的规则、程序和预

---

* 本章由 Daniel Ortega，Michael Penfold，Pablo Sanguinetti 合作撰写，Tomás Lira 参与了调研工作。

算的执行，都有利于收支间和账面承诺与收益之间的联系，预算将有可能在公共支出水平、对居民的课税要求和政府治理的质量之间形成良性循环。此外，透明的预算过程可以完善其他监管和审计机构，包括国家机构（例如审计署）和公民社会（非政府组织等），对公共资源使用的监督。图解7.1表明其他资源来源，如债务或资产出售，作为征税为支出融资的选择，这也突显了预算过程对于财政和宏观经济稳定的重要性。

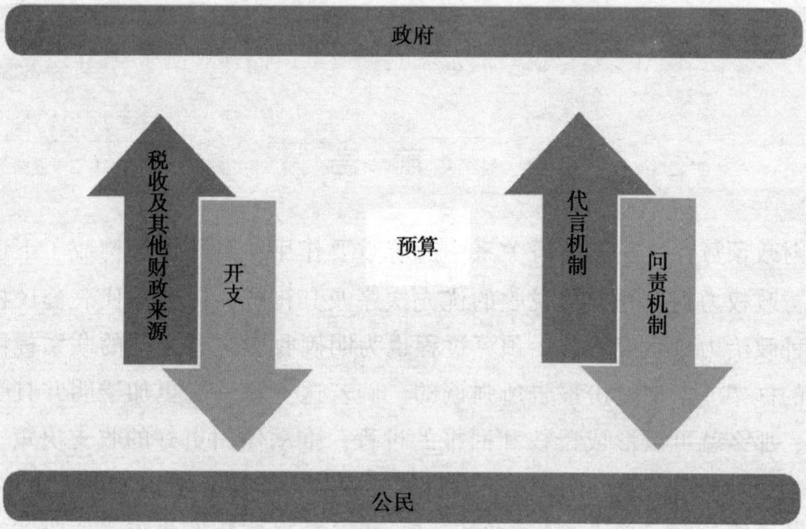

图解 7.1　预算在政府与公民之间的角色

资料来源：作者自制。

在拉丁美洲，令人遗憾的是，预算程序并不是总能实现上述意图。事实上，在拉美地区，预算经常是形式上的运作，既没有体现政治上的重要性，也没有显示出财政必须有的重要性。总之，面对合理化财政政策，规避议会内提高公共开支与赤字的政治博弈，许多国家的行政机构已然在损害议会参与的情况下，兼并了预算决策方面的许多任务与权限。除去这些表面上的限制外，还应加上某些结构上的制约，它降低了在决定收支重大决策条件下的预算重要性。这是由于预算的刚性和惰性造成的，预算中的大部分为经常性支出，而投资开支（议会是有较大的影响力的）并未获得重视。与此同时，还存在其他预算外的法律或财政规则所确定的各种预先分配，这又严重地限制了支出的分配，甚至影响收入的生成。这些机制也使收支关系变得愈加不透明。悖谬的是，预算的这种刚性还伴随着一些惯例，赋予许多国家的行政权力拥有随意修正既定协议的权限（包括扩大、重估收入，重新分配份额，分配非预算资源，等等），使预算实施愈加失去可信度。

除去这些结构性制约外，还应加上与立法机构和民众处理和解释预算信息的能力有关的制约因素。它限制了立法者和其他公民代表保持建设性讨论的能力，并增加了监督的难度。更为严重的是，预算规则倾向于将本应在行政权与立法权之间同步进行的收支讨论分割开。因为行政机构集中掌控了固化开支限度的权力，而反对加税或设税又落在了立法机构身上。所有这些结构性因素与限制，抑制了议会成员主导性地参与讨论以及全体公民间接地地参与讨论。

本章具有三个目的：（1）描述拉美的预算过程，强调体制性与政治性障碍，它使得预算不能完全履行其沟通政府与公民的作用。（2）试图突显某些已经在拉美诸多地方开始的动议与行动，以便在透明、公民直接参与、立法机构能力和审议及监督机制等方面强化预算过程。（3）试图为下述问题的思考做出贡献，即在超越拉美地区现有的税收与支出结构的情况下，预算体制怎样才能完善并自我加强，以发挥在行使民主职能中应起的重要作用。

二、拉丁美洲的预算体制

预算是多种机制中的一种，通过这些机制，明确政府资源配置的优先结构，并应该体现出社会不同部门的需求和愿望，还应该考虑到资源的整体有限性。从这个意义上来说，预算过程的每个阶段（制定、审批、实施和监督）都至关重要，尤其是在要求巩固政府机制、提高公共支出的有效性、增强政府政策的可靠性与可信度、避免存在“隐性预算”导致资金滥用和政府失灵的情况下（Schick，1998）。原则上，强效的预算机制可以在收支之间建立透明的联系、有利于促进政府各部门之间的协调，从而加强财政稳定性和改善政府绩效（Heald，2003）。强效的预算机制还鼓励公民对公共支出的规划和实施进行社会监督。

总之，预算透明有利于建立良好的收支联系，这种透明可以定义为及时、系统地公开财政信息（OCDE，2002）。这类信息有助于加强对分配资源之类的政策决策实行民主监督，减少投向不产生社会利益项目的资金。近几十年，这种可以提高财政透明度的收支联系，正在引起政府部门和公民社会的关注。然而，尽管预算透明很重要，但是拉美国家从未在政治上对它重视过。其理由多样：信息可获性的技术障碍，讨论支出决策优先于对收入决策的讨论，造成预算不透明且无法实施的法律约束，预算过多地成为国家行政机构的议题，立法机构的体制能力缺失，缺乏一个有组织的公民社会要求提高账面的收益。在制度建设薄弱的国家，上述问题尤为严重，并且财政高度依赖不可再生的自然资源。

在拉丁美洲，预算议题的重要性已促使公民社会的各类团体甚至多边机构支持改革，通过司法和宪法改革加强预算；加强立法和审计监督；实现信息系统现代化；在全国和地区各级开发对透明度进行评估和监督的工具（Pereira y Melo，2011）。但是，这些倡议在付诸实施时却遇到了困难。行政部门和立法部门的政客因选举激励政策而隐瞒收入，或隐瞒造成无法实施并公开的支出分配；对公民而言，他们面临采取集体行动的问题。因为这需要他们投入时间和资源来了解财政和预算议题，这对他们来说机会成本较高。

（一）立法权在预算过程中的作用

预算过程涉及行政机构、立法机构和政党这类具有正式职责的行为体，同时还包括其他非专门职责的行为体，比如媒体、非政府组织、公民组织和企业等。众多行为体之间的互动不仅复杂，而且每个行为体都有可能对预算产生决定作用。然而，由于立法权和行政权具有主导作用，因此大部分研究主要集中在平衡这两种权力的影响以及在不同情况下这种平衡或失衡产生的结果会大致接近于公民的诉求（Cox y Morgestern，2001；Amorim et al.，2003；Saiegh，2005）。

立法权不仅代表公民的需求和意愿，而且也是制定和批准法律的权力，保证公共政策得以贯彻落实，同时它还具有监督政府的职责。但是，在拉美国家，立法权的这些职能却不够清晰。这归因于行政权在预算过程中比立法权更具主导性。拉美各国之间的预算过程不尽相同：有些国家的议会积极参与式预算过程，甚至能对行政机构提出的法律建议行使否决权；有些国家的议会在预算过程中较为被动，其参与程度也十分有限。有些研究指出，这种差异性主要体现在付诸实施的政策质量方面（Stein et al.，2006）。

积极、高效和具备较强分析能力的立法机构能够推进预算过程并实行后期监督，激励公共政策从政治和经济观点看都更可持续，使之不仅更加满足民众需求，而且能更有效地执行。拉美国家的行政权在立法过程中具有重要作用；图 7.1 表明不同国家行政机构的提案最终获得议会通过的比例。图中选取的 13 个国家中，9 个国家行政机构提案的“立法通过率”超过 50%。这表明，行政权在法律审批过程中具有较大优势。这项指数意味着，行政权能够影响预算法案的审批。但是，这种衡量标准有失偏颇。因为它不仅没有考虑到议会可以修正行政机构提交的法案，而且也忽视了非正规机制会影响法案的审批过程（Stein et al.，2006）。然而，这项指数确实显示出，相较于行政机构，议会在提案（年度预算的组成部分）上的主导性存在一定的失衡。

立法机构参与式预算活动受到结构性因素的制约，它既来自立法机构内部，也来自预算过程中行政和立法之间的关系状况。斯泰恩等人（stein et al.，2006）指出了其中部分因素。例如宪法规定的行政权和立法权，两种权力内部各党派力量的平衡，立法体系的结构、组织性及其能力，立法者因党派或选举因素而持有的个人目的，等等。

解决上述失衡的途径通常是通过法律手段，同时也意味着需要大力加强体制建设。然而，改革过程采取的法律手段终将导致更多的条规加诸于预算过程，使其更加复杂（Alesina y Perotti，1999）。相反，另一类选择旨在提高公共机构和私人部门在预算方面的专业化。这些改革措施包括加强独立的立法环节，创建独立于政府的外部机构行使技术咨询和监督职能，或将这些任务委托给获得国内外认可的公民机构。这类改革最终将比预算过程的正式改革更有效（Alesina y Perotti，1999）。

总之，一般来讲，预算应遵循一系列原则，使其具有重要的政治意义。这些原则如下：（1）责任，即预算须反应和保证国家能够随着收入变化而协调支出的能力（Scartascini y Stein，2009）；（2）透明度，即提供恰当、准确的信息反映预算内容（OECD，2002，e International Budget Partnership，2010）；（3）整体性，预算应全面综合反映国家的全部收入与支出，不能倾向于有规避某种监督的平行机制；（4）代表性，公共利益优先于个人利益，这是由于公共决策过程应服从民主讨论与决策（Scartascini y Stein，2009；Przeworsky et al.，1999）；（5）协调性，表明所有政府机构都应参与预算的制定、审议和监督过程，以免损害上述原则。然而，如下文所述，这种重要的政治意义会受到各种因素的严重影响。

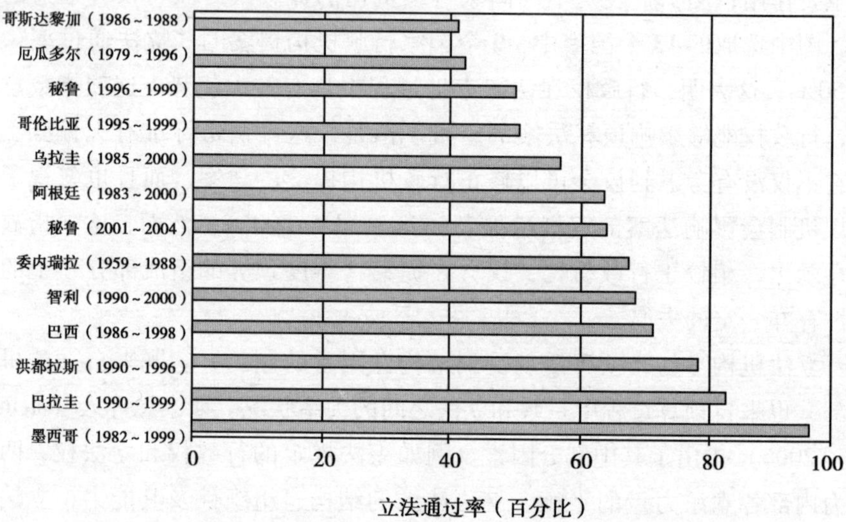

图 7.1　一些拉美国家行政机构提案获得议会通过的比例（若干年间）

来源：Saiegh（2005）。

（二）保持财政平衡的必要性及其对预算管理规章的影响

预算过程中讨论公共政策的重要性受到一系列制度因素制约。虽然预算方案可能会得到修正，但这并不意味着牺牲财政责任。讨论公共政策时的预算重要性与财政责任之间的关系复杂且难以平衡，其原因有技术考虑、参与主体的数量和选举体系中存在的政治动因（Hallerberg et al.，2009）。这证明拉美大部分国家都优先考虑财政责任，而那些旨在加强预算讨论的改革却不及前者重要。产生这种偏好的原因很多，其中最重要的一个原因是预算过程采取的一系列规程赋予行政权的主导地位高于议会。

如前文所说，制定预算是不同行为体（代理人）之间进行协商的过程。其中每个行为体都有各自的利益、在政治和制度权力中的地位及其自身的激情，并都试图影响国家资源的分配。由于在协商过程中存在着上述利益和特殊的激情，可能造成无法有效地分配公共资源的结果。因为不同代理人之间的权力博弈，可能会倾向于某些特殊利益，而不是将能够满足民众普遍利益的计划置于首位。由于拥有的资源总体上不足以满足全部需求，由此经常产生的结果是资源配置不能相应地满足公民需求。预算制度（主要是预算制定、批准、实施和监督过程中的一整套程序和规则）在此过程中发挥了重要作用，它主要通过制约或在参与协商的代理人之间分配宪法权、职责和信息而发挥重要作用（von Hagen y Harden，1995；Stein et al.，1999；Alesina et al.，1999）。

拉美大多数国家都采取总统制。这种制度赋予行政权力在预算过程中制约议会的参与。在拉美各国预算过程的每个阶段，行政权与立法权之间的这种失衡（归因于法律权力）表现得非常明显。行政权在预算的制定过程中占有主导作用。它独具信息和技术能力，决定公共部门各项活动的预算。毫无疑问，这也部分归因于行政机构需要向公民承担责任，保证不会产生无力支付的问题。总之，行政机构的提案需要经过议会修订和审批，但议会通常可以进行修改的余地有限。一项对拉美 20 个国家的预算研究指出，行政权和立法权的关系一般包含 5 个因素：议会修正权、总统否决权、立法者的反否决权、审批预算的期限和立法机构的基本结构与过程。这些因素因国而异，但基本上都源于失衡的权力偏重于行政权。

20 世纪 90 年代初，拉美开始逐渐对预算制度进行持续改革。改革的主要目的是寻求一种更佳的财政绩效。在这个改革过程中，大多数拉美国家选择了一种约束性的预算制度模式，引入新的财政规则（限制支出）或在讨论预算的过程中赋予财政部门更大的权力（程序上的等级规则）。在此意义上，拉美国家的预算制度倾向于强调等级（权力集中在行政机构）而非合议（立法机构协商的空间），而合议有助于取得更好的财政结果。

拉美国家的预算改革进程有两个较为重要的时期：第一个时期是 20 世纪 90 年代中期。这一时期的改革重点是，强化财政部门在预算中的地位或权能。这种改革不仅赋予财政部门更大权力，而且将其置于其他部门甚至立法机构之上，从而消除了在协商预算政策时存在的风险，方便了财政调整过程。第二个时期，即90年代末，改革采取了财政紧缩政策和透明度规则，旨在提高财政稳定性和加强财政责任（Filc y Scartascini，2005）。

巴西的财政责任改革始于2000年年初。改革不仅规定了各州的支出限额，而且限制联邦政府酌情转移支付给未达标或未履行责任的地方政府。它还规定，只有经常性收入有了实质性提高，政府才能增加经常性支出（OECD，2006）。智利的财政改革旨在降低支出的波动性。政府根据长期财政收入（尤其是铜矿收入）的中期平均变化率确定收入状况。这一做法允许中央政府设定结构性盈余目标，有利于增加公共储蓄，并可以在应对危机时负责任地采用反周期政策。哥伦比亚和秘鲁等其他国家也采取了类似的改革。

各种衡量制度等级的指数在评估拉美各国时，产生了相似的结果（Alesina et al.，1999；Filc y Scartascini，2005；Dabla Norris et al.，2010）。总之，预算规则的制定是为了划分不同行为体行使的职能。他们通过各自的职能干预预算过程中的商议环节。Alesina等人（Alesina et al.，1999）以不同行为体在商议环节中的行为属性和主导程度为基础，对预算规则进行归类。在具有等级特征的预算制度中，负责制定预算的部门（一般是财政部或规划部）在行政机构中具有主导作用，并且限制议会的预算方案修正权。相反，具有合议性特征的预算制度在预算过程中以更为民主的方式分配权力，比如政府各部门的权能和立法与行政之间的权能。

Alesina等人（1999）提出，通过一项指数，反映拉美20个国家预算制度的等级性或合议性特征在预算过程中的表现程度。指数所需信息来自各国参与式预算的机构负责人填写的两份调查问卷。第一份问卷是有关研究涉及年份的预算过程的详细信息。第二份问卷关于预算制度的长期发展过程，包括财政法规、程序和透明度规则的变化。[1] 另外，Filc和Scartascini（2005）创建了一项新指数用于评估预算制度的特征，其研究与Alesina等人的研究（1999）相似，涉及财政法规、程序和透明度，数据来自经合组织、世界银行和美洲开发银行。

---

[1] 这份调查问卷的大部分内容可参见Alesina et al.（1999）。

上述两项研究的结论相似，均认为拉美预算制度呈现出明显的等级性特征（参见图 7.2）。❶ 此外，研究还证明这种制度对财政结果具有影响。具体而言，这些拥有限制支出规定的国家仍然沿用具有等级性的制度程序并赋予财政部长更大的权力，倾向于降低政府的初级财政赤字（Alesina et al.，1999；❷ Filc y Scartascini，2005）。

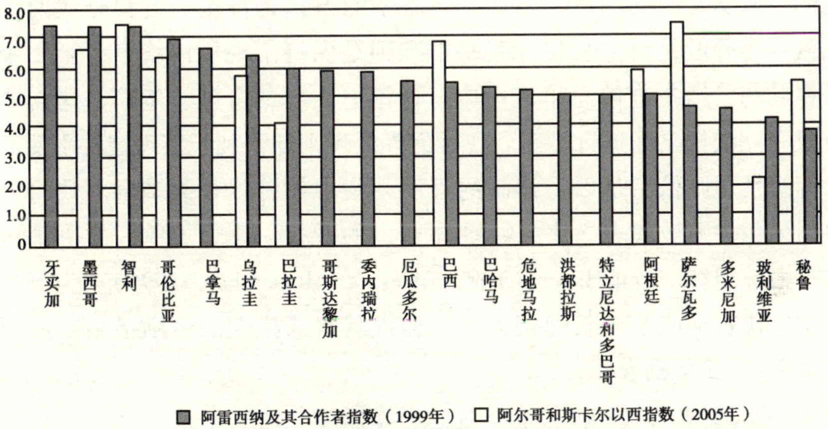

图 7.2　部分拉美国家预算制度的等级性指数（若干年）[a,b]

注：a，阿雷西纳及其合作者（1999）取 1980 ~ 1992 年的平均值，而菲尔柯和斯卡尔达西尼（2005）取 2000 年数据。

b，阿雷西纳及其合作者（1999）选用尺度为 1 ~ 100，而菲尔柯和斯卡尔达西尼（2005）选用尺度为 1 ~ 10。

资料来源：阿雷西纳及其合作者（1999）以及菲尔柯和斯卡尔达西尼（2005）。

当商议权力集中于财政部长时，立法部门参与式预算的作用就变得边缘化了。尽管这可以为预算过程提高效率和灵活性，但是失去了预算的适应性和代表性（Stein et al.，2006）。❸ 规则中的这种等级性，使预算过程不

❶ 在 Alesina 等人（1999）的研究中，研究认为分值在 50 ~ 80 属较高水平，但并未与那些被认为等级性较低的世界其他地区进行比较研究。

❷ Alesina 等人（1999）根据"等级性/协作性"的程度，将预算制度进行分类。此外，通过实证分析证明预算制度指数与财政结果之间的关系。研究结果表明，具有等级性制度和透明程序的国家与其在 20 世纪 80 ~ 90 年代加强财政纪律相关。

❸ 矛盾的是，立法机构可以对这种等级化制度采取反击，通过对地方转移支付或对特定部门的最少资源投入加以更为严格的约束，但是这又降低了预算的灵活性。

再成为政治进程中的一个中性的工具。因此，在公民看来，预算过程也就成了缺乏民主内容的财政政策的技术工具。

等级性的预算制度倾向于赋予行政机构具有限制和分配支出的职能，但行政机构不一定能决定收入来源，这一点通常需要获得议会批准。尽管支出和税收方案是由行政机构提议，但这两项方案不是同时进行讨论，这就削弱了收支之间的联系。加强收支联系的方式是将这一过程分成两个阶段。第一个阶段是讨论总量，其基本准则是保持宏观经济稳定；第二个阶段是在此前已经批准的总量范围内，讨论总支出的分配。然而，这需要在行政权和立法权之间进行平衡。现行的等级规则却不利于实现这种平衡。

等级性规则恰恰是以持续制约程序并集中控制议程为基础。政府对具有垄断地位的财政代表（比如财政部长）的授权，建立了单一的决策机制和实行财政纪律（von Hagen，1992；Alesina y Rosenthal，1995）。为行之有效，这位代表须能掌控其他行为体，提供具有选择性的激励措施，从而惩罚违规者并/或奖励合作者。

Hallerberg 等人（2009）将上述这种垄断型的决策形式称之为“授权模式”（modo delegación），与之相对的是“协商模式”（modo compromiso）。在后一模式中，一组行为体都具有相似的决定权。他们为完成某项预算规定达成一致，例如确立未来一年或几年内的预算目标。从理论上分析，授权模式在一些国家是有效的。这些国家的政府部门认为，将权力授予一个核心部门是合适的（如财政部或规划部成为主导部门）。在实践中，这些国家拥有占多数的执政党或多党联盟的政府，后者作为一个整体参加选举。以“协商模式”为运作方式的国家，政府是由多党派联合组成的，这些党派在今后的选举中可能会相互竞争。选举之后，各党协商预算目标，并在联合协定的框架下进行协商。

然而，如上文所述，虽然从财政角度而言，预算结构的等级性可以提高预算过程的效率，但它也可能造成一定风险（Santiso，2006）。首先，这种规则使得行政机构在处理公共预算时享有较大的自由裁定权，这给问责机制造成一定的难度。同时，行政机构的自由裁定权和问责机制的缺失，损害了预算的可信度。因为预算是一种反映和规划社会 - 政治契约的工具。

其次，等级性规则限制了公共支出再分配至更重要的领域，譬如社会政策。因为这些规则更重视维护财政纪律而不是实施的效率。同时，这些规则还强调确定战略重点，它有可能源于选举的新现实或民主氛围中的讨论（Santiso，2006）。两种制度类型（等级型与协商型）之间的差异引发另一个问题，即预算透明。Alesina 等人（1999）认为，那些最具等级性的规则或制度容易造成预算不透明。这主要缘于行政部门垄断公共财政信息。相反，协商性规则或制度可以采取问责制并实行有效监督。这是因为议会具有主导作用，可以大大降低各行为体之间的信息不对称性。

或许可以证明的是，政府和立法机构能够推行改革，提高预算透明度，但又不会造成财政不稳定的风险。行政部门或许可以通过制度改革，允许公民了解和直接参与制定预算法的前期方案；同时还可以构建制度空间，以便立法机构在修正与跟踪预算方案时，发挥更重要的作用。因此，下文将提及，拉美有着很好的机会提高预算透明度——让公民和国会发挥更加积极的作用——但这并不意味着许多国家已经建立的财政纪律会出现倒退。

图 7.3 是通过一项指数反映预算过程的制度力量。该指数涉及立法机关与行政机关进行磋商的责任、修订预算方案的权限、预算审核通过的期限等。[1] 从图中可以看出，拉美国家的总体水平远低于经合组织成员。这说明行政机构与立法机构的各种正规合作机制还需大力加强建设。下文还将论及这些合作机制对增强立法者及其技术团队的能力至关重要。

Hallerberg 和 Marrier（2004）在分析财政方面的民主欠缺时指出，强大的立法机构是形成一个稳固的民主制度的关键。然而拉美大多数国家的立法机构起着被动作用，在预算问题上的影响十分有限，除非在会对选举分布产生影响的情况下（Hallerberg et al.，2009）。在拉美国家中，Cox 和 Morgenstern（2001）评估了阿根廷、巴西、智利、墨西哥的议会制度，并将其归类为主动型和被动型。他们的结论是，拉美国家的议会较为被动，不够主动，其原因是行政部门从一开始就控制了对预算法案建议的主导权。

收支决策在立法部门与行政部门之间相分割，不利于预算的民主功能，

---

[1] 这项立法强度指数是由 International Budget Partnership 调研完成，该项指数从这份关于预算公开的调查问卷 123 个问题中的 12 个涉及评估立法机构在公共预算形成与审议每一步骤的参与程度的问题里，估算出所得结果的简单平均数。具体细节可参看调查问卷：http：//internationalbudget. org/what – we – do/open – budget – survey/research – resources/guides – questionnaires/.

限制了它的政治重要性。预算规则应有助于收支决策之间保持紧密联系。人们很少论及这点，但它可以解释拉美预算制度存在诸多缺陷的原因。只有通过行政权与立法权加大合作才有可能加强收支联系。这意味着提高议会的技术能力，使之在预算过程中发挥更具建设性的作用，也将提升行政部门的透明度。这一做法的目标是，让不同主体（其中也包括公民社会）能及时掌握信息，通利用其接触到的机制提出公民诉求。

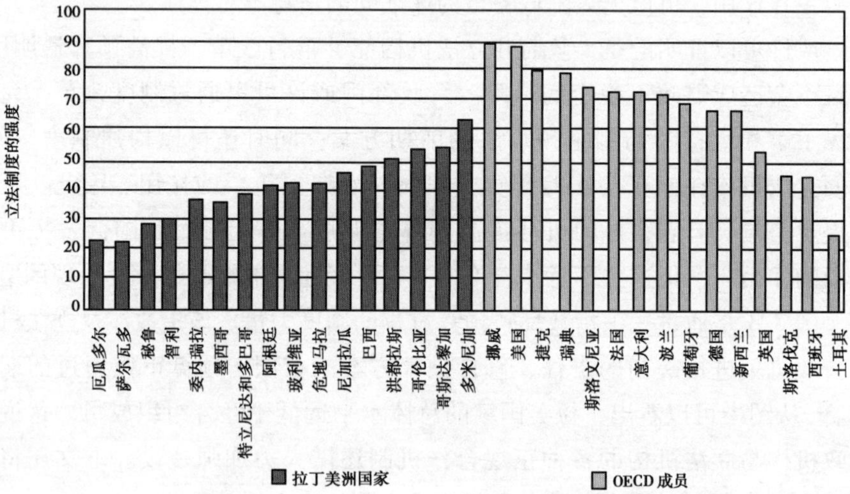

图 7.3　拉美部分国家和 OECD（2010 年）成员立法制度的强度指数

资料来源：国际预算促进会（2010）。

三、强化预算作用的范围

（一）立法机构的能力

对公共预算的讨论集中在立法权的内部，这是民主职能的内一部分：预算法确定公共支出的优先次序，制定财政政策与税收政策的基本标准，为民主讨论公共政策提供机会。然而，在拉美历史上，预算过程并没有重要的政治意义，预算透明度较低——如第二节所述——并且被行政机构主导。这种现象令人惊讶。拉美国家在经济、社会、财政领域面临重要挑战，同时公民对政治体制民主化的诉求也在不断增加。

立法机构一般通过专门预算委员会来参与式预算。保证有效参与的关键机制在于，立法机构尤其是这些专门委员拥有永久的制度能力。在任何一种政治体制内，制定预算意味着就预算中的优先次序进行广泛讨论。这表明这是一个非常制度化和专业化的体系，体系内的各委员会及其附属机构都能主动参与式预算的各个阶段。立法权内的这种工作分工可以提高效率。因为立法者可以提升专业能力，介入预算讨论与制定，同时监管预算的执行。

委员会不仅通过激励措施，鼓励立法者在专业性较强的领域内获取经验，而且在财政、税收以及公共政策各领域拥有独立的技术顾问。一个常规顾问团队是立法机构能够熟知信息且有效参与的必要条件（但还非充分条件）。再者，即使在那些委员会实力薄弱的国家，将权力授予具有制衡和监督行政机构的审计机构，也可以提升预算过程的质量。对此，将在下文详述。

分析拉美国家议会职能时，实证研究表明，立法机构在政策能力和制度能力上存在巨大差异。拉丁美洲的议会有能力介入公共政策的制定过程，其中包括预算。Stei 和 Tommasí 的研究（2006）证明了这一点。他们不仅评估了议会的特点，也评估了议员的自身特点。两位研究者运用一项指数来衡量客观层面的问题——如公共舆论对国会的信任度、立法机构的效能、议员从业平均经验值（以年限计算）、拥有大学教育背景的议员比例、委员会中议员人数以及某些主观层面问题，诸如委员会的能力、立法机关内的职业发展可能性和技术经验。

表 7.1 显示了一些国家的该项指数的内容。它突出反映了议员平均经验不足（平均为 4.4 年）和专业水平低。这也表现在现实情况中，即每位议员平均参加了议会中的两个委员会。此外，约 3/4 的立法者拥有大学学历——这是导致效率低下的一大因素——公众对议会的信任度也相当低（平均 33.9%，依据 2007 年拉美晴雨表的民意调查）。

Stein 和 Tommasí（2006）通过综合该指标的各项要素，得出了每个国家立法机构能力的总体结果。如图 7.4 所示，拉美地区立法机构能力较强的国家有巴西、智利、哥伦比亚和乌拉圭。

需要强调的是，立法机构的能力欠缺，不是制约国会能否有效介入预算过程的唯一因素。因此，该项指标得出的各国排序结果，不一定能明确地反映出各国议会的效能。

表 7.1　拉美部分国家立法能力综述（若干年间）[a]

国　家	议会信任度	立法机构实效	立法者从业平均年限（年）	立法者具备大学历百分比（%）	立法者参加委员会平均数目
阿根廷	39	2.06	2.90	69.60	4.50
玻利维亚	28	2.26	3.30	78.40	1.66
巴西	44	2.41	5.50	54.00	0.92
智利	41	3.85	8.00	79.40	1.95
哥伦比亚	33	2.98	4.00	91.60	0.86
哥斯达黎加	47	2.44	2.60	80.40	2.09
厄瓜多尔	24	1.84	3.50	83.10	1.26
萨尔瓦多	25	2.46	3.90	64.00	2.44
危地马拉	17	2.08	3.20	68.40	3.24
洪都拉斯	41	3.19	3.00	73.10	2.34
墨西哥	28	2.45	1.90	89.60	1.96
尼加拉瓜	21	2.16	3.50	85.60	1.96
巴拿马	37	2.40	5.80	85.60	1.86
巴拉圭	28	1.99	5.50	85.60	3.15
秘鲁	14	2.08	5.20	92.90	2.44
多米尼加	32	2.57	3.10	49.60	3.54
乌拉圭	62	3.37	8.80	68.40	0.98
委内瑞拉	49	1.55	4.90	74.60	0.97

注：a，议会信任度为 2010 年数据；立法机构实效，取 2006～2011 年平均数；立法者拥有大学学历百分比，2002；立法者从业年限及参与委员会平均值为 2005 年数据。

资料来源：Latinobarómetro（2011），PELA（2002），Wanld Ecomic Forum（2006～2011），Stein 和 Tommasi（2006）。

尽管在理论上，国会与议会负责监督与控制行政机构一切行为，其中也包括预算。但拉丁美洲的议员无法充分行使职能。国会并非总是拥有必要的激励措施，可以为后期控制预算投入资源。除巴西、智利和哥伦比亚以外，拉美地区的特点是，立法制度薄弱且有欠缺，委员会体制更是如此。根据经合组织的研究，拉美仅有 5 个国家（巴西、智利、哥斯达黎加、危

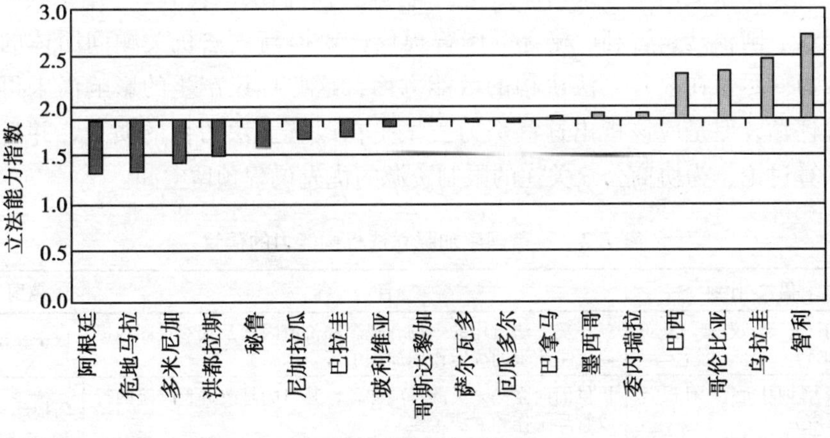

图 7.4　拉美部分国家立法能力指数

注：a，梯级为从 1～3.

资料来源：Stein 和 Tommasi（2006）。

地马拉和墨西哥）设有一个附属于立法机构的研究机构，专门负责预算分析。在进行调查的拉美国家中，有 43% 的国家的委员会正式聘用的负责修正和讨论预算的专家不到 5 人。

如本章第二节所述，一些制度因素界定了立法的行为范围。这些制度因素与立法能力相互作用。因此，这些条件不仅决定了在何种环境下，立法能力具有某种真正的重要性以及这种重要性能达到何种程度，而且立法权的重要性越低，提高国会能力的激励因素也就越有限。

议员缺乏把握预算议题的能力，可能在某种程度上与选举的激励因素相关。这些因素主导了国会议员的政坛生涯，它们包括脆弱且常常分化的政党制度、比例代表制的选举制度减少了选民直接问责的可能性、立法者再度当选的限制。尤其是最后一点，阻碍了国会议员的专业化。拉丁美洲国家应加强立法机关的作用，尤其是在组织立法机构委员会、立法顾问的技术能力及其研究能力等方面（Santiso，2006）。增强立法机构的能力，特别是预算咨询与调研的能力，这将使议会在分析和实施公共政策时发挥更加主动的作用。新兴民主国家制度的脆弱性（拉美国家就属于此类情况），需要建立有效和负责的预算机制，同时还需要议会和公民社会加强对公共财政的外部控制（Santiso，2006）。

拉美国家提出了一系列加强立法机构能力的倡议，表 7.2 总结了其中部分倡议。阿根廷、智利、秘鲁等国曾提议，要提高立法机关顾问团体的技术实力。尽管在改善立法机构的效能方面，这些提议产生的影响尚未得到准确评估，但是应该指出这些努力尝试是在改善立法协商的质量，并且减少预算讨论，为协商公众关注的限制资源的优先议程预留空间。

表 7.2　拉美国家加强立法机构能力的倡议

倡议/计划	目　标	范围
拉丁美洲议会精英（PELA）	就拉美立法机构的立场、观念和价值因素及其对巩固和提高民主质量的决定作用加深了解	拉丁美洲
高级培训中心（阿根廷参议院）	提供面向立法人员的各项课程，其目的是改进参议院的行政管理工作和立法工作	阿根廷
加强制建设部（促进公平和增长公共政策执行中心，CIPPEC）	与不同政党和政府部门人士合作，有助于提高他们的工作能力，并且促进改变政府职能及其向公众提供的服务	拉丁美洲
议会研究与培训中心（秘鲁国会）	制定、构建和实施一系列计划，旨在加强国会人员（公务员、专家和顾问）的能力，包括议会的服务和组织能力。内容涉及立法权的内容和运用、立法程度和技术	秘鲁
ICAL的立法项目（亚历杭德罗·利普舒茨科学研究所，ICAL）	加强社会需求与立法倡议之间的联系，创建用于立法的投入项目，比如物品和服务等，融入或独立于其他主体	智利
联合国发展署（PNUD）	在基层和地区推行各类倡议，旨在培训政府各级公务员，加强立法系统和公共管理建设	智利
拉美加勒比社会经济规划研究所（IPLES－CEPAL）	为创造和强化拉美加勒比国家的能力，提供国际、国内和地方课程。为国家和地方公共政策或项目的设计、规划和评价，授予知识、方法论、工具手段和较好的实践经验	拉丁美洲
立法技术服务处（哥伦比亚国会）	向国会委员会提供优质的立法技术咨询和法律研究服务。同时，促进公民参与公共政策的制定的决策	哥伦比亚
州选拔与培训机构（INSELCAP）	依据墨西哥萨卡特卡州及市的职业专业化服务法中的相关规定，招收、遴选、培训和评估各级政府立法和司法部门的公共服务人员	墨西哥萨卡特卡州
开放政府提议（USAID）	提高政府绩效和制度透明度，加强问责任制，促进政府机构和公共机构参与各级政府的政策改革进程。此外，通过研究、培训，推广较好的规则以及机制集中化管理，提供技术指导，从而有利于支持政府的国家项目	拉丁美洲及加勒比地区

资料来源：PNUD（2011），USAID（2011），拉美议会精英（2011），哥伦比亚共和国国会（2011），秘鲁共和国国会（2011），亚历杭德罗·利普舒茨科学研究所（2011），阿根廷参议院（2011），CIPPEC（2011）。

（二）预算过程的透明

为了使预算过程能够对深化民主和促进发展发挥有效作用，公民及他们的代表组织必须及时获得准确的预算信息和支持委员会及行政机构做出决策的文件。为了实现社会监督和账面盈余的要求，预算过程透明很重要。因为在这一过程中，所有参与者不仅有可能提交方案，而且还可以审议他人的立场与决策。这是实现以下两个方面的基本要求：（1）能适当代表公民的需求；（2）实现公共收支之间恰当而协调的联系。

目前，许多国际机构努力推出各种衡量预算透明度的比较方法（例如OECD，FUNDAR和IBP）。其中，国际预算促进会（IBP）的方法较为突出。它通过"开放的政府民意调查"（Encuesta de Gobierno Abierto），试图在一组国家中建立一套独立的、可供比较的预算透明度衡量标准的方法。在这份民意调查的基础上，它们建立了开放的预算指数（Open Budget Index，缩写为OBI）。该指数评估在预算过程中视为关键性的8项资料的可获性及其所含的信息特征、审计制度的有效性及公民社会直接参与的可能性。

图7.5表明了拉美一些国家2010年的OBI指数。除某些特殊情况以外，总体而言，该地区的预算透明度非常低，大多数国家的指数低于50，而指数最高值是100。

这项国际倡议的结果显示，全球都存在预算透明度不高的问题。94个评估对象中，仅有20个国家提供了有关预算活动的足够的信息，该项指数的平均值仅为42%。这表明大多数评估对象向公众提供了不到50%的必要信息。而提供完整、必要的信息对实现预算透明十分重要。拉美有16个国家参与这项评估，其平均结果为43%，非常接近世界平均水平。仅有智利、巴西、秘鲁、哥伦比亚4国的预算透明度可以和发达国家相比，因此排在前列。而玻利维亚、洪都拉斯、多米尼加则排在最后。

根据这些信息，也有可能在透明度和收入水平之间建立联系以及在透明度和收入对开采自然资源的依附度之间建立联系。总之，那些人均收入较高的国家其预算透明度较高，而那些低收入国家其透明度较低。此外，那些依赖石油和天然气收入的国家，比如玻利维亚、哥伦比亚、厄瓜多尔、墨西哥、特立尼达和多巴哥、委内瑞拉玻利瓦尔共和国，呈现出预算过程中的透明度较低。这些模式并不一定意味着，自然资源丰富和预算不透明

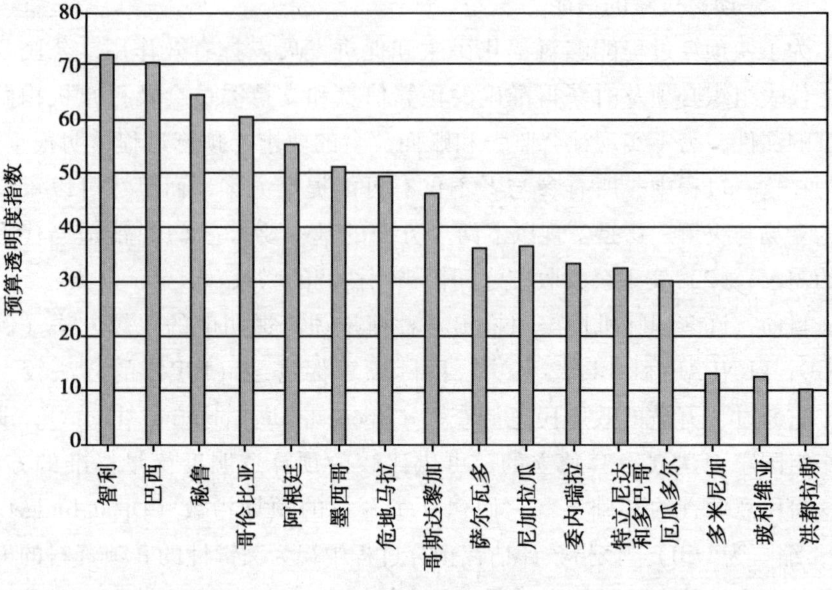

图 7.5 拉美部分国家的预算透明度指数（2010 年）

资料来源：国际预算促进会（2010）。

之间存在因果关联，但的确证明这些国家在预算透明度上面临更为严峻的挑战。这已在第六章中提及。

分类分析这些指标（见图 7.6）得出的结果，可以更加明显地反映出拉美国家预算的严重脆弱性。在 16 个拉美评估对象国中，只有 25% 的国家（巴西、哥伦比亚、萨尔瓦多和墨西哥）提供并公布了一份有关预算内容的初步文件，而 31.1% 的国家没有这样一份文件，43.8% 的国家有这样一份文件，但仅限于政府内部使用。换言之，拉丁美洲的公民们很少有机会从行政机构获知预算法规的前期方案。因此，公民被排斥在决策过程之外。当涉及公民与财政部或规划部（是拉美国家负责制定预算的领导机构）之间互动的可能性时，上述事实就更明确了。在玻利维亚、洪都拉斯和多米尼加没有公布这份文件的内容。然而，即使其他国家公布了该文件，也并不意味着公民有机会了解公共部门内部讨论的最初提议。与之相反，只有财政部批准了草案，并将其递交立法机构进行协商和审批时，公民才获知这份文件。

立法机构通过的预算法案向全国公布。但是，87.5%的评估对象国没有制定一份面向公民的预算文件（即预算文件的公众版）用于传播。只有智利和萨尔瓦多提供了这份文件。预算法案一般非常复杂，包含大量的具体内容，给人们造成理解困难。公民理解这些话题的机会成本非常高。鉴于此，政府有必要投入资源，以更加简明的方式传播预算法案的信息，这一点很有意义。

关于预算执行的信息，其结果也并不令人振奋。预算实施的后续报告是按照全部国家整体制作的，但许多国家没有公布这些信息。62.5%的评估对象国没有公布预算实施的半年报告（见图7.6）。其余国家虽然制定了上述文件，但仅有智利、哥斯达黎加、秘鲁将其公布于众。除1个国家之外，其他所有国家都制定并公布了年度报告。最后，只有68.8%的国家公布审计报告。

预算透明度评估等级要求提供的报告，与已公布的报告存在较大的数量差异。拉美国家的这种糟糕表现还不止于此。每一份评估报告的信息在实质上存在很大差别。那些确实制定并公布了预算大众版的国家，不仅传播了预算法案和预算实施报告，而且其公布的信息也非常全面。相反，审计报告中，平均仅有30%的内容属于按要求提供的信息；行政提案、草案和半年度报告中，只有不足50%的内容是按照透明度评估等级要求而提供的（IBP，2010）。

其他倡议注重各级政府（全国、地区和市级）的预算，例如巴西的公开账户组织（Associacão Contas Abertas）[1]、阿根廷的公共财政管理和预算组织（Asociación Argentina de Presupuesto y Administración Financiera Pública，ASAP）[2] 和联邦财政责任理事会（Consejo Federal de Responsabilidad Fiscal de Argentina）等，后者作为联邦公共机构负责跟踪预算。

虽然拉美国家采取了一系列的预算改革措施，但是这些指数仍表明，

[1] 公开账户组织是一个独立、非营利性的公民组织。该组织聚集了社会领袖、企业主、学生、记者以及有志于了解公共支出，并愿意为改善公共支出的质量、优先性与合法性作出贡献的人士（http：//contasabertas.uol.com.br）。

[2] ASAP是一个非营利性的公民组织，旨在推动全国、省级、市级公共部门的财政管理体系和公共财政的调查与研究（http：//www.asap.org.ar/）。

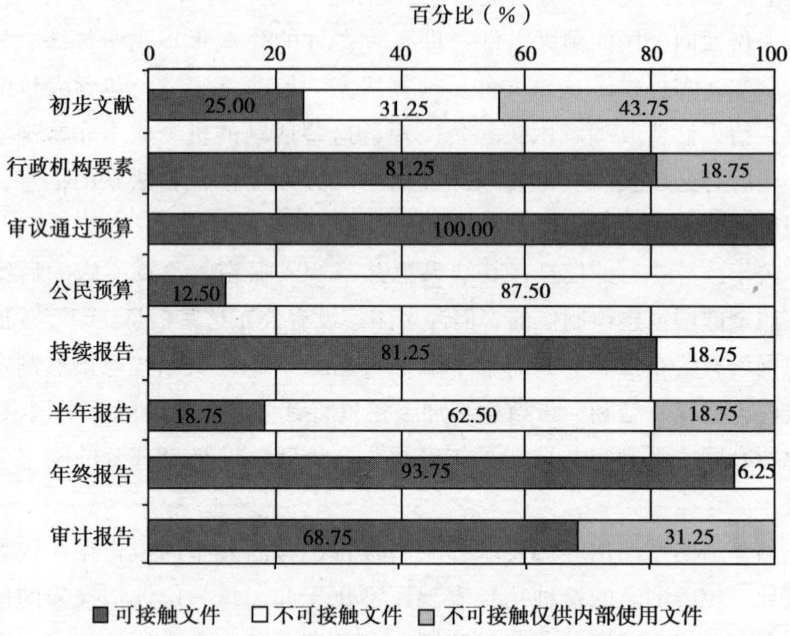

图 7.6　一些拉美国家[a] 的重要文件的可获情况

注：a，阿根廷、玻利维亚、巴西、智利、哥伦比亚、哥斯达黎加、厄瓜多尔、萨尔瓦多、危地马拉、洪都拉斯、墨西哥、尼加拉瓜、秘鲁、多米尼加、特立尼达和多巴哥、委内瑞拉玻利瓦尔共和国。

资料来源：国际预算促进会（2010）。

拉美国家预算过程中各个阶段的透明度仍较低。缺乏透明度阻碍了公民社会实行更加有效的监督，而只有公民社会的有效监督，才能建立更为清晰的收支关系，提高预算的功效与效率，并更好地判断出投资的优先次序。

（三）审计与预算监督

独立审计机构对立法机关监督和制衡政府具有辅助作用，它可以减少行政权与立法权之间的信息不对称，因此它有助于政府提升预算透明度和改善问责制，提供激励措施以优化公共支出的有效性（Pereira y Melo, 2011）。Allen 和 Tommasí（2001）区分了审计机构的三种模式：独裁模式、法庭模式及协商模式（亦称为委员会模式）。

独裁模式或单一模式，其特征是只有一个独立的审计机构，由审计长领导，注重事后审计，强调财政与绩效审计，而非执行过程审计。尽管这种模式具有很多自治权，但它与官僚机构的关系较近，智利的审计总署（la Contraloría General）就属于这一模式。

法庭模式是一个委员会式的首脑机构，拥有对行政事务的准司法权。通常以行政法庭的形式运作。这一模式更加注重监督财政与法规的执行，而非审计管理。代表这类模式的是巴西的联合审计法院（Tribunal de Contas da União）。

协商模式或委员会模式是前两个模式混合的制度形式，其审计机构由审计人员组成的委员会共同领导，但没有司法或准司法的裁判权。在这一模式下，审计机构仅向立法机构汇报政府财务的可靠性的审计意见，例如阿根廷的国家审计总署（Auditoría General）。

这些特殊模式在本质上相同，它们与行政机构分离，但这并不说明两者之间应该保持割裂的关系。相反，在许多情况下，由于审计机构没有制裁权，因此两者保持密切关系很重要，但不应牺牲审计机构的独立性。

表 7.3 表明了拉美 18 个国家的主要审计机构的某些特点。虽然它们大多与立法机构有关，并在很多情况下有准司法权，但这一组国家的差异性很大。在有些情况下，审计机构与立法机构的关系脆弱，因为它仅参与审计机构领导层的提名（比如哥伦比亚、智利、秘鲁、多米尼加等）。

除了这些特点，IBP 也提出了一项指数，评估拉美 16 个国家审计机构的可靠性（见图 7.7）。图 7.7 指出，巴西与智利的审计机构最为稳定可靠。然而，令人奇怪的是，这两个国家采用了两种不同的模式（巴西为协商模式，智利是单一模式），这意味着这些模式不是判定审计机构可靠性的唯一因素。哥伦比亚（单一模式）和哥斯达黎加（亦为单一模式）的审计机构，其稳固性超过拉美平均水平（51.5%）。然而，与经合组织某些成员相比，拉美地区审计机构的平均水平较低，仅有巴西和智利达到与经合组织成员相近的水平。

还有一些研究分析其他因素的重要性，例如行政机构的独立性、审计结果的可靠性、审计报告的精准度以及审计员意见的执行情况（Santiso，2007）。所有这些因素组合构成衡量审计机构绩效的另一项指数；其显示的结果与图 7.7 一致。哥伦比亚、哥斯达黎加、智利、巴西的制度最具稳定性和效力（Santiso，2007）。

表 7.3 拉美部分国家审计机构设计

国　家	名　称	类　型	与行政权相关机构	与立法权相关机构	准司法权
阿根廷	国家审计总署	合议模式		×	
玻利维亚	共和国监管总局	单一模式	×		
巴西	联邦审计法庭	合议模式		×	×
智利	共和国监管总署	单一模式			×
哥伦比亚	共和国监管总署	单一模式			×
哥斯达黎加	共和国监管总署	单一模式		×	
厄瓜多尔	国家监管总署	单一模式			
萨尔瓦多	共和国审计法庭	合议模式			×
危地马拉	监察审计总署	单一模式		×	×
洪都拉斯	审计最高法庭	合议模式		×	
墨西哥	联邦最高审计局	单一模式		×	
尼加拉瓜	共和国审计总署	合议模式		×	
巴拿马	共和国审计总署	单一模式			×
巴拉圭	共和国审计总署	单一模式		×	
秘鲁	共和国审计总署	单一模式			
多米尼加	共和国审计总署	合议模式			

资料来源：根据 Santiso（2007）数据自制。

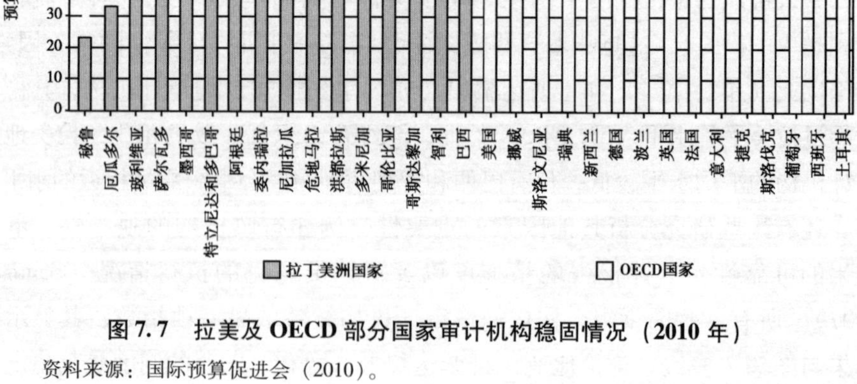

图 7.7 拉美及 OECD 部分国家审计机构稳固情况（2010 年）

资料来源：国际预算促进会（2010）。

（四）公民参与

公民参与式预算过程可以从根本上适当反映公众诉求与意愿。如果公民能实现有效参与，那么这对促进发展具有重要意义。然而，存在争论的是，权力代议制（特别是立法权）这种传统参与机制是否合适并具有充分的代表性，或者是否需要有所改进与完善以及补充另一种新的参与机制的可能性。

选出的议会议员代表了社会的各个领域，因此，这种参与机制要实现有效参与，必须保证议员选举过程的透明并有代表性，同时还需发挥制度的力量以及有效行使代表的能力。然而，基于各种原因，这些通常难以实现，因此产生了一种更加直接参与决策的补充模式，比如参与式预算。这种新的预算模式赋予公民权利决定公共资源的配置（通常是市级），通过协商他们的需求及优先次序决定资源配置的各种用途（Spada，2009）。

在拉美，巴西率先实行这种公民直接参与的模式，尤其是在阿雷格里港取得这一经验之后。阿雷格里港的这种经验模式具有标志性意义。它始于1988年，当年劳工党（PT）赢得了市政选举。这一年，预算几乎全部用于支付工资和薪酬，仅剩2%用于投资。因此，获选市长决定咨询并由社区决定公共资金的使用。当年近1 000人参与公共资金分配。1999年，参与的人数上升至15 400人，2001年又上升到18 000人。参与者大多来自社会经济的下层或中下层。参与者人数的增加归因于人们的初衷是改善市政的公共财政，减少与公务员之间的工资矛盾，完善市政服务与投资的运作（Goldsmith y Vainer，2001）。2002年，由于参与规则的变化和公众对劳工党的支持率大幅下降，公民参与开始减少（Baierle，2002、2007；Chavez，2006；Spada，2010）。

然而，这种模式在巴西获得不断推广。近20年来，巴西有350多座城市采用了参与式预算。拉美其他国家的许多城市也采取了类似举措，这些国家包括阿根廷、智利、墨西哥、多米尼加、乌拉圭和委内瑞拉玻利瓦尔共和国。虽然这种参与式模式分配的预算资金非常有限，参与者以及信任这种机制的人数也不多，但是这种公民参与过程是从小范围开始实行，逐渐扩大到整个拉美地区，成为一种共同的实践范式（可参见第五章）。

除了这种机制达到的范围外，还有一些证据表明，参与式预算可能在某些方面提高了公共管理效率（见世界银行、OECD 关于预算程序与实践的民意调查数据库）。但是经验证据通常不是结论性的，这可能缘于审慎分析这些影响是复杂的，并不一定毫无结果。但是，现在事实清楚地表明，当今这种参与机制的范围相对较小。换言之，尽管可以把它作为在公民与行政机构（主要在市级）之间更加直接沟通的渠道，继续予以推广，但目前最主要的参与途径仍是公民授权其在议会的代表。这种参与途径应得到加强并更具实效性，成为预算民主的核心。

另一种公民参与式机制在历史上具有重要意义，并仍继续发挥重要作用。这种机制是非政府组织的活动。非政府组织关注拉美国家和全世界的预算过程，并在民众、议会和行政机关之间进行斡旋。尽管这类组织在该地区的影响难以与世界其他地区进行量化比较，但是在拉美制度脆弱的背景下，这些非政府组织具有补充（甚至替代）官方机制的作用，从而推进公民参与和权力问责。

四、结　论

预算应视为在拉美经济与民主发展进程中具有非常重要的作用，因为它本身就是一个反映公民需求与意愿的场所，并且通常由政府与国家将其转化为承诺。这种承诺用于公民向政府问责。因此，它对民主监督公共资源具有重要作用，可以提高效率及深化民主。

20 世纪 90 年代，预算讨论的重点是财政纪律和宏观经济平衡。当时存在这样一种认知，即议会很难遵守总预算的约束。这是因为，任何参与主体不会在讨论中把总预算约束适当且自动地纳入他们的考虑和资源需求中（即是所谓“共同的悲剧”）——因此在实践中，议会在预算过程中的主导性被削弱（规则的制定使得行政权强于立法权）。为此，预算过程的民主作用退到其次。它的民主功能体现在，预算过程是真正能够协商与讨论社会各阶层需求的场所。如今机遇明朗，可以恢复立法机构的这部分功能，而不牺牲总的财政纪律。

在此意义讲，为了监督政府并实现当选者更好地代表公民的意愿，拉美正在寻求巩固民主制度和参与机制。拉美目前实施的几项重要倡议是提高议会和审计机构的分析能力和信息能力，这有助于公民对预算内容的实施进行有效监督。

最后，除了这些倡议以及其他可以加强预算民主参与式的空白领域，还有一系列政策、制度约束。这些政策制度制约了建议的可行性，因此不能忽视。此外，众多参与主体，讨论各种决策的多种场合，对财政紧缩或宽松的不同偏好，初选和再选规则的特点，参与主体拥有的宪法特权以及官僚机构的强处和薄弱环节，所有这些因素都会影响预算讨论的质量。因此，不同于某些理论尝试，以单一的政治因素视为决定因素（例如，选举体制的影响，或者总统制与立宪制的特征），这里需要强调的是需综合各种制度因素。这些因素会在整体上影响公共政策质量，并会具体影响到预算过程，从而产生各种不同的结果。

参考文献

[1] Ablo, E. y Reinikka, R. (1998). *Do budgets really matter? Evidence from public spending on education and health in Uganda.* (Policy Research Working Paper N° 1926). Washington D. C.: Banco Mundial.

[2] Acosta, P., Leite, P. y Rigolini, J. (2011). *Implications for poverty and inequality in Latin America.* (Policy Research Working Paper N° 5875). Washington D. C.: Banco Mundial.

[3] Administración Federal de Ingresos Públicos (AFIP). (2002). *Anuario de estadísticas tributarias.* http://www.afip.gob.ar/institucional/estudios/anuario.asp.

[4] Administración Federal de Ingresos Públicos (AFIP). (2007). *Plan de gestión* 2008. http://www.afip.gob.ar/ Administración Federal de Ingresos Públicos (AFIP). (2008). *Anuario de estadísticas tributarias.* http://www.afip.gob.ar/institucional/estudios/anuario.asp.

[5] Administración Nacional de la Seguridad Social (ANSES). (2011). *Análisis de la cobertura previsional del SIPA: protección, inclusión e igualdad.* Buenos Aires: Administración Nacional de la Seguridad Social.

[6] Afonso, A. y St. Aubyn, M. (2005). Non-parametric approaches to education and health efficiency in OECD countries. *Journal of Applied Economics*, 8 (2), 227~246.

[7] Afonso, A., Schuknecht, L. y Tanzi, V. (2006). *Public sector efficiency: Evidence for new EU member states and emerging markets.* (ECB Working Paper N° 581). Frankfurt: Banco Central Europeo.

[8] Afonso, A., Schuknecht, L. y Tanzi, V. (2010). Income Distribution Determinants and Public Spending Efficiency. *Journal of Economic Inequality*, 8 (3), 367~389.

[9] Agência Nacional do Petróleo, Gás Natural e Biocombustíveis (ANP). (2010). *Relatório de Gestão* 2009. http://www.anp.gov.br/? id=312.

[10] Agência Nacional do Petróleo, Gás Natural e Biocombustíveis (ANP). (2011). *Anuário Estatístico Brasileiro do Petróleo, Gás Natural e Biocombustíveis* 2011. http://www.anp.gov.br/? pg=57890#Se _o_ 2.

[11] Aidt, T. y Jensen, P. (2009). The taxman tools up: an event history study of the introduction of the personal income tax. *Journal of Public Economics*, 93 (1~2), 160~175.

[12] Aidt, T. y Eterovic, D. (2011). Political competition, electoral participation and public finance in 20th century Latin America. *European Journal of Political Economy*, 27 (1), 181~200.

[13] Aigner, D., Lovell, C. y Schmidt, P. (1977). Formulation and estimation of stochastic frontier production function models. *Journal of Econometrics*, 6 (1), 21~37.

[14] Akitoby, B., Clements, B., Gupta, S. y Inchauste, G. (2006). Public spending, voracity, and Wagner's Law in developing countries. *European Journal of Political Economy*, 22 (4), 908~924.

[15] Albi Ibáñez, E., González Páramo, J. y Zubiri, I. (2004). *Economía Pública I.* (2ª ed.). Barcelona: Ariel.

[16] Alcaldía Mayor de Bogotá D. C., Secretaría Distrital de Hacienda. (2011). *Sistema Integrado de Información de Estadísticas Comparadas (SIEC)*. http://impuestos.shd.gov.co/portal/page/portal/portal_ internet_ sdh/economia/siec_ eco/SIEC.

[17] Alesina, A. y Rosenthal, H. (1995). *Partisan politics, divided government and the economy*. Cambridge: Cambridge University Press.

[18] Alesina, A., Hausmann, R., Hommes, R. y Stein, E. (1999). Budget institutions and fiscal performance in Latin America. *Journal of Development*

Economics, 59 (2), 253 ~273.

[19] Alesina, A. y Perotti, R. (1999). Budget deficits and budget institutions. En J. Poterba y J. von Hagen (Eds.), *Fiscal Institutions and Fiscal Performance* (pp. 103 ~133). Chicago: University of Chicago Press.

[20] Alesina, A., Campante, F. y Tabellini, G. (2008). Why is fiscal policy often pro cyclical? *Journal of the European Economic Association*, 6 (5), 1006 ~1036.

[21] Allcott, H. (2009). *Social norms and energy conservation*. (Working Paper N° 09-014). Cambridge: Center for Energy and Environmental Policy Research, MIT.

[22] Allen, R. y Tommasi, D. (2001). *Managing public expenditure: A reference book for transition countries*. París: Organización para la Cooperación y el Desarrollo Económico.

[23] Alm, J., McClelland, G. y Schulze, W. (1992). Why do people pay taxes? *Journal of Public Economics*, 48 (1), 21 ~48.

[24] Álvarez Parra, F. y Sánchez, J. (2009). Unemployment insurance with a hidden labor market. *Journal of Monetary Economics*, 56 (7), 954 ~967.

[25] Álvarez Parra, F. (2012). *Diferencias en la calidad de la educación e ineficiencia: un análisis para Chile y Perú*. Manuscrito enviado para publicación, Caracas, CAF.

[26] Álvarez Parra, F. y St. Aubyn, M. (2012). *Government spending efficiency in Latin America: a frontier approach*. Manuscrito enviado para publicación, Caracas, CAF.

[27] Alzúa, M., Cruces, G. y Ripani, L. (2010). *Welfare programs and labor supply in developing countries. Experimental evidence from Latin America*. (Documento de trabajo CEDLAS N° 95). La Plata: Centro de Estudios Distributivos, Laborales y Sociales.

[28] Amorim, O., Cox, G. W. y McCubbins, M. (2003). Agenda power in Brazil's Câmara dos Diputados, 1989 ~ 1998, *World Politics*, 55 (4), 550 ~578.

[29] Andreoni, J., Erard B. y Feinstein, J. (1998). Tax compliance. *Journal of Economic Literature*, 36 (2), 818 ~ 860.

[30] Ardanaz, M. (2011). *The politics of booms and busts: fiscal policy over the business cycle in developing countries*. Disertación doctoral no publicada. Nueva York: Universidad de Columbia.

[31] Arezki, R. y van der Ploeg, F. (2007). *Can the natural resource curse be turned into a blessing? The role of trade policies and institutions*. (IMF Working Paper N° 07/55). Washington D. C.: Fondo Monetario Internacional.

[32] Arreaza, A. y Reuter, A. (2012). *Can a mining windfall improve welfare? Evidence from Peru with municipal level data*. Manuscrito no publicado, Caracas, CAF.

[33] Aterido, R., Hallward Driemeier, M. y Pagés, C. (2011). *Does expanding health insurance beyond formalsector workers encourage informality? Measuring the impact of Mexico's Seguro Popular*. (Policy Research Working Paper N° WPS 5785). Washington D. C.: Banco Mundial.

[34] Atkinson, A. y Stiglitz, J. (1976). The design of tax structure: Direct versus indirect taxation. *Journal of Public Economics*, 6 (1 ~ 2), 55 ~ 76.

[35] Atkinson, A. (1977). Optimal taxation and the direct versus indirect tax controversy. *The Canadian Journal of Economics*, 10 (4), 590 ~ 606.

[36] Atkinson, G. y Pearce, D. (1993). Capital theory and the measure of sustainable development: an indicator of weak sustainability. *Ecological Economics*, 8 (2), 103 ~ 108.

[37] Azar, K., Gerstenblüth M. y Rossi, M. (2008). *Moral fiscal en el Cono Sur*. (Documento de trabajo N° 02/08). Montevideo: Departamento de Economía, Universidad de la República.

[38] Bagüés, M. y Esteve Volart, B. (2011). *Politicians' luck of the draw: Evidence from the Spanish Christmas Lottery*. (Documento de trabajo N° 2011-01). Madrid: Fundación de Estudios de Economía Aplicada (FEDEA).

[39] Baierle, S. (2002). OP ao termidor? En J. Verle y L. Brunet (Eds.), *Construindo um novo mundo: avaliação da experiência do Orçamento*

Participativo em Porto AlegreBrasil (p. 132 ~ 164). Porto Alegre：Guayí.

[40] Baierle, S. (2007). *Urban struggles in Porto Alegre：Between political revolution and transformism*. Porto Alegre, Brasil：CIDADE - Centro de Assesoria e Estudos Urbanos.

[41] Banco Interamericano de Desarrollo (BID). (2010). *La era de la productividad*. Washington D. C.：Banco Interamericano de Desarrollo.

[42] Banco Mundial. (2010). *Health coverage, social assistance coverage, and pension coverage：Data by country and income deciles*. http：//siteresources.worldbank.org/INTLACREGTOPLABSOCPRO/Resources/Coverage.pdf.

[43] Banco Mundial. (2011). *A break with history：Fifteen years of inequality reduction in Latin America*. Washington D. C.：Banco Mundial.

[44] Banco Mundial. (2011). *Global Economic Monitor Commodities*. http：//data.worldbank.org/data-catalog/commodity-price-data.

[45] Banco Mundial. (2011). *World Development Indicators*. http：//data.worldbank.org/indicator.

[46] Banerjee, A., Deaton, A. y Duflo, E. (2004). Wealth, health, and health services in rural Rajasthan. *The American Economic Review*, 94 (2), 326 ~ 330.

[47] Banerjee, A., Cole, S., Duflo, E. y Linden, L. (2005). *Remedying education evidence from two randomized experiments in India*. (NBER Working Paper N° 11904). Cambridge：National Bureau of Economic Research.

[48] Banerjee, A. y Duflo, E. (2006). Addressing absence. *Journal of Economic Perspectives*, 20 (1), 117 ~ 132.

[49] Barrow, L., Brock, T., Richburg Hayes, L. y Rouse, C. (2009). *Paying for performance：the education impacts of a community college scholarship program for low-income adults*. (Federal Reserve Bank of Chicago Working Paper N° 09-13). Chicago：Federal Reserve Bank of Chicago.

[50] Behrman, J. (2011). How much might human capital policies affect earnings inequalities and poverty? *Estudios de Economía*, 38 (1), 9 ~ 41.

[51] Behrman, J., Parker, S. y Todd, P. (2011). Do conditional cash

transfers for schooling generate lasting benefits? A five-year follow up of PROGRESA/Oportunidades. *The Journal of Human Resources*, 46 (1), 93 ~ 122.

[52] Bénabou, R. (1996). Inequality and growth. En B. Bernanke y J. Rotemberg (Eds.), *NBER Macroeconomics Annual* 1996 (*pp*. 11 ~ 92). Boston: MIT Press.

[53] Bénabou, R. (2000). Unequal societies: Income distribution and the social contract. *The American Economic Review*, 90 (1), 96 ~ 129.

[54] Bénabou, R. (2002). Tax and education policy in a heterogeneousagent economy: What levels of redistribution maximize growth and efficiency? *Econometrica*, *Econometric Society*, 70 (2), 481 ~ 517.

[55] Besfamille, M. (2011). *The economics of tax evasion*. (Documento de trabajo CAF N° 2011/10). Caracas: CAF. Bird, R. (1971). Wagner's 'Law' of expanding state activity. *Public Finance*, 26 (1), 1 ~ 26.

[56] Bird, R. (1972). The 'displacement effect': a critical note. *Finanzarchiv*, 30 (3), 454 ~ 463.

[57] Bird, R., Martínez Vázquez, J. y Torgler, B. (2004). *Societal Institutions and Tax Effort in Developing Countries*. (ITP Paper N° 04011). Institute for International Business: Universidad de Toronto.

[58] Bird, R. y Gendron, P. (2007). *The VAT in developing and transitional countries*. Boston: Cambridge University Press.

[59] Bird, R. (2008). *Tax challenges facing developing countries*. (IIB Working Paper N°12). Institute for International Business: Universidad de Toronto.

[60] Bird, R. y Vázquez Caro, J. (2011). Benchmarking tax administrations in developing countries: A systemic approach. *e-Journal of Tax Research*, 9 (1), 5 ~ 37.

[61] Boldrin, M. y Montes, A. (2005). The intergenerational state education and pensions. *Review of Economic Studies*, 72 (3), 651 ~ 664.

[62] Boldrin, M. y Montes, A. (2009). Assessing the efficiency of public education and pensions. *Journal of Population Economics*, 22 (2), 285 ~ 309.

[63] Boschini, A., Pettersson, J. y Roine, J. (2007). Resource curse or not: A question of appropriability. *Scandinavian Journal of Economics*, 109 (3), 593 ~ 617.

[64] Bourguignon, F. (2002). The growth elasticity of poverty reduction: Explaining heterogeneity across countries and time periods. En T. Eichler y S. Turnovsky (Eds.). *Growth and Inequality*. Cambridge: MIT Press.

[65] Brollo, F., Nannicini, T., Perotti, R. y Tabellini, G. (2010). *The Political Resource Curse*. (NBER Working Paper N° 15705). Cambridge: National Bureau of Economic Research.

[66] Brunnschweiler, C. y Bulte, E. (2008). The resource curse revisited and revised: a tale of paradoxes and red herrings. *Journal of Environmental Economics and Management*, 55 (3), 248 ~ 264.

[67] Buchanan, J. (1970). *The Public Finances* (3ª ed.). Homewood, Illinois: Irwin.

[68] CAF. (2008a). *Oportunidades en América Latina. Hacia una mejor política social*. Caracas: CAF.

[69] CAF. (2008b). *Los fondos soberanos de riqueza: tendencias globales y casos de estudio*. (Documento Especial de Coyuntura Económica N° 2008/01). Caracas: CAF.

[70] CAF. (2009). *Caminos hacia el futuro. Gestión de la infraestructura en América Latina*. Caracas: CAF.

[71] CAF. (2011a). *Servicios financieros para el desarrollo. Promoviendo el acceso en América Latina*. Caracas: CAF.

[72] CAF. (2011b). *Encuesta sobre acceso, calidad y satisfacción con los servicios públicos en América Latina*. Manuscrito no publicado, Caracas, CAF.

[73] Calderón, C. y Servén, L. (2004). *The effects of infrastructure development on growth and income distribution*. (Policy Research Working Paper N° 3400). Washington D. C.: Banco Mundial.

[74] Calderón, C. y Servén, L. (2010). *Infrastructure in Latin America*. (Policy Research Working Paper N° 5317). Washington D. C.: Banco Mundial.

[75] Calvo, E., Bertranou, F. y Bertranou, E. (2010). Are old-age pension system reforms moving away from individual retirement accounts in Latin America? *Journal of Social Policy*, 39 (2), 223~234.

[76] Camacho, A., Conover, E. y Hoyos, A. (2009). *Effects of Colombia's social protection system on workers'choice between formal and informal employment*. (Documento CEDE N° 2009-18). Bogotá: Centro de Estudios sobre Desarrollo Económico, Facultad de Economía, Universidad de los Andes.

[77] Campodónico, H. (2008). *Renta petrolera y minera en países seleccionados de América Latina*. Documento de Proyecto. Santiago de Chile: Comisión Económica para América Latina y el Caribe.

[78] Cárdenas, M., Ramírez, S. y Tuzemen, D. (2011). *Commodity Dependence and Fiscal Capacity*. (Research Working Paper N° RWP 1108). Kansas City: Federal Reserve Bank of Kansas City.

[79] Carrasco, C. (2010). Instrumentos y técnicas para la medición de la evasión. *Serie Temática Tributaria N°* 7. Centro Interamericano de Administraciones Tributarias.

[80] Caselli, F. y Michaels, G. (2011). *Do oil windfalls improve living standards? Evidence from Brazil*. (NBER Working Paper N° 15550). Cambridge: National Bureau of Economic Research.

[81] Catanho, C. (2011). *Ingresos fiscales petroleros y transparencia presupuestaria: evidencia de municipios en Venezuela*. Manuscrito no publicado, Caracas, CAF.

[82] Cattaneo, M., Galiani, S., Gertler, P., Martínez, A. y Titiunik, R. (2009). Housing, Health, and Happiness.

[83] *American Economic Journal: Economic Policy*, 1 (1), 75~105.

[84] Cecchini, S. y Madariaga, A. (2011). *Programas de Transferencias Condicionadas: Balance de la experiencia reciente en América Latina y el Caribe*. Santiago de Chile: CEPAL.

[85] Centrángolo, O. y Gómez Sabaíni, J. (2006). *Tributación en América Latina: en busca de una nueva agenda de reformas*. Santiago de Chile:

Comisión Económica para América Latina y el Caribe.

[86] Centro Interamericano de Administraciones Tributarias (CIAT). (2011). Tributación y Administración Tributaria-América Latina-. (Documento de Trabajo N° 1-2011). *Series comparativas*.

[87] Centro de Implementación de Políticas Públicas para la Equidad y el Crecimiento (CIPPEC). (2011). http://www.cippec.org.

[88] Chantrill, C. (2011a). *Time Series of UK Public Spending*. http://www.ukpublicspending.co.uk.

[89] Chantrill, C. (2011b). *Time Series of Government Revenue*. http://www.usgovernmentrevenue.com.

[90] Charnes, A., Cooper, W. y Rhodes, E. (1978). Measuring the efficiency of decision making units. *European Journal of Operational Research*, 2 (6), 429 ~ 444.

[91] Chaudhury, N., Hammer, J., Kremer, M., Muralidharan, K. y Rogers, F. H. (2006). Missing in action: teacher and health worker absence in developing countries. *Journal of Economic Perspectives*, 20 (1), 91 ~ 116.

[92] Chávez, D. (2006). Participation lite: the watering down of people power in Porto Alegre. *Transnational Institute*. Extraído el 24 de enero de 2012 de http://www.tni.org/.

[93] Chetty, R. y Sáez, E. (2009). *Teaching the Tax Code: Earnings responses to an experiment with EITC recipients*. (NBER Working Paper N° 14836). Cambridge: National Bureau of Economic Research.

[94] Clark, T. y Dilnot, A. (2002). *Long-term trends in British taxation and spending*. (Briefing Note N° 25). Londres: The Institute for Fiscal Studies.

[95] Clements, B., Faircloth, C. y Verhoeven, M. (2007). *Public Expenditure in Latin America: Trends and Key Policy Issues*. (IMF Working Paper N° 07/21). Washington D. C.: Fondo Monetario Internacional.

[96] Coelho, I. (2009, octubre). *Taxing banking transactions – The experience in Latin America and elsewhere*. Documento preparado para la tercera conferencia ITD, Beijing, China.

[97] Collier, P. y Hoeffler, A. (2004). Greed and grievance in Civil War. *Oxford Economic Papers*, 56 (4), 563~595.

[98] Collier, P., van der Ploeg, F., Spence, M. y Venables, A. (2010). Managing Resource Revenues in Developing Economies. *IMF Staff Papers*, 57 (1), 84~118.

[99] Comisión Chilena del Cobre (COCHILCO). (2011). *Anuario de Estadísticas del cobre y otros minerales* 1991~2010. http://www.cochilco.cl/productos/descarga/anuarios/anuario2010.pdf.

[100] Comisión Económica para América Latina y el Caribe (CEPAL). (2010a). *Panorama Social de América Latina* 2010. Santiago de Chile: Comisión Económica para América Latina y el Caribe y Naciones Unidas.

[101] Comisión Económica para América Latina y el Caribe (CEPAL). (2010b). *La hora de la igualdad. Brechas por cerrar, caminos por abrir*. Santiago de Chile: Naciones Unidas y Comisión Económica para América Latina y el Caribe.

[102] Comisión Económica para América Latina y el Caribe (CEPAL). (2011). *La política fiscal para el afianzamiento de las democracias en América Latina: reflexiones a partir de una serie de estudios de caso*. A. Bárcena y O. Kacef (Comps.). Santiago de Chile: Naciones Unidas y Comisión Económica para América Latina y el Caribe.

[103] Comisión Económica para América Latina y el Caribe (CEPAL). (2011). *Base de datos de Programas de Protección Social no contributiva en América Latina*. http://dds.cepal.org/bdptc/.

[104] Comisión Económica para América Latina y el Caribe (CEPAL). (2011). CEPALSTAT Estadísticas de América Latina y el Caribe: http://websie.eclac.cl/sisgen/ConsultaIntegrada.asp.

[105] Conesa, J., Kitao, S. y Krueger, D. (2009). Taxing capital? Not a bad idea after all! *The American Economic Review*, 99 (1), 25~48.

[106] Congreso de la República de Colombia. (2011). http://www.senado.gov.co.

[107] Congreso de la República del Perú. (2011). http: //www. congreso. gob. pe.

[108] Consejo Nacional Electoral de Ecuador. (2011). *Resultados elecciones* 2009. http: //app. cne. gob. ec/resulta-dos2009/.

[109] Constitución de la República Bolivariana de Venezuela. (1999). *Gaceta Oficial* N° 36. 860 del 30 de diciembre de 1999.

[110] Corden, W. y Neary, J. (1982). Booming sector and de industrialization in a small open economy. *Economic Journal*, 92 (368), 825 ~ 848.

[111] Corporación Nacional del Cobre (CODELCO). (2012). *Memoria Anual*. http: //www. codelco. cl/flipbook/memorias/memoria2010/MEMORIA_00. PDF.

[112] Corte Electoral, República Oriental de Uruguay. (2011). *Estadísticas de Elecciones Nacionales*. http: //www. corteelectoral. gub. uy/.

[113] Cox, G. W. y Morgenstern, S. (2001). Latin America's Reactive Assemblies and Proactive Presidents. *Comparative Politics*, 33 (2), 171 ~ 190.

[114] Cox, J., Friedman, D. y Sadiraj, V. (2008). Revealed Altruism. *Econometrica*, 76 (1), 31 ~ 69.

[115] Crouch, L. y Fasih, T. (2004). *Patterns in educational development: Implications for further efficiency analysis*. Manuscrito no publicado, Washington D. C., Banco Mundial.

[116] Cruces, G., Pérez, R. y Tetaz, M. (2011). *Biased perceptions of income distribution and preferences for redistribution: Evidence from a survey experiment*. (IZA Discussion Papers N° 5699). Bonn: Institute for the Study of Labor.

[117] Currie, J. (2009). Healthy, wealthy, and wise: Socioeconomic status, poor health in childhood, and human capital development. *Journal of Economic Literature*, 47 (1), 87 ~ 122.

[118] Dabla Norris, E., Allen, R., Zanna, L. F., Prakash, T., Kvintradze, E., Lledo, V., Yackovlev, I. y Gollwitzer, S. (2010). *Budget Institutions and Fiscal Performance in Low-Income Countries*. (FMI Working Paper N° 10/80). Washington D. C.: Fondo Monetario Internacional.

[119] Dalgaard, C. y Olsson, O. (2006). *Windfall gains, political economy, and economic development.* (Working Papers in Economics N° 223), Göteborg: Universidad de Göteborg.

[120] Das, J., Do, Q-T. y Özler, B. (2005). Reassessing Conditional Cash Transfer Programs. *The World Bank Research Observer*, 20 (1), 57~80.

[121] Daude, C. y Melguizo, A. (2010). *Taxation and more representation?: On fiscal policy, social mobility and democracy in Latin America.* (Working Paper N° 294). París: OECD Development Centre.

[122] Debreu, G. (1951). The coefficient of resource utilization. *Econometrica*, 19 (3), 273~292.

[123] Decreto N° 2705 sancionado el 03 de agosto de 1998. *Diário Oficial da União N°* 147. Brasilia, Brasil, 4 de agosto de 1998. http://www.anp.gov.br/brasilrounds/round1/Docs/LDOC02_pt.pdf.

[124] Decreto N° 1760 de 2003. *Diario Oficial N°* 45.230. Bogotá, Colombia, 26 de junio de 2003. http://www.anh.gov.co/media/normatividadANH/creacion/decreto_1760_2003.pdf.

[125] Decreto Ejecutivo N° 662 sancionado el 4 de octubre del 2007. *Registro Oficial N°* 193. Quito, Ecuador, 18 de octubre del 2007. http://www.derechoecuador.com/index.php? option=com_content&task=view&id=1483.

[126] Decreto Supremo N° 009-2005-ED: Reglamento de la Gestión del Sistema Educativo. *Diario Oficial El Peruano*. Lima, Perú, 29 de abril de 2005. http://www.minedu.gob.pe/normatividad/decretos/DecSupN009-2005-ED.pdf.

[127] Decreto Supremo N° 173 2011-EF: Gravamen especial a la minería N° 29790. *Edición Extraordinaria del Diario Oficial El Peruano*. Lima, Perú, 29 de septiembre de 2011. http://www.congreso.gob.pe/ntley/Image-nes/Leyes/29790.pdf.

[128] Decreto N° 1510 con fuerza de Ley Orgánica de Hidrocarburos. Gaceta Oficial de la República Bolivariana de Venezuela N° 37323. Caracas, República Bolivariana de Venezuela, 13 de noviembre de 2001. http://www.

pgr. gob. ve/dmdocuments/2001/37323. pdf.

[129] Decreto con rango, valor y fuerza de ley que crea contribución especial por precios extraordinarios y precios exorbitantes en el mercado internacional de hidrocarburos. Gaceta Oficial de la República Bolivariana de Venezuela N° 6. 022. Caracas, República Bolivariana de Venezuela, 18 de abril de 2011. http://www. pgr. gob. ve/dmdocuments/2011/6022. pdf.

[130] De Ferranti, D., Perry, G., Ferreira, F., Walton, M., Coady, D., Cunningham, W., Gasparini, L., Jacobsen, J., Matsuda, Y., Robinson, J., Sokoloff, K. y Wodon, Q. (2003). *Inequality in Latin America and the Caribbean: Breaking with history?* Washington D. C.: Banco Mundial.

[131] De Janvry, A. y Sadoulet, E. (2006). Making conditional cash transfer programs more efficient: Designing for maximum effect of the conditionality. *The World Bank Economic Review*, 20 (1), 1~29.

[132] De Paula, A. y Scheinkman, J. (2010). Value-Added taxes, chain effects, and informality. *American Economic Journal: Macroeconomics* 2 (4), 195~221.

[133] Dohrmann, T. y Pinshaw, G. (2009). *The road to improved compliance*. Nueva York: McKinsey & Company.

[134] Downs, A. (1957). An economic theory of political action in a democracy. *Journal of Political Economy*, 65 (2), 135~150.

[135] Drazen, A. y Eslava, M. (2005). *Electoral manipulation via expenditure composition: Theory and evidence*. (NBER Working Paper N° 11085). Cambridge: National Bureau of Economic Research.

[136] Due, J. y Frielaender, A. F. (1973). *Government finance: Economics of the public sector*. Homewood, Illinois: Irwin.

[137] Duflo, E. y Sáez, E. (2003). The role of information and social interactions in retirement plan decisions: Evidence from a randomized experiment. *Quarterly Journal of Economics*, 118 (3), 815~842.

[138] Duflo, E. y Hanna, R. (2005). *Monitoring works: Getting teachers to come to school*. (NBER Working Paper N° 11880). Cambridge: National Bu-

reau of Economic Research.

[139] Durevall, D. y Henrekson, M. (2011). The futile quest for a grand explanation of longrun government expenditure. *Journal of Public Economics*, 95 (7~8), 708~722.

[140] Easterly, W. y Rebelo, S. (1993). *Marginal income tax rates and economic growth in developing countries*. (Policy Research Working Paper N° 1050). Washington D. C.: Banco Mundial.

[141] Eguino, H., Garriga, M., Pineda, C., Porto, A. y Rosales W. (2010). *Estudio de las características estructurales del sector municipal en América Latina*. (Documento de debate N° IDB-DP-145). Washington D. C.: Banco Interamericano de Desarrollo.

[142] Engel, E., Fischer, R. y Galetovic, A. (2008). *Public-Private partnerships: When and how*. Manuscrito no publicado, Caracas, CAF.

[143] Engerman, S., Maeriscal, S. y Sokoloff, K. (2002). *The evolution of schooling institutions in the Americas*, 1800~1945. Manuscrito no publicado, Departamento de Economía: UCLA.

[144] Engerman, S. y Sokoloff, K. (2005). The evolution of suffrage institutions in the Americas. *Journal of Economic History*, 65, 41~102.

[145] Erosa, A. (2001). Financial intermediation and occupational choice in development. *Review of Economic Dynamics*, 4 (2), 303~334.

[146] Erosa, A. y Gervais, M. (2002). Optimal taxation in life-cycle economies. *Journal of Economic Theory*, 105 (2), 338~369.

[147] Escobar, R. (2008). La medición y control de la erosión de las bases tributarias: los gastos tributarios y la evasión tributaria. *Serie temática tributaria N°* 2. Centro Interamericano de Administraciones Tributarias.

[148] Esteban, J. y Ray, D. (1999). Conflict and Distribution. *Journal of Economic Theory*, 87 (2), 379~415.

[149] Farejohn, J. (1986). Incumbent performance and electoral control. *Public choice*, 50 (1), 5~25.

[150] Farrel, M. J. (1957). The measurement of productive efficiency.

Journal of the Royal Statistical Society, 120（3）, 253～281.

[151] Fay, M. y Morrison, M.（2005）. *Infrastructure in Latin America and the Caribbean: Recent developments and key challenges*. Washington D. C.: Banco Mundial.

[152] Fellman, J., Jäntti, M. y Lambert, P.（1999）. Optimal tax-transfer systems and redistributive Policy. *The Scandinavian Journal of Economics*, 101（1）, 115～126.

[153] Fellner, G., Sausgruber, R. y Traxler, C.（2011）. *Testing enforcement in the field: threat, moral appeal, and social information*. Manuscrito enviado para publicación, Journal of the European Economic Association.

[154] Fernald, J.（1999）. Roads to prosperity? Assessing the link between public capital and productivity. *The American Economic Review*, 89（3）, 619～638.

[155] Fernández, A. y Oviedo, E.（2010）. *Salud electrónica en América Latina y el Caribe: avances y desafíos*. Santiago de Chile: Naciones Unidas y Comisión Económica para América Latina y el Caribe.

[156] Fernández, A.（2011, julio）. *Avances y retos de política pública en Salud-e: visión regional*. Ponencia presentada en el II Seminario Regional de Telemedicina y Salude: Prácticas de innovación y estándares, Caracas, Venezuela.

[157] Ferraz, C. y Finan, F.（2009）. *Electoral accountability and corruption: Evidence from the audits of local Governments*.（NBER Working Papers N° 14937）. Cambridge: National Bureau of Economic Research.

[158] Ferraz, C. y Monteiro, J.（2010）. *Does oil make leaders unaccountable? Evidence from Brazil's offshore oil boom*. Manuscrito no publicado, Universidad Católica Pontificia de Río de Janeiro.

[159] Filc, G. y Scartascini, C.（2005）. Budget institutions and fiscal outcomes: Ten years of inquiry on fiscal matters at the research department of the Inter American Development Bank. *International Journal of Public Budget*, 59（32）, 81～138.

[160] Fiszbein, A. y Schady, N.（2009）. *Conditional Cash Transfer-*

ences: *Reducing present and future poverty*. Washington D. C.: Banco Mundial.

[161] Fondo Monetario Internacional (FMI). (2001). *Manual de Estadísticas de Finanzas Públicas*. (2ª ed.). Washington D. C.: Departamento de Estadísticas del Fondo Monetario Internacional.

[162] Fondo Monetario Internacional (FMI). (2011). *Movilización de ingresos en los países en desarrollo*. Departamento de Finanzas Públicas. Washington D. C.: Fondo Monetario Internacional.

[163] Forsyth, P. y Kay, J. (1980). The economic implications of north sea oil revenues. *Fiscal Studies*, 1 (3), 1 ~ 28.

[164] Forsyth, P. y Kay, J. (1981). Oil revenues and manufacturing output. *Fiscal Studies*, 2 (2), 9 ~ 17.

[165] Forteza, A., Apella, I., Fajnzylber, E., Grushka, C., Rossi, I. y Sanroman G. (2009). *Work histories and pension entitlements in Argentina, Chile and Uruguay*. (SP Discussion Paper N° 0926). Washington D. C.: Banco Mundial.

[166] Frey, B. y Meier, S. (2004). Social comparisons and pro-social behavior: Testing 'Conditional Cooperation' in a field experiment. *The American Economic Review*, 94 (5), 1717 ~ 1722.

[167] Frey, B. y Torgler, B. (2007). Tax morale and conditional cooperation. *Journal of Comparative Economics*, 35 (1), 136 ~ 159.

[168] Fullerton, D. y Rogers, D. (1993). *Who bears the lifetime tax burden?* Washington D. C.: The Brookings Institution.

[169] Fundación de Investigaciones Económicas Latinoamericanas (FIEL). (2011). *Eficiencia. gob. ar: la construcción de un Estado moderno y eficaz para la Argentina*. Manuscrito no publicado, FIEL.

[170] Gadenne, L. (2011). *Tax me, but spend wisely: The political economy of taxes, evidence from Brazilian local Governments*, Manuscrito no publicado, Paris School of Economics.

[171] Gasparini, L., Haimovich, F. y Olivieri, S. (2009). Labor informality bias of a poverty-alleviation program in Argentina. *Journal of Applied Eco-*

nomics, 12 (2), 181 ~ 205.

[172] Gasparini, L., Galiani, S., Cruces, G. y Acosta, P. (2011). *Educational upgrading and returns to skills in Latin America. Evidence from a Supply-Demand Framework*, 1990 ~ 2010. (Documento de Trabajo CEDLAS N° 127). La Plata: Centro de Estudios Distributivos, Laborales y Sociales.

[173] Gasparini, L. y Lustig, N. (2011). *The rise and fall of income inequality in Latin America.* (Documento de Trabajo CEDLAS N° 118). La Plata: Centro de Estudios Distributivos, Laborales y Sociales.

[174] Gelemur, A. y Pochat, L. (2011). *Recursos naturales.* i *Bendición o maldición?: el efecto de las regalías petroleras en las provincias argentinas.* Memoria para optar al Título de Economista de la Escuela de Economía, Universidad Torcuato Di Tella, Buenos Aires, Argentina.

[175] Goldsmith, W. y Vainer, C. (2001). Presupuesto participativo y políticas de poderes en Porto Alegre. *EURE*, 27 (82), 115 ~ 119.

[176] Gómez Sabaíni, J. (2006). Cohesión social, equidad y tributación. Análisis y perspectivas para América Latina. *Serie Políticas Sociales N*°127. Santiago de Chile: Comisión Económica para América Latina y el Caribe.

[177] Gómez Sabaíni, J., Jiménez, J. y Podestá, A. (2010). Tributación, evasión y equidad en América Latina. En J. Jiménez, J. Gómez Sabaíni y A. Podestá (Eds.), *Evasión y equidad en América Latina*. Santiago de Chile: CEPAL y GTZ.

[178] Gómez Sabaíni, J. y Jiménez, J. (2011). *Estructura tributaria y evasión impositiva en América Latina.* (Documento de trabajo CAF N° 2011/08). Caracas: CAF.

[179] González, J., Guasch, J. y Serebrisky, T. (2007). *Consulta de San José* 2007. *Latin America: Addressing high logistics costs and poor infrastructure for merchandise transportation and trade facilitation.* Washington D. C.: Banco Mundial.

[180] González, D., Martinoli, C. y Pedraza. J. (2009). *Sistemas tributarios de América Latina. Situación actual, reformas y políticas para promover la*

cohesión social. Proyecto Eurosocial Sector Fiscalidad. Madrid: Instituto de Estudios Fiscales.

[181] González Navarro, M. y Quintana Domeque, C. (2010). *Urban Infrastructure and Economic Development: Experimental Evidence from Street Pavement*. (IZA Discussion Paper N° 5346). Bonn, IZA.

[182] González Rozada, M. y Llenera Pinto, F. (2011). *The effects of a Conditional Transfer Program on the labor market: The human development bonus in Ecuador*. (Working Paper Economía N° 2011-1). Buenos Aires: Universidad Torcuato Di Tella.

[183] González Rozada, M., Ronconi, L. y Rufflo, H. (2011). *Protecting workers against unemployment in Latin America and the Caribbean: Evidence from Argentina*. (IDB Working Paper N° 268). Washington D. C.: Banco Interamericano de Desarrollo.

[184] Goñi, E., López, H. y Servén, L. (2011). Fiscal redistribution and income inequality in Latin America. *World Development*, 39 (9), 1558 ~ 1569.

[185] Green, W. (2005). Reconsidering heterogeneity in panel data estimators of the stochastic frontier model. *Journal of Econometrics*, 126, 269 ~ 303.

[186] Guasch, J. y Kogan, J. (2006). Inventories and logistic costs in developing countries: Levels and determinants-a red flag for competitiveness and growth. *Revista de la Competencia y de la Propiedad Intelectual*, 1 (1), 5 ~ 29.

[187] Hallerberg, M. y Marier, P. (2004). Executive authority, the personal vote, and budget discipline in Latin American and Caribbean countries. *Journal on Political Science*, 48 (3), 571 ~ 587.

[188] Hallerberg, M., Scartascini, C. y Stein, E. (2009). *Who decides the budget? A political economy analysis of the budget process in Latin America*. Washington D. C.: Banco Interamericano de Desarrollo.

[189] Hamilton, K. (1994). Green Adjustments to GDP. *Resources Policy*, 20 (3), 155 ~ 168.

[190] Hamilton, K. y Hartwick, J. (2005). Investing exhaustible re-

source rents and the path of consumption. *Canadian Journal of Economics*, 38 (2), 615 ~ 621.

[191] Hansen, G. y imrohoroğlu, A. (1992). The role of unemployment insurance in an economy with liquidity constraints and moral hazard. *Journal of Political Economy*, 100 (1), 118 ~ 142.

[192] Hartwick, J. (1977). Intergenerational equity and the investing of rents from exhaustible resources. *The American Economic Review*, 67 (5), 972 ~ 974.

[193] Heald, D. (2003). Fiscal transparency: Concepts, measurement and UK practice. *Public Administration*, 81 (4), 723 ~ 759.

[194] Heckman, J., Lochner, L. y Taber, C. (1998). *Tax policy and human capital formation*. (NBER Working Paper N° 6462). Cambridge: National Bureau of Economic Research.

[195] Heckman, J. (2006). Skill formation and the economics of investing in disadvantaged children. *Science*, 312 (5782), 1900 ~ 1902.

[196] Herrera, S. y Pang, G. (2005). *Efficiency of public spending in developing countries: an efficiency frontier approach*. (Policy Research Working Paper N° 3645). Washington D. C.: Banco Mundial.

[197] Herrera, S. y Pang, G. (2008). Efficiency of infrastructure: The case of Container Ports. *Associação Nacional dos Centros de Pósgraduação em Economia*, 9 (1), 165 ~ 194.

[198] Hirschman, A. (1978). Exit, voice and the State. *World Politics*, 31 (1), 90 ~ 107.

[199] Holtz Eakin, D. (1994). Public sector capital and the productivity puzzle. *Review of Economics and Statistics*, 76 (1), 12 ~ 21.

[200] Hudson, H. (1990). *Communication satellites: their development and impact*. Nueva York: Free Press.

[201] Humphreys, M. y Sanbdu, M. (2007). The Political Economy of Natural Resource Funds. En M. Humprheys, J. Sachs y J. Stiglitz (Eds.), *Escaping the natural resource curse*. (pp. 194 ~ 233). Nueva York: Columbia Univer-

sity Press.

[202] Husted, T. y Kenny, L. (1997). The effect of the expansion of the voting franchise on the size of the government. *Journal of Political Economy*, 105 (1), 55 ~82.

[203] Instituto de Ciencias Alejandro Lipschutz. (2011). http://www.ical.cl/.

[204] Instituto Federal Electoral de México. (2011). *Sistema de consulta de las estadísticas de las elecciones federales* 2008 ~2009. http://www.ife.org.mx/documentos/RESELEC/SICEEF/principal.html.

[205] Internal Revenue Service (IRS). (2006). *IRS updates tax gap estimates*. IRS-2006-28 http://www.irs.gov/pub/irs-news/tax_ gap_ figures.pdf.

[206] International Budget Partnership (IBP). (2010). *The Open Budget Survey*. Washington D.C.: International Budget Partnership.

[207] International Tax Dialogue (ITD). (2007, octubre). *Tributación de la pequeña y mediana empresa*. Segunda conferencia global sobre impuestos de las pequeñas y medianas empresas, Buenos Aires, Argentina.

[208] International Tax Dialogue (ITD). (2010). Revenue Administration in Sub-Saharan Africa. *ITD Comparative Information Series N°*1. Freetown: Sierra Leona.

[209] IPSOS-Napoleón Franco. (2011, julio). *Encuesta de percepción ciudadana Bogotá Cómo vamos* 2011. Ponencia presentada en la presentación de resultados encuesta de percepción Bogotá Cómo vamos 2011. Bogotá, Colombia.

[210] Iregui, A. M., Melo, L. y Ramos, J. (2006). Evaluación y análisis de eficiencia de la educación en Colombia. *Borradores de Economía N°* 381. Bogotá: Banco de la República de Colombia.

[211] Jiménez, J. y Podestá, A. (2010). Inversión, incentivos fiscales y gastos tributarios en América Latina. *Serie Macroeconómica del Desarrollo N°*77. Santiago de Chile: Comisión Económica para América Latina y el Caribe.

[212] Jorrat, M. y Podestá, A. (2010). Análisis comparativo de las metodologías empleadas para la estimación de la evasión en el impuesto a la renta.

En J. Jiménez, J. Gómez Sabaíni y A. Podestá (Eds.), *Evasión y equidad en América Latina*. Santiago de Chile: CEPAL y GTZ.

[213] Kalmanovitz, S. (2008). Consecuencias económicas de la Independencia de Colombia. *Revista de Economía Institucional*, 10 (19), 207 ~ 233.

[214] Karabarbounis, L. (2011). One Dollar, One Vote. *The Economic Journal*, 121 (553), 621 ~ 651.

[215] Katz, R. (2009). *El papel de las TIC en el desarrollo: propuesta de América Latina a los retos económicos actuales* (2ª ed.). Madrid: Ariel.

[216] Keen, M. y Lockwood, B. (2010). The value added tax: its causes and consequences. *Journal of Development Economics*, 92 (2), 138 ~ 151.

[217] Kenny, L. y Winer, S. (2006). Tax systems in the world: an empirical investigation into the importance of tax bases, administration costs, scale and political regime. *International tax and public finance*, 13 (2), 181 ~ 215.

[218] Khandker, S, Pitt, M. y Fuwa, N. (2003). *Subsidy to promote girls'secondary education: The female stipend program in Bangladesh*. Washington D. C.: Banco Mundial.

[219] Kleven, H., Knudsen, M., Kreiner, C., Pedersen, S. y Sáez, E. (2010). *Unwilling or unable to cheat? Evidence from a randomized tax audit experiment in Denmark*. (NBER Working Paper N° 15769). Cambridge: National Bureau of Economic Research.

[220] KPMG. (2011). *Corporate and Indirect Tax Survey* 2011. KPMG International.

[221] Kremer, M. y Chen, D. (2001). *An interim Report on a teacher attendance incentive program in Kenya*. Manuscrito no publicado, Universidad de Harvard.

[222] Lamartina, S. y Zaghini, A. (2008). *Increasing public expenditures: Wagner's Law in OECD countries*. (CFS Working Paper N° 2008/13). Roma: Center for Financial Studies.

[223] Lane, P. y Tornell, A. (1996). Power, growth, and the voracity effect. *Journal of Economic Growth*, 1 (2), 213 ~ 241.

[224] Latinobarómetro. (2011). *Banco de datos*. http://www.latinobarometro.org/.

[225] La Vigne, N., Lowry, S., Markman, J. y Dwyer, A. (2011). *Documenting the use of public surveillance cameras for crime control and prevention in three U.S. cities*. Washington D.C.: Instituto Urbano, Centro de Justicia Policial.

[226] Lazear, E. (2000). Performance pay and productivity. *The American Economic Review*, 90 (5), 1346~1361.

[227] Lederman, D. y Maloney, M. (2007). *Natural resources: neither curse nor destiny*, Washington D.C.: Banco Mundial y Standford University Press.

[228] Lee, Y. y Gordon, R. (2005). Tax structure and economic growth. *Journal of Public Economics*, 89 (5~6), 1027~1043.

[229] Leuven, E., Lindahl, D., Oosterbeek, H. y Webbink. M. (2007). The effect of extra funding for disadvantaged children on achievement. *The Review of Economics and Statistics*, 89 (4), 721~736.

[230] Levine, R. (2005). Finance and growth: theory and evidence. *Handbook of Economic Growth*, 1 (1), 865~934.

[231] Ley de Hidrocarburos N° 17.319 sancionada el 23 de junio de 1967. *Boletín Oficial N°* 21.220. Buenos Aires, Argentina, 30 de junio de 1967. http://mepriv.mecon.gov.ar/Normas/17319.htm.

[232] Ley de Hidrocarburos N° 3058 sancionada el 17 de mayo de 2005. *Gaceta Oficial de Bolivia N°* 2749. La Paz, Bolivia, 19 de mayo de 2005. http://www.hidrocarburos.gob.bo/sitio/images/stories/normas/ley%20de%20hidrocarburos.pdf.

[233] Ley de impuesto sobre la renta, contenida en el Artículo 1° del Decreto Ley N° 824 sancionada el 27 de diciembre de 1974. *Diario Oficial N°* 29041. Santiago de Chile, Chile, 31 de diciembre de 1974. http://www.leychile.cl/Navegar?idNorma=6368.

[234] Ley N° 20.026. Establece un impuesto específico a la actividad min-

era sancionada el 27 de mayo del 2005. *Diario Oficial N°* 38187. Santiago de Chile, Chile, 16 de junio de 2005. http: //www. defensadelcobre. cl/? q = node/25.

[235] Ley N° 756 sancionada el 23 de julio de 2002. *Diario Oficial N°* 44. 878. Bogotá, Colombia, 25 de julio de 2002. http: //www. secretariasenado. gov. co/senado/basedoc/ley/2002/ley_ 0756_ 2002. html.

[236] Ley de Hidrocarburos. Decreto Supremo N° 2967. *Registro Oficial* 711. Quito, Ecuador, 15 de noviembre de 1978.

[237] Ley de Ingresos de la Federación. *Diario Oficial de la Federación*. México D. F., México, 1° de enero de 2002.

[238] Ley de Ingresos de la Federación. *Diario Oficial de la Federación*. México D. F., México, 25 de noviembre de 2009.

[239] Ley de regalía minera N° 29788 que modifica la Ley N° 28258. *Edición Extraordinaria del Diario Oficial El Peruano*. Lima, Perú, 29 de septiembre de 2011. http: //www. congreso. gob. pe/ntley/Imagenes/Leyes/29788. pdf.

[240] Ley N° 29789 que crea el Impuesto Especial a la Minería. *Edición Extraordinaria del Diario Oficial El Peruano*. Lima, Perú, 29 de septiembre de 2011. http: //www. presidencia. gob. pe/documentos/leyes/Ley% 20 que% 20crea% 20el% 20Impuesto% 20Especial% 20a% 20la% 20Miner% C3% ADa. pdf.

[241] Ley Orgánica de Reordenamiento del mercado interno de los combustibles líquidos. *Gaceta Oficial de la República Bolivariana de Venezuela N°* 3. 919. Caracas, República Bolivariana de Venezuela, 18 de septiembre de 2008. http: //www. pgr. gob. ve/dmdocuments/2008/39019. pdf.

[242] Lijphart, A. (1997). Unequal participation: Democracy's unresolved dilemma. *The American Political Science Review*, 91 (1), 1 ~ 14.

[243] Limao, N. y Venables, A. (2000). Infrastructure, geographical disadvantage, transport costs, and trade. *The World Bank Economic Review*, 15 (3), 451 ~ 479.

[244] Lindert, P. (2004). *Social spending and economic growth since the eighteenth century growing public*. Cambridge: Cambridge University Press.

[245] Lindert, K., Skoufias, E. y Shapiro, J. (2006). *Redistributing income to the poor and the rich: Public transfers in Latin America and the Caribbean.* (SP Discussion Paper N° 0605). Washington D. C.: Banco Mundial.

[246] Lledo, V., Schneider, A. y Moore, M. (2003). "*Pro-poor tax reform in Latin America: A critical survey and policy recommendations*", IDS, Sussex, March.

[247] López Calva, L. y Lustig, N. (2010). *Declining inequality in Latin America: a decade of progress?* Nueva York: The Brookings Institution.

[248] Lott, J. y Kenny, L. (1999). Did women's suffrage change the size and scope of government? *Journal of Political Economy*, 107 (6), 1163 ~ 1198.

[249] Lovell, C. (1992). Production frontiers and productive efficiency. En H. Fried, C. Lovell y S. Schmidt (Eds.), *The measurement of productive efficiency: Techniques and applications.* Oxford: Oxford University Press.

[250] Lustig, N. (Coordinadora). (2012). *Fiscal policy and income redistribution in Latin America: Challenging the conventional wisdom.* Proyecto integrante de la iniciativa "Compromiso con la equidad", en colaboración con Pessino, C., Gray Molina, G., Jiménez, W., Paz, V., Yáñez, E., Pereira, C., Higgins, S., Scott, J. y Jaramillo, M. Manuscrito enviado para publicación, Caracas, CAF.

[251] Lustig, N., López Calva, L. y Ortiz Juárez, E. (2011). *The decline in inequality in Latin America: How much, since when and why.* (Tulane Economics Working Paper N° 1118). Nueva Orleans: Universidad de Tulane.

[252] Macleod, W. y Urquiola, M. (2009). *Anti-Lemons: School reputation and educational quality.* (NBER Working Paper N° 15112). Cambridge: National Bureau of Economic Research.

[253] Madisson, A. (2011). *Historical statistics of the world economy: 1-2008 A. D.* http://www.ggdc.net/maddison/Historical_Statistics/horizontal-file_02-2010.xls.

[254] Maldonado, S. (2010). *Resource windfall and corruption: Evidence from a natural experiment in Peru.* Manuscrito no publicado, Universidad de Cali-

fornia.

[255] Manacorda, M. (2011, agosto). *Social assistance and labor market outcomes: Lessons from the evaluation of the Uruguayan PANES*. Ponencia presentada en el IEN-LACEA, Buenos Aires, Argentina.

[256] Manzano, O. y Rigobón, R. (2001). *Resource curse or debt overhang?* (NBER Working Paper N° 8390). Cambridge: National Bureau of Economic Research.

[257] Martínez Vázquez, J. (2008). The impact of budgets on the poor: Tax and expenditure benefit incidence analysis. En B. Moreno Dodson y Q. Wodon (Eds.), *Public finance for poverty reduction. Concepts and case studies from Africa and Latin America*, (pp. 113 ~ 1162). Washington D. C.: Banco Mundial.

[258] McKee, D. y Todd, P. (2011). The longer-term effects of human capital enrichment programs on poverty and inequality: Oportunidades in Mexico. *Estudios de Economía*, 38 (1), 67 ~ 100.

[259] Mehlum, H., Moene, K. y Torvik, R. (2006). Institutions and the resource curse. *Economic Journal*, 116 (508), 1 ~ 20.

[260] Meltzer, A. y Richard, S. (1981). A rational theory of the size of government. *Journal of Political Economy*, 89 (5), 914 ~ 927.

[261] Mesquita, M., Volpe, C. y Blyde, J. (2008). *Unclogging the arteries: The impact of transport costs on Latin American and Caribbean trade*. Washington D. C.: Banco Interamericano de Desarrollo.

[262] Metcalf, G. (1994). Life cycle versus annual perspectives on the incidence of a value added tax. En J. Poterba (Ed.), *Tax Policy and the Economy*, (pp. 45 ~ 64). Cambridge: MIT Press.

[263] Mikesell, J. y Birskyte, L. (2007). The tax compliance puzzle: Evidence from theory and practice. *International Journal of Public Administration*, 30 (10), 1045 ~ 1081.

[264] Ministerio del Interior de Argentina, Dirección Nacional Electoral. (2011). *Resultados de las Elecciones Nacionales del* 23 *de octubre de* 2011, *por distrito y departamento*. http://www. elecciones. gov. ar/estadistica/es-

tadistica. htm.

[265] Ministerio del Poder Popular de Petróleo y Minería. (2011). *Petróleo y otros datos estadísticos (PODE)* 2007 ~ 2008. http://www.menpet.gob.ve/secciones.php?option=view&idS=179.

[266] Mitchell, M. (1992). *International historical statistics: The Americas* 1750 ~ 1988. Londres: Macmillan.

[267] Monaldi, F. (2011). *La economía política de los impuestos a los hidrocarburos y otros recursos minerales en América Latina*. Manuscrito no publicado, IESA.

[268] Moore, M. (2007). *How does taxation affect the quality of Governance?* (IDS Working Paper N° 208). Brighton: University of Sussex, Institute of Development Studies.

[269] Murillo Zamorano, L. R. (2004). Economic efficiency and frontier techniques. *Journal of Economic Surveys*, 18 (1), 33 ~ 77.

[270] Musgrave, R. A. (1959). *The theory of public finance: A study in public economy*. Nueva York: McGraw-Hill.

[271] Ocampo, J. A. y Malagón, J. (2011). *El tamaño del Estado y su impacto redistributivo en América Latina*. (Working Paper CAF N° 2011/11). Caracas: CAF.

[272] Oficina Nacional de Procesos Electorales del Perú. (2011). *Reporte Electoral*, 66. Lima: Biblioteca Nacional del Perú.

[273] Organización Internacional del Trabajo (OIT). (2011). *LABORSTA*. http://laborsta.ilo.org/.

[274] Organización Mundial de la Salud (OMS). (2011) *Financiación de los sistemas de salud: el camino hacia la cobertura universal*. Ginebra: Organización Mundial de la Salud.

[275] Organización para la Cooperación y el Desarrollo Económico (OCDE). (2001). *Compliance MeasurementPractice Note*. (Documento N° GAP004). Centre for Tax Policy and Administration.

[276] Organización para la Cooperación y el Desarrollo Económico (OC-

DE). (2002). OECD Best Practices for Budget Transparency. *OECD Journal on Budgeting*, 1 (3), 7 ~ 14.

[277] Organización para la Cooperación y el Desarrollo Económico (OCDE). (2002). OECD Best Practices for Budget Transparency. *OECD Journal on Budgeting*, 1 (3), 155 ~ 171

[278] Organización para la Cooperación y el Desarrollo Económico (OCDE) y Banco Mundial. (2006). Results of the survey on budget practices and procedures. *OECD Journal on Budgeting*. http://webnet.oecd.org/budgeting/Budgeting.aspx.

[279] Organización para la Cooperación y el Desarrollo Económico (OCDE). (2010). *PISA 2009 Results: What students know and can do-Student performance in Reading, Mathematics and Science*. (Volumen I). http://dx.doi.org/10.1787/9789264091450-en.

[280] Organización para la Cooperación y el Desarrollo Económico (OCDE). (2011a, marzo). *Tax administration in OECD and selected non-OECD countries: Comparative Information Series* 2010. Forum on Tax Administration, Centre for Tax Policy and Administration, París.

[281] Organización para la Cooperación y el Desarrollo Económico (OCDE). (2011b). Private schools: Who benefits? *PISA in Focus*, *N*° 7. París: OCDE.

[282] Organización para la Cooperación y el Desarrollo Económico (OCDE). (2011). *Banco de datos*. http://stats.oecd.org/Index.aspx.

[283] Ortega, D. (2003). *¿Por qué la desigualdad importa para el desempeño económico?* Documentos para la discusión, Informe sobre Desarrollo Humano en Venezuela, Nueva York: Programa de las Naciones Unidas para el Desarrollo.

[284] Ortega, D., Ronconi, L. y Sanguinetti, P. (2012). *Reciprocity and willingness to pay taxes: Evidence from Latin America*. Manuscrito enviado para publicación, Caracas, CAF.

[285] Otto, J., Andrews, C., Cawood, F., Doggett, M., Guj, P.,

Stermole, F., Stermole, J. y Tilton, J. (2006). *Mining royalties: A global study of their impact on investors, government, and civil society*. Washington D. C.: Banco Mundial.

[286] Pagés, C. (Comp.). (2010). *La era de la productividad. Cómo transformar las economías desde sus cimientos*. Washington D. C.: Banco Interamericano de Desarrollo.

[287] Pattillo, G. (2003). Asignación de recursos a las Fuerzas Armadas en Chile. *Estudios Públicos*, 89, 89 ~ 128.

[288] Peacock, A. y Wiseman, J. (1961). *The growth of public expenditure in the United Kingdom*. Princeton: Princeton University Press.

[289] Pecho Trigueros, M. (2010). *Tributación y administración tributaria en los países miembros del CIAT*. (Documento de Trabajo N° 2-2010), Centro Interamericano de Administraciones Tributarias.

[290] Pereira, C. y Melo, M. (2011, junio). *The political economy of budgeting in Latin America: Procedures, oversight and participation*. Trabajo presentado en el Taller CAF, Bogotá, Colombia.

[291] Perry, G. y Oliveira, M. (2009). *The impact of oil and mining in regional and local development in Colombia*. (CAF Working Paper N° 2009/06). Caracas: CAF.

[292] Perry, G., Bustos, S. y Ho, S. (2011). *What do non-renewable natural resource rich countries do with their rents?* (Serie de Documentos de Trabajo CAF N° 2011/06). Caracas: CAF.

[293] Pessino, C. y Fenochietto, R. (2010). Determining countries'tax effort. *Revista de Economía Pública*, 195 (4), 65 ~ 87. Hacienda Pública Española.

[294] Petrobras (2006). *Informe Anual* 2006. Brasilia: Petrobras.

[295] Petrobras (2009). *Informe Anual* 2009. Brasilia: Petrobras.

[296] Pomeranz, D. (2010). *No taxation without information: Deterrence and self-enforcement in the value added tax*. (Job Market Paper). Universidad de Harvard.

[297] Programa para la Evaluación Internacional de Estudiantes (PISA). (2006). *Banco de datos*. http://pisa2006.acer.edu.au/.

[298] Programa para la Evaluación Internacional de Estudiantes (PISA). (2009). *Banco de datos*. http://pisa2009.acer.edu.au.

[299] Programa de las Naciones Unidas para el Desarrollo (PNUD). (2011). http://www.undp.org/content/undp/es/home.html.

[300] Proyecto Élites Latinoamericanas (PELA). (2011). http://americo.usal.es/oir/elites/index.htm.

[301] Przeworsky, A., Stokes, S. C. y Manin, B. (1999). *Democracy, accountability and representation*. Cambridge: Cambridge University Press.

[302] Registraduría Nacional del Estado Civil de Colombia. (2010). 29.997.574 *colombianos están habilitados para votar en la elección presidencial del* 30 *de mayo*. (Comunicado de prensa N° 127).

[303] República Bolivariana de Venezuela, Consejo Nacional Electoral. (2011). *Estadísticas de Elección Presidencial*-3 *de diciembre* 2006. http://www.cne.gob.ve/divulgacionPresidencial/resultado_ nacional.php.

[304] Resolución N° 394. *Boletín Oficial de la República de Argentina N°* 31283. Buenos Aires, Argentina, 16 de noviembre del 2007. http://200.69.252.41/hypersoft/Normativa/NormaServlet? id = 15120.

[305] Resolución N° 1352. *Consejo Nacional Electoral*. Bogotá, Colombia, 24 de junio de 2010.

[306] Ribas, R. y Soares, F. (2011, junio). *Is the effect of conditional transfers on labor supply negligible everywhere*? Trabajo presentado en la Sexta Conferencia de IZA y Banco Mundial sobre Empleo y Desarrollo. México D. F., México.

[307] Rioja, F. K. (2003). The penalties of inefficient infrastructure. *Review of Development Economics*, 7 (1), 127 ~ 137.

[308] Robinson, J., Torvik, R. y Verdier, T. (2006). Political Foundations of the Resource Curse. *Journal of Development Economics*, 79 (2), 447 ~ 468.

[309] Rodríguez, F. (2004). Inequality, redistribution, and rent-seeking. *Economics & Politics*, 16 (3), 287~320.

[310] Rodríguez Oreggia, E. y Freije, S. (2010). *Long term impact of a Cash Transfers Program on Labor Outcomes of the Rural Youth*. Manuscrito no publicado.

[311] Rodrik, D. (1997). *Has globalization gone too far*? Washington D. C.: Institute for International Economics. Rofman, R., Lucchetti, L. y Ourens, G. (2009). *Pensions System in Latin America: Concepts and Measurements of Coverage*. (SP Discussion Paper N° 0616). Washington D. C.: Banco Mundial.

[312] Roger, G. y Li, W. (2009). Tax structures in developing countries: Many puzzles and a possible explanation. *Journal of Public Economics*, 93 (7~8), 855~866.

[313] Rogoff, K. (1990). Equilibrium political budget cycles. *The American Economic Review*, 80 (1), 21~36.

[314] Rouse, C. y Krueger, A. (2004). *Putting computerized instruction to the test: A randomized evaluation of a "Scientifically-based" Reading Program*. (NBER Working Paper N° 10315). Cambridge: National Bureau of Economic Research.

[315] Sachs, J. y Warner, A. (1997). *Natural resource abundance and economic growth*. (Harvard Institute of Economic Research Discussion Paper N° 517). Cambridge: Universidad de Harvard.

[316] Sachs, J. y Warner, A. (2001). The curse of natural resources. *European Economic Review*, 45 (4~6), 827~838.

[317] Saiegh, S. M. (2005, febrero). *The role of legislatures in the policymaking process*. Ponencia preparada para el Workshop on State Reform, Public Policies and Policymaking Processes, Washington D. C.: Banco Interamericano de Desarrollo.

[318] Sala-i-Martin, X. y Subramanian, A. (2003). *Addressing the natural resource curse: An Illustration from Nigeria*. (NBER Working Paper N° 9804). Cambridge: National Bureau of Economic Research.

[319] Sanguinetti, P. (2010). *Canon minero y decisiones fiscales subnacionales en el Perú.* (Documentos de Trabajo CAF N°2010/01). Caracas: CAF.

[320] Santiso, C. (2006). *Parliaments and budgeting: Understanding the political economy of the budget in Latin America.* (Working Paper N° 39). París: The American University of Paris.

[321] Santiso, C. (2007). Eyes Wide Shut? *The Politics of Autonomous Audit Agencies in Emerging Economies*. Buenos Aires: Centro de Implementación de Políticas Públicas para la Equidad y el Crecimiento.

[322] Scartascini, C. y Stein, E. (2009). A new framework. En M. Hallerberg, C. Scartascini y E. Stein (Eds.), *Who decides the budget? A political economy analysis of the budget process in Latin America* (pp. 1~23). Washington D. C.: Banco Interamericano de Desarrollo.

[323] Schick, A. (1998). *A contemporary approach to public expenditure management*. Washington D. C.: Instituto del Banco Mundial.

[324] Scott, J. (1999). *Análisis del Programa de Educación, Salud y Alimentación (PROGRESA): México. Experiencias exitosas de combate a la pobreza rural: lecciones para una reorientación de las políticas*. México, D. F.: Centro de Investigación y Docencia Económicas.

[325] Secretaría de Energía (2010). *Información Estadística de Hidrocarburos*. http://energia3.mecon.gov.ar/contenidos/verpagina.php?idpagina=3181.

[326] Senado de la Nación Argentina. (2011). http://www.senado.gov.ar/.

[327] Shelton, C. (2007). The size and composition of government expenditure. *Journal of Public Expenditure*, 91 (11~12), 2230~2260.

[328] Slemrod, J., Blumenthal, M. y Christian, C. (2001). Taxpayer response to an increase probability of audit: evidence from a controlled experiment in Minnesota. *Journal of Public Economics*, 79 (3), 455~483.

[329] Sociedad Nacional de Minería, Petróleo y Energía (2011). *Reporte Canon Minero* 2010. Lima: Sociedad Nacional de Minería.

[330] Socio-Economic Database for Latin America and the Caribbean (SEDLAC). (2011). *Banco de datos de CEDLAS y Banco Mundial*. http://sedlac.econo.unlp.edu.ar/esp/index.php.

[331] Sokoloff, K. y Zolt, E. (2007). Inequality and the evolution of institutions of taxation: evidence from the economic history of the Americas. En S. Edwards, G. Esquivel y G. Márquez (Eds.), *The decline of Latin American Economies: growth, institutions and crises*. Cambridge: National Bureau of Economic Research.

[332] Spada, P. (2009, junio). *The economic and political effects of participatory budgeting*. Trabajo presentado en el Congreso de la Asociación de Estudios Latinoamericanos, Río de Janeiro, Brasil.

[333] Spada, P. (2010). *Political competition and the diffusion of policy innovations in local Government: the case of participatory budgeting in Brazil*. (Job Market Paper). Cambridge: Universidad de Harvard.

[334] Stein, E., Talvi, E. y Grisanti, A. (1999). Institutional arrangements and fiscal performance: The Latin American experience. En J. Poterba y J. von Hagen (Eds.), *Fiscal Institutions and Fiscal Performance* (pp. 103 ~ 133). Chicago: Chicago University Press.

[335] Stein, E. y Tommasi, M. (2006). La política de las políticas públicas. *Política y Gobierno*, 13 (2), 393 ~ 416.

[336] Stein, E., Tommasi, M., Echebarría, K., Lora, E. y Payne, M. (2006). *The politics of policies: Economic and social progress in Latin America*. Washington D. C.: Banco Interamericano de Desarrollo.

[337] Superintendencia Nacional de Aduanas y de Administración Pública (SUNAT). (2010). *Banco de datos*: http://www.sunat.gob.pe/estadisticasestudios/busqueda_ ingresos.html.

[338] Tanzi, V. y Shome, P. (1993). Tax evasion: causes, estimation methods, and penalties, a focus on Latin America. *Serie Política Fiscal N° 38*. Santiago de Chile: Comisión Económica para América Latina y el Caribe.

[339] Tanzi, V. y Schuknecht, L. (2000). *Public spending in the 20th*

century. *A global perspective*. Cambridge：Cambridge University Press.

[340] Tanzi, V. y Zee, H. (2000). Tax policy for emerging markets：developing countries. *National Tax Journal*, 53 (2), 299 ~ 322.

[341] Tanzi, V. (2005). The economic role of the State in the 21st century. *Cato Journal*, 25 (3), 617 ~ 638.

[342] Timmons, J. (2011). *Government performance, taxation and citizen participation：Evidence from Brazil*. Manuscrito no publicado, Caracas, CAF.

[343] Torgler, B. (2005). Tax morale in Latin America. *Public Choice*, 122 (1 ~ 2), 133 ~ 157.

[344] Transparency International y Revenue Watch Institute. (2010). *The Revenue Watch Index (2010)：Transparency：Governments and the oil, gas and mining industries*. Nueva York：Revenue Watch Institute.

[345] Tribunal Calificador de Elecciones de Chile. (2011). *Estadísticas Elección de Presidente* 2009. http：//www. elecciones. gov. cl/SitioHistorico/index2009_ pres. htm.

[346] Tribunal Supremo Eleitoral de Brasil. (2011). *Estatísticas TSE*. http：//www. tse. jus. br/eleicoes/eleicoes-anteriores/eleicoes-2010/eleicoes-2010/estatisticas.

[347] Tribunal Superior de Justicia Electoral, República del Paraguay. (2011). Resultados nacionales para presidente de la República. http：//www. tsje. gov. py/e2008/.

[348] Trostel, P. (1993). The effect of taxation on human capital. *Journal of Political Economy*, 101 (2), 327 ~ 350.

[349] Truman, E. (2007, octubre). *A scoreboard for sovereign wealth funds*. Trabajo presentado en la Conferencia de la Política Cambiaria de China del Peterson Institute, Washington D. C.

[350] Unidad de Análisis de las Políticas Sociales y Económicas. (2011). *Operaciones consolidadas del Gobierno general. Banco de datos*. http：//www. udape. gob. bo/portales_ html/dossierweb2011/htms/doss0301. htm.

[351] United States Agency for International Development (USAID).

(2011). http://www.usaid.gov/.

[352] Universidad de Georgetown. (2011). *Base de datos políticos de las Américas*. http://pdba.georgetown.edu/ Elecdata/Bolivia/pres05.html.

[353] Universidad de Oxford. (2011). *The Montevideo-Oxford Latin American Economic History Database (MOxLAD)*. http://oxlad.qeh.ox.ac.uk/.

[354] U.S. Government Printing Office. (2011). *Budget of the United States Government: Historical Tables Fiscal Year* 2011. http://www.gpoaccess.gov/usbudget/fy11/hist.html.

[355] Van der Ploeg, F. y Poelhekke, S. (2009). Volatility and the natural resource curse. *Oxford Economic Papers*, 61 (4), 727~760.

[356] Van der Ploeg, F. y Venables, A. (2010). *Absorbing a windfall of foreign exchange: Dutch disease dynamics*. (OxCarre Research Paper N° 52). Oxford: Oxford Centre for the Analysis of Resource Rich Economies.

[357] Van der Ploeg, F. (2011). Natural resources: curse or blessing? *Journal of Economic Literature*, 49 (2), 366~420.

[358] Vegas, E. y Umansky, I. (2005). *Improving teaching and learning through effective incentives. What we can learn from education reforms in Latin America?* Washington D.C.: Banco Mundial.

[359] Vera, M. (2011). *La importancia del sistema público de educación para el desarrollo de una economía: análisis para las distintas jurisdicciones de la Argentina durante la década de los noventa*. Andalucía: Universidad Internacional de Andalucía.

[360] Villafuerte, M., López Murphy, P. y Ossowski, R. (2010). *Riding the roller coaster: fiscal policies of nonrenewable resource exporters in Latin America and the Caribbean*. (IMF Working Paper N° 10/251). Washington D.C.: Fondo Monetario Internacional.

[361] Villar, L. (2001). Reglas versus discrecionalidad en las políticas fiscales, monetaria y cambiaria: un problema de economía política y credibilidad. *Revista del Banco de la República*, 74 (880), 68~76.

[362] Villela, L., Lemgruber, A. y Jorrat, M. (2009). *Los presupuestos*

de gastos tributarios. Conceptos y desafíos de implementación. (Documento de trabajo N° 131). Washington D. C.: Banco Interamericano de Desarrollo.

[363] Von Hagen, J. (1992). *Budgeting procedures and fiscal performance in the european communities.* (Center for German and European Studies Working Paper N° 1.9). European Economy: Universidad de California, Berkeley.

[364] Von Hagen, J. y Harden, I. (1995). Budget processes and commitment to fiscal discipline. *European Economic Review*, 39 (3~4), 771~779.

[365] Wagner, A. (1911). Staat in national ökonomischer Hinsicht. *Handwörterbuch der Staatswissenschaften.* Jena: Lexis.

[366] Wenzel, M. (2001). *Misperceptions of social norms about tax compliance: A field experiment.* (Working Paper N° 8). Canberra: Centre for Tax System Integrity, Australian National University.

[367] Widmalm, F. (2001). Tax structure and growth: Are some taxes better than others? *Public Choice*, 107 (3/4), 199~219.

[368] Witherspoon, J., Johnstone, S. y Wasem, C. (1993). *Rural Telehealth: telemedicine, distance education, and informatics for rural development.* Boulder, CO: WICHE Publications.

[369] Wong, W. y Welch, E. (2004). Does e-government promote accountability? A comparative analysis of Website openness and government accountability. *Governance: An International Journal of Policy, Administration and Institutions*, 17 (2), 275~297.

[370] World Economic Forum. (2005). *The Global Competitiveness Report.* Nueva York: Oxford University Press.

[371] World Economic Forum. (2006). *The Global Competitiveness Report.* Nueva York: Oxford University Press.

[372] World Economic Forum. (2007). *The Global Competitiveness Report.* Nueva York: Oxford University Press.

[373] World Economic Forum. (2008). *The Global Competitiveness Report.* Nueva York: Oxford University Press.

[374] World Economic Forum. (2009). *The Global Competitiveness Report.*

Nueva York: Oxford University Press.

[375] World Economic Forum. (2010). *The Global Competitiveness Report*. Nueva York: Oxford University Press.

[376] World Economic Forum. (2011). *The Global Competitiveness Report*. Nueva York: Oxford University Press.

[377] World Values Survey. (2011). *Encuestas de opinión*. http://www.worldvaluessurvey.org/.

[378] Zambrano, R. (2010). *La fusión de funciones, la fusión de sistemas*. http://www.ciat.org/blog

[379] Zweifel, P., Breyer, F. y Kifmann, M. (2009). *Health Economics*. (2ª ed.). Londres: Springer.

译者后记

CAF－拉丁美洲开发银行是业务涵盖整个拉美和加勒比地区的重要金融机构。它成立于1970年，现有18个成员国和14家参股的私人银行，总部设在委内瑞拉首都加拉加斯。2010年9月17日，CAF执行主席恩里克·加西亚先生率团访问中国社会科学院拉丁美洲研究所，并与拉美所所长郑秉文博士和副所长吴白乙博士进行会谈。双方最终达成协议，决定定期翻译出版该集团的年度经济发展报告（中文版），并在北京共同举办每年一届CAF－ILAS国际论坛。

今年翻译出版的是CAF2012年度发展报告《面向发展的公共财政：加强收入与支出之间的联系》。该报告全面、系统地介绍了拉美公共财政的现状，提供了大量的研究数据，强调财政收入与支出之间的联系，重点介绍财政制度在加强这一联系方面所起的各种作用。强调各级政府加强税收与支出决策之间的联系并使其更加透明的必要性；改善和提高社会支出计划再分配的效率和能力的重要性以及适当平衡的预算体制。报告还分析了拉美不同的预算模式的特点及其影响，指出收入与支出的联系和国家发展的关系。

本报告翻译由下述人员承担：方旭飞（序言与第一章）、刘波（第二章、第三章和第六章）、姜涵（第四章）、张进（第五章）、巍然（第七章前言）、李菡（第七章第二节、第三节、第四节）、黄乐平（封面和封底）。本人负责该项目的协调工作，并对全部译文进行校订。武小琦负责全书体例和格式的统一。所有人员为本书在很短时间内得以较好地完成而倍加辛苦、勤奋地工作。对他们的工作表示由衷的感谢。

在此，也要向中国社会科学院拉丁美洲研究所的领导对此项工作给予的重视和支持致谢。郑秉文所长专门抽看了报告的中文译稿，其他所领导也对本书工作给予了具体指导。本所科研处的各位同志为本书的翻译和出版做了大量的外联工作；出版社的编辑、排版公司的工作人员为本书能高质量地按时出版做了认真细致的工作；本报告在翻译、出版过程中得到了CAF的全力支持与协助，集团秘书安德雷斯·鲁赫雷斯承担了许多具体工作。对此，我也要向他们表示最真诚的谢意。

由于时间紧、专业性强，书中错误之处也在所难免，敬请各位读者谅解。

吴国平

2013年2月12日